Projeto Integrado e Construções Sustentáveis

| Y94p | Yudelson, Jerry.
Projeto integrado e construções sustentáveis / Jerry Yudelson ; tradução: Alexandre Salvaterra. – Porto Alegre : Bookman, 2013.
xxii, 261 p. : il. ; 25 cm.

ISBN 978-85-8260-085-6

1. Arquitetura. 2. Projeto integrado. 3. Construção sustentável. I. Título.

CDU 72.012.1-022.316 |

Catalogação na publicação: Ana Paula M. Magnus – CRB 10/2052

Jerry YUDELSON

Projeto Integrado e Construções Sustentáveis

Tradução
Alexandre Salvaterra
Arquiteto e Urbanista pela Universidade Federal do Rio Grande do Sul

2013

Obra originalmente publicada sob o título
Green Building Through Integrated Design, 1st Edition
ISBN 0071546014 / 9780071546010

Original edition copyright©2009, The McGraw-Hill Companies,Inc., New York, New York 10020.
All rights reserved.

Portuguese language translation copyright©2013, Bookman Companhia Editora Ltda.,
a Grupo A Educação S.A. company.
All rights reserved.

Gerente editorial: *Arysinha Jacques Affonso*

Colaboraram nesta edição:

Coordenadora editorial: *Denise Weber Novaczyck*

Capa: *Márcio Monticelli*, arte sobre capa original

Preparação de original: *Fernanda Vier Azevedo*

Editoração: *Techbooks*

Reservados todos os direitos de publicação, em língua portuguesa, à
BOOKMAN EDITORA LTDA., uma empresa do GRUPO A EDUCAÇÃO S.A.
Av. Jerônimo de Ornelas, 670 – Santana
90040-340 – Porto Alegre – RS
Fone: (51) 3027-7000   Fax: (51) 3027-7070

É proibida a duplicação ou reprodução deste volume, no todo ou em parte, sob quaisquer
formas ou por quaisquer meios (eletrônico, mecânico, gravação, fotocópia, distribuição na Web
e outros), sem permissão expressa da Editora.

Unidade São Paulo
Av. Embaixador Macedo Soares, 10.735 – Pavilhão 5 – Cond. Espace Center
Vila Anastácio – 05095-035 – São Paulo – SP
Fone: (11) 3665-1100   Fax: (11) 3667-1333

SAC 0800 703-3444 – www.grupoa.com.br

IMPRESSO NO BRASIL
PRINTED IN BRAZIL

O Autor

Jerry Yudelson, Engenheiro, Mestre em Engenharia, Mestre em Administração, Profissional Acreditado pelo LEED, é diretor da Yudelson Associates, uma empresa de consultoria em edificações ecologicamente sustentáveis de Tucson, Arizona, nos Estados Unidos. É engenheiro graduado pelo California Institute of Technology e pela Harvard University, além de ter o grau de mestre (com láurea) concedido pela University of Oregon, e é engenheiro registrado no Estado de Oregon. Yudelson vem desenvolvendo sua carreira profissional com foco nas questões ambientais e energéticas, estando diariamente envolvido com o projeto, a construção e a operação de edificações habitacionais e comerciais sustentáveis e trabalhando para arquitetos, investidores imobiliários, construtores e fabricantes na busca de soluções de projeto sustentáveis. Sua atuação na atividade de projeto envolve consultorias nos estudos preliminares e a facilitação de charretes de projeto integrado, oferecendo seus conhecimentos especializados sobre o LEED e treinamento para equipes de projeto. Ele trabalha com investidores imobiliários e equipes de projeto a fim de criar programas efetivos para projetos sustentáveis de larga escala, bem como com fabricantes de produtos, orientando-os sobre o marketing de produtos sustentáveis e as oportunidades para investimento. Além deste histórico profissional e empresarial, Yudelson atua como professor universitário nacional para o U.S. Green Building Council (USGBC). Desde 2001, já treinou mais de 3.500 profissionais do setor da construção civil nos sistemas de certificação LEED. Além disso, participou do comitê diretor nacional do USGBC e, desde 2004, preside o comitê de planejamento da conferência anual do USGBC, *Greenbuild* – a maior conferência sobre edificações sustentáveis do mundo. Ele também é autor dos livros *Green Building A to Z: Understanding the Language of Green Building*; *The Green Building Revolution*; *Choosing Green: The Homebuyer's Guide to Good Green Homes*; e *Marketing Green Building Services: Strategies for Success*.

Agradecimentos

Meu muito obrigado a Leith Sharp, diretora da Harvard Green Campus Initiative, por compartilhar generosamente sua experiência ao escrever a Apresentação. Obrigado também a Paul Shahriari, da GreenMind Inc., por contribuir com o primeiro esboço do capítulo sobre o software de gestão de projeto de edificações sustentáveis. Leith e Paul são duas pessoas brilhantes do movimento de edificações sustentáveis. Obrigado aos meus editores da McGraw-Hill, Cary Sullivan e Joy Bramble Oehlkers, por lutar por este livro. Agradeço também a todos que nos concederam entrevistas para este livro; são muitos para que eu possa agradecer-lhes individualmente, incluindo arquitetos, engenheiros, gerentes de instalações, proprietários de edificações e construtores investidores. Obrigado aos muitos arquitetos, fotógrafos de arquitetura e proprietários de edificações que generosamente contribuíram com fotos de projetos para o livro. Obrigado a Heidi Ziegler-Voll pelas ilustrações criadas especialmente para este livro. Agradeço a Mike Shea e Eric Ridenour, dois arquitetos de Portland, Oregon, Estados Unidos, pela ajuda com a elaboração das primeiras 100 perguntas para uma versão preliminar das "400 perguntas".

Um agradecimento especial à minha colaboradora editorial Gretel Hakanson por realizar as entrevistas, auxiliar com a pesquisa, obter todas as fotografias e garantir que a produção fosse precisa e de acordo com os prazos. Este é o quinto livro de edificações sustentáveis em que trabalhamos juntos e o valor de sua contribuição cresce a cada projeto. Obrigado aos especialistas e amigos que revisaram o manuscrito e ofereceram sugestões e correções muito úteis: Anthony Bernheim, Cindy Davis, John Echlin, Stefanie Gerstle, Nathan Good, Steven Kendrick, James Meyer, Margaret Montgomery, Paul Schwer e Alan Warner.

Agradeço também à minha esposa, Jessica, por aceitar o tempo que dediquei a mais um livro sobre edificações sustentáveis e por compartilhar meu entusiasmo sobre o assunto.

Finalmente, meu muito obrigado aos milhares de proprietários, projetistas e construtores apaixonados por edificações sustentáveis que reconhecem a necessidade de soluções de projeto sustentável e trabalham diariamente para implementá-las.

Apresentação à Edição Brasileira

Processo de projetos integrados

Em 2012, tive oportunidade de ter uma reunião com o autor desta publicação, durante a feira GreenBuild Conference & Expo, em Chicago. Marcamos nossa reunião antecipadamente por e-mail e nos encontramos no restaurante de um hotel anexo ao centro onde o evento estava sendo realizado.

O Sr. Jerry Yudelson recebeu-me, pontualmente, para uma conversa na qual tratamos de diversos assuntos, inclusive do que é objeto de análise desta publicação. Foi uma conversa rica, que se prolongou em uma visita à livraria que havia na feira, onde suas publicações estavam sendo comercializadas.

Desde então, nas aulas em cursos pós-graduação que coordeno pelo país, tenho feito referência e recomendado como bibliografia fundamental ao menos duas delas: *Green Building – A to Z*, que trata da terminologia técnica específica da construção sustentável e é particularmente útil para aqueles que pretendem se introduzir no assunto, e esta, cujo título original é *Green Building Through Integrated Design*, razão pela qual o convite para escrever este prefácio para sua edição brasileira foi recebido por mim com honra e grande satisfação.

De fato, creio se tratar de uma publicação extremamente útil para facilitar a adoção desta prática tão importante para a sustentabilidade das construções.

Compartilhamento e integração

A meu ver, os conceitos fundamentais deste início de século são: compartilhamento e integração. Compartilhamento e Integração são também os pilares fundamentais do processo de projetos integrados. Aqueles envolvidos em equipes que estejam desenvolvendo ou pretendem desenvolver processos de projetos integrados, especialmente projetos de edificações de alto desempenho ambiental, ou se preferirem, edifícios sustentáveis, devem ter em mente que o compartilhamento de conhecimento e experiências entre os diversos agentes do processo é condição necessária para se alcançar os melhores resultados.

A ideia de linearidade (e de unidirecionalidade) do processo de produção de uma edificação (Proprietário >> Arquiteto >> Engenheiros >> Construção >> Ocupação) que sempre norteou a atividade de construir, deve ser abolida. Em seu lugar, devem entrar os conceitos dos ciclos e da multidirecionalidade do processo de produção dos projetos.

Ideias novas podem e devem surgir de diferentes pontas do processo. Devem ser expostas à avaliação coletiva e analisadas sob diferentes aspectos, devem ser questionadas e testadas, devem passar por diferentes crivos. Uma vez aprovadas, certamente terão muito mais consistência e maior índice de acerto do que se resultassem apenas do esforço de uma única mente criativa.

Arquitetos devem considerar as ponderações dos engenheiros de estruturas, assim como dos de instalações e equipamentos. Estudos de fachadas e coberturas devem ser considerados pelos projetistas de ar-condicionado, inclusive o paisagismo, que deve considerar o aproveitamento de águas pluviais e o uso de irrigação controlada, para o qual colabora a automação dos sistemas. Este, por sua vez também pode controlar a iluminação, em função dos requisitos definidos pelo design de interiores, que por sua vez está condicionado às demandas do usuário, que não necessariamente é o proprietário. Este deve estar ciente desde o início que, para se alcançar os melhores resultados, é necessário um nível de integração e compartilhamento de informações muito maior entre as diversas equipes de projetos do que se está acostumado a fazer. É necessário um processo de projeto integrado. O resultado será certamente melhor que a simples soma das partes.

O time e o campeonato

Normalmente, para que um processo de projeto integrado aconteça de maneira fluida e eficaz, é fundamental a identificação de um líder do processo, alguém com habilidade e credibilidade suficientes para fazer todos se comprometerem com os objetivos de cada projeto, estimulando a participação dos diversos agentes ao longo do processo, de maneira coordenada. Isso não quer necessariamente dizer que todos devem estar em todas as reuniões.

Arquitetos acostumados a ter suas opiniões sempre aceitas sem contestação podem dificultar a fluidez de um processo de projeto integrado. O que não significa, todavia, que não possa ser justamente o arquiteto o responsável por conduzir o processo adequadamente.

O importante é que todos os membros do time saibam claramente, usando uma analogia com o esporte que nos é muito próxima, que existe um "técnico do time", que existe um plano tático de jogo e uma meta clara, objetiva, que requer o comprometimento de todos. Neste contexto, é fundamental também o envolvimento direto do "presidente do clube", a quem todos prestam contas. Este, por sua vez, deve valorizar o trabalho da equipe e dar condições para que possa desenvolver suas atividades com remuneração e prazos adequados. Assim a equipe poderá realizar mais pesquisas, consultas, investigações e levantamentos, com o envolvimento do suporte técnico tanto quanto necessário, em função da meta que se pretende alcançar. É um cenário novo para muitos e ainda raro em nosso país.

"Build as designed"

No Brasil, é muito popular o uso de um recurso chamado de "As Built", ferramenta necessária para pôr em projeto o que tiver sido efetivamente executado, o que normalmente não coincide com o que havia sido originalmente projetado.

Descobri, em visitas a alguns dos maiores e mais renomados escritórios de projetos do mundo, que tal expressão é uma particularidade da realidade brasileira. Não existe "As Built" no mundo civilizado. Não existe a figura do "Asbuiltador" (sic), como já tive oportunidade de ouvir.

No Brasil, muitos colegas arquitetos, que inclusive em muitos casos têm a atribuição de "Coordenação de Projetos", ganham a vida na verdade dedicando quase todo seu tempo à atividade de "Compatibilização de Projetos". Não raro, engenheiros de obra criativos têm que resolver problemas que deveriam ter sido previstos (e evitados) na fase de projetos. Perde-se muito tempo, recursos, qualidade e produtividade com isso. Todos perdem. O país perde.

Evidentemente, cabem muitos questionamentos nesse processo:

Por que afinal os projetos não são feitos de maneira que não precisemos fazer "As Buit" de quase tudo? Por que não somos capazes de prever as interferências que levam a execuções divergentes em relação ao projetado?

Que vantagens se obtêm por se tocar obras a partir de projetos básicos?

As respostas a essas perguntas estão na base da nossa cultura e podem ser agregadas em um fato: não estamos habituados a lidar com planejamento.

O pensamento imediatista de investidores tradicionais os fazem acreditar que levam vantagem em comprimir os projetistas em seus honorários e prazos para o desenvolvimento de seus trabalhos. O próprio governo estimula a baixa qualidade ao contratar em licitações "projetos básicos" de obras públicas, muitas vezes contratando projetos pelo "menor preço".

Os brasileiros são os mestres do improviso. O mundo desenvolvido, em crise atualmente, está descobrindo que profissionais brasileiros são hábeis gerenciadores de crises. Lidam com notável tranquilidade com incertezas, sabem se desvencilhar com impressionante desenvoltura de problemas e situações imprevistas e estão sendo valorizados por isso no exterior. Mas essa suposta vantagem competitiva tem origem justamente no fato de que levamos a vida praticamente sem planejamento. O fato é que, quase que milagrosamente, de alguma forma as coisas acontecem, inclusive grandes obras.

Ocorre que edifícios de alto desempenho não devem ser projetados dessa maneira. É preciso mudar o *modus operandi*. A construção sustentável precisa disso. Não podemos seguir fazendo "As Builts". As coisas devem ser "Built as Designed".

Diante desse cenário, recebo com grande entusiasmo esta versão em português do livro que julgo ser de especial contribuição para o favorecimento de uma necessária mudança de mentalidade.

Os próximos passos

As certificações ambientais de edificações estão se tornando cada vez mais usuais no Brasil. Muitos empreendedores têm percebido seu valor e obtido bons retornos de seus investimentos. O público consumidor também tem respondido e se mostrado disposto a consumir serviços e produtos que julgam mais sustentáveis, inclusive imóveis.

Dentre as certificações ou selos mais utilizados no país, o LEED tem sido a opção mais frequente. O número de processos de certificação LEED tem crescido com rapidez e o mercado da construção sustentável se amplia continuamente. Podemos esperar a continuidade desse processo nos próximos anos.

Com o LEED, muitos profissionais no país estão percebendo as vantagens do processo de projeto integrado. É um caminho do qual ninguém que entrou quer sair. É um processo irreversível.

O próprio sistema de certificação LEED também está em contínuo processo de evolução.

A versão original deste livro foi escrita e publicada pouco antes do lançamento da versão 3 do sistema LEED, chamada de LEED 2009. Nessa atual versão, os processos de projetos integrados, ou IPD em seu acrônimo em inglês, são premiados no processo de certificação com um ponto bônus, na categoria de Innovation in Design, como estratégia inovadora.

Esta versão em português está sendo lançada pouco antes de ser apresentada ao mundo a quarta versão do LEED, chamada de LEED v.4, que deverá ser lançada em meados de 2013 e que, a partir das discussões que já foram levadas a cabo ao longo dos últimos meses, deve incorporar o processo de projetos integrados como um novo crédito do processo de certificação, com pontuação específica, e não mais como ponto bônus. É um avanço importante.

Considerá-los pré-requisitos para a certificação, todavia, no meu entender, tornaria o processo muito restritivo e poderia limitar sua aplicação.

Não quero, no entanto, sugerir que isso não virá a acontecer. Acredito mesmo que muito provavelmente a comprovação da realização de processos de projetos integrados venha a se tornar condição necessária à obtenção da certificação LEED. No entanto, quando assim for, essa com certeza já será uma realidade frequente, e não mais a exceção, e certamente teremos projetos e edificações melhores, usuários e proprietários mais satisfeitos, melhores performances energéticas e melhores desempenhos ambientais de nossas edificações, para benefício de todos, em todo lugar.

Estou certo de que este livro irá colaborar para isso, ajudando a fomentar essa nova mentalidade, que é fundamental para o desenvolvimento de processos de projetos integrados, e espero que seus leitores venham a se tornar os agentes dessa evolução, em direção à promoção do desenvolvimento sustentável. Boa leitura a todos.

Prof. Antonio Macêdo Filho
LEED Green Associate,
USGBC Country Representative, CTBUH
Coordenador, MBA em Construções Sustentáveis –
INBEC / UNICID / GBC Brasil
Coordenador, MBA em Gestão de Projetos
Integrados de Edificações – INBEC/UNICID

Apresentação

No ano 2000, comecei a trabalhar com o objetivo de introduzir as edificações sustentáveis em Harvard. A percepção mais comum que encontrei era a de que as edificações sustentáveis eram caras demais, e o LEED, um dispendioso exercício em busca de pontos, sem valor algum. A situação chegou ao extremo em 2001: durante uma reunião de equipe de projeto, um professor que desempenhava o papel de representante do cliente associou a crença de que o projeto de edificações sustentáveis poderia ser econômico à ideia de que havia elefantes no corredor.

Para ajudar a superar essas barreiras de postura, encontrei, em 2001, três parceiros de projeto de edificações que concordaram em fazer um projeto piloto com o LEED na Harvard University. Ao estudar tais projetos, consegui relacionar quase todas as críticas direcionadas ao LEED *com diversos fracassos no próprio processo de projeto, em vez de falhas intrínsecas ao LEED.*

Por exemplo: a queixa de que a certificação LEED era cara demais se mostrou um resultado de cobrança excessiva por parte dos arquitetos, visto que estes tinham pouca experiência e tentavam cobrir os custos de seu próprio aprendizado e dos riscos percebidos. A queixa de que havia custos inesperados em demasia acabou resultando em pedidos de alterações, que, por sua vez, decorriam da má integração das exigências do LEED nos documentos de construção da edificação. A acusação de que o LEED era um exercício em busca de pontos resultava, na verdade, do sequenciamento equivocado de tarefas – como o engenheiro que fazia a modelagem de energia após a conclusão do projeto a fim de satisfazer as exigências de documentação do LEED, em vez de fazê-la com antecedência suficiente para influir no projeto.

Esses projetos piloto forneceram as evidências experimentais necessárias para provar que as edificações sustentáveis e, em particular, a estrutura do LEED realmente tinham uma grande importância se utilizadas adequadamente. O mais importante, talvez, é o fato de que tais projetos me mostram que o impacto nos custos estava sujeito, em grande parte, à nossa própria capacidade de administrar apropriadamente o processo de projeto propriamente dito e que devíamos parar de nos perguntar: "Quanto a edificação sustentável e o LEED irão custar?" e começar a nos perguntar: "Como podemos melhorar o processo de projeto para minimizar ou evitar custos adicionais relacionados à edificação sustentável e ao LEED?".

Hoje [em meados de 2008], trabalhando com sucesso para responder essa pergunta em Harvard, minha equipe e eu conseguimos envolver a comunidade de Harvard em mais de 50 projetos LEED, sendo que a maioria está se esforçando para obter a certificação LEED Gold. Aproveitando essa circunstância, conseguimos trabalhar junto com a comunidade extremamente descentralizada de Harvard para definir e adotar um conjunto de diretrizes abrangentes de edificações sustentáveis que inclui muitas exigências cruciais do processo de projeto, bem como as exigências mínimas da certificação LEED Silver. Ao mesmo tempo, tenho me dedicado à promoção das capacidades tanto da comunidade de Harvard quanto da profissão de construtor que a serve por meio de uma iniciativa para colocar tudo o que estamos aprendendo sobre o processo de edificações sustentáveis em um recurso disponível para o público na Internet[1].

Isso me leva à causa de meu entusiasmo em relação a este livro. É um recurso importante para aqueles que desejam evitar anos de aprendizado experimental e querem chegar diretamente ao centro da gestão efetiva do processo de projeto no caso do projeto de edificações sustentáveis. Até o momento, pouquíssimas publicações e recursos se concentraram no processo de projeto e, em muitos aspectos, uma boa gestão do projeto é sempre a base para inovações contínuas e bem-sucedidas.

Para ajudá-lo a entrar no espírito desta publicação rica em processos, seguem meus Dez Mandamentos do Projeto Econômico de Edificações Sustentáveis:

1. *Comprometimento*. Quanto mais cedo começa o comprometimento, melhor. Em todos os projetos de edificações, o comprometimento com as edificações sustentáveis deve ser formal, melhorado de forma contínua, amplamente conhecido e detalhado. Além disso, precisa estar integrado aos processos de aprovação do projeto e aos contratos relacionados.

2. *Liderança*. Para minimizar o risco de agir como de costume, o cliente e/ou gerente do projeto precisa assumir uma função de liderança ativa e contínua ao longo do projeto, estabelecendo exigências de desempenho ambiental específicas para o projeto durante a fase de estudos preliminares (o LEED é ideal para isso), além de desafiar, questionar e pressionar a equipe de projeto em todas as etapas. O cliente e/ou gerente de projeto deve saber o suficiente sobre o LEED, o projeto integrado, a modelagem de energia e o custo do ciclo de vida para fazer as perguntas certas na hora certa – um assunto amplamente discutido neste livro.

3. *Obrigatoriedade de prestar contas*. Para evitar a perda de oportunidades e custos desnecessários, determine todas as funções e responsabilidades, sequenciando e acompanhando as exigências para todas as metas de desempenho ambiental. O LEED é ideal para esse fim. Use a planilha de pontos do LEED para conferir poder ao cliente e permitir que este participe ativamente do processo de fazer com que a equipe de projeto preste contas. Utilize o processo de verificação por terceiros do LEED para manter a equipe de projeto em dia com a documentação. Preste atenção a (e aprenda com) todos os projetos a fim de trabalhar de maneira a dinamizar os procedimentos de documentação do LEED.

4. *Gestão do processo*. A falha em gerenciar adequadamente as tarefas em cada etapa do processo de projeto resulta em uma grande variedade de oportunidades perdidas e custos que podem ser evitados. Cada meta de desempenho da edificação sustentável exige que várias tarefas sejam identificadas, compreendidas, distribuídas entre a equipe, sequenciadas e integradas apropriadamente ao processo da equipe de projeto. Em cada etapa do processo de projeto, desde os estudos preliminares até a construção e a ocupação, existem atividades específicas da etapa que precisam ser concluídas com o intuito de maximizar a inovação e minimizar os custos adicionais.

---

[1] Veja www.greencampus.harvard.edu/theresource, acessado em 31 de julho de 2008.

Por exemplo: muitas equipes de projeto não incluem os operadores da edificação, não conseguem extrair qualquer valor real do processo de modelagem da energia (porque é feito tarde demais para influenciar o projeto) ou não conseguem incorporar uma abordagem ao custo do ciclo de vida porque as estimativas de custo são feitas tarde demais e/ou são incapazes de incluir os custos operacionais no modelo de custo.

5. *Projeto integrado.* Um projeto integrado efetivo pode gerar inovações de projeto e economias de custo significativas. O cliente e o gerente de projeto precisam se comprometer com o projeto integrado e cobrar constantemente a equipe de projeto para que esta se mantenha em conformidade. O comprometimento com o processo deve estar incluído em todos os contratos, no processo de seleção e em todo e qualquer processo de avaliação contínua do desempenho da equipe e de controle de qualidade. As pessoas certas precisam ser incluídas na hora certa (por exemplo, os futuros operadores da edificação, o orçamentista, o especialista encarregado da realização dos testes de desempenho e o fornecedor de controles) e a equipe deve ser gerenciada por meio do uso de uma abordagem colaborativa que otimize os sistemas da edificação como um todo, em vez de componentes isolados. Charretes de projeto facilitadas são essenciais durante as fases de definição do conceito do projeto e definição do partido de arquitetura.

6. *Modelagem de energia.* A modelagem de energia deve andar *pari passu* com o processo de projeto integrado e a avaliação do custo do ciclo de vida. É necessário utilizar cada modelo nas fases certas do processo de projeto, como a definição do partido e o desenvolvimento do projeto, a fim de avaliar alternativas de projeto significativas, influir nas tentativas de otimizar os sistemas prediais e gerar dados úteis relativos ao custo do ciclo de vida.

7. *Terceirização dos serviços de testagem e avaliação dos sistemas prediais.* São esperadas falhas tanto na instalação quanto no desempenho das novas estratégias e tecnologias de projeto. Além de assegurar que a equipe de projeto inclua já na definição do partido um especialista encarregado da realização dos testes de desempenho, é necessário fazer um esforço adicional para testar a edificação como um todo com o objetivo de garantir que seu desempenho esteja de acordo com as especificações. Os projetos precisam incluir medições, monitoramento e estratégias de controle para oferecer suporte às verificações de desempenho da edificação e às terceirizações permanentes durante a vida útil da edificação. No caso de edificações complexas, como laboratórios, inclua o fornecedor de controles no momento da definição do partido para integrar a lógica dos sistemas operacionais ao projeto. Lembre-se de treinar, oferecer suporte e transferir efetivamente a edificação aos operadores.

8. *Contratos e especificações.* Todas as exigências de processo e LEED associadas às edificações sustentáveis precisam ser integradas de maneira efetiva às exigências de projeto do proprietário, solicitações de proposta, todos os contratos e todos os documentos de projeto e construção.

9. *Avaliação do custo do ciclo de vida.* O comprometimento em utilizar uma abordagem de custo do ciclo de vida deve partir do cliente antes mesmo do início do projeto. Esse comprometimento precisa estar integrado a todos os contratos e especificações relacionados. É necessário que o orçamentista seja integrado

à equipe no começo do projeto para que os custos sejam avaliados de maneira contínua, incluindo as projeções de custos operacionais. A modelagem de energia deve ser utilizada de forma produtiva para informar as projeções de custos operacionais; além disso, os operadores da edificação precisam estar envolvidos para auxiliar na consideração das alternativas aos custos operacionais. Assegure que uma perspectiva de custo do ciclo de vida seja utilizada durante todas as atividades de engenharia importantes.

10. *Melhoria contínua*. No caso de organizações que possuem mais de uma edificação, as lições aprendidas a cada experiência de projeto de edificações sustentáveis devem ser aproveitadas intensivamente para contribuir para a melhoria contínua no processo de projeto de edificações e para a adoção imediata de estratégias e tecnologias de projeto comprovadas. Utilize a documentação do LEED para dar suporte à melhoria contínua. Sempre que possível, faça com que alguém de sua organização aja como uma câmara de compensação para as lições do projeto. Invista em mecanismos deliberados para transferir experiências de um projeto a outro. Invista em estratégias de medição e verificação para avaliar o desempenho real dos recursos da edificação.

Integrar com sucesso os Dez Mandamentos em nossos projetos de Harvard ainda é um desafio; no entanto, a cada experiência, nos aproximamos mais de nosso objetivo. A reforma do prédio histórico do Edifício de Escritórios Blackstone, em Harvard (foto da capa), foi a que chegou mais perto. Como consequência direta da utilização de muitas dessas estratégias, a reforma recebeu a certificação LEED Platinum em 2007 sem nenhum custo adicional para o projeto. O projeto de cerca de 3.700 m² foi concluído dentro do prazo, em 2006, e dentro do orçamento, com um custo de construção de 2.700 dólares por metro quadrado. A equipe do cliente (proprietário) dedicou um tempo significativo à revisão e orientação do projeto – um custo real que foi absorvido pelos orçamentos que não faziam parte do projeto. O interessante é que tal investimento de tempo adicional do cliente permitiu que o grupo do cliente desenvolvesse uma variedade de ofertas de serviço dentro do próprio campus, incluindo um programa de aceitação do proprietário que hoje é oferecido pelo grupo responsável pelos prédios. O programa oferece aos proprietários de prédios de Harvard testes adicionais para os sistemas prediais, assim como melhor treinamento e suporte para os operadores das edificações.

Atualmente, em Harvard e em todo o país, o desafio não está tanto em convencer as pessoas a construir edificações sustentáveis, mas sim em acompanhar a enorme busca por conhecimento e orientação de forma a ajudar as equipes de projeto a obter as edificações mais sustentáveis com o mínimo impacto financeiro. Para tanto, espero que este livro seja um recurso extremamente oportuno e altamente informativo na hora de abordar os aspectos críticos do processo de projeto à medida que você se empenha para dar sua contribuição para o movimento das edificações sustentáveis.

Leith Sharp
Diretora, Harvard Green Campus Initiative
Cambridge, Massachusetts, Estados Unidos

Prefácio

Comecei este livro me fazendo uma pergunta muito importante: como as equipes de projeto podem projetar, construir e operar projetos comerciais e institucionais que sejam "verdadeiramente sustentáveis"? Em especial, como podemos criar edificações que economizem pelo menos 50% no consumo de energia em relação às edificações convencionais, isto é, aquelas construídas apenas para seguir o código local de edificação e satisfazer as exigências do código de energia? Em minha experiência, o setor de projeto e construção de edificações não tem o preparo suficiente para atingir essas metas na maioria dos projetos. Os incentivos e as recompensas díspares, junto com o conservadorismo inerente ao setor, dificultam até mesmo as menores reduções em consumo de energia, se medidas em relação aos padrões dominantes (atualmente, a norma ASHRAE 90.1 – 2007). O intenso enfoque do setor na minimização dos custos iniciais, associado a uma mentalidade de curto prazo entre os proprietários e construtores investidores de edificações, resulta no desenvolvimento de muitos projetos que não fazem investimentos na economia de energia que compensem, inclusive quando se justifica usando um horizonte de investimentos de cinco ou dez anos.

É possível alcançar esses resultados com as abordagens atuais do setor ao projeto e à construção? Com base na experiência pessoal e profissional adquirida nos últimos dez anos, concluí que a resposta é um "não" retumbante. Decidi escrever este livro partindo desta tese simples: precisamos mudar a maneira de projetar e construir edificações para que tenhamos uma chance de reduzir as emissões gerais de dióxido de carbono em relação aos níveis de 1990 – a meta atual de Quioto. Do contrário, talvez precisemos viver com as consequências de um aumento de 37% no consumo de energia primária nos Estados Unidos entre os anos 2000 e 2020, conforme preveem muitos especialistas. Embora existam muitos argumentos a favor de introduzir a conservação de energia primeiramente em edificações preexistentes, o fato é que a maioria das novas construções de hoje ainda estará conosco daqui a 50 anos, com o consumo de energia aplicado às vedações das edificações e difícil de ser alterado. Dessa forma, é recomendável dar uma atenção especial ao projeto, à construção e às operações de novas edificações.

Podemos chegar a esses resultados de alto desempenho com a estrutura atual de incentivos e métodos do setor de projeto e construção? Tenho observado que, em sua maioria, o setor de projeto e construção está preso a um modelo linear e avesso a riscos para a construção de edificações, com diversos isolamentos entre as várias partes, bem como muitas oportunidades perdidas de se fazer um trabalho melhor. O resultado são edificações que custam mais e têm um desempenho inferior ao esperado. Por outro lado, vi alguns projetos que utilizaram um processo de projeto integrado que produziu edificações cujo desempenho é superior ao de projetos similares, mas com o mesmo custo. Depois de entrevistar dezenas de arquitetos, engenheiros, empreiteiros, proprietários de edificações e construtores investidores, concluí que podemos fazer um trabalho muito melhor, mas realmente precisamos de uma maior compreensão do processo de projeto integrado. Este livro é uma tentativa de satisfazer tal necessidade.

O objetivo de todos os esforços por edificações sustentáveis é construir edificações de alto desempenho utilizando um orçamento igual ou próximo aos de edificações convencionais. Constatei que um processo de projeto integrado é a melhor maneira de alcançar este objetivo. Existem bons exemplos de edificações com certificação LEED Platinum construídas com pouco ou nenhum custo de capital adicional, incluindo o prédio descrito na Apresentação – a reforma do Edifício de Escritórios Blackstone de Harvard. Outro projeto com certificação LEED Platinum, o Centro de Saúde e Tratamento da Oregon Health & Science University (atualmente o maior do mundo), foi concluído em 2006 com um aumento de 1% no custo, levando em consideração os incentivos. Ao seguir um processo de projeto integrado, a nova sede de 64 mil m² da Manitoba Hydro, em Winnipeg, espera ultrapassar o Código de Energia de Edificações Modelo do Canadá em 60%, em um clima com oscilações anuais de temperatura próximas de 70°C. Por se tratar de um edifício do governo, o foco do projeto era a economia de propriedade de longo prazo, incluindo melhorar a saúde e a produtividade da mão de obra e oferecer uma edificação sustentável exemplar.

Este livro está cheio de exemplos reais parecidos. Deles, extraí princípios e práticas essenciais de projeto integrado, conforme empregados por arquitetos, engenheiros, construtores, investidores e proprietários de ponta. Não encontrei uma fórmula simples, como combinar A e B para obter C. Trata-se mais de uma tarefa complexa de gestão, que precisa ser estudada desde o início de cada projeto, até mesmo no momento da concepção: por que precisamos desta edificação e onde ela estará situada? Para facilitar minha tarefa, elaborei aproximadamente 400 perguntas importantes – baseadas principalmente nos sistemas de certificação de edificações sustentáveis *Leadership in Energy and Environmental Design* (LEED) do U.S. Green Building Council – que devem ser feitas a cada ponto da sequência de planejamento/projeto/construção/operação.

Este livro foi escrito para projetistas, proprietários e construtores de edificações comerciais e institucionais. Busquei, primeiramente, compreender tudo o que fosse possível sobre as edificações sustentáveis e, em segundo lugar, mostrar para atores importantes como entender um campo que vem crescendo de 50 a 75% ao ano, ou seja, uma taxa de crescimento que faz com que dobre de tamanho a cada 12 a 18 meses!

Espero que o *Projeto Integrado e Construções Sustentáveis* sirva como um guia para tornar seu próximo projeto um projeto sustentável. *Não* é um livro sobre como projetar uma edificação sustentável – existem muitos livros bons sobre o assunto escritos por arquitetos de ponta –, mas sim um livro sobre o processo de projeto e execução. Também mostro uma das ferramentas de software de gestão de projeto disponíveis, que ajudará a diminuir os custos de projetos de edificações sustentáveis, e apresento as experiências adquiridas por muitos arquitetos e equipes de projeto de qualidade em dezenas de projetos bem-sucedidos com certificação LEED Platinum.

Então, sirva uma xícara de café orgânico, cultivado à sombra e certificado, adicione um pingo de leite desnatado e um pouco de adoçante orgânico natural, relaxe e me permita ajudá-lo a aprender com os especialistas como projetar e executar uma edificação de alto desempenho.

Jerry Yudelson

Sumário

Capítulo 1 **A Receita para o Sucesso em Projetos de Alto Desempenho**   1

Capítulo 2 **As Edificações Sustentáveis Hoje**   15
    Características das edificações de alto desempenho   19
    Os sistemas de certificação LEED   24
    Outros sistemas de certificação de edificações sustentáveis   31
    Pensando no futuro   40
    A visão geral   44
    Barreiras para o crescimento das edificações sustentáveis   44

Capítulo 3 **A Prática do Projeto Integrado**   45
    Elementos do processo de projeto integrado   45
    A perspectiva do arquiteto   46
    O que um projeto integrado não é   48
    A função das BHAGs   50
    A equipe de projeto integrado   53
    O projeto integrado pela perspectiva do engenheiro   54
    O projeto integrado na prática – a experiência de um arquiteto   56
    Um projeto integrado internacional: o edifício do New York Times   58
    A função do empreiteiro no projeto integrado   63
    Uma nova tendência – o escritório integrado?   65

Capítulo 4 **A Ecocharrete**   67
    O processo de charretes   69
    A análise SWOT   70
    O projeto do Arboreto Morris da University of Pennsylvania   71
    Adote o "Espírito Certo"   78

Capítulo 5 Barreiras para Edificações de Alto Desempenho: Por que Alguns Projetos são Bem-sucedidos e Outros Fracassam   81

    Menos certificações de padrão mais alto   85
    O que precisa acontecer   89
    Obtendo resultados consistentes   91

Capítulo 6 A Vantagem Econômica das Edificações Sustentáveis   95

    Incentivos e barreiras às edificações sustentáveis   97
    Benefícios com impactos econômicos   102
    Benefícios econômicos   103
    A gestão de riscos   107
    Melhorias para a saúde   109
    Relações públicas e marketing   109
    Recrutamento e retenção   112
    Financiamento de projetos de sustentabilidade   113
    Benefícios políticos   116
    Quem se beneficia?   116

Capítulo 7 Os Custos das Edificações Sustentáveis   121

    Determinantes do custo das edificações sustentáveis   123
    Considerações adicionais sobre o custo   128
    Controle de custos em projetos com certificação LEED   131
    Alto desempenho dentro do orçamento   132
    Resumo das influências de custo   134
    Estudos de custo de edificações sustentáveis   135
    O projeto integrado pode reduzir custos   140
    Custos brutos e custos líquidos   142

Capítulo 8 Gestão de Projeto Integrado – Análise de Custo/Benefício das Edificações Sustentáveis   145

    Introdução ao método do valor agregado ambiental   146
    Sistemas de certificação LEED e EVA   148
    Como iniciar a análise do valor agregado ambiental   162
    Avaliação do valor integrado   163

Capítulo 9 Como Começar – Estudos Preliminares   167

    Considerações de nível mais elevado: o resultado final triplo   168
    Considerações gerais: projeto sustentável   173
    Escolha e avaliação do terreno   175
    Elaboração do programa de necessidades   180
    Estudos preliminares   185

Capítulo 10	**Definição do Conceito e Elaboração do Partido de Arquitetura**	**187**

Questões sobre o conceito e o processo 188
Questões sobre o terreno 189
Questões sobre a água 192
Questões sobre energia 193
Questões sobre materiais e recursos 199
Questões sobre a qualidade do ambiente dos interiores 200

Capítulo 11	**Desenvolvimento do Projeto**	**203**

Questões gerais sobre o projeto sustentável 203
Questões sobre o projeto do terreno 204
Questões sobre a eficiência no consumo da água 205
Questões sobre o projeto de energia 206
Questões sobre materiais e recursos 214
Questões sobre a qualidade do ambiente dos interiores 215

Capítulo 12	**Fase do Projeto Executivo**	**219**

Sistemas que consomem energia 219
O projeto de um laboratório de alto desempenho 221
Licitação e negociação 231

Capítulo 13	**Construção e Operações**	**233**

A construção 233
Ocupação e operações 239

Capítulo 14	**Olhando para o Futuro – o Projeto de Edificações Vivas**	**243**

Hard Bargain Farm, Accokeek, Maryland, Estados Unidos 245

Apêndice A	**Recursos para o Projeto Integrado de Edificações**	**251**
	Índice	**253**

1
A Receita para o Sucesso em Projetos de Alto Desempenho

Ao longo deste livro, mostrarei alguns exemplos de projetos de alto desempenho, em geral que obtiveram a certificação LEED Platinum, e contarei como os envolvidos trabalharam juntos para chegar a esses resultados. Neste capítulo, apresentarei exemplos encontrados em vários projetos e tirarei algumas conclusões gerais a partir das experiências dos arquitetos, proprietários, engenheiros e construtores. A conclusão final: é muito difícil atingir resultados de alto nível sem algum tipo de processo de projeto integrado.

Um dos principais defensores do projeto integrado é o arquiteto William G. (Bill) Reed, cujo escritório se localiza em Boston, nos Estados Unidos. Reed é conhecido como um dos coautores originais dos sistemas de certificação Leadership in Energy and Environmental Design (LEED) do U.S. Green Building Council. Nos últimos anos, ele tem defendido o processo de projeto integrado como uma maneira de produzir não apenas edificações "sustentáveis", mas edificações e terrenos que sejam, na realidade, restauradores em termos de processo e resultado. Reed é diretor de duas empresas: Regenesis e Integrative Design Collaborative. A respeito do processo de projeto integrado, ele afirma o seguinte:[1]

> É muito fácil implementar o processo de projeto integrado, mas são necessários uma equipe de projeto e clientes que estejam dispostos a mudar a natureza de seu processo de projeto. Apesar de não ser difícil, é diferente. Trata-se de mudar. É algo fácil de fazer? Na verdade, depende de as pessoas estarem dispostas a iniciar um processo de mudança.
>
> Para fazer coisas diferentes com sustentabilidade (e é isso que fazemos no projeto integrado), precisamos fazer as coisas de uma maneira diferente. Para fazer as coisas de uma maneira diferente, precisamos pensá-las de maneira diferente. Para pensá-las de maneira diferente, precisamos, na verdade, ser ou nos tornar pessoas diferentes.
>
> Bem, é algo fácil de fazer? O aspecto da prática é relativamente a parte mais fácil, enquanto o aspecto da mudança é muito difícil. O processo de prática mais

---

[1] Entrevista com Bill Reed, fevereiro de 2008.

bem-sucedido que já utilizamos para ajudar as pessoas a mudar seu processo está na primeira charrete. Nós mapeamos um processo de projeto que mostra como as pessoas estarão se integrando e conversando entre si; quando irão falar a respeito; por que estão falando; e as entregas parciais e a análise passo a passo que devem à equipe. Trata-se de um mapa bastante detalhado. Não é um caminho crítico; é um mapa rodoviário da integração. Sem ele, as pessoas retornarão imediatamente aos seus antigos padrões de prática.

Percebe-se que, se tiver um mapa rodoviário, uma nova pessoa [no projeto] pode retomar de onde a outra parou. O mapa rodoviário é extremamente detalhado. Diz quem irá se encontrar com quem, quando e para que fim. Reúne o processo de análise para todos os principais sistemas: energia, água, materiais, habitat, marketing, construção, planejamento diretor, arquitetura, gerência de projeto, energias renováveis. Todos esses itens são identificados como itens lineares e, em seguida, reunidos no sistema como um todo à medida que o processo de projeto avança da definição do conceito para a definição do partido. Aliás, caso não tenha concluído essas análises no momento da definição do partido, você provavelmente perdeu oportunidades para a maioria das soluções ambientais e econômicas. O processo pode se tornar bastante complexo, mas, se não tiver estas análises, a equipe provavelmente retornará à tomada de decisões isoladas e a ideias extremamente simplistas e desintegradas.

O projeto integrado consiste em simplesmente fazer pesquisas – aplicadas e diretas – e reunir-se e falar a respeito de oportunidades descobertas. A seguir, buscamos uma maior otimização dos sistemas ao questionar todos os pressupostos, sair para fazer mais análises detalhadas e pesquisas, reunir-se novamente para discutir e comparar, e assim por diante. Este é um processo que exige tempo para refletir sobre uma finalidade mais profunda, ou seja, o motivo central pelo qual estamos fazendo uma edificação sustentável, e, em seguida, permitir que o gênio do grupo emerja do processo de pesquisa e questionamento de pressupostos.

Normalmente, consideramos que três a cinco charretes são necessárias para o projeto de uma edificação mediana. Quem disser que está fazendo um projeto integrado com apenas uma charrete não sabe o que a integração exige. Uma charrete apenas não é um processo de integração.

A maioria dos novos envolvidos com edificações sustentáveis não sabe o que não sabe. Dessa forma, como podem criar uma proposta a um valor razoável para tal obra? Embora afirmemos que os serviços básicos de projeto custam o mesmo com o projeto integrado, os custos são uma questão inicial porque se gasta muito mais nos estudos preliminares e no lançamento do partido de arquitetura. Todavia, o restante do projeto corre de maneira muito mais tranquila uma vez que o processo está bem coordenado.

A explicação de Reed nos mostra que o processo de projeto integrado é, na realidade, um desafio fundamental à noção da abordagem do "melhor, mais rápido e mais barato" que caracteriza muitos projetos. Por outro lado, tal abordagem ao projeto integrado reconhece que um bom trabalho requer um bom raciocínio. Para muitos arquitetos, a parte mais complicada do processo talvez seja resistir ao ímpeto de pegar um lápis e começar a riscar. A ênfase de Reed está em criar uma equipe totalmente funcional que investigue e preste contas; nessa interpretação, o processo é altamente iterativo e se baseia na descoberta de relações e possibilidades ocultas.

Evidentemente, começar um projeto com três a cinco charretes é um grande compromisso em termos de tempo e dinheiro, tanto para a equipe quanto para o proprietário do projeto. Reed fala sobre como esses contratos e compromissos podem ser gerenciados com eficácia.

Fazemos um contrato para a Parte A e um para a Parte B. O contrato da Parte A diz que pagaremos os membros da equipe de projeto – arquitetos paisagistas, engenheiros civis, engenheiros mecânicos, modeladores de energia, arquitetos, responsáveis pelos sistemas hidráulicos – por três dias de pesquisa, por exemplo. Especificamos o que eles farão. O contrato também informa que serão pagos por uma charrete de dois dias. Pedimos uma proposta para aquele trabalho e, em seguida, solicitamos uma proposta preliminar geral para que possamos ter uma ideia daquilo que estão pensando para o restante do trabalho. Porém, nos comprometemos somente com a Parte A, a primeira parte da pesquisa e a charrete. Na primeira charrete, examinamos os objetivos do projeto ou, pelo menos, sua direção geral. Elaboramos um mapa rodoviário para que todos estejam alinhados com aquilo que precisam fazer, por que e a quantas reuniões precisam comparecer. Então, podem retornar e elaborar uma proposta mais detalhada. O cliente e os membros da equipe já compreendem o que está sendo proposto e por quê.

Isso coloca todos em pé de igualdade, é justo para os envolvidos e nunca vi ninguém se opor depois que o mapa rodoviário estivesse traçado. Ao reunir diferentes membros na equipe de projeto com os quais nunca trabalhamos e sem conhecer exatamente suas capacidades, algumas descobertas bastante importantes são feitas. Em algumas poucas ocasiões, encontramos pessoas que dizem: "Não sabia que estava me envolvendo com isso. Não sabia que o projeto sustentável exigia isso. Não sabia que precisava fazer esse tipo de modelagem de energia". Descobrimos se realmente temos as pessoas certas ao redor da mesa ou se precisamos de especialistas que possam ajudar com os objetivos do projeto.

Stephen Kieran, da Kieran Timberlake Associates, com escritório na Filadélfia, Estados Unidos, falou sobre uma abordagem contrastante à proposta do Edifício e Galeria de Esculturas com certificação LEED Platinum da Yale University. Nesse caso, havia apenas uma janela de 21 meses para o projeto e a construção; não havia muito tempo para estudos extensivos e exercícios elaboradores de projeto iterativo. A solução: reunir uma equipe composta por muitos especialistas com experiência em projetos sustentáveis e fazer com que colaborassem desde o primeiro dia, mas sem um programa formal de organização de equipe. O fato de os consultores de engenharia climática – Atelier Ten – já terem feito muitos projetos anteriores em Yale ajudou, pois estes estavam familiarizados com as exigências da universidade e também com os fatores climáticos locais[2]. Kieran descreveu como o projeto foi feito tão rapidamente[3].

Quando o cliente veio até nós, apresentou-nos um cronograma extraordinário para o projeto – isto é, foi muito rápido. Avaliando em retrospecto, aquilo acabou contribuindo para o processo como um todo. Ele chegou e perguntou se nós, como equipe, poderíamos entregar a edificação, desde os estudos preliminares até a ocupação, em 21 meses – o que é menos da metade do tempo normal. Isso exigiu imediatamente a reengenharia e o replanejamento do processo, visto que não tínhamos a estrutura necessária. É uma

---

[2] Entrevista com Patrick Bellew, Atelier Ten, Londres, fevereiro de 2008.
[3] Entrevista com Stephan Kieran, março de 2008.

grande instituição e os responsáveis precisavam estar disponíveis para tomar decisões. De imediato, começamos um exercício de processo de projeto e trouxemos uma equipe de consultores. Em primeiro lugar, decidimos que tínhamos de nos reunir quinzenalmente em New Haven com os representantes da universidade que pudessem tomar decisões junto conosco à medida que prosseguíssemos. Todos os diretores das equipes de consultoria também precisavam estar presentes em tais reuniões para que sempre houvesse a possibilidade de tomar decisões em todas as frentes em todas as reuniões. Em segundo lugar, mapeamos o processo decisório da universidade e descobrimos quando precisaríamos nos apresentar aos executivos e ao comitê consultor do projeto (para as revisões). Foi literalmente um "jogo rápido", com muitas reuniões.

Nas reuniões quinzenais, estavam presentes na sala: o Atelier Ten, como consultores ambientais; nós, como arquitetos; John Morrison, sócio da CVM, representando engenheiros de estruturas; um dos diretores da BVH, representando engenheiros mecânicos; o diretor de paisagismo da Andropogon; engenheiros civis da BVH; e diversos consultores especializados que acrescentamos ao longo do caminho conforme necessário, que compareciam de acordo com o tópico. Com frequência, eram tópicos como o desenvolvimento das paredes-cortina e das vedações da edificação. Também trouxemos uma equipe de pesquisa do nosso escritório, sendo que vários membros participaram regularmente das reuniões, bem como do desenvolvimento das estratégias ambientais. Havia integração não apenas dentro de nossa equipe, mas também na equipe do proprietário, o que é bastante raro. Normalmente, não projetamos junto com os proprietários. Somente levamos materiais até eles. O jogo foi tão rápido que eles participaram bastante das reuniões enquanto nós gerenciávamos o desenvolvimento do processo de projeto.

Aconteceu algo muito interessante. Quando todos se reuniam na sala, os engenheiros de estruturas começavam a falar sobre os sistemas mecânicos. Os engenheiros mecânicos começavam a falar sobre os sistemas estruturais. Até mesmo o arquiteto paisagista se envolvia – discutindo coisas do interior da edificação. As fronteiras [disciplinares] basicamente desapareciam nas discussões.

Em nossa atividade profissional, geralmente separamos essas coisas. As pessoas não querem sentar-se a uma mesa para ouvir representantes de outra disciplina. Os engenheiros mecânicos não querem "perder tempo" com uma reunião de coordenação estrutural e vice-versa. Não tivemos tempo para isso [uma abordagem convencional]. Eram reuniões de um turno; todos se sentavam na mesma sala. O resultado foi bastante notável, porque uns começaram a comentar o trabalho dos outros. Por exemplo: algumas das melhores críticas sobre os sistemas mecânicos foram feitas por nossos engenheiros de estruturas. Tornou-se um processo de revisão ampla e verdadeira. Ideias emergiam e eram mais profundamente integradas em consequência de estarem todos na sala.

A edificação tem, por exemplo, um sistema de ventilação com deslocamento vertical [que fica em grandes armários verticais]. É o primeiro do gênero em Yale. Está perfeitamente sincronizado com a estrutura da edificação. Todos os armários de ventilação, que são as saídas para essa ventilação de velocidade extremamente baixa, foram construídos contíguos a todos os pilares estruturais. Fizemos isso pensando na flexibilidade de longo prazo da edificação, [porque] a estrutura não sairá do lugar e o sistema de ventilação com deslocamento precisa se tornar um acessório dentro da edificação. Não queríamos comprometer a flexibilidade da edificação pela perspectiva do proprietário; o prédio é basicamente um *loft*.

Nós casamos as localizações dos sistemas mecânicos com a estrutura, já que esta não iria sair do lugar; portanto, a flexibilidade não foi prejudicada por tal associação. Normalmente, o engenheiro mecânico e o engenheiro de estruturas detestariam fazer isso. Um não quer projetar preso ao trabalho do outro. Em geral, desejam ser independentes. [Essa abordagem] funcionou muito bem. Os engenheiros coordenaram todos os detalhes para que o projeto pudesse ter sucesso. É bonito, devo dizer, quando olhamos o resultado. A estrutura e o sistema foram integrados na mesma forma estética.

A descrição de Kieran ressalta que a pressão para ter um bom desempenho realmente acaba por reunir pontos de vista díspares. A singularidade de contar com

---

EXEMPLO DE PROJETO COM CERTIFICAÇÃO LEED PLATINUM

Edifício e galeria de esculturas da Yale University, New Haven, Connecticut, Estados Unidos

O Edifício e Galeria de Esculturas da Yale University, com cerca de 4.700 m², acomoda o programa de graduação em escultura da Faculdade de Artes. O prédio de três pavimentos, que custou 52,6 milhões de dólares, inclui uma galeria, escritórios administrativos, salas de aula e oficinas. Um sofisticado sistema de qualidade do ar do interior monitora continuamente os poluentes no ar interno e, em seguida, exaure e recicula o ar conforme necessário. Um sistema de paredes-cortina exclusivo, combinado com o sombreamento solar, reduz os ganhos térmicos pela fachada de vidro em aproximadamente 30%. Mais de 90% da cobertura da galeria é "verde".[4]

© Peter Aaron/Esto.

---

[4] Yale Office of Sustainability [online], http://www.yale.edu/sustainability/sculpture.htm, acessado em abril de 2008.

a presença do proprietário nas reuniões de projeto, com plena autoridade para tomar decisões em nome da universidade, tem muito a ensinar para outras equipes. Um projeto de alto desempenho exige iterações, mas não precisa e nem pode tolerar a perda de tempo até que alguns figurões revisem as decisões de projeto (mesmo sem ter feito parte do processo). A função do arquiteto ao persuadir diferentes disciplinas de projeto a trabalharem juntas é a mensagem oculta nessa história. A beleza resulta de um projeto completamente integrado. Há algo inerentemente agradável no corpo humano que, por exemplo, nenhum robô pode duplicar, uma vez que é produto de um projeto completamente integrado (inteligente ou não!).

O projeto acelerado tem muitos benefícios colaterais além de exigir um processo de projeto integrado. Afinal, a equipe ainda precisava realizar reuniões de organização e "mapeamento de processo" no início, mas não havia tempo para que todos retornassem a seus escritórios, se envolvessem com mais meia dúzia de projetos e então, de alguma maneira, fizessem alguma análise a tempo para a próxima reunião de projeto. Segundo Kieran:

> Agir mais devagar não é necessariamente melhor em termos artísticos ou de desempenho. De algumas formas, forçar as pessoas a tomar decisões – a serem apenas decididas e seguirem [em frente] – quase resulta em uma arquitetura melhor do que a enrolação e a ansiedade que podem se tornar dominantes quando não se está lidando com um processo acelerado.

Outra lição importante dessa história é que os diretores precisam se comprometer com o projeto. Para que esse processo funcione bem, as agendas precisam ser liberadas e as reuniões devem contar com a presença de todos os atores principais – sem desculpas! Com muita frequência, durante os processos de projeto, os diretores delegam a presença nas reuniões aos gerentes do projeto, mas ainda mantêm o direito de revisar as decisões, impedindo que o processo como um todo seja completamente integrado. Apesar de Kieran não afirmá-lo de forma explícita, estou certo de que o preço pago pelos consultores para participar deste projeto foi o compromisso em comparecer às reuniões quinzenais regulares. Se você já participou de reuniões de projeto, sabe que nenhum diretor de um escritório de projeto quer chegar a uma reunião sem condições de contribuir para ela. Por isso, suponho que os arquitetos-chefe e consultores de engenharia tenham se envolvido constantemente com o projeto. Acontece que os empreiteiros também se envolveram desde o início. De acordo com Kieran:

> Aliás, os empreiteiros – Shawmut Design & Construction – participaram de todas as reuniões de projeto quinzenais e forneceram informações de custo desde o início. Tratava-se de uma firma que não era especialmente conhecida pela construção de edificações de alto desempenho, mas seus professores aderiram e desenvolveram todo o processo junto conosco. Faziam os orçamentos à medida que projetávamos.

Passamos agora para as opiniões de um engenheiro sobre o projeto integrado e as edificações de alto desempenho. Kevin Hydes é engenheiro e, atualmente, presidente do World Green Building Council. Já foi presidente do U.S. Green Building Council e é membro honorário do Royal Architectural Institute of Canada. Kevin oferece uma forte visão interdisciplinar do processo[5].

---

[5] Entrevista com Kevin Hydes, Stantec Consulting, janeiro de 2008.

Do ponto de vista do engenheiro, um dos desafios do processo de projeto integrado (IDP) é a falta fundamental de compreensão do trabalho dos arquitetos. Acho que a diferença entre o treinamento de arquitetos e o treinamento de engenheiros, pelo que sei, está no fato de os arquitetos serem profundamente treinados de acordo com a ideia de integração.

A arquitetura é ambígua e a engenharia, factual. Faz parte da discussão que preparamos, embora o projeto integrado, em sua essência, precise da ambiguidade. Se soubéssemos a resposta, já agiríamos de acordo com ela em todas as ocasiões. Porém, não sabemos e, por esse motivo, precisamos nos abrir para a ideia de ambiguidade, uma área em que os arquitetos normalmente se sentem mais à vontade que os engenheiros.

Se acreditarmos que temos algo a oferecer como engenheiros, ainda não conheci nenhum arquiteto que não esteja disposto a se sentar – quando o papel está completamente em branco e as oportunidades são infinitas – para reunir o processo criativo do arquiteto e do engenheiro, bem como as demais disciplinas.

Enquanto profissão, a arquitetura compreende fundamentalmente que a engenharia precisa estar envolvida, que a economia precisa fazer parte do processo e que o meio ambiente precisa implicitamente fazer parte do processo (mesmo não se tratando de arquitetos especialistas em habitabilidade). Há, consequentemente, uma noção de que, na arquitetura, é necessário incluir tudo. Deve ser por isso que, até certo ponto, a arquitetura adotou o processo de projeto integrado.

Tenho algumas regras: não se pode construir o que não pode ser desenhado, não se pode medir o que não pode ser desenhado e não se pode orçar o que não pode ser desenhado. Uma das características de fazer um croqui é o fato de ele ser universal. Não importa se estou na China, no Japão ou na Coreia: posso desenhar um croqui e não preciso aprender o idioma. Acredito que o processo de projeto integrado se constrói principalmente em torno de ferramentas visuais, com menos ênfase na palavra escrita porque está sujeita à interpretação, demora mais para ser formulada e pode ser editada. Já um diagrama, uma imagem ou fotografia instantânea estabelece uma possibilidade muito rapidamente.

Nas primeiras conversas sobre quais oportunidades determinada edificação oferece, um engenheiro proativo, bem-informado, atualizado e com bastante experiência dá um passo à frente e começa a esboçar uma ideia. Invariavelmente, alguém se levanta, pega uma caneta de outra cor e modifica a ideia original, sem dúvida melhorando-a. Um terceiro pode dar continuidade ao processo. Trata-se de liderar por meio de exemplos. É necessário coragem para expor uma ideia. Tudo se resume à coragem, não à impetuosidade; existe uma diferença. Certamente não se trata de se exibir. Se alguém estiver se contorcendo e tentando controlar as mãos, o facilitador precisa ter habilidade suficiente para reconhecer essa energia criativa e passar a caneta à pessoa em questão.

Uma das crenças sobre o projeto integrado é a teoria da inovação como um todo. Um dos aspectos críticos da inovação é a capacidade de errar. Quem tem medo de errar é incapaz de inovar. O processo de projeto integrado precisa permitir que se erre com segurança, em vez de acertar sempre. A capacidade de errar é crítica para o sucesso porque, do contrário, iremos simplesmente permanecer em nossa zona de conforto e apenas extrapolar as ideias que já temos, o que provavelmente significa não se expor.

Em minha opinião, a primeira regra da engenharia é que precisamos saber as respostas (nem todos os colegas concordam comigo) antes de fazermos os cálculos. Acredito que faremos o tipo de mudança que precisamos fazer [no projeto sustentável], mas precisamos começar sabendo qual é a resposta. E a resposta é o consumo líquido de energia zero. A resposta é a certificação LEED Platinum. [Se soubermos aonde queremos ir], podemos usar nossas habilidades e talentos criativos coletivos para chegar à resposta. A parte mais importante do processo de projeto integrado é ter uma ideia bastante clara de qual deve ser a resposta e, em seguida, desenvolver um processo para chegar até ela.

Vamos fazer uma pausa e examinar algumas dessas ideias. Em primeiro lugar, o projeto integrado é um processo interativo, no qual uma ou outra parte pode assumir a liderança a qualquer momento. Em segundo lugar, trata-se de encontrar soluções específicas para problemas de projeto específicos, não apenas adaptar soluções preexistentes. Em terceiro lugar, é necessário um conjunto claro de metas, como o consumo líquido de energia zero ou a certificação LEED Platinum. Como veremos mais à frente neste livro, os melhores esforços de projeto geram esses resultados como produto derivado de raciocínios inovadores e uma disposição para assumir riscos calculados.

PERFIL DO PROJETO PLATINUM

Centro de Operações da Reserva Nacional de Gulf Islands, Sidney, Colúmbia Britânica

Localizado na orla marítima, o Centro de Operações abriga as operações e os funcionários administrativos da Reserva Nacional de Gulf Islands. O prédio de três pavimentos e 1.050 m² foi projetado para consumir 75% menos energia que uma edificação similar com sistemas mecânicos convencionais. Um sistema de bomba de calor com fonte submersa no oceano atende a todas as necessidades térmicas da edificação. Um sistema fotovoltaico satisfaz 20% da necessidade total de energia do prédio. Acessórios de baixa vazão, bacias sanitárias com descarga dupla e um reservatório com capacidade para 30 mil litros contribuem para reduzir o consumo de água potável em mais de 60%.[6]

Existem diferenças de foco entre o arquiteto e o engenheiro: o arquiteto está interessado na aparência visual da edificação, assim como em fazê-la funcionar conforme a finalidade pretendida; o engenheiro está interessado na economia de recursos, na eficiência e no controle dos sistemas prediais. Não há um conflito inerente entre esses dois pontos de vista, mas existem níveis extremamente variáveis de habilidade e experiência que cada parte traz para os problemas do projeto de edificações de alto desempenho. Por isso que o processo de projeto integrado é tão importante: ele ajuda a unificar os níveis de habilidades, a aceitação da ambiguidade e a tolerância a riscos entre os diferentes membros da equipe de projeto a fim de produzir algo que nenhum deles poderia conseguir individualmente. Outro aspecto da abordagem de Hydes é a representação visual de sistemas complexos. Cada croqui provoca conversas entre os lados direito e esquerdo do cérebro; sempre que alguém diz "e se fizéssemos assim?"

---

[6] Lloyd Alter, Gulf Islands Park Operation Centre: LEED Platinum [online], http://www.treehugger.com/files/2006/11/gulf_islands_pa_1.php, 08 de novembro de 2006, acessado em abril de 2008. Canada Green Building Council [online], http://my.cagbc.org/green_building_projects/leed_certified_buildings.php?id=41&press=1&draw_column=3:3:2, acessado em abril de 2008.

e pega a caneta para agregar algo ao croqui, há um momento criativo em que todos se envolvem para encontrar as melhores soluções.

Finalmente, há um tesouro escondido nos comentários de Hydes. Para participar plenamente do processo de projeto integrado (IDP), é necessário manter um "registro", em outras palavras, devemos ter experiências bem-sucedidas em projetos anteriores que nos ofereçam a liberdade de errar com relação à determinada ideia de projeto. O projeto de edificações de alto desempenho é um processo intenso que, na maioria dos casos, emprega profissionais altamente treinados e experientes, prazos exíguos e orçamentos limitados. Existe muita pressão para avançar rapidamente e encontrar soluções básicas, se prender a elas e, a seguir, apresentar os detalhes ao restante da equipe. A experiência dos especialistas entrevistados para este livro sugere que precisamos resistir a tal tendência de fechar caminhos de projeto promissores antes de explorar as possibilidades por completo. Por essa razão, é muito importante "saber o que se está fazendo". Não há tempo, durante uma charrete de projeto, para pesquisar boas ideias. Precisamos colocá-las na mesa e sermos criativos ao usá-las. Um bom título para uma reunião de projeto de edificações de alto desempenho seria "onde o raciocínio ultrapassado não tem vez".

Até o momento, falamos a respeito do arquiteto e do engenheiro. E quanto ao proprietário da edificação, a pessoa a quem todo esse esforço é dedicado? Como os proprietários abordam a questão de edificações de alto desempenho? Conversamos com o Dr. Douglas Treadway, reitor do Ohlone College, Newark, Califórnia, Estados Unidos, que coordenou o projeto com certificação LEED Platinum de um novo campus universitário comunitário na região da Baía de San Francisco. Seguem suas palavras sobre o processo[7].

> Minha função no projeto do novo campus talvez tenha sido um pouco mais prática do que a função normal de um reitor de universidade. Antes que eu me unisse ao comitê, os recursos já haviam sido obtidos e as plantas, finalizadas; no entanto, consegui convencer o comitê a fazer uma pequena pausa e reexaminar seus planos. Essa foi a primeira coisa que fiz. Também estendi o prazo total para que pudéssemos criar uma edificação sustentável, visto que não planejávamos fazer uma. O comitê tinha algumas referências vagas, mas nenhuma visão específica do que realmente estávamos fazendo. [O prazo total foi estendido somente de seis a oito meses.]

> As metas foram determinadas depois de uma série de "retiros de projeto", exercícios de previsão, entrevistas e pesquisas dentro da região da Baía a fim de definir a viabilidade de certas abordagens de edificações sustentáveis. Então, aplicamos tudo à visão do novo campus, que também não havia sido feito. Seria uma faculdade para fins gerais, mas acabamos transformando-a em faculdade de ciências da saúde e tecnologia. Encontramos, assim, um novo fundamento para nossa edificação sustentável, uma vez que a natureza da missão da instituição tinha mudado. Modificar a edificação – de um campus universitário geral para um campus temático de ciências da saúde e tecnologia – foi um passo realmente importante na etapa de anteprojeto, pois impulsionou tudo o que veio depois.

> Discutimos os objetivos do projeto com a equipe, mas também tínhamos nossos próprios critérios de projeto independentes. Os critérios não determinaram o projeto físico em si; contudo, foram os princípios e pressupostos que vieram a determinar o

---

[7] Entrevista com o Dr. Douglas Treadway, Ohlone College, março de 2008.

projeto. A comunidade universitária e alguns empregadores da região elaboraram os objetivos durante uma série de "retiros" e sessões de previsão. Fornecemos de oito a dez conceitos de planejamento ao arquiteto. Ele lhes deu uma voz e os colocou em um documento. O estuário próximo da Baía de San Francisco se tornou um paradigma de planejamento para o trabalho do arquiteto. Este foi bastante criativo ao pegar o que fizemos e traduzir para a arquitetura.

Foi um processo de fusão, uma vez que os empreiteiros não participaram desde o início. Utilizamos um processo de construção terceirizada e a Turner Construction Company, uma empresa que tem muita experiência com edificações sustentáveis, apesar de nunca ter trabalhado com dois dos sistemas que escolhemos. Assim, ela também aprendeu. Naquele momento, minha função era similar à do maestro de uma sinfonia. Participei ativamente para assegurar que o projeto estivesse integrado com os outros campi universitários e com nosso planejamento.

Ao longo desse período de iterações contínuas, sempre que precisávamos tomar uma decisão, nós nos perguntávamos: "Fazemos cortes? Sacrificamos o solário? O que devemos fazer?". Houve um momento muito importante, quando do recebimento das propostas para a execução, em que eu disse: "Vou sair e angariar os 10 milhões de dólares para os acessórios, não façam mais cortes na edificação e não retirem nenhum dos elementos de sustentabilidade. Vou encontrar o dinheiro necessário". Desse modo, me esforcei demais durante a parte final do projeto, já que saiu um pouco de nosso alcance. Como estávamos trabalhando com esses parceiros desde o início, eles voltaram e disseram: "Vamos ajudar a levantar o dinheiro". E foi isso o que aconteceu.

Primeiramente, o elemento mais importante para a obtenção da certificação Platinum foi a parceria entre o arquiteto e o empreiteiro. Não começamos tendo como objetivo a [certificação] de sustentabilidade. Entretanto, eles estavam bastante motivados a avaliar tudo e retornar para nos oferecer sugestões. Eles nos perguntavam: "E se vocês fizessem isso? Poderiam fazer isso e ver seu valor, não apenas pela certificação LEED, mas por si só?" Ao longo do caminho, ajudamos na tomada de muitas decisões que julgamos boas e outras que queríamos fazer de qualquer maneira. Não estávamos à procura de um padrão particular apenas, mas eles foram muito insistentes nesse aspecto. Tínhamos uma política de comitê que exigia que todas as nossas edificações tivessem certificação LEED. Portanto, a certificação era obrigatória, embora não achássemos que chegaríamos aonde chegamos [Platinum].

Quanto à exposição de motivos para o projeto integrado usando os sistemas de certificação LEED, Treadway disse o seguinte:

Meu conselho é seguir os critérios do LEED, não somente para alcançar determinada pontuação, mas porque são muito sensatos; estão verdadeiramente relacionados à qualidade e à saúde do ambiente de aprendizado, bem como à viabilidade no longo prazo. Para a maioria de nós, é mais difícil arcar com os custos de manutenção corrente do que com os custos capitais iniciais. [Considerar] o "custo total de propriedade" também é um princípio ambiental – e o LEED nos ajuda a pensar dessa maneira.

Treadway também comentou a necessidade de resolver rapidamente os custos crescentes da construção ao repensar a edificação e fazer um projeto menor, mantendo-se dentro do orçamento original.

[É necessário] também estar disposto a sacrificar a quantidade para ganhar mais em termos de qualidade. De qualquer forma, a maioria de nossos prédios universitários funciona com apenas 40% de ocupação anual. Utilize mais a edificação, ou construa-a um pouco menor, mas certifique-se de que seja uma edificação saudável e de boa qualidade. A sustentabilidade inclui tudo isso. Não se trata apenas de economia de energia; há também a ecologia da edificação e seu valor para o aprendizado.

EXEMPLO DE PROJETO COM CERTIFICAÇÃO LEED PLATINUM

Centro Newark de Ciências da Saúde e Tecnologia, Ohlone College, Newark, Califórnia, Estados Unidos

O Centro Newark de Ciências da Saúde e Tecnologia abriga o campus Newark do Ohlone College, que atende à região do Leste da Baía de San Francisco. O prédio de cerca de 12.500 m² tem capacidade para 3.500 alunos. O sistema fotovoltaico na cobertura suprirá 42% das necessidades de energia da edificação. Bombas de calor geotérmicas (com bobinas subterrâneas) e rodas de entalpia para recuperação de energia contribuem para uma melhora de 25% no desempenho de energia[8].

Fotografia cortesia de Lou Galiano, Alfa Tech Cambridge Group.

A Turner Construction foi a empresa terceirizada escolhida para o projeto do Ohlone College. Entrevistamos Michael Deane, gerente de operações para construções sustentáveis da Turner, sobre suas opiniões a respeito do projeto integrado e do papel do empreiteiro[9].

---

[8] Ohlone College [online], http://www.ohlone.edu/org/newark/core/leed.html, acessado em abril de 2008. Catherine Radwan, Enviromentally Sustainable Campus to Earn LEED Platinum Certification, January 28, 2008, acessado em abril de 2008.

[9] Entrevista com Michael Deane, fevereiro de 2008.

[Na Turner], em função do número de projetos sustentáveis que temos em nosso portfólio, já fizemos de tudo pelo menos uma vez, incluindo sete projetos com certificação LEED Platinum. Recentemente, concluímos o primeiro edifício residencial alto com certificação LEED Platinum. Fizemos diversos projetos com certificação LEED Gold que custaram no máximo 2% a mais que o orçamento padrão.

Se nós, os construtores, utilizarmos o modelo de projeto integrado, podemos agregar um valor real à discussão. Podemos trazer muitas informações que afetarão as escolhas do projeto. Se não estivermos presentes, isso nem sempre acontece. Dessa forma, o produto acabado – em termos de projeto – talvez não seja tão bom quanto poderia ter sido com o benefício da perspectiva do construtor.

Meu conselho para outros empreiteiros é simples: exija um lugar à mesa. Certifique-se de que o restante da equipe compreenda a importância de sua colaboração. Mas, quando se sentar à mesa, é melhor que você tenha se preparado e saiba o que está dizendo.

À medida que mais projetos se aproximam de soluções de consumo líquido de energia zero e resíduo zero, os sistemas de arquitetura e engenharia terão de se tornar mais ousados; sem a participação ativa do empreiteiro geral e dos principais subcontratados, como os instaladores mecânicos, de eletricidade e de automação, é alta a probabilidade de tais projetos não funcionarem como deveriam. Como o empreiteiro geral gasta mais de 90% do orçamento do projeto em um programa de construção convencional, o projeto integrado sem sua participação ativa provavelmente produzirá resultados limitados.

Se tantas pessoas estão dispostas, preparadas e interessadas em fazer e executar projetos de alto desempenho, quais são, então, as verdadeiras barreiras às edificações de alto desempenho? Deve haver alguns obstáculos, caso contrário, este livro não seria necessário. Dan Nall é vice-presidente e diretor sênior de tecnologia avançada na Flack + Kurtz, uma das principais firmas de engenharia de edificações sustentáveis dos Estados Unidos. Segue sua opinião sobre esta questão[10]:

Qual é o maior empecilho para a criação de edificações sustentáveis ou de alto desempenho? É a falta de vontade – falta de vontade do proprietário e falta de vontade dos projetistas principais. É preciso ser firme. Quando alguém disser "Meu Deus, vai custar uma fortuna", "Isso nunca vai dar certo" ou seja lá o que for, continue trabalhando duro e faça o que for necessário para funcionar. Isso está escrito em todos os livros de autoajuda, desde aqueles sobre perder peso até aqueles sobre ficar milionário, mas não deixa de ser verdadeiro. Para fazer uma edificação de alto desempenho, você precisa trabalhar com a equipe certa de maneira que todos os membros principais estejam unidos a favor da mesma causa: a causa de criar uma edificação excepcional. Assim que isso é estabelecido, que a confiança é estabelecida e que todos se unem nesse esforço, vocês precisam apenas continuar trabalhando juntos e buscar maneiras de superar os obstáculos que inevitavelmente aparecerão pelo caminho.

É realmente simples e, ao mesmo tempo, bastante complexo em termos de relações humanas. O ato de fazer algo de maneira diferente e mais desafiadora do que a prática convencional requer uma força de vontade extraordinária, bem como habilidades profissionais e um discernimento de alto nível. Como veremos neste livro, toda edificação de alto desempenho chega a algum ponto em que há um obstáculo

---

[10] Entrevista com Dan Nall, março de 2008.

intransponível, seja ele técnico, funcional ou financeiro, e que precisa ser superado mediante a vontade coletiva da equipe de projeto.

Vamos voltar agora à prática de projeto integrado conforme definida por Bill Reed. Ele insiste que o sistema LEED serve para acompanhar os resultados, não para determinar as decisões de projeto. Segundo ele, "não se contam os pontos do LEED; questões de qualidade do ambiente interno, consumo de energia, água, habitat e terreno estão todas conectadas – é um sistema total. É impossível criar um ambiente de qualidade sem examinar todas essas áreas... Raramente contamos pontos do LEED antes da terceira ou quarta charrete. O que fazemos é levar as pessoas a pensar sistematicamente [sobre tudo que está inter-relacionado]". Finalmente, diz Reed, "faça tudo nos estudos preliminares; você precisa obter todas essas respostas antes de sequer começar a projetar a edificação".

Portanto, vamos encerrar este capítulo com os pontos que Reed considera fundamentais para o projeto e execução de edificações de alto desempenho:

1. Não conte pontos do LEED.
2. Pense sistematicamente.
3. Faça tudo nos estudos preliminares.
4. Pratique o ETIQ: envolver todos desde o início, com cada questão.

EXEMPLO DE PROJETO COM CERTIFICAÇÃO LEED PLATINUM

Escritórios Centrais da Alberici, Saint Louis, Missouri, Estados Unidos

Concluído em dezembro de 2004, este edifício de escritórios de 10 mil m² funciona como sede da Alberici Corporation, uma empresa de construção com base em

Fotografia de Debbie Franke.

Saint Louis. O custo total do projeto foi de 20,1 milhões de dólares e o período de retorno do investimento está estimado em 7,5 anos. O prédio foi projetado com o objetivo de exceder em 60% as exigências mínimas de eficiência energética. Fontes renováveis *in loco* geram 17% da energia necessária para a edificação. Uma turbina eólica de 65 quilowatts supre 20% das necessidades de energia elétrica do prédio, enquanto painéis solares pré-aquecem a água para os usuários. Um reservatório de quase 120 mil litros coleta água da chuva da cobertura. A água da chuva captada é utilizada na torre de resfriamento, bem como para a totalidade da descarga sanitária. Uma bacia de retenção *in loco* coleta a água que sai pelo ladrão do reservatório e forma um ecossistema vivo para a flora e a fauna nativas[11].

---

[11] U.S. Green Building Council [online], http://leedcasestudies.usgbc.org/overview.cfm?ProjectID=662, acessado em abril de 2008.

2
As Edificações Sustentáveis Hoje

As edificações sustentáveis e o projeto sustentável têm sido movimentos importantes para o setor de projeto, desenvolvimento e construção de edificações desde o ano 2000, aproximadamente, sendo que o interesse vem aumentando desde 2005, como mostra a Figura 2.1. Vemos o crescimento das edificações sustentáveis, em termos do total de registros e certificações de projetos LEED – dois números que subiram 75% apenas em 2007 e, respectivamente, 65 e 77% em 2006, em comparação com o ano anterior. Nesse aspecto, depois de um crescimento regular entre 2000 e 2005, a aceitação e a prática do projeto de edificações sustentáveis começaram a acelerar em 2006 e 2007.

Entretanto, a grande maioria desses projetos permanece em um nível básico do projeto sustentável, como evidencia a quantidade de projetos com certificação LEED e Silver enquanto porcentagem do total. No final do primeiro trimestre de 2008, o total de certificações de projeto LEED para Novas Construções e Grandes Reformas (LEED-NC) (somente projetos nos Estados Unidos) era de 1.015 (incluindo os quatro sistemas principais – LEED para Novas Construções e Grandes Reformas, LEED para Núcleo e Vedações, LEED para Interiores Comerciais e LEED para Edificações Preexistentes: Operações e Manutenção –, o total de certificações sobe para 1.405). A Tabela 2.1 mostra que a porcentagem relativa de certificações LEED-NC de alto desempenho (Gold e Platinum) representa cerca de 32% do total, enquanto o Platinum sozinho representa aproximadamente 50 projetos norte-americanos, ou seja, 5% do total. Com base nessa análise, decidi dedicar este livro principalmente aos projetos Platinum, uma vez que representam o nível máximo que pode ser atingido no sistema LEED e ainda são relativamente raros – pouco mais de um projeto em 20 entra no seleto grupo com certificação Platinum do LEED.

Em meados de 2008, o maior projeto de nova construção LEED Platinum era o Centro de Saúde e Tratamento da Oregon Health and Science University (OHSU), localizado em Portland, Oregon, Estados Unidos, e desenvolvido pela Gerding Edlen Development como um edifício adequado para a universidade. Este projeto contém uma área construída total de cerca de 38 mil m², distribuída em um prédio hospitalar de uso misto, com 16 pavimentos. Concluído no segundo semestre de 2006, o projeto

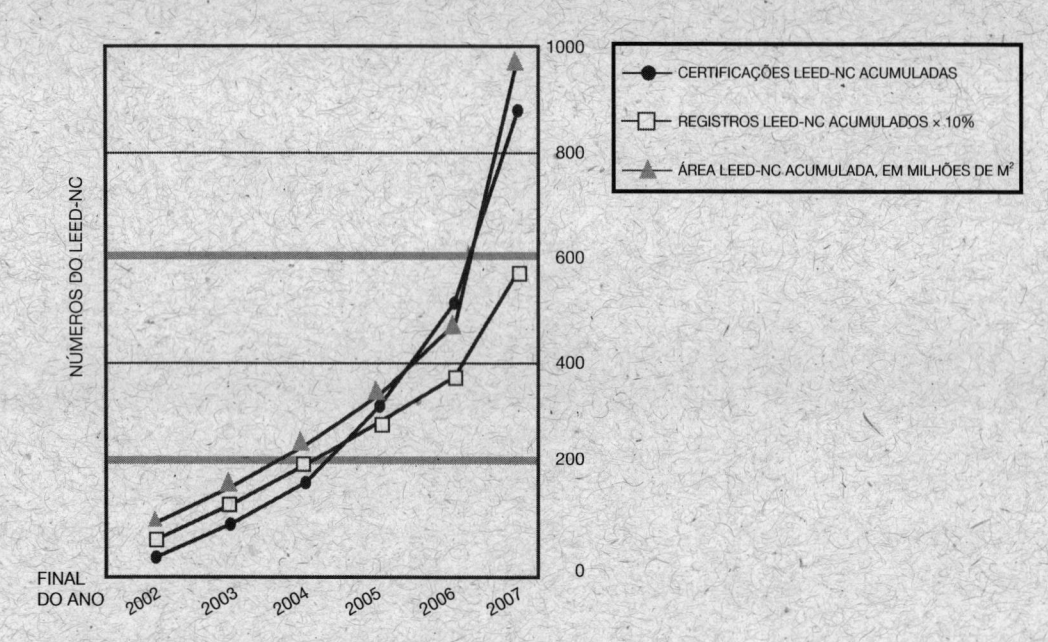

Figura 2.1 Aumento do número de projetos LEED-NC, 2002–2007.

da OHSU contém uma microturbina de 300 kW *in loco*, um sistema fotovoltaico integrado à edificação (BIPV) de 60 kW, um aquecedor solar a ar *in loco* de quase 560 m² de painéis e diversas medidas de eficiência em energia. Atende até três mil pessoas por dia[1] e trata, posteriormente reciclando, todo o esgoto da edificação por meio de uma estação de tratamento *in loco*. No total, o projeto espera diminuir em 60% o consumo de energia de uma edificação convencional e em aproximadamente 56% o consumo de água. Foi construído com um custo líquido extra de 1% em relação a uma edificação convencional.

TABELA 2.1 Certificações LEED-NC por nível atingido, abril de 2008*

Nível	Número de projetos certificados	Porcentagem de certificações totais
Certificado	362	36
Silver	331	33
Gold	272	27
Platinum	50	5
Total	1.015	100

* Dados fornecidos ao autor pelo U.S. Green Building Council.

[1] Comunicado pessoal, Andy Frichtl, Interface Engineering, fevereiro de 2008.

EXEMPLO DE PROJETO COM CERTIFICAÇÃO LEED PLATINUM
Centro de Saúde e Tratamento, Portland, Oregon, Estados Unidos

Localizado no distrito de South-Waterfront, uma área revitalizada de 15 hectares na cidade de Portland, o Centro de Saúde e Tratamento da Oregon Health & Science University (OHSU) inclui escritórios, mais de 200 salas de exames, ambulatório, salas de aula, laboratórios de pesquisa e um clube esportivo com piscina. Concluído em 2006, o prédio de 16 pavimentos e 38,2 mil m^2 custou 145 milhões de dólares. Uma microturbina eólica in loco supre 30% da necessidade de energia elétrica da edificação e fornece praticamente toda a água quente. Todo o esgoto é tratado *in loco* e usado para a descarga das bacias sanitárias e a irrigação dos jardins, diminuindo o consumo de água em 56%. Além de um arranjo fotovoltaico de 60 kW instalado sobre os brises, os dois pavimentos superiores da fachada sul (hemisfério norte) têm a função extra de absorver o calor do sol. O ar quente coletado atrás do coletor de ar solar de cerca de 560 m^2 é utilizado para fornecer água quente para a edificação. Vigas refrigeradas à água, usadas em alguns locais para complementar o condicionamento de ar tradicional, reduzem o consumo de energia em 20 a 30%.[2]

Cortesia de Gerding Edlen.

---

[2] Russell Boniface, OHSU Center, First Medical Facility to Win LEED Platinum Award, AIArchitect, volume 14, 30 de março de 2007 [online], acessado em abril de 2008.

Figura 2.2 Projetada pela Cook + Fox Architects, com iluminação natural abundante e uso de materiais locais, a torre de um bilhão de dólares do Bank of America, situada em One Bryant Park, na Cidade de Nova York, deseja uma certificação LEED Platinum. O prédio começa a ser ocupado no primeiro semestre de 2008. ©*Gunther Intelmann Photography, Inc.*

    A torre do Bank of America, situada em One Bryant Park, na Cidade de Nova York, pode se tornar a maior edificação do mundo com a certificação LEED Platinum. Ela deve ser ocupada em 2008 e cria um novo padrão para edifícios sustentáveis altos em todo o mundo.* Mostrado na Figura 2.2, este edifício comercial alto de 52 pavimentos, localizado no centro de Nova York, demonstra um comprometimento com o projeto sustentável, assim como investimentos no futuro por parte de seus proprietários, o Bank of America e a Durst Organization. O projeto envolve uma área de escritórios de quase 200 mil m², reciclagem de água *in loco* e um sistema de cogeração de energia elétrica e térmica *in loco* com armazenamento de gelo para redução da carga de pico. A arquitetura inclui uma pele de vidro de alto desempenho e a aparência de vidro cristalino: a forma facetada de cristal da edificação permite que mais luz solar incida sobre a rua; além disso, os reflexos do prédio capturam os ângulos variáveis do sol. A forma do prédio também diminui as cargas de vento.
    Os arquitetos do projeto, da firma Cook + Fox, são grandes defensores do processo de projeto integrado e o utilizaram nessa obra. Segundo o arquiteto Robert Fox,

---

* N. de R.: O Bank of America – One Bryant Park é considerado hoje um dos maiores Green Buildings do mundo, tendo alcançado a certificação LEED Platina em 2008. Cerca de 12 mil pessoas trabalham na edificação.

as chaves para o projeto integrado e as charretes ecológicas para tais projetos (e que serão encontradas em muitos outros projetos) são[3]:

1. Obtenha a aprovação dos principais tomadores de decisão, incluindo não apenas o cliente, mas também a alta gerência de cada ator importante, o que abrange todos os consultores.
2. Em todas as charretes do projeto, empregue um facilitador externo competente e lhe dê a autoridade e a flexibilidade necessárias para modificar a pauta conforme necessário a fim de assegurar os resultados.
3. Certifique-se de que a pauta da charrete de projeto está correta e faça com que todos concordem com ela antecipadamente; marque uma charrete com mais de um dia de duração, com tempo para interação social.
4. A charrete deve ser realizada fora do terreno, sem distrações; deve haver tempo para que cada ator importante se manifeste quanto à evolução do projeto durante a charrete.
5. Faça um "retiro" ao final de cada fase de projeto em que as funções e responsabilidades dos atores mudam; tenha como objetivo revisar o progresso e integrar novas pessoas à equipe.

Resumindo de outra maneira, podemos ver que um projeto de alto desempenho criativo requer comprometimento, criatividade e foco; também envolve pessoas que precisam se conhecer, como parte de uma nova equipe, já no início de um projeto. Além disso, o processo precisa permitir momentos fortuitos e eventos espontâneos que promovam revelações, isto é, momentos em que tudo parece estar sintonizado para todos os participantes. Assim, o projeto avança com maior facilidade e efetividade.

CARACTERÍSTICAS DAS EDIFICAÇÕES DE ALTO DESEMPENHO

Agora vamos explicar o que realmente queremos dizer com o termo "edificação sustentável" ou "edificação de alto desempenho". Uma edificação sustentável é aquela que considera seu impacto sobre a saúde ambiental e humana e, então, o diminui. Ela consome uma quantidade consideravelmente menor de energia e água em relação a uma edificação convencional, tem menos impactos sobre o terreno e, em geral, níveis mais altos de qualidade do ar no interior. Também se preocupa em parte com os impactos de ciclo de vida dos materiais de construção, móveis e acessórios. Esses benefícios resultam de melhores práticas de desenvolvimento do terreno, opções de projeto e construção e dos efeitos acumulados da operação, manutenção, remoção e possível reciclagem dos materiais de construção e sistemas prediais.

Nos Estados Unidos e no Canadá, são consideradas edificações sustentáveis aquelas que foram certificadas pelos sistemas de certificação de edificações sustentáveis do U.S. Green Building Council (USGBC) ou do Canada Green Building Council (CaGBC). Mais de 99% das edificações sustentáveis "certificadas" dos dois países vêm desse sistema[4]. Neste livro, usarei o termo edificações de "alto desempenho"

---

[3] Entrevista com Robert Fox, Cook + Fox Architects, janeiro de 2008.
[4] Análise do autor, baseada em certificações relatadas para novos projetos de construção no final de 2007. Na época, o LEED havia certificado cerca de mil projetos e o Green Globes, cerca de 10, ou 1% do total.

para designar aquelas que receberam uma certificação Gold ou Platinum dos sistemas LEED norte-americano ou canadense. Essa não é uma escolha totalmente justa, uma vez que existem edificações excelentes que obtiveram apenas o status LEED Silver; contudo, cada vez mais devemos exigir que uma edificação de alto desempenho receba a certificação LEED Gold ou Platinum. Talvez até existam exemplos de edificações com consumo de energia líquida zero que poderiam ser consideradas de "alto desempenho" pelo ponto de vista da eficiência em energia, mas que não atingiram o nível Gold ou Platinum. Na minha experiência, porém, isto é extremamente improvável.

Em sua essência, o LEED é um conjunto de sistemas de certificação baseados em pontuação que permitem que atributos extremamente diferentes de edificações sustentáveis sejam comparados e resultem em uma pontuação total. Isso nos autoriza a rotular uma grande variedade de edificações e classificar abordagens bastante díspares de projetos sustentáveis com uma pontuação composta. Muitos questionarão (e de fato questionam) a importância relativa das várias categorias importantes, embora esse sistema de certificação já tenha quase 10 anos; ele passou no teste do tempo por meio de melhorias contínuas e por sua receptividade a modificações e inovações inteligentes. Por ser baseado em pontos, o LEED também apela ao espírito competitivo da psique americana, que valoriza extremamente a vitória e associa o alto número de pontos ao ato de vencer.

O interessante é que o LEED está sendo visto em todo o mundo como um bom exemplo de sistema de certificação prático de usar, mas que ainda indica mais avanços no projeto, na construção e nas operações sustentáveis do que a maioria das edificações[5]. Com o passar dos anos, o LEED aprimorou continuamente seus créditos para permanecer na vanguarda do projeto de edificações sustentáveis. Em 2009, o LEED passará por um ajuste significativo para aumentar sua flexibilidade, sem deixar de manter o rigor e a credibilidade, por meio da adoção do *LEED v3* (ou LEED 2009). Essa nova abordagem é um sistema que dará muito mais flexibilidade às equipes de projeto e construção na hora de escolher quais créditos devem ser almejados em determinada região geográfica ou para atender às exigências do cliente, que pode, por exemplo, valorizar a economia de energia ou água muito mais do que no sistema atual.

Em setembro de 2006, a U.S. General Services Administration informou ao Congresso dos Estados Unidos que passaria a usar somente o sistema LEED para avaliar os projetos do próprio governo[6]. O Exército dos Estados Unidos pretendia adotar o LEED em 2008 para substituir seus próprios sistemas de certificação "Spirit". Portanto, nas áreas comercial e institucional, se um projeto não for classificado e certificado por um terceiro independente com um processo aberto para a criação e manutenção de um sistema de certificação, não poderá ser realmente chamado de edificação sustentável, visto que não existe outra definição padrão.

Se alguém lhe disser que está "seguindo o LEED", mas não irá solicitar a certificação da edificação concluída, você deve se perguntar se os resultados relatados serão de fato alcançados. Se lhe disserem que estão fazendo um "projeto sustentável",

---

[5] Por exemplo, uma abordagem similar está sendo utilizada pelo Conselho de Edificações Sustentáveis da Alemanha, o Deutsche Gesellschaft für nachhaltiges Bauen, que foi fundado em 2007, www.dgnb.de, acessado em 31 de julho de 2008.

[6] General Services Administration, Relatório do Congresso Nacional dos Estados Unidos, September 2006 [online], https://www.usgbc.org/ShowFile.aspx?DocumentID=1916, acessado em 06 de março de 2007.

você tem o direito de perguntar: "Em relação a qual padrão vocês estão avaliando seu desempenho e como irão comprová-lo?". Quando as diretrizes do LEED são seguidas sem a papelada, o efeito prático é que há muito menos comprometimento com o resultado final.

Edificações comerciais e institucionais

As edificações sustentáveis utilizam práticas de projeto e construção que reduzem significativamente ou eliminam o impacto negativo dos prédios no meio ambiente e em seus usuários. No sistema LEED, tais práticas incluem a implantação da edificação, o consumo de água e energia, atividades ecológicas de compra e gestão de resíduos, melhor qualidade do ar no interior e uma abordagem de "melhoria contínua" às inovações para edificações sustentáveis. Apesar de pertencer ao USGBC, os sistemas de certificação LEED são documentos disponíveis para o público[7]; contam com um grande comitê encarregado de mantê-los atualizados e aprimorá-los com o passar do tempo. A iteração atual é conhecida como LEED versão 2.2. O sistema LEED v3 (previsto para 2009) pretende aumentar a flexibilidade para que as equipes de projeto considerem questões regionais, um maior foco na avaliação do ciclo de vida e uma melhor forma de lidar com abordagens alternativas para o projeto de edificações com "baixa emissão de carbono".

A Tabela 2.2 mostra as seis categorias principais do sistema de certificação LEED-NC para edificações comerciais e institucionais, assim como torres residenciais médias e altas, novas e reformadas. Inicialmente, muitas pessoas imaginam que a edificação sustentável é aquela que principalmente consome menos energia e possivelmente utiliza materiais com conteúdo reciclado. Se examinar os sistemas de certificação LEED em sua totalidade, você verá que as categorias relevantes são muito mais amplas e abrangentes do que a simples economia de energia. Profissionais do setor de projeto, desenvolvimento e construção dos Estados Unidos e do Canadá adotaram esse sistema em detrimento de todos os concorrentes. Nesse sentido, é bastante fácil dizer: "Não é uma edificação sustentável (nos Estados Unidos e no Canadá) se não tiver a certificação LEED".

Do ponto de vista das edificações comerciais, os sistemas de certificação LEED tendem bastante a economizar energia, poupar água e oferecer níveis mais altos de qualidade do ambiente dos interiores. No entanto, é praticamente impossível obter uma certificação LEED Gold ou Platinum sem dar atenção aos critérios de terreno sustentável e à necessidade de conservar materiais e recursos. Nesse sentido, vejo que os projetos com certificação LEED Gold ou Platinum estão relativamente equilibrados nos cinco grupos principais de atributos ambientais. A Tabela 2.3 mostra, por exemplo, os pontos LEED por categoria para os dois edifícios concluídos do Instituto de Biodesign da Arizona State University, situados em Temple, Arizona, Estados Unidos. É fácil perceber que a principal diferença entre os dois projetos é o nível bastante alto de economia de energia no projeto Platinum – mais de 50%[8].

---

[7] U.S. Green Building Council [online], www.usgbc.org/leed, acessado em 31 de julho de 2008.
[8] David Sokol, "Crossing Boundaries", Greensource magazine, January 2008, p. 72.

TABELA 2.2 Categorias importantes do sistema LEED-NC[9]

Categoria	Total de pontos	Questões avaliadas pelo sistema LEED-NC
1. Terrenos sustentáveis	14	Evitar terrenos sensíveis; evitar vazios urbanos; implantar a fim de facilitar o uso de transporte público; reduzir os impactos da construção no terreno; criar espaço aberto; melhor gestão de águas pluviais; diminuir o efeito de ilha térmica; e controlar a poluição luminosa.
2. Eficiência no consumo da água	5	Incentivar a conservação de água na irrigação de jardins e aparelhos sanitários da edificação; promover o reaproveitamento de águas servidas a partir de tratamento do esgoto *in loco*.
3. Redução do consumo de energia, energia sustentável e proteção atmosférica	17	Conservação de energia; utilizar sistemas de energia renovável; terceirização das instalações prediais; uso reduzido de produtos químicos que destroem a camada de ozônio nos sistemas de climatização; monitoramento de energia; e uso de energias sustentáveis.
4. Conservação de materiais e recursos	13	Uso de edificações preexistentes; facilitar a reciclagem dos resíduos da construção; uso de materiais de demolição, materiais com conteúdo reciclado, materiais produzidos na região, materiais com base agrícola e produtos de madeira certificada.
5. Qualidade do ambiente dos interiores	15	Melhor ventilação e qualidade do ar no interior; uso de acabamentos e móveis atóxicos; administração predial sustentável; iluminação natural e vistas do entorno; conforto térmico; e controle individual da iluminação e dos sistemas de climatização.
6. Inovação e processo de projeto	5	Desempenho exemplar ao exceder os padrões LEED; uso de abordagens inovadoras ao projeto e operações sustentáveis.

---

[9] O LEED 2009 fará alterações no total de pontos e valores percentuais mostrados aqui.

TABELA 2.3 Instituto de Biodesign da Arizona State University: pontuações nas categorias do LEED em relação ao total de pontos disponíveis

Categoria	Edificação A (GOLD)	Edificação B (PLATINUM)
Terrenos sustentáveis	12/14	12/14
Eficiência no consumo da água	4/5	4/5
Energia e atmosfera	6/17	15/17
Materiais e recursos	3/13	5/13
Qualidade do ambiente dos interiores	10/15	11/15
Inovação/processo de projeto	5/5	5/5
Total de pontos	**40/69**	**52/69**

Quem constrói edificações de alto desempenho?

Analisei as primeiras 50 edificações com certificação LEED-NC Platinum e Gold, com os resultados apresentados na Tabela 2.4. (Deixei os projetos com certificação LEED-CS de fora da análise porque quase sempre são feitos pelo setor privado.) O setor sem fins lucrativos ou do governo constrói mais de 75% das edificações com certificação LEED Platinum e mais de 65% das edificações com certificação LEED Gold. Em outras palavras, os projetos com certificação LEED Platinum ainda têm uma natureza extremamente institucional, o que ficará evidente com a apresentação de muitos dos projetos LEED Platinum deste livro.

TABELA 2.4 Projetos com certificação LEED-NC por proprietário e nível de certificação

Tipo de proprietário	Platinum	Porcentagem	Gold	Silver	Certificado
Organizações com fins lucrativos	11	22%	94	115	114
Organizações sem fins lucrativos	23	46%	59	58	68
Governo municipal	5	10%	48	69	65
Governo estadual	5	10%	27	35	44
Outro	3	6%	29	27	41
Governo federal	1	2%	9	19	26
Individual	2	4%	6	8	4
Total	**50**	**100%**	**272**	**331**	**362**

OS SISTEMAS DE CERTIFICAÇÃO LEED

O LEED classifica todas as edificações em cinco categorias importantes, utilizando atributos ambientais chave em cada uma delas. Ele coleta e incorpora uma grande variedade de "melhores práticas" em muitas disciplinas, como arquitetura, engenharia, projeto de interiores, paisagismo e construção. É uma mistura de padrões de desempenho (por exemplo, economizar 20% no consumo de energia em relação a uma edificação convencional) e padrões prescritivos (por exemplo, usar tintas com menos de 50 gramas de compostos orgânicos voláteis por litro), mas se inclina mais na direção da abordagem de desempenho. Em outras palavras, o LEED acredita que as melhores práticas ficam mais claras se medirmos os resultados (dados de saída) em vez de apenas prescrever esforços (dados de entrada).

Cada sistema de certificação LEED (veja a Tabela 2.5) tem um número diferente de pontos totais, o que faz com que as pontuações só possam ser comparadas dentro de cada sistema; todavia, o método para premiar a conquista é idêntico. Dessa forma, um projeto com certificação LEED Gold para Novas Construções acaba representando o mesmo nível de conquista (e grau de dificuldade) que um projeto com certificação LEED Gold para Interiores Comerciais (melhorias feitas pelos inquilinos). A Figura 2.3 mostra como o sistema de certificação LEED-NC divide os pontos nas cinco principais categorias importantes.

TABELA 2.5 Os quatro principais sistemas de certificação LEED para edificações de grande porte, 1º semestre de 2008

Sistema de certificação	Tipo de projeto	Porcentagem do total de registros*	Porcentagem do total de certificações
LEED-NC (para Novas Construções)	Novas edificações e grandes reformas; envolvendo mais de quatro pavimentos	66,0	74,0
LEED-CI (para Interiores Comerciais)	Melhorias e reformas feitas pelos inquilinos que não envolvem as vedações ou a estrutura da edificação	10,3	16,3
LEED-CS (para Estruturas e Envoltórias)	Edificações em que o investidor ou proprietário controla menos de 50% das melhorias feitas pelos inquilinos	13,7	4,5
LEED-EB (para Edificações Preexistentes)	Edificações em uso, incluindo políticas de aquisição	10,0	5,2

* Os dados de registros e certificações LEED foram fornecidos pelo USGBC ao autor no final de março de 2008.

Capítulo 2 As Edificações Sustentáveis Hoje

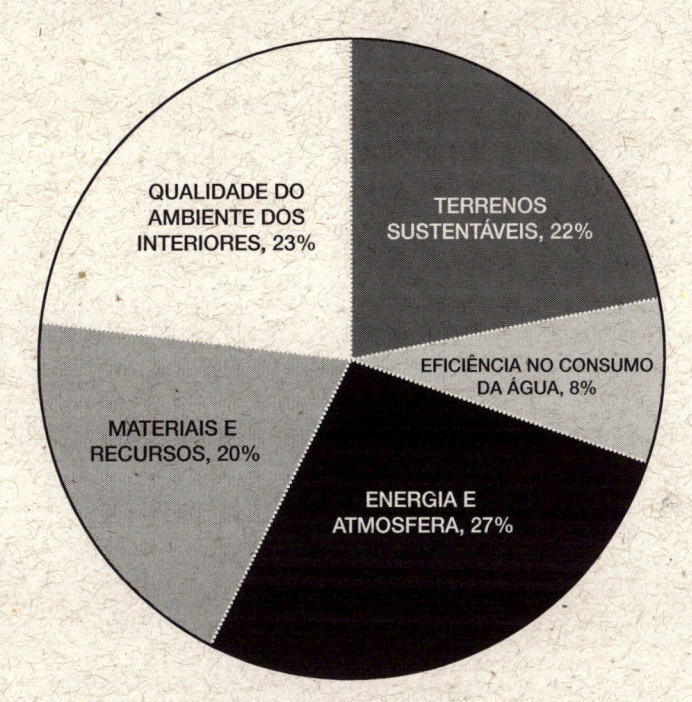

Figura 2.3 Distribuição de créditos do LEED-NC.

Os níveis de sucesso dos projetos com certificação LEED são os seguintes:

Certificado	>40% dos 64 pontos "centrais" do sistema
Silver	>50% dos pontos centrais
Gold	>60% dos pontos centrais
Platinum	>80% dos pontos centrais

Os sistemas de certificação LEED são uma espécie de "selo ecológico" que descreve os atributos ambientais do projeto, parecido com os rótulos nutricionais dos alimentos. Antes do surgimento do LEED, as edificações eram rotuladas somente pelo consumo de energia, como no programa do governo federal dos Estados Unidos denominado ENERGY STAR®[10]. Apenas apresentar o consumo de energia de uma edificação comparado com as demais edificações do mesmo tipo em determinada região proporciona uma ideia incompleta de seu impacto ambiental total. A planilha dos pontos do LEED (mostrada na Figura 2.4 para a maior edificação com certificação LEED Platinum do mundo) mostra as conquistas do projeto em cada categoria de crédito e permite avaliar rapidamente as estratégias de sustentabilidade usadas pela equipe da edificação.

A ironia é que uma edificação de 20 milhões de dólares sem certificação LEED tem um selo menor do que uma caixa de bolachas para cachorros que custa apenas dois dólares, em termos de benefícios "nutricionais" (consumo de energia, consumo de água, geração de resíduos, etc.) e ingredientes básicos (materiais e sistemas). Os

---

[10] Energy Star Program [online], www.energystar.gov, acessado em 31 de julho de 2008.

Planilha dos pontos do LEED
Centro de Saúde e Tratamento da OHSU — 21/02/2007

Certificado: 26 a 32 pontos   Silver: 33 a 38 pontos   Gold: 39 a 51 pontos   Platinum: acima de 52 pontos

Sim	Não			Pontuação total do projeto
55	14			

Terrenos sustentáveis

S	N			
13	1			
S		Pré-req. 1		Controle da erosão e sedimentação
1		Crédito 1		Escolha do terreno
1		Crédito 2		Densidade do empreendimento
1		Crédito 3		Reutilização de terrenos contaminados
1		Crédito 4.1		Transporte alternativo, acesso ao transporte público
1		Crédito 4.2		Transporte alternativo, bicicletário e vestiários
	1	Crédito 4.3		Transporte alternativo, estações de recarga para combustíveis alternativos
1		Crédito 4.4		Transporte alternativo, capacidade para estacionamento
1		Crédito 5.1		Redução dos impactos no terreno, proteção ou recuperação de espaço aberto
1		Crédito 5.2		Redução dos impactos no terreno, ocupação do terreno
1		Crédito 6.1		Gestão de águas pluviais, vazão e quantidade
1		Crédito 6.2		Gestão de águas pluviais, tratamento
1		Crédito 7.1		Redução de ilhas térmicas, fora da cobertura
1		Crédito 7.2		Redução de ilhas térmicas, na cobertura
1		Crédito 8		Redução da poluição luminosa

Eficiência no consumo da água

S	N			
5	0			
1		Crédito 1.1		Paisagismo eficiente em água, redução de 50%
1		Crédito 1.2		Paisagismo eficiente em água, sem uso de água potável ou sem irrigação
1		Crédito 2		Tecnologias inovadoras de água servida
1		Crédito 3.1		Redução do consumo de água, redução de 20%
1		Crédito 3.2		Redução do consumo de água, redução de 30%

Energia e atmosfera

S	N			
14				
S		Pré-req. 1		Terceirização dos sistemas prediais fundamentais
S		Pré-req. 2		Desempenho mínimo de energia
S		Pré-req. 3		Redução de clorofluorcarbonetos nos equipamentos de climatização e recuperação de calor
2		Crédito 1.1		Otimização do desempenho de energia, 20% novo / 10% preexistente
2		Crédito 1.2		Otimização do desempenho de energia, 30% novo / 20% preexistente
2		Crédito 1.3		Otimização do desempenho de energia, 40% novo / 30% preexistente
2		Crédito 1.4		Otimização do desempenho de energia, 50% novo / 40% preexistente
2		Crédito 1.5		Otimização do desempenho de energia, 60% novo / 50% preexistente
	1	Crédito 2.1		Energias renováveis, 5%
	1	Crédito 2.2		Energias renováveis, 10%
1		Crédito 2.3		Energias renováveis, 20%
1		Crédito 3		Terceirização adicional da testagem dos sistemas prediais
1		Crédito 4		Destruição da camada de ozônio
1		Crédito 5		Medição e verificação
1		Crédito 6		Energias sustentáveis

Materiais e recursos

S	N			
8	5			
S		Pré-req. 1		Armazenagem e coleta de itens recicláveis
1		Crédito 1.1		Reutilização da edificação, manutenção de 75% das vedações existentes
1		Crédito 1.2		Reutilização da edificação, manutenção de 100% das vedações existentes
	1	Crédito 1.3		Reutilização da edificação, manutenção de 100% das vedações e 50% não
1		Crédito 2.1		Gestão de resíduos da construção, evitando as perdas em 50%
1		Crédito 2.2		Gestão de resíduos da construção, evitando as perdas em 75%
	1	Crédito 3.1		Reutilização de recursos, especificação de 5%
	1	Crédito 3.2		Reutilização de recursos, especificação de 10%
1		Crédito 4.1		Conteúdo reciclado, 5% (PÓS-CONSUMO + ½ PÓS-INDUSTRIAL)
	1	Crédito 4.2		Conteúdo reciclado, 10% (PÓS-CONSUMO + ½ PÓS-INDUSTRIAL)
1		Crédito 5.1		Materiais regionais, 20% fabricados na área
	1	Crédito 5.2		Materiais regionais, 20% acima, 50% adquiridos na área
1		Crédito 6		Materiais que se renovam rapidamente
1		Crédito 7		Madeira certificada

Qualidade do ambiente dos interiores

S	N			
10	5			
S		Pré-req. 1		Desempenho mínimo da qualidade do ar do interior
S		Pré-req. 2		Controle da fumaça de tabaco no ambiente (ETS)
1		Crédito 1		Monitoramento do dióxido de carbono (CO_2)
1		Crédito 2		Aumento da eficácia da ventilação
1		Crédito 3.1		Plano de gestão da qualidade do ar do interior na construção, durante a construção
1		Crédito 3.2		Plano de gestão da qualidade do ar do interior na construção, antes da ocupação
1		Crédito 4.1		Materiais com baixa emissão, adesivos e impermeabilizantes
1		Crédito 4.2		Materiais com baixa emissão, tintas
	1	Crédito 4.3		Materiais com baixa emissão, carpete
1		Crédito 4.4		Materiais com baixa emissão, madeira composta
	1	Crédito 5		Controle de produtos químicos nos interiores e fontes de poluentes
1		Crédito 6.1		Controle dos sistemas, perímetro
	1	Crédito 6.2		Controle dos sistemas, fora do perímetro
1		Crédito 7.1		Conforto térmico, conformidade com a ASHRAE 55-1992
1		Crédito 7.2		Conforto térmico, sistema de monitoramento permanente
1		Crédito 8.1		Iluminação natural e vistas, iluminação natural em 75% dos espaços
	1	Crédito 8.2		Iluminação natural e vistas, vistas em 90% dos espaços

Inovação e processo de projeto

S	N			
5	0			
1		Crédito 1.1		Inovação em projeto: 95% dos resíduos da construção
1		Crédito 1.2		Inovação em projeto: 40% de economia de água
1		Crédito 1.3		Inovação em projeto: 50% de coleta de água pluvial
1		Crédito 1.4		Inovação em projeto: ultrapassou o MRc4
1		Crédito 2		Profissional certificado pelo LEED™

brightworks sustainability advisors — portland + san francisco + los angeles — www.brightworks.net

Figura 2.4 O Centro de Saúde e Tratamento da Oregon Health and Science University concluiu sua certificação LEED Platinum com um total de 55 pontos (o Platinum exige pelo menos 52), incluindo os 10 pontos de Eficiência em Energia e os 5 pontos de Eficiência no Consumo da Água. *Cortesia da Brightworks.*

proprietários de edificações comerciais e institucionais sabem muito menos do que se imagina a respeito da edificação que acabaram de construir ou comprar, visto que o processo de construção é bastante conturbado. Normalmente, milhares de decisões de projeto são feitas, em conjunto com muitas substituições e mudanças de produtos e materiais durante a construção; além disso, raramente há dinheiro para documentar o que de fato foi colocado na edificação. Por esse motivo, o projeto executivo costuma dar uma ideia incompleta ou até mesmo imprecisa do que foi realmente utilizado e de como todos os sistemas da edificação devem funcionar juntos.

Para compreender os ingredientes de uma edificação e o desempenho que se espera dela (incluindo os custos operacionais relativos à energia e água), um "selo ecológico" como a certificação LEED é especialmente importante tanto para os proprietários quanto para os usuários da edificação, que podem naturalmente se preocupar mais com as condições de saúde no interior do que com a economia de água.

Há um fator que complica esse método percentual bastante direto (para a determinação dos níveis de certificação LEED): a adição de uma sexta categoria com até cinco pontos "bônus" referentes à "inovação e processo de projeto" (veja a Tabela 2.2). Além de garantir certo número de pontos, cada sistema de certificação tem "pré-requisitos" que todo projeto deve cumprir, independentemente do nível que venha a alcançar. Por exemplo: uma edificação com certificação LEED-NC precisa reduzir o consumo de energia em no mínimo 14% a menos que uma edificação semelhante que segue a norma ASHRAE 90.1–2004 (ou 10% a menos que a nova norma ASHRAE 90.1–2007).

A Tabela 2.5 mostra os quatro sistemas principais que correspondem à grande maioria de projetos com registro e certificação LEED no início de 2008, sem incluir os programas-piloto LEED para Residências e LEED para Loteamentos. A partir dessa tabela, é possível ver que o sistema LEED-CS é o segundo mais popular, seguido pelo LEED-EB. Para os fins deste livro, focaremos somente no LEED-NC e no LEED-CS, que representam cerca de 80% de todos os projetos com registro e certificação LEED até o momento.

Para compreender melhor o LEED, é recomendável vê-lo como sistemas de certificação terceirizados e de autoavaliação. No caso de uma certificação LEED, a equipe de projeto estima os créditos específicos aos quais o projeto se qualifica e entrega a documentação ao USGBC, que confere a revisão a um terceiro independente. O revisor tem três opções para cada ponto:

1. Concordar e conceder o ponto alegado.
2. Discordar e retirar o ponto.
3. Solicitar mais informações ou esclarecimentos.

Para resolver diferenças de opinião, existe um processo de recurso em uma etapa.

O LEED para novas construções

O sistema LEED mais amplamente conhecido e divulgado é o LEED-NC, que serve para todas as edificações novas (exceto intervenções em estruturas e envoltórias), grandes reformas e residências que incluem quatro ou mais pavimentos. A Tabela 2.2 mostra a essência das principais questões do sistema de certificação LEED-NC. Até o final de 2007, aproximadamente 68% dos projetos LEED eram registrados e 74% eram certificados conforme o método de avaliação do LEED-NC. O LEED-NC também pode ser utilizado para projetos em campi de ensino superior e corporativos, bem como para escolas, onde sistemas comuns (por exemplo, estacionamento, transporte e serviços públicos) frequentemente atendem a vários edifícios.

Normalmente se concede uma certificação LEED-NC depois que a edificação é concluída e ocupada, uma vez que exige um processo de conferência final conhecido como "terceirização da testagem dos sistemas prediais" para que a certificação possa ser conferida. Na versão 2.2 atual do LEED, certos créditos conhecidos como créditos de "fase de projeto" podem ser avaliados no final do projeto e antes da construção; no entanto, a certificação final só é conferida depois de todos os créditos serem revisados após a conclusão substancial do projeto.

O LEED para estruturas e envoltórias

O LEED para estruturas e envoltórias é um sistema geralmente utilizado por especuladores que controlam menos de 50% das melhorias feitas pelos inquilinos de uma edificação no momento da construção. Podem construir 40% do espaço para um inquilino principal, por exemplo, e, em seguida, alugar o restante da edificação para diversos inquilinos que irão ocupar espaços bem menores. O LEED-CS permite ao investidor "pré-certificar" um projeto em determinado nível e, então, usar a certificação LEED para atrair inquilinos e, em alguns casos, financiamento. Após o término da edificação, o investidor fornece documentos para garantir a certificação LEED final. A Figura 2.5 mostra como os créditos LEED das cinco categorias principais se dividem no sistema

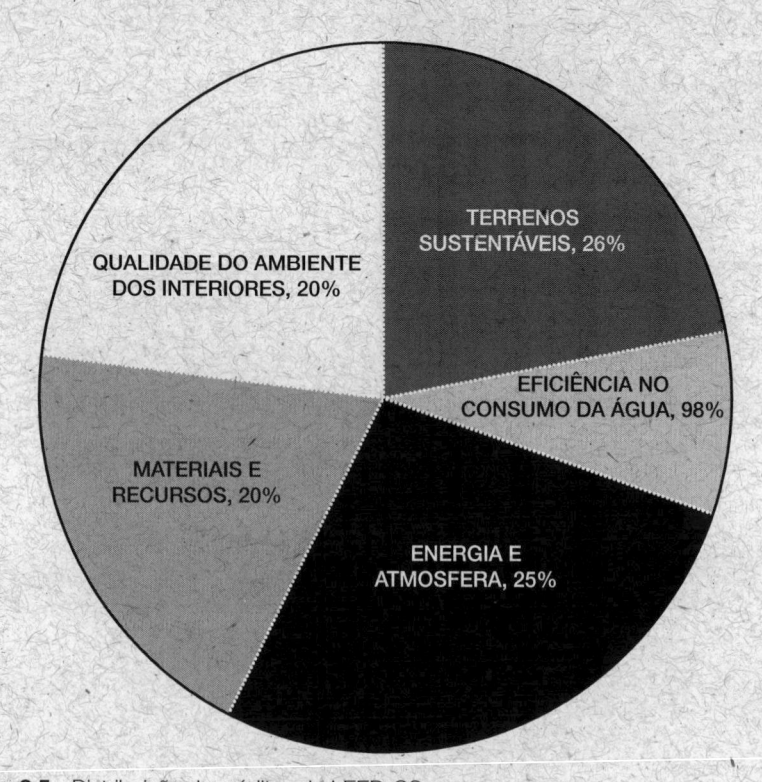

Figura 2.5 Distribuição de créditos do LEED-CS.

LEED-CS. Salvo por ter oito pontos a menos no total (incluindo dois pontos a menos na eficiência em energia), a distribuição dos créditos é bastante similar à do LEED-NC.

O sistema LEED-CS traz benefícios para o investidor comercial porque a propaganda não pode esperar até que a edificação esteja pronta. Ao possibilitar uma pré-certificação utilizando um sistema muito semelhante ao LEED-NC, a certificação LEED-CS auxilia o investidor a conseguir inquilinos e, às vezes, financiamento, incentivando, assim, mais edificações sustentáveis. Além disso, o LEED-CS concede um ponto pela criação de diretrizes que incentivem cada inquilino a usar o sistema LEED-CI para construir seus próprios interiores. Quando isso acontece, o resultado é similar ao de uma edificação com certificação LEED para Novas Construções – e todos ficam contentes!

EXEMPLO DE PROJETO COM CERTIFICAÇÃO LEED PLATINUM
Signature Center, Denver, Colorado, Estados Unidos

Projetado, empreendido, administrado e construído pela Aardex, LLC, o Signature Center é um edifício de escritórios para aluguel de classe AA; tem cerca de 57 mil m² e cinco pavimentos. O custo total do projeto – incluindo terreno, finanças e custos intangíveis – foi inferior a 2,4 mil dólares por m². O Signature Center foi projetado para reduzir o consumo total de energia em pelo menos 36%. Estima-se que o consumo interno de água seja 40% menor que o de uma edificação convencional similar. Além de melhorar a qualidade do ar no interior e de reduzir o absenteísmo, o sistema de ar sob o piso da edificação também reduz os custos dos serviços públicos em 30%. Os materiais do projeto incluem 20% de materiais com conteúdo reciclado, 50% de madeira com certificação do FSC e 20% de materiais adquiridos na região[11].

Cortesia da Aardex, LLC.

---

[11] John Trojan, "We Want to Raise the Bar", Business Leader Magazine, October 2007, p. 21–27.

Há cada vez mais evidências de que uma certificação LEED-CS ajuda os investidores a alugar o espaço mais rapidamente e a atrair melhores inquilinos. Também existem evidências de que edificações com certificação ENERGY STAR atraem aluguéis mais altos e resultam em valores de revenda mais elevados[12]. Em Atlanta, a Hines obteve o certificado LEED-CS Gold para a edificação Peachtree 1180[13]. Tanto o edifício One South Dearborn – edificação da Hines com certificação LEED Silver situada em Chicago – quanto o Peachtree 1180 foram vendidos em 2006 após o termino das atividades de construção e aluguel. Jerry Lea, da Hines, comentou os benefícios dos sistemas de certificação LEED: "As duas edificações obtiveram os mais altos preços de venda (dólares por metro quadrado) entre as edificações já vendidas nos mercados em questão. Isso aconteceu por que eram sustentáveis? (...) Acredito que haja alguma correlação com o fato de as edificações sustentáveis ajudarem a alugar o espaço, o que ajuda a vender"[14].

LEED para interiores comerciais

O LEED-CI se destina principalmente a situações em que os sistemas prediais básicos não são alterados e em que o inquilino ocupa apenas alguns pavimentos de uma edificação muito maior. Nessa circunstância, a capacidade de afetar o consumo total de energia e água – ou questões como espaço aberto, paisagismo ou gestão do escoamento pluvial – é muito menor ou não existe. Assim, outras medidas de edificações sustentáveis são incorporadas ao sistema de avaliação. Tais medidas incluem escolhas que os inquilinos podem fazer em termos de projeto de iluminação, equipamentos que consomem energia, sistemas de controle de iluminação, medidores individuais, móveis e acessórios, tintas, carpetes, produtos de madeira composta e prazo do aluguel.

Como o enfoque deste livro está no uso do processo de projeto integrado (IDP) na construção de novas edificações, não daremos muita atenção ao LEED-CI. Nosso objetivo não é fazer pouco caso dos muitos projetos de qualidade com certificação LEED-CI; porém, o fato é que a maioria das melhorias feitas pelos inquilinos acontece rápido demais, impedindo que se utilize um processo de projeto integrado convencional.

LEED para edificações preexistentes

O LEED-EB foi proposto e concebido originalmente como um método para garantir a responsabilidade contínua das edificações com certificação LEED-NC com o passar do tempo. Em vez disso, tornou-se um sistema de certificação independente para proprietários de edificações que desejam estabelecer um nível de referência para suas operações por meio de um padrão reconhecido em todos os Estados Unidos. O LEED-EB aborda muitas questões que não são contempladas em novas construções, incluindo atualizações, operações e práticas de manutenção, políticas de compra com preferência ambiental, programas de gestão de resíduos, administração predial sustentável, monitoramento contínuo do consumo de energia, substituição de aparelhos hidrossanitários para reduzir o consumo, substituição de lâmpadas e diversas outras medidas. Até o início de 2008, sete projetos haviam obtido certificações LEED-EB Platinum e o sistema aparentava

---

[12] Veja "Does Green Pay Off?", Professor Norman Miller, www.green-technology.org/green_technology_magazine/norm_miller.htm, acessado em 31 de julho de 2008.

[13] www.hines.com/property/detail.aspx?id=507, acessado em 20 de março de 2007.

[14] Jerry Lea, Hines, Entrevista, março de 2006.

Figura 2.6 O William J. Clinton Presidential Library and Museum, situado em Little Rock, Arkansas, Estados Unidos, recebeu a certificação LEED-NC Silver e, mais tarde, depois de algumas melhorias adicionais, obteve a certificação LEED-EB Platinum. ©*Fotografia de Timothy Hursley.*

estar ganhando força, uma vez que os novos registros de projetos LEED-EB em 2007 quase triplicaram o número de certificações em andamento nos Estados Unidos. Mais uma vez, como no LEED-CI, não nos dedicaremos ao LEED-EB neste livro, já que ele simplesmente não exige um processo de projeto integrado (IDP) como o fazem as novas edificações. A Figura 2.6 mostra o Clinton Presidential Library and Museum, que obteve originalmente a certificação LEED-NC e, mais tarde, a certificação LEED-EB.

OUTROS SISTEMAS DE CERTIFICAÇÃO DE EDIFICAÇÕES SUSTENTÁVEIS

Além do LEED, existem outros sistemas de certificação de edificações sustentáveis comerciais e institucionais. Há um sistema utilizado nos Estados Unidos denominado Green Globes, um programa da Green Building Initiative. Em tese, o sistema de certificação Green Globes é mais fácil para as equipes de projeto utilizarem, mas, atualmente, domina menos de 1% do mercado de edificações comerciais e institucionais[15]. Entretanto, possui seguidores, principalmente porque dizem que os custos da

---

[15] Green Building Initiative [online], www.thegbi.org. Em abril de 2007, a GBI listava apenas oito projetos com certificação pelo padrão Green Globes, em oposição a mais de 600 com a certificação pelo padrão LEED para Novas Construções no mesmo período, http://oregonlive.com/oregonian/stories/index.ssf?/base/business/1176436580204130.xml&coll=7&thispage=2, acessado em 31 de julho de 2008.

certificação são inferiores aos do LEED. (Essa afirmação não foi verificada de forma independente.) Por ser um sistema de autoavaliação, sem uma revisão consistente por terceiros, os críticos afirmam que ele não tem o vigor nem, portanto, a credibilidade do LEED.

Junto com o USBGC, a Green Building Initiative é uma organização de desenvolvimento de padrões respeitada nos Estados Unidos. Um estudo de 2006 feito pela University of Minnesota comparou os créditos oferecidos pelos dois sistemas e constatou que 80% dos pontos disponíveis no Green Globes são cobertos pelo LEED-NC versão 2.2 (o padrão atual) e que 85% dos pontos do LEED-NC versão 2.2 são cobertos pelo Green Globes[16]. Em essência, os padrões são praticamente idênticos, mas o LEED domina o mercado e provavelmente se manterá nessa posição no futuro.

Três sistemas de certificação de fora dos Estados Unidos recebem um suporte substancial em seus respectivos mercados: o sistema japonês CASBEE, o sistema britânico BREEAM e o Green Star australiano[17]. O BREEAM – principal padrão utilizado no Reino Unido – conta com o apoio do Building Research Establishment, uma organização sem fins lucrativos, e possui o mais longo registro dentre todos os sistemas de certificação. Até o início de 2008, já havia certificado mais de 1.200 edificações comerciais e institucionais – aproximadamente o mesmo número do LEED (mas em um país cujo território tem um quinto do tamanho dos Estados Unidos). No entanto, somente o LEED recebe o suporte do governo federal dos Estados Unidos. O relatório GSA mencionado no início deste capítulo comparou o LEED com o Green Globes e esses três outros sistemas de certificação com o objetivo de classificar a sustentabilidade do projeto e construção de edificações. Apesar de descobrir que todos os sistemas de certificação têm méritos, o GSA concluiu que o LEED "continua sendo o sistema de certificação de edificações sustentáveis mais apropriado e crível disponível para a avaliação de projetos GSA"[18].

As medidas de edificações sustentáveis típicas

Embora não exista algo que possamos chamar de edificação sustentável "típica", há medidas específicas de projeto e construção que são utilizadas em muitas edificações de alto desempenho. Se você for um projetista, compreender tais medidas ajudará a trabalhar com empreiteiros, proprietários de edificações, empreendedores, administradores prediais, autoridades do governo, clientes, executivos de organizações sem fins lucrativos ou apenas atores interessados em um programa de edificação sustentável.

Com base em uma análise dos primeiros 1.015 projetos com certificação LEED para Novas Construções, nós chegamos às medidas técnicas a seguir que podem ser associadas a um projeto de edificação sustentável típica. Para ilustrar a utilização de tais medidas, preparei uma análise de 25 projetos com certificação LEED-NC Plati-

---

[16] "Green Buildings and the Bottom Line," *Building Design & Construction* magazine, supplement, pp. 56-57, November 2006, disponível em www.bdcnetwork.com, acessado em 31 de julho de 2008.

[17] U.S. Green Building Council [online], acessado em 22 de abril de 2007, https://www.usgbc.org/ShowFile.aspx?DocumentID-1916.

[18] U.S. Green Building Council [online], acessado em 22 de abril de 2007, https://www.usbgc.org/ShowFile.aspx?DocumentID=1916, acessado em 03 de abril de 2007.

TABELA 2.6 Uso dos créditos LEED em Projetos Gold e Platinum

Categoria de crédito LEED	Porcentagem de Projetos Platinum que obtiveram este crédito (N = 25)	Porcentagem de Projetos Gold que obtiveram este crédito (N = 105)
1. Recuperação do terreno (SSc5.2)	88	61
2. Controle de águas pluviais (SSc6.1)	96	61
3. Efeito de ilha térmica urbana (cobertura verde ou cobertura ENERGY STAR, SSc7.2)	84	66
4. Redução da poluição luminosa (SSc8)	76	44
5. Eletricidade renovável (12,5%/15% do total, EAc2.3)	44	8
6. Medição e verificação (EAc5)	64	42
7. Energia renovável adquirida (EAc6)	84	55
8. Materiais com conteúdo reciclado @ 20% (MRc4.2)	84	90
9. Materiais de base ecológica (MRc6)	28	8
10. Madeira certificada @ 50% (MRc7)	48	42
11. Monitores de dióxido de carbono (EQc1)	96	69
12. Ventilação eficiente em energia @ 30% (EQc2)	68	36
13. Melhor qualidade do ar na ocupação (EQc3.2)	84	59
14. Sistemas de ar sob o piso para conforto térmico interno (EQc6.2)	60	37
15. Iluminação natural (EQc8.1)	84	51
16. Vistas do exterior (EQc8.2)	88	68

num e 105 com certificação LEED-NC Gold (Tabela 2.6)[19]. É evidente que existem mais projetos com certificação Platinum e Gold, mas os cartões de registro dos pontos não são fáceis de conseguir.

- Sistemas fotovoltaicos solares (44% dos projetos Platinum tinham pelo menos 12,5% do consumo total de energia suprido por sistemas fotovoltaicos *versus* somente 8% dos projetos Gold)
- Recuperação do terreno (utilizada em 88% dos projetos Platinum e em 61% dos projetos Gold, mas apenas em 56% dos projetos Silver)
- Monitores de dióxido de carbono (usados em 96% dos projetos Platinum, 69% dos projetos Gold e 59% dos projetos Silver)

---

[19] Pesquisa de Beth M. Duckles, candidata a PhD na University of Arizona, com base em dados publicados no website do USGBC até o final de março de 2008, www.usgbc.org, acessado em 31 de julho de 2008.

- Coberturas verdes ou em conformidade com o LEED (usadas em 84% dos projetos Platinum e em 66% dos projetos Gold *versus* 63% dos projetos com certificação LEED Silver)[20]
- Utilização de produtos de madeira certificada (em 48% dos projetos Platinum e 42% dos projetos Gold *versus* aproximadamente 19% em todos os projetos com certificação LEED Silver)[21]
- Materiais de renovação rápida, como pisos de cortiça e bambu (utilizados em 28% dos projetos Platinum contra menos de 5% dos outros projetos)
- Projeto de iluminação natural (usado em 84% dos projetos Platinum e 51% dos projetos Gold, e em apenas 41% dos projetos Silver)

Muitos desses sistemas e abordagens não são comuns porque têm menos oportunidades (por exemplo, terrenos difíceis de recuperar em áreas urbanas densas), enfrentam dificuldades na cadeia de fornecimento ou exigem um custo inicial mais alto. Claro que a principal razão para a não utilização de qualquer medida de edificação sustentável é o alto custo inicial, seguida pela inexperiência relativa das equipes de projeto que trabalham com os vários sistemas e produtos.

O caso das edificações de alto desempenho

Em toda a América do Norte, proprietários e investidores de edificações comerciais e institucionais estão descobrindo que muitas vezes é possível "comprar champanhe pelo preço de cerveja", ou seja, construir edificações de alto desempenho com orçamentos convencionais. Sabe-se que a reforma do Edifício de Escritórios Blackstone de Harvard foi feita de acordo com os padrões LEED Platinum sem aumento do custo de capital inicial. O edifício do Centro de Saúde e Tratamento da Oregon Health and Science University, localizado em Portland, Oregon, foi construído com um acréscimo de custo extra de 1%, segundo o investidor. Como veremos neste livro, muitos investidores privados, proprietários de edificações e administradores prediais estão promovendo um projeto sustentável de ponta em edificações comerciais e institucionais por meio de novas ferramentas, técnicas e do uso criativo de incentivos financeiros e regulamentares.

Leland Cott, da Bruner/Cott & Associates, foi o arquiteto encarregado da reforma do Edifício de Escritórios Blackstone de Harvard, que custou cerca de 10,5 milhões de dólares. Originalmente, o projeto começou buscando a certificação Gold, conforme estipulado na Solicitação de Proposta dos serviços de arquitetura. O objetivo de um resultado de alto desempenho acionou uma série de opções, segundo Cott, que resultaram na certificação Platinum. Por exemplo: o estudo aprofundado das opções de gestão da água pluvial levou a um plano para coleta da água pluvial e intensificação do paisagismo para auxiliar na infiltração do terreno. Os desafios ao aprimorar o prédio de tijolos de 100 anos incluíram isolamento, maior conforto e economia de energia. A equipe acabou por colocar isolamento de *icynene* na face interna das vedações para que a umidade pudesse continuar entrando e saindo da edificação de acordo com a estação do ano, sem causar condensação nas paredes internas. Se-

---

[20] Jerry Yudelson, *Marketing Green Building Services: Strategies for Success*, 2006. (Amsterdã: Elsevier/Architectural Press), p. 129.

[21] *Ibid.*

gundo Cott, Harvard relatou economias de energia de 40% no edifício reformado. O projeto incluiu uma forte charrete que desenvolveu a missão e um "compromisso com a sustentabilidade".

Cott acredita que o advento do software Building Information Modeling (BIM) será uma ferramenta bastante progressiva para a obtenção de resultados de sustentabilidade, uma vez que ficará mais fácil fazer uma modelagem de energia antecipada, por exemplo, e, em seguida, realizar alterações sem incorrer em custos de projeto

---

EXEMPLO DE PROJETO COM CERTIFICAÇÃO LEED PLATINUM

Reforma do edifício de escritórios Blackstone, Harvard University, Cambridge, Massachusetts, Estados Unidos

Três edificações de alvenaria do século XIX foram reformadas com o objetivo de criar um espaço de trabalho para o grupo de Serviços Operacionais da Harvard University. Com 12 mil m², a Blackstone Station foi concluída em maio de 2006 sem aumento algum nos custos de construção iniciais (comparado a uma reforma tradicional de edificação). A Blackstone reduziu o consumo de energia em 42% comparada com uma edificação que atende às prescrições do código de edificações, em parte devido aos sensores de iluminação natural, aos sensores de ocupação e ao elevador eficiente em energia. Duas bombas de calor geotérmicas proporcionam a refrigeração. Bacias sanitárias com descarga dupla, mictórios sem o uso de água e pias e duchas de baixa vazão diminuem o consumo de água por usuário em 43%

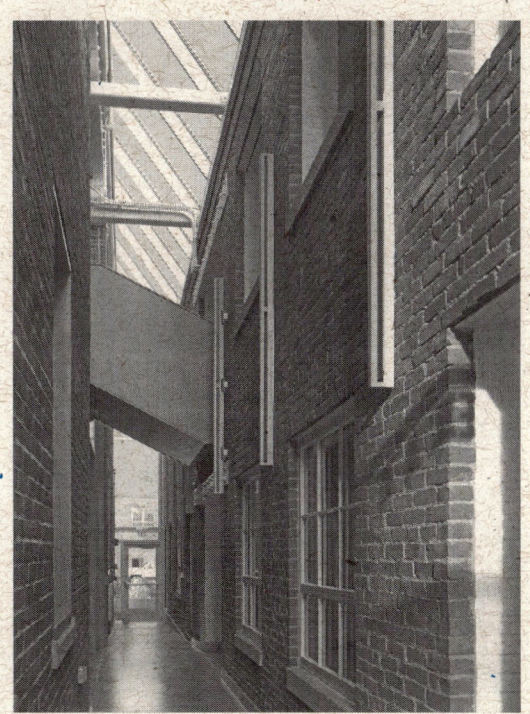

Fotografia de Richard Mendelkorn.

> (comparado ao código). Uma bacia de biorretenção e um biodigestor reduzem e tratam o escoamento de água. Mais de 99% dos resíduos da construção foram reutilizados ou reciclados[22].

adicionais. O BIM também ajuda o arquiteto a desempenhar o papel de projetista principal ao detectar conflitos com antecedência, por exemplo, entre os sistemas mecânicos e a estrutura, solucionando-os antes que acarretem custos em demasia. Esses conflitos podem ocorrer porque, em geral, a arquitetura e a estrutura da edificação são definidas bem antes dos sistemas mecânicos e elétricos, apenas com previsões de espaço convencionais (calculadas com regras de pré-dimensionamento) reservadas para os últimos. Isso dificulta inovações com sistemas mecânicos, tais como vigas refrigeradas à água, que exigem diferentes previsões espaciais[23].

LEED ou líder?

O LEED assumiu a posição de sistema de certificação preferido para projetos de grande porte (embora ambos possam ser usados por investidores e proprietários de edificações) porque foca em uma maior variedade de questões do que a maioria das diretrizes de eficiência em energia. Por exemplo: se os proprietários se focarem principalmente em consumo de energia, redução das emissões de dióxido de carbono (associado ao aquecimento global) e melhora da qualidade do ar no interior, diversas diretrizes – como a Norma 189P da ASHRAE proposta – podem levá-los a atingir seus objetivos de maneira eficiente[24]. Essas melhorias resultam na redução dos custos operacionais e melhoram a saúde, a produtividade e o conforto dos usuários. *Todavia, neste momento, somente o LEED e o ENERGY STAR são aceitos no mercado como "marcas" que indicam um alto nível de desempenho com relação a critérios mensuráveis.*

Tanto o LEED como outros sistemas de avaliação de edificações incentivam um processo de projeto integrado, no qual os projetistas da edificação (engenheiros mecânicos, elétricos, civis/estruturais e de iluminação) são chamados ao processo de projeto junto com as equipes de arquitetura e interiores em uma etapa inicial – frequentemente durante a definição do conceito e a definição do partido. O projeto integrado explora, por exemplo, a orientação da edificação, a volumetria e as escolhas de materiais como questões críticas que afetam o consumo de energia e a qualidade do ar do interior; além disso, tenta influenciar tais decisões antes do desenvolvimento total do projeto básico de arquitetura.

---

[22] "Harvard Green Campus Initiative: High Performance Building Resource", maio de 2006, p. 1–8. Consigli Construction Co., Inc. "Web Exclusive: 19th Century Platinum", Environmental Design & Construction, 03 de dezembro de 2007 [online], http://www.edcmag.com/CDA/Articles/Web_Exclusive/BNP_GUID_9-5-2006_A_10000000000000214697, acessado em abril de 2008. Bruner/Cott [online], http://www.brunercott.com/library/hublackstone/blackstone.htm, acessado em abril de 2008.

[23] Autodesk White Paper: http://images;autodesk.com/adsk/files/whitepaper_revit_systems_bim_for_mep_engineering.pdf, acessado em 30 de abril de 2008.

[24] A norma 189P "apresentará requisitos mínimos para o projeto de edificações sustentáveis". Veja www.ashrae.org/pressroom/detail/13571, acessado em 31 de julho de 2008.

O projeto de edificações de alto desempenho

Quais são as características de projeto e operacionais das edificações de alto desempenho atuais? Elas economizam de 25 a 50% (ou mais) em relação ao consumo de energia de edificações convencionais ao incorporar sistemas extremamente eficientes e medidas de conservação em suas vedações básicas, equipamentos de climatização e sistemas de iluminação. Esses sistemas e medidas de eficiência podem incluir isolamento térmico adicional, esquadrias de alta qualidade e medidas de controle solar; equipamentos com classificação ENERGY STAR, como fotocopiadoras, monitores de computador e impressoras; orientação e volumetria da edificação para utilizar o projeto de calefação e refrigeração solares passivas; iluminação de alta eficiência (com freqüência usando lâmpadas T-5 de alto desempenho em muitas aplicações); monitores de dióxido de carbono que monitoram a ocupação do recinto e ajustam a ventilação de acordo para que a energia não seja desperdiçada na ventilação de espaços desocupados; sensores de ocupação – que desligam as luzes e equipamentos quando os cômodos não estão ocupados; e sistemas de climatização com uma eficiência superior, ventiladores de velocidade variável e motopropulsores para produzir o mesmo nível de conforto com menos consumo de energia; entre muitas técnicas similares.

Em 2007, o New Buildings Institute realizou um estudo com mais de 120 edifícios de escritórios com certificação LEED cujos dados de desempenho de energia estavam prontamente disponíveis[25]. Os projetos com certificação LEED Gold e Platinum tinham um consumo médio de energia aproximadamente 44% abaixo da média de todas as edificações comerciais, de acordo com um levantamento nacional feito em 2003. Em geral, para todos os projetos com certificação LEED, as economias de energia somadas ficaram 24% abaixo do consumo médio de energia de edificações comerciais. O estudo concluiu o seguinte: "Em média, as edificações com certificação LEED estão entregando as economias previstas", mas os dados mostraram uma grande variação, "sugerindo oportunidades para melhores programas e procedimentos".

Antes do final da construção, o LEED exige que o desempenho dos principais sistemas de consumo de energia e água de todas as edificações seja testado e verificado por especialistas terceirizados. Normalmente, tal terceirização envolve a criação de um plano para que todos os sistemas sejam testados, realizando testes funcionais enquanto os empreiteiros mecânicos e de controles ainda estão no local e fornecendo ao proprietário um relatório escrito sobre o desempenho de todos os sistemas e componentes principais. A terceirização das edificações sustentáveis envolve revisões feitas por colegas terceirizados durante o projeto a fim de determinar se o objetivo foi realmente alcançado nos documentos detalhados da construção. Por fim, a maioria dos programas de terceirização de testes (comissionamento) também inclui o treinamento de operadores e sua documentação para operadores futuros. O envolvimento de futuros funcionários de manutenção predial é um componente crítico para uma prática de terceirização efetiva[26].

---

[25] Cathy Turner e Mark Frankel, "Energy Performance of LEED for New Construction Buildings", New Buildings Institute, March 2008, www.newbuildings.org, acessado em 30 de abril de 2008.

[26] Comunicado pessoal, Paul Schwer, PAE Consulting Engineers, maio de 2008.

O comissionamento deve ser considerado análogo aos testes pelos quais um navio passa antes de ser entregue aos proprietários finais. Nenhum navio é colocado em uso sem tais testes, que podem evidenciar problemas no projeto ou na construção. Da mesma forma, nenhuma edificação deve entrar em operação sem uma análise minuciosa e completa de todos os sistemas que consomem energia e afetam o conforto, a saúde e a produtividade dos usuários. Com frequência, esta documentação pode ser útil no futuro, quando for necessário identificar e solucionar problemas nas operações da edificação. Impressiona-me profundamente o fato de uma edificação ser construída hoje sem um processo completo de terceirização de testes; é absolutamente essencial para uma edificação de alto desempenho, por isso é bom que seja exigido pelo LEED para todos os projetos.

Edificações de alto desempenho atingem níveis superiores de qualidade do ar interno por meio da escolha cuidadosa de tintas, vedantes, adesivos, carpetes e revestimentos menos tóxicos (com pouco ou nenhum composto orgânico volátil), seja para a edificação básica ou para melhorias feitas pelos inquilinos. Frequentemente, isso acontece em conjunto com sistemas prediais que oferecem níveis superiores de filtração e monitores de dióxido de carbono para regular a ventilação de acordo com a ocupação. Visto que, atualmente, muitos usuários de edificações têm problemas respiratórios e sensibilidade a produtos químicos, faz muito sentido – em termos de negócios – oferecer uma edificação saudável. A documentação dessas medidas muitas vezes ajuda a fornecer um suporte adicional para contestar pedidos de indenização devidos à "síndrome da edificação doente". Tal benefício de "gestão de riscos" cos-

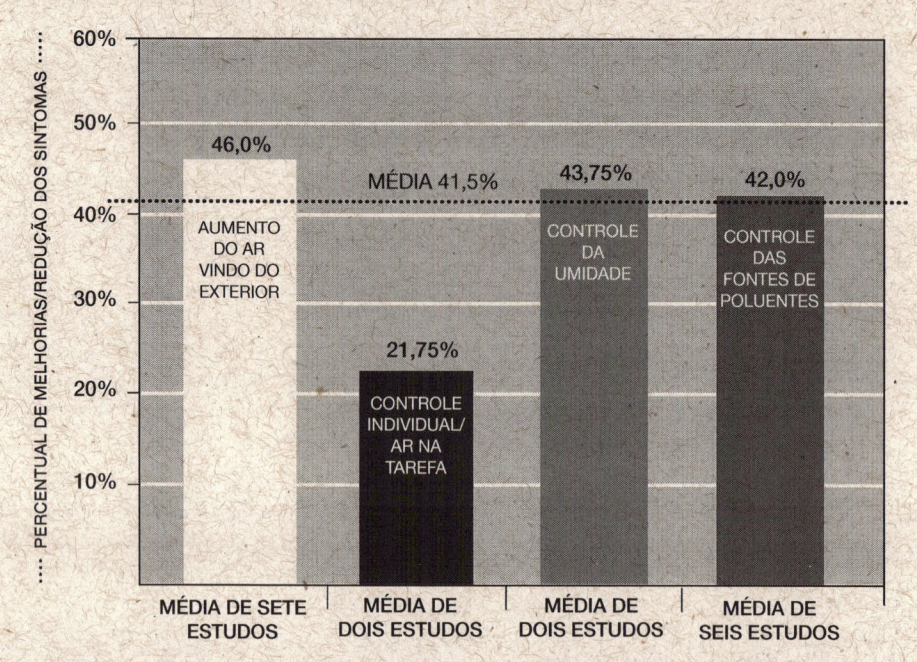

Figura 2.7 Ganhos de saúde anuais obtidos com melhorias na qualidade do ar.
Center for Building Performance and Diagnostics, Carnegie Mellon University. BIDS™: Building Investment Decision Support Tool.

tuma ser um aspecto negligenciado nas diretrizes de edificações sustentáveis, embora seja frequentemente útil para demonstrar a inquilinos ou usuários em potencial as medidas muitas vezes "invisíveis" tomadas pelos projetistas e empreiteiros da edificação com o objetivo de criar um ambiente interno seguro e saudável.

Edificações saudáveis incorporam iluminação natural e vistas do exterior não somente para fins de conforto, saúde e ganhos de produtividade do usuário (Figura 2.7), mas também para diminuir os custos de energia. Há um conjunto crescente de evidências de que a iluminação natural, janelas de abrir e vistas do exterior podem aumentar a produtividade em 5 a 15%, bem como reduzir doenças, absentismo e a rotatividade dos funcionários em muitas empresas[27]. Adicione níveis superiores de controles prediais que permitam, por exemplo, o monitoramento do dióxido de carbono e ajustes de ventilação controlados pela demanda; o resultado será um programa efetivo que aborda o "problema de pessoal" e pode ser vendido para possíveis inquilinos e outros atores. No caso de edificações ocupadas por seus proprietários, essas economias costumam ser suficientes para justificar os custos adicionais de tais projetos. Considerando que 70% ou mais dos custos operacionais das empresas de prestação de serviços (condição da maioria) estão relacionados a salários e benefícios dos funcionários, sem dúvida é um bom negócio prestar atenção à produtividade, ao conforto e à saúde no projeto e nas operações da edificação.

Veja o que Ben Weeks, da Aardex, de Denver, Estados Unidos, tem a dizer sobre os benefícios do projeto de escritórios de seu Signature Centre[28].

> Em um caso específico, em Albuquerque, Novo México, construímos uma área para escritórios, sendo que o Escritório de Audiências e Recursos da Administração de Previdência Social ocupa cerca de 8.500 m² de um prédio projetado para esse uso específico. A área vinha de um espaço anterior onde fora acomodada de maneira dispersa em vários locais diferentes dentro da mesma edificação. A partir da análise de antes e depois de sua gestão de caso, identificamos que, ao se transferir do local anterior para o novo prédio, houve um aumento de produtividade de 78% – um aumento enorme. Isso é quase inacreditável. Se pensarmos que as empresas dedicam entre 80 e 90% de suas despesas operacionais totais ao pessoal e menos de 5% ao aluguel do escritório, caso o espaço possa influenciar a produtividade dos inquilinos, mesmo que apenas um pouco, a diferença será enorme.
>
> Normalmente, as empresas pagam entre 3.200 e 6.400 dólares por metro quadrado para seus funcionários. Além disso, pagam 160 a 320 dólares por metro quadrado para o espaço do escritório. Se uma edificação conseguir aumentar a produtividade de seus funcionários em pelo menos 5%, isso é significativamente superior ao custo total do aluguel do escritório. Notamos esse efeito e então criamos o nome "Edificações Efetivas para os Usuários" para nossa abordagem aos empreendimentos imobiliários. Ela descreve a relação de projeto entre o projeto da edificação, as pessoas que a ocupam e o efeito na produtividade.
>
> Pesquisamos extensivamente os aspectos de edificações, tais como aproveitamento da iluminação natural (Figura 2.8), gestão da iluminação artificial interna, controles ambientais, controles de qualidade do ar no interior, etc., considerando o impacto

---

[27] Veja, por exemplo, estudos do Heschong Mahone Group para a Pacific Gas & Electric Company e a Comissão de Energia da Califórnia, disponíveis em www.h-m-g.com, acessado em 31 de julho de 2008.

[28] Entrevista com Ben Weeks, Aardex, março de 2008.

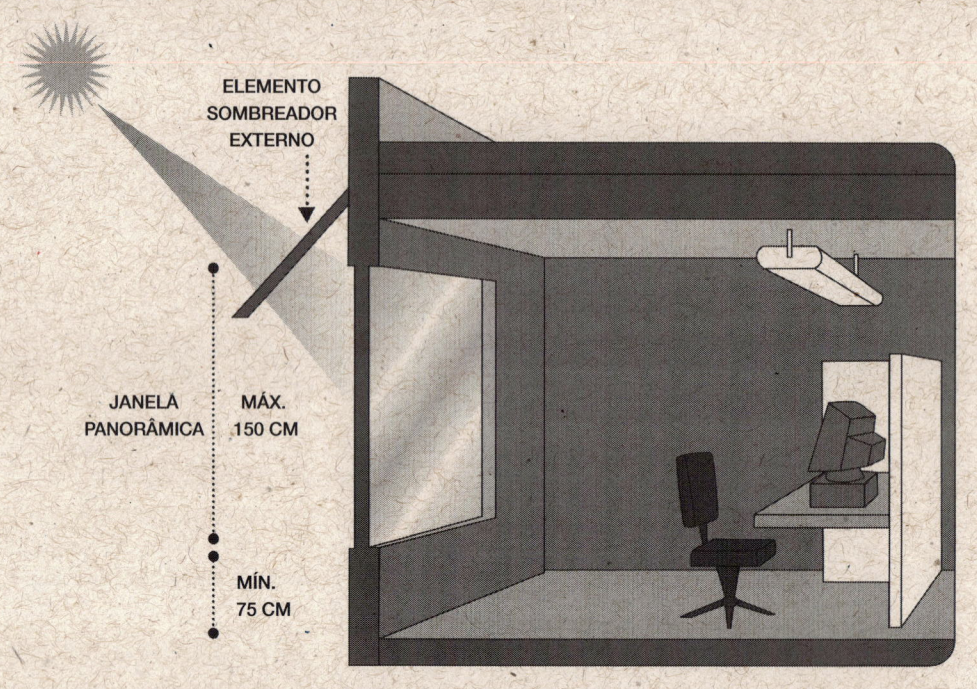

Figura 2.8 Um bom projeto de iluminação natural fornece luz diurna para escritórios sem ofuscamento e sem ganhos térmicos indesejados.

que tais elementos de projeto têm na experiência humana e, consequentemente, na produtividade dos usuários. Incorporamos níveis de resultados ideais aos princípios orientadores de nossas estratégias de projeto. Quando isso é concluído, acreditamos que podemos desenvolver uma edificação de maneira a abrigar usuários atuais e futuros de forma efetiva. Eles terão condições de maximizar o aproveitamento útil e produtivo de tais edificações. Acreditamos que os números, o aspecto financeiro e o aspecto mecânico permitem que as informações e dados sejam irrefutáveis. Embora o exemplo do Escritório de Audiências e Recursos da Previdência Social e seu aumento de 78% na produtividade sejam o que iremos apresentar em conversas, não sugerimos que qualquer empresa tenha o potencial de crescer 78%, porque os líderes não gostam de pensar que seus funcionários estão atualmente trabalhando a 22% ou menos de sua capacidade.

PENSANDO NO FUTURO

O programa ENERGY STAR, da U.S. Environmental Protection Agency, é o mais conhecido entre os consumidores norte-americanos e também deve ser usado para promover edificações comerciais e institucionais eficientes em energia e com consumo de energia líquida zero – ou *neutras em carbono*. Até 2010, as edificações começarão a ser projetadas rotineiramente com o objetivo de diminuir em 50% ou mais o consumo de energia comparado aos níveis de 2005; para tanto, utilizarão o projeto integrado e abordagens tecnológicas inovadoras. Com a crescente conscientização em relação ao problema do dióxido de carbono/aquecimento global e da contribuição das edificações e dos padrões de ocupação urbana para o aquecimento global observado, arquitetos e outros membros do setor de projeto e construção começaram a propor ações positivas. Um sinal disso é a declaração feita pelo American Institute of Architects (AIA) em dezembro de 2005, pedindo uma redução mínima de 50% no consumo de energia pelas edificações até 2010[29]. Nessa declaração, o AIA apoiou "o desenvolvimento e uso de sistemas de certificação e padrões que promovam o projeto e a construção" de comunidades que consumam recursos de maneira mais eficiente. Tal declaração ecoa as exigências do "Desafio de Arquitetura 2030", que almeja reduzir o consumo de energia por edificações em 90% até 2010[30].

Muitas cidades têm aderido às iniciativas de mudança climática e começarão a exigir edificações sustentáveis para projetos residenciais, especialmente grandes empreendimentos com impactos de infraestrutura significativos. No início de 2008, por exemplo, mais de 800 prefeitos representando cidades dos 50 estados norte-americanos e Washington D.C. assinaram uma iniciativa de mudança climática[31]. Os prefeitos que aderiram ao acordo se comprometem a reduzir as emissões de gases com efeito estufa em suas próprias cidades e comunidades a um nível 7% abaixo dos níveis de 1990 até 2012 por meio de uma série de ações, como aumentar a eficiência em energia, diminuir os quilômetros viajados por veículo, manter as florestas urbanas saudáveis, reduzir a dispersão urbana e promover o uso de recursos de energia limpa e renovável. Em 2008, as cidades de Los Angeles e San Francisco criaram regulamentos que exigem que projetos do setor privado com mais de 15 mil m² obtenham a certificação LEED.

A partir de 2004, muitos estados, grandes universidades e cidades começaram a exigir certificações LEED Silver (ou de nível superior) para seus próprios projetos de construção. Muitas universidades instituíram a exigência de certificação LEED Gold para projetos com grandes investimentos, entre elas, a Arizona State University (ASU)[32]. Michael McLeod é o diretor de instalações do novo Instituto de Biodesign da ASU, cujos primeiros dois edifícios (dos quatro planejados) receberam certificações LEED Gold e LEED Platinum. McLeod diz o seguinte a respeito da abordagem ao LEED nestes projetos[33]:

> O interessante é que nem todos aderiram ao programa LEED de primeira. Havia pessoas dentro da universidade que se mostraram céticas. Felizmente, já tínhamos escolhido Gould Evans e Lord Aeck Sargent como projetistas. Ambos estavam muito interessados e motivados pelo LEED e pela questão da sustentabilidade. Para ser sincero, percebi que muitos consultores ainda não aderiram ao movimento. Os empreiteiros – acredite se quiser – parecem estar se atirando de corpo e alma. Impressionei-me negativamente com muitos consultores.

---

[29] American Institute of Architects [online], comunicado à imprensa de 19 de dezembro de 2005, disponível em www.aia.org.

[30] Veja www.architecture2030.org para atualizações regulares acerca do desafio, acessado em 31 de julho de 2008.

[31] City of Seattle, Mayor's Office [online], acessado em 26 de abril de 2007, http://www.seattle.gov/mayor/climate/PDF/USCM_Faq_1-18-07.pdf

[32] Association for the Advancement of Sustainability in Higher Education (AASHE) [online], www.aashe.org/resources/pdf/AASHEdigest2006.pdf, acessado em 26 de abril de 2007. O website da AASHE é um excelente lugar para acompanhar a tendência por edificações sustentáveis no ensino superior, com destaque para o American College na University President's Climate Committee, assinado por mais de 500 reitores, www.presidentsclimatecommitment.org.

[33] Entrevista com Michael McLeod, março de 2008.

A equipe não foi montada com base na experiência em sustentabilidade. Quando selecionamos os membros, a certificação LEED ainda não havia entrado em cena ou era uma possibilidade muito remota. A vantagem é que, contratando empreiteiros e consultores bons e de alta qualidade, eles são capazes de responder à altura e fazer o que for pedido. Tivemos muita sorte ou fomos muito felizes na escolha, pois tanto o empreiteiro como os consultores aderiram de verdade. Trabalharam duro para que tivéssemos sucesso.

Estas edificações são parte de um estudo mais amplo que foi realizado alguns anos atrás com o objetivo de desenvolver a pesquisa na ASU – motivar, disseminar e aumentar nosso prestígio dentro da comunidade de pesquisadores. Os princípios fundamentais da edificação foram definidos naquele momento. Quando contratamos os arquitetos do projeto, não queríamos fazer uma charrete propriamente dita. Começamos a construir este projeto sem saber quem iria participar. Na realidade, o diretor – Dr. George Post – ainda não havia sido contratado. Ele se juntou a nós logo depois e rapidamente entrou no ritmo, transmitindo-nos sua visão. Fundamentalmente, porém, quando começamos, não sabíamos quem viria a utilizar a edificação.

Em casos assim, constroem-se instalações básicas e flexíveis, como solicitado originalmente. Dessa maneira, você não será influenciado por vários pesquisadores individuais que querem fazer as coisas como sempre fizeram. Tivemos a oportunidade de fugir do pensamento convencional. Construímos os laboratórios e fizemos aquilo que chamo de "mínimos". Assim, havia infraestrutura suficiente no laboratório e, com a chegada dos pesquisadores, reformamos de acordo com suas necessidades específicas. Ele foi montado para oferecer tudo, desde ótica e lasers a químicos, físicos e engenheiros – e nós temos todos. Podemos montar as áreas do laboratório para acomodá-los.

Depois que a primeira edificação foi construída e ocupada, o movimento LEED inteiro entrou em andamento. Como a ASU é a maior instituição do estado, decidimos que todas as edificações universitárias deveriam ter certificação LEED. A administração instruiu-me a voltar e certificar o Edifício A. Felizmente, tínhamos um projeto excelente e já havíamos feito as coisas que exigiram um grande investimento, como a contratação de especialistas para a realização de testes de desempenho dos sistemas prediais. Na verdade, fazemos isso para todas as nossas edificações. Mui-

---

EXEMPLO DE PROJETO COM CERTIFICAÇÃO LEED PLATINUM

Instituto de Biodesign, fases 1 e 2, Arizona State University, Tempe, Arizona, Estados Unidos

O Instituto de Biodesign consiste em duas edificações com certificação LEED – uma Gold (Edifício A) e uma Platinum (Edifício B). Conectados por passarelas de vidro, os edifícios contêm, juntos, cerca de 107 mil m² de escritórios, laboratórios com planta livre, refeitório e auditório distribuídos em três pavimentos. O custo de construção do instituto foi de 104 milhões de dólares; o custo total do projeto foi de 160 milhões de dólares. Sensores remotos são capazes de detectar poluentes aéreos em uma zona específica e instruir o sistema a exaurir o ar se necessário, minimizando o consumo de energia (ao reduzir o número de trocas de ar para ventilação) ao mesmo tempo em que satisfaz as exigências de ar fresco para laboratórios. A água da chuva e da condensação do condicionamento de ar é coletada em

Cortesia do Instituto de Biodesign.

um reservatório de 19 m³ para reaproveitamento nos jardins. Um sistema de brises interno acompanha automaticamente o percurso do sol, difundindo a luz natural ao refleti-la nos forros internos. Um arranjo fotovoltaico de 167 kW contribui para a redução total de 58% no consumo de energia do edifício B. Quinze por cento dos materiais de construção têm conteúdo reciclado[34].

tas pessoas incluem tal contratação como um custo do LEED, mas nós a fazemos porque acreditamos ser o certo. Voltei, preenchi o pedido de certificação do LEED e examinei algumas modificações que eram necessárias – tínhamos de acrescentar sensores de dióxido de carbono, entre outras coisas. Custou um pouco mais de 250 mil dólares. Basicamente, foi um projeto bom e consistente, bem como uma edificação bem-construída. Eu diria que 85% do exercício consistiu em preencher o pedido de certificação e realizar o processo. A conclusão é que, se você fizer uma boa edificação, conseguir uma certificação LEED não é tão difícil quanto dizem.

---

[34] Green Giant: Biodesign Institute Goes Platinum, Arizona State University, July 31, 2007 [online], http://asunews.asu.edu/node/689, acessado em abril de 2008. David Sokol, Arizona State University Biodesign Institute, Green Source [online], http://greensource.construction.com/projects/0801_ArizonaStateUniversity.asp, acessado em abril de 2008.

A VISÃO GERAL

A redução das emissões de dióxido de carbono no setor de edificações é crítica para que possamos combater o aquecimento global. O projeto de edificações e as operações eficientes em energia, junto com a geração de energia renovável *in loco*, são importantes para enfrentar o desafio lançado aos norte-americanos de reduzir a "pegada ecológica"[35]. As edificações sustentáveis são um componente importante na iniciativa de reduzir as emissões de dióxido de carbono aos níveis de 1990, conforme exigido pelo Protocolo de Quioto, para que possamos começar a estabilizar as concentrações de dióxido de carbono na atmosfera em níveis no máximo 20% acima do atual. Estudos recentes da firma internacional de consultoria McKinsey indicam que as edificações podem proporcionar até 25% da redução necessária nas emissões de carbono e com custos que podem ser facilmente recuperados ao longo da vida útil da edificação[36].

BARREIRAS PARA O CRESCIMENTO DAS EDIFICAÇÕES SUSTENTÁVEIS

Ainda existem barreiras para a adoção generalizada de técnicas, tecnologias e sistemas de edificações sustentáveis; algumas delas estão relacionadas a experiências reais e o restante a uma percepção persistente, de alguns integrantes do setor de edificações, de que as edificações sustentáveis geram custos adicionais. Altos executivos que representam firmas de arquitetura e engenharia, consultores, investidores, proprietários de edificações, usuários-proprietários corporativos e instituições de ensino têm atitudes mais positivas em relação aos benefícios e custos da construção sustentável, segundo o *Barômetro do Mercado da Construção Sustentável* de 2005, um levantamento realizado pela Turner Construction Company[37]. Por exemplo: 57% dos 665 executivos pesquisados relataram que suas empresas estão envolvidas com edificações sustentáveis; 83% disseram que sua carga de trabalho com o tema das edificações sustentáveis aumentou desde 2002; e 87% afirmaram que esperam que as atividades de edificações sustentáveis continuem. No entanto, apesar da sensação predominante de que as edificações sustentáveis geraram benefícios consideráveis, esses mesmos executivos achavam que elas custam de 13 a 18% a mais que as edificações convencionais!

Em uma pesquisa feita pela revista *Building Design & Construction* em 2007, 41% dos participantes do setor da construção entrevistados disseram que as edificações sustentáveis aumentaram em 10% ou mais o custo, mesmo que haja evidências claras de que os aumentos de custo são inferiores a 10%![38] Abordo a questão do custo no Capítulo 7, mas é preciso ter em mente que as decisões relativas à edificação são fundamentalmente econômicas e que os custos adicionais das edificações de alto desempenho continuarão a ser um problema, até que as equipes de projeto descubram como desenvolver esses projetos de maneira consistente sem aumento de custo.

---

[35] Veja www.footprintnetwork.org para uma explicação mais completa do termo "pegada ecológica", acessado em 31 de julho de 2008.

[36] "A Cost Curve for Greenhouse Gas Reduction", McKinsey Quarterly, February 2007, www.mckinseyquarterly.com/Energy_Resources_Materials/A_cost_curve_for_greenhouse_gas_reduction_1911, acessado em 30 de junho de 2008.

[37] Turner Construction Company [online], www.turnerconstruction.com/greensurvey 05.pdf, acessado em 06 de março de 2007.

[38] Revista Building Design & Construction, 2007 Green Building White Paper, November 2007, página 8. Disponível em www.bdcmag.com, acessado em 31 de julho de 2008.

3

A Prática do Projeto Integrado

Até o momento, fiz uma defesa das edificações sustentáveis e apresentei alguns exemplos extraordinários de projetos de edificações de alto desempenho. Agora, vamos falar sobre como as equipes de projeto estão realmente obtendo resultados de alto desempenho. A tese fundamental deste livro é a seguinte: *os métodos são mais fortes que os indivíduos*. Se o talento para projetar é distribuído de maneira desigual – como de fato acontece –, precisamos reprojetar nosso processo de execução de projetos para obter melhores resultados. Não podemos nos basear somente no talento superior do projetista para obter resultados de melhor qualidade. O processo de projeto integrado é importante por esse motivo. Do contrário, retornamos ao mundo do filme *Feitiço do Tempo*, onde as coisas não mudam. A busca por edificações de alto desempenho com certificação LEED Gold e Platinum é a força propulsora – junto com a crescente ênfase em soluções neutras em carbono – que nos dá uma oportunidade única de mudar para melhor a abordagem à execução de projetos. Como Leith Sharp escreveu na Apresentação, um projeto integrado efetivo é capaz de produzir inovações significativas e economias financeiras simultaneamente.

ELEMENTOS DO PROCESSO DE PROJETO INTEGRADO

Os principais elementos do processo de projeto integrado são simples e objetivos. Menos óbvia é a forma de implementação do processo. Para projetos de edificações de alto desempenho, o processo consiste nos seguintes passos:

1. Comprometer-se com o projeto integrado e contratar membros para a equipe de projeto que queiram participar de uma nova maneira de agir. Do ponto de vista do proprietário, isso talvez signifique aceitar novos consultores que podem não estar muito familiarizados com um contexto universitário, empreendedor ou institucional. Os consultores "preferidos" atuais podem não estar dispostos a se comprometer com o processo.

2. Definir objetivos "ambiciosos" para toda a equipe, como a certificação LEED Platinum, a certificação Living Building (veja o Capítulo 14) ou o consumo de energia líquida zero, e julgar o resultado final por essa perspectiva.

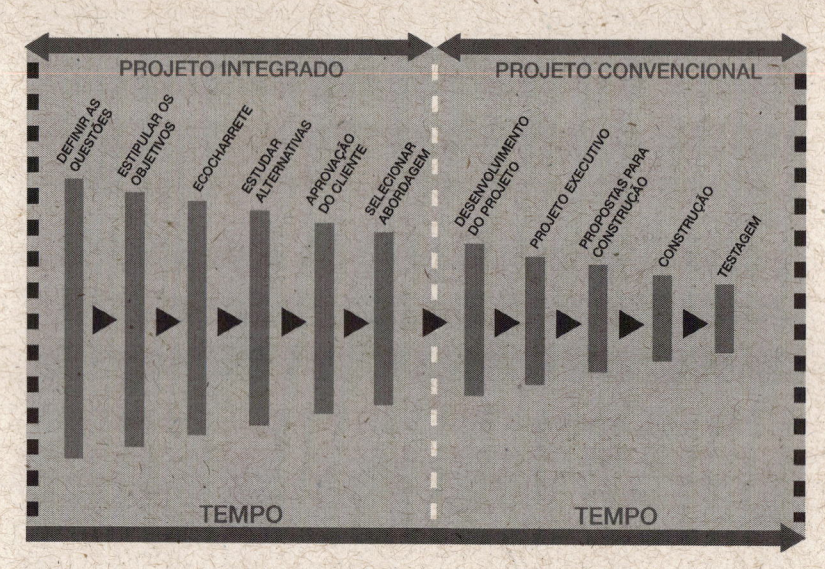

Figura 3.1 As oportunidades para a equipe de projeto integrado diminuem com o tempo; por isso, o processo precisa ser estabelecido desde o início.

3. Fazer com que a equipe se comprometa com o aumento zero de custo em relação a um orçamento convencional; assim, a gestão dos custos será considerada desde o início e a necessidade de encontrar "transferências de custo" ou "substituições de custo" estará na mente de todos.
4. Estabelecer desde o início o processo de projeto com charretes ambientais, estudos e outros momentos para "raciocínio" similares (Figura 3.1). Isso se torna mais difícil quando o cronograma está apertado, mas é essencial para que o processo funcione.
5. Providenciar tempo suficiente para *feedback* e revisões antes de se comprometer com um conceito de projeto final. Isso significa que o cliente precisa aceitar honorários de projeto um pouco mais altos, que incluam estudos preliminares, ou aceitar o fato de que mais dinheiro será gasto durante as fases de definição do conceito e do partido de arquitetura.
6. Todos precisam concordar e participar. Nenhum membro da equipe da edificação deve ser autorizado a considerar somente seus próprios interesses. Isso pode significar que o engenheiro elétrico que será responsável pelo projeto de iluminação também precisa se preocupar com as cores das tintas (que afetam a luz refletida no interior), as vidraças (para fins de iluminação natural) e questões similares.

A PERSPECTIVA DO ARQUITETO

Bill Reed escreveu acerca da importância de usar charretes para fazer com que os membros da equipe da edificação mudem seus hábitos práticos. Segundo ele, a finalidade do "projeto integrado" é levar as pessoas a modificar padrões consolidados que inibem a criatividade, o pensamento sistêmico e projetos inovadores.

Capítulo 3 A Prática do Projeto Integrado

O processo mais bem-sucedido que utilizamos para ajudar as pessoas a mudar é o seguinte: na primeira charrete de definição dos objetivos, estabelecemos um processo de projeto que mostra como elas irão se integrar e comunicar, quando irão falar e por quê. Trata-se de um mapa bastante detalhado. Não é um "caminho crítico"; é um "mapa rodoviário" da integração. Sem esse mapa, as pessoas retornarão aos seus padrões práticos de costume[1].

De acordo com Reed, os elementos básicos do projeto integrado incluem as seguintes atividades:

- A presença do principal tomador de decisões financeiras do cliente no processo de projeto.
- O cliente seleciona uma equipe de projeto com a postura certa, isto é, com a disposição de aprender. (Reed contou-me que situações difíceis podem ocorrer com frequência em projetos em que o cliente contrata um "arquiteto estrela", ou seja, um projetista famoso que não irá se comprometer a participar de um processo em equipe ou mesmo a comparecer a todas as reuniões fundamentais no início do projeto; nesse caso, como consultor, Reed às vezes se recusa a trabalhar em tais projetos, já que as chances de um projeto integrado de sucesso são muito menores.)
- Os envolvidos e a equipe de projeto se dedicam a alinhar as expectativas e finalidades.
- Metas específicas são estabelecidas para vários objetivos ambientais, inclusive dentro da meta de obtenção de uma certificação LEED (por exemplo, iremos economizar 50% da energia consumida por uma edificação convencional, independentemente da certificação LEED).
- O cliente e o líder do projeto identificam defensores do processo para garantir tais metas ao longo do esforço de projeto e construção.
- Os projetos de sistemas são otimizados no início do processo, utilizando um processo iterativo na definição do conceito da arquitetura e posterior definição do partido.
- A equipe de projeto se compromete a seguir até o final da construção.
- O projeto é avaliado por especialistas terceirizados para assegurar que todos os sistemas tenham o desempenho planejado.
- Existem monitoramento e manutenção permanentes a fim de assegurar que o projeto atinja as metas de desempenho desejadas[2].

Para Reed, o projeto integrado consiste na modificação dos modelos mentais, padrões dominantes de visão de mundo e paradigmas para determinado desempenho. Ele acredita que é fundamental ultrapassar os limites impostos por especialistas e retornar a uma maneira mais holística de visualizar o projeto. Segundo Reed, isso é muito difícil: "mudar a natureza e a prática do projeto de um processo de causa e efeito natural e simplista para um que considere os problemas a partir da perspectiva de sistemas múltiplos e inter-relacionados é o aspecto do projeto sustentável que mais enfrenta resistência"[3].

---

[1] Entrevista com Bill Reed, fevereiro de 2008.
[2] Bill Reed, "Integrated Design", May 8, 2005, memorando particular.
[3] Bill Reed, "The Integrative Design Process – Changing Our Mental Model", 20 de abril de 2006, memorando particular.

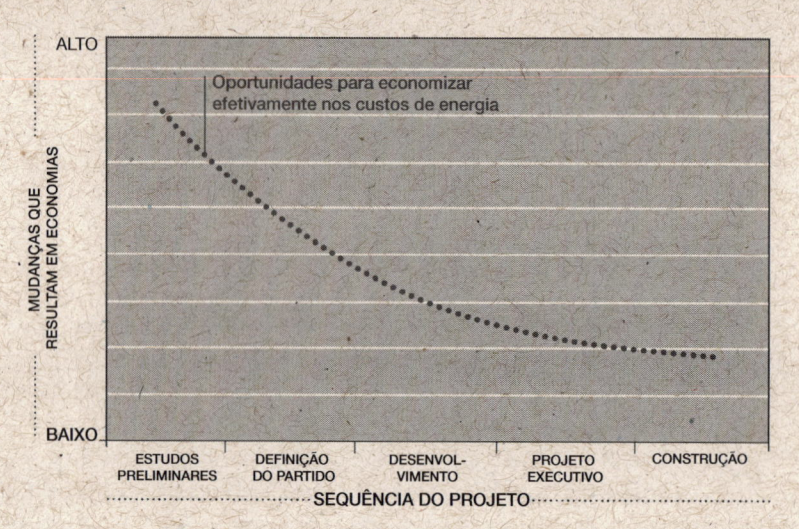

Figura 3.2 As oportunidades para economias de custo diminuem conforme o projeto avança, enquanto o custo para fazer as mudanças aumenta significativamente. Esse efeito é chamado às vezes de Curva de McLeamy, em homenagem ao arquiteto Patrick McLeamy.

Reed enfatiza que o processo deve ser definido desde o início, com diversas iterações de ideias de projeto e explorações completas de possibilidades sendo realizadas rapidamente durante os primeiros dois meses do projeto. A Figura 3.2 mostra como as possíveis oportunidades econômicas para o projeto integrado diminuem com rapidez no decorrer de um projeto.

O QUE UM PROJETO INTEGRADO NÃO É

Às vezes, para entender um conceito traiçoeiro como o de projeto integrado, é útil descrever aquilo que ele NÃO é. Um importante texto acadêmico sobre o processo de projeto descreve o que o projeto integrado não é, da seguinte maneira[4].

O projeto integrado não é necessariamente um projeto de "alta tecnologia" ou um projeto técnico especializado, embora possa incorporar tais elementos, especialmente em projetos de grande porte. Em vez disso, o foco está no funcionamento e na saúde de longo prazo de todo um sistema ou grupo de sistemas prediais, não apenas em elementos específicos; por isso, a inter-relação dos vários elementos é fundamental.

O projeto integrado não é uma espécie de "revezamento" ou sequência tradicional de atividades, que procedem linearmente do proprietário ao arquiteto, engenheiro, empreiteiro, subempreiteiro e usuário; ocorrem, na verdade, círculos de *feedback* integrados à medida que cada etapa do projeto é avaliada em relação às suas metas. (Essa questão é enfatizada muitas vezes neste livro.)

O projeto integrado não é simplesmente um projeto feito por um comitê. Lembre-se do seguinte: "um camelo é um cavalo projetado por um comitê". Um líder

---

[4] Adaptado de David Posada, em Alison G. Kwok e Walter T. Grondzik, *The Green Studio Handbook*, 2007, Amsterdã: Elsevier/Architectural Press, p. 16–17.

continua sendo necessário, mas ele precisa ser sincero ao solicitar e integrar a colaboração dos demais membros da equipe.

Não é apenas outro "termo em voga" associado a um processo de projeto mais ou menos convencional, talvez com a realização de uma ecocharrete* para dar a impressão de integração de projeto; de fato, exige que se repensem todas as relações e finalidades pelo bem de um objetivo maior: práticas de projeto, construção e operação sustentáveis.

Não é uma disputa por "pontos do LEED". O LEED é um sistema de avaliação que ajuda a orientar algumas decisões de projeto, mas não exige explicitamente um projeto integrado. Essa situação é frequentemente expressa por proprietários que questionam por que precisam instalar bicicletários e duchas para obter um ponto no LEED. Quando isso acontece, sempre respondo que o objetivo (dos bicicletários e duchas) é oferecer às pessoas a opção de ir ao trabalho de bicicleta em vez de dirigindo; à medida que o preço da gasolina continuar a subir, como muitos preveem, espera-se que o uso da bicicleta como meio de transporte aumente. Também respondo essas objeções dizendo que as duchas são úteis por si só, já que muitas pessoas gostam de aproveitar o horário de almoço para correr ou pedalar.

EXEMPLO DE PROJETO COM CERTIFICAÇÃO LEED PLATINUM

Casa Ronald McDonald, Austin, Texas, Estados Unidos

Com cerca de 8.700 m² e quatro pavimentos, a Casa Ronald McDonald oferece um ambiente caseiro que permite que famílias permaneçam unidas enquanto seus filhos recebem tratamento médico em centros médicos na região de Austin. Cinquenta e quatro painéis fotovoltaicos geram 10,8 kW de eletricidade que irão alimentar aproximadamente a metade dos 30 apartamentos. Cada apartamento tem uma unidade de radiação individual que permanece no modo "desocupado" até ser ativada pela chave do quarto, impedindo o consumo desnecessário de energia durante períodos de desocupação. O projeto recebeu um crédito por inovação graças à metodologia combinada do sistema de calefação e das instalações hidráulicas utilizada no sistema de climatização; com ela, as economias documentadas nos custos de energia subiram de 47% para um pouco mais de 65%. Desenvolvido em um terreno contaminado recuperado, o projeto também acomoda escritórios administrativos e áreas de uso comum, bem como jardins em telhados borboleta e de cobertura, um parquinho e área para piquenique[5].

---

[5] http://www.rmhc-austin.org/repositor/images/LEEDPlatinum.ppt, http://www.rmhc-austin.org/repository/pdf/pd RMHC LEED Brochure REV 12-10.pdf, http://austin.bizjournals.com/austin/stories/2008/05/26/daily8.html, acessados em 02 de junho de 2008.

* N. de T.: Uma charrete ou ecocharrete é uma reunião que geralmente dura pelo menos um turno e na qual todos os envolvidos em um projeto de edificação sustentável – ou ao menos os principais – trabalham em conjunto a fim de definir objetivos comuns de sustentabilidade ecológica e eficiência em energia e de investigar ideias e recursos para isso. O termo é de origem francesa: deriva de uma prática da École des Beaux Arts de Paris, do século XIX. No horário de entrega dos projetos, uma charrete (ou carroça) circulava pela escola, coletando os trabalhos, e dizem que alguns alunos nela se atiravam, ainda fazendo desenhos e ajustes de última hora – assim o termo charrete ficou associado em inglês a um esforço intensivo e de várias pessoas.

O projeto integrado não é tão fácil quanto trocar de camisa todos os dias; é difícil abrir mão de velhos hábitos. A meu ver, parece que o condicionamento de ar fez com que os engenheiros mecânicos se comportassem de modo reativo por décadas, visto que, independentemente de como o arquiteto projetar a edificação, ainda conseguem proporcionar um conforto mais ou menos adequado ao adicionar a tonelagem dos condicionadores de ar. Há também os riscos de tentar coisas novas; sempre que nos afastamos das práticas de projeto "normais", mesmo que com inteligência, corremos o risco de sermos processados judicialmente se as coisas não acontecerem conforme o planejado. Para que o projeto integrado funcione, a equipe muitas vezes precisa desafiar os códigos de edificações dominantes. É assim que se progride, embora não seja fácil nem rápido.

A FUNÇÃO DAS BHAGs

Gosto bastante do termo "BHAG" – "*Big, Hairy, Audacious Goal*" ou "meta audaciosa, grande e cabeluda" –, um termo "técnico" oriundo da área de consultoria de gestão que descreve uma atividade essencial que precisa ocorrer para a criação de edificações de alto desempenho: o estabelecimento de metas ambiciosas para a equipe de projeto. Por observar crianças com o passar do tempo, todos sabem que, quanto mais exigidas, melhor as crianças respondem (até certo ponto, evidentemente). O filme *O preço do desafio*, lançado no final da década de 1980, mostrava um grupo de crianças de Los Angeles que se tornaram gênios nacionais do cálculo porque um professor determinado exigiu que "se dedicassem e fizessem" o melhor que fossem capazes. Por que não podemos fazer exatamente o mesmo com arquitetos e engenheiros extremamente capacitados e motivados? Será que nós (ou os clientes) não os desafiamos o bastante? Será que aceitamos a mediocridade do processo como ordem natural das coisas?

O arquiteto Phil Beyl, de Portland, Oregon, descreve como a definição de metas ambiciosas com um cliente que era um empreendedor sofisticado resultou em uma grande edificação com certificação LEED Platinum, em vez do que seria um projeto médico bastante comum, "construído para atender às necessidades"[6].

> Definimos um padrão LEED Platinum para o Centro de Saúde e Tratamento [da Oregon Health & Science University] [Figura 3.3] antes de começarmos a projetar de fato. Fizemos essa escolha por duas razões. Em primeiro lugar, o projeto foi o primeiro de um bairro emergente, que a prefeitura espera transformar em modelo de sustentabilidade para o resto do mundo. Por isso, a prefeitura tinha interesses específicos na definição das vedações deste projeto, assim como o cliente [OHSU]. Foi sua primeira edificação para um novo segmento de mercado. A universidade também queria demonstrar para a cidade, o estado e o país que a sustentabilidade estava no topo da lista para este e todos os demais prédios [futuros]. Assim, este primeiro projeto na área de South Waterfront proporcionou uma excelente oportunidade de demonstrar tal compromisso.
>
> Em segundo lugar, tratava-se de uma edificação única, que, segundo nos consta, nunca fora feita antes no mundo. Como esses dois fatores estabeleceram um padrão

---

[6] Entrevista com Phil Beyl, GBD Architects, fevereiro de 2008.

Figura 3.3 Quando recebeu a certificação LEED-NC, o Centro de Saúde e Tratamento da Oregon Health & Sciences University era o maior projeto com certificação Platinum, tendo mais de 125 mil m². © Uwe Schneider, www.uweschneider.com.

de desempenho extremamente alto, a equipe inteira foi forçada a trabalhar de forma muito integrada desde as primeiras etapas do projeto. A orientação da edificação, por exemplo, teve um impacto enorme em nossa capacidade de controlar as cargas de refrigeração. Se tivéssemos de esperar até a metade [do processo de projeto] para descobrir como os diferentes sistemas mecânicos precisavam ser integrados à edificação e onde deviam ser colocados, jamais conseguiríamos acomodá-los.

Suponho que seja difícil encontrar um melhor exemplo de projeto que tenha verdadeiramente utilizado um processo de projeto integrado desde as etapas iniciais. É sempre necessário integrar o projeto de todas as disciplinas ao executar um projeto, mas normalmente sabemos o suficiente sobre as necessidades básicas, podendo avançar com a arquitetura da edificação antes de precisar perguntar: "Qual tamanho este ventilador precisa ter, exatamente? Onde vai ficar?". Como algumas concessões fundamentais foram feitas, há chances de funcionar. Porém, este projeto foi diferente. Estava além da expectativa desde sua aprovação; por isso, precisávamos saber de tais coisas desde o início.

Vejamos outro exemplo da importância dos engenheiros para o projeto integrado. Steve Straus é engenheiro mecânico e presidente da Glumac, uma das principais empresas de engenharia de edificações da costa oeste dos Estados Unidos, com quase 50 projetos com certificação LEED prontos ou em andamento; também colabora com Beyl com frequência. Diz ele[7]:

---

[7] Entrevista com Steven Straus, Glumac, fevereiro de 2008.

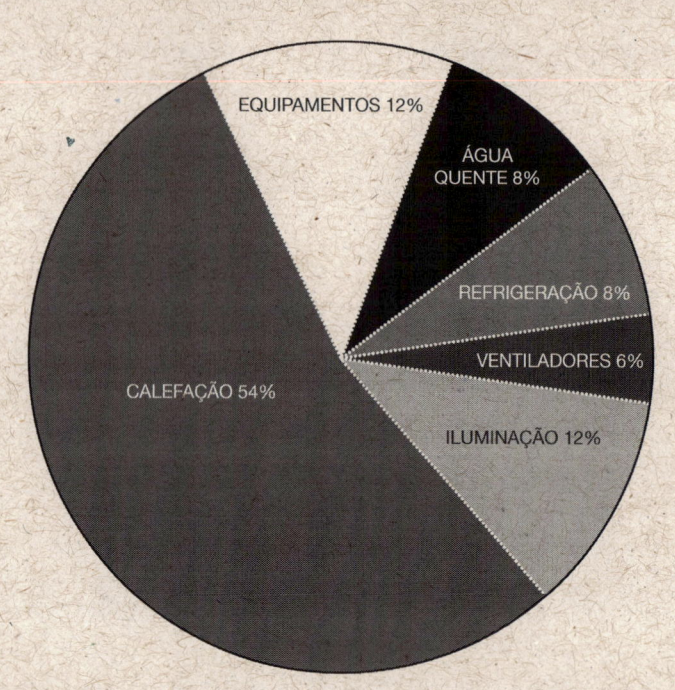

Figura 3.4 O gráfico circular é o ponto de partida para a avaliação do desempenho energético, uma vez que todas as medidas de eficiência e contribuições solares são analisadas. A partir do gráfico, é fácil perceber que a calefação domina o consumo de energia neste exemplo, exigindo mais da metade da energia total do edifício base. *Dados baseados no Código de Energia do Estado de Oregon.*

O segredo do projeto integrado é encontrar um proprietário e um arquiteto que valorizem e apreciem a contribuição do engenheiro no início do processo e, então, encontrar um engenheiro que queira participar ativamente.

Quando se está envolvido com um projeto, é importante que o engenheiro forneça informações, seja proativo e não espere que o procurem. [Em termos de diminuir o consumo de energia, por exemplo], um simples modelo de energia pode ser o caminho. Em segundo lugar, desenvolver um gráfico circular [gráfico pizza] de energia ajudará a equipe a entender onde a energia será consumida na edificação e o que pode ser feito para reduzir o consumo [Figura 3.4]. Também acho que um diálogo entre todas as diferentes equipes de engenharia é importante, pois não se trata apenas dos sistemas mecânicos e elétricos, mas também do engenheiro de estruturas e do consultor de vidraças. Trata-se de iniciar a comunicação para que todos compreendam como a energia está sendo consumida, qual a aparência do gráfico circular de energia e o que todos nós podemos fazer para contribuir para a redução do tamanho total do gráfico de energia.

Sempre é bom ressaltar que os profissionais de projeto têm a grande responsabilidade de trabalhar com clientes para definir as metas ousadas dos projetos, especialmente na esfera do desempenho de energia, para que o setor venha a ter uma oportunidade de solucionar os desafiadores problemas do aquecimento global. Até mesmo a meta de uma economia de 50% até 2010 (em comparação com as médias de 2005), estipulada pela Architecture 2030, talvez seja demasiadamente modesta[8]. Realmente precisamos começar a desenvolver projetos com o objetivo de eliminar por completo as emissões de carbono devidas ao consumo de energia – não apenas no terreno da edificação, mas também na fonte, isto é, na estação de energia. Cerca de três quartos de toda a eletricidade produzida nos Estados Unidos é usada em edificações; por esse motivo, precisamos encontrar a solução no projeto das edificações.

A EQUIPE DE PROJETO INTEGRADO

Os quatro participantes principais de toda equipe de projeto integrado são o proprietário da edificação ou projeto (ou representante designado por ele), o arquiteto, o engenheiro mecânico ou de instalações (normalmente incluindo o sistema de climatização e as instalações hidrossanitárias) e o construtor ou empreiteiro geral. Todavia, a maioria dos projetos de alto desempenho bem-sucedidos recebe uma grande contribuição de diversos outros participantes, dependendo da natureza e da complexidade do projeto, das metas específicas de sustentabilidade almejadas e das condições locais do terreno e da comunidade.

A equipe de projeto integrado (Figura 3.5) consiste em uma grande variedade de especialidades e funções, incluindo:

- Arquiteto
- Empreiteiro geral

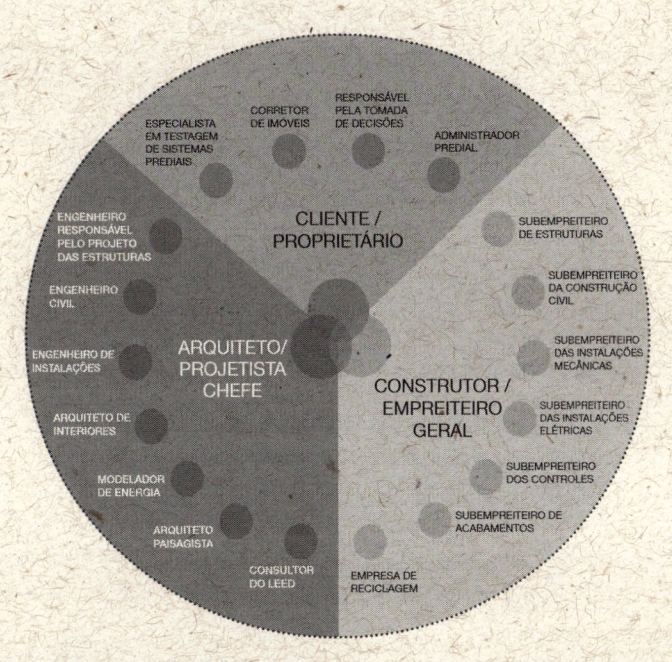

Figura 3.5 A equipe de projeto integrado.

---

[8] Architecture 2030, www.architecture2030.org

- Representantes do proprietário, incluindo o gerente de projeto
- Arquiteto responsável pelas estruturas/consultor de fachadas
- Engenheiro mecânico ou civil responsável pelas instalações
- Engenheiro civil
- Engenheiro elétrico/consultor de tecnologia
- Arquiteto paisagista
- Arquiteto de interiores
- Projetista/consultor de iluminação
- Especialista em energia
- Consultor de gestão de custos
- Empreiteiro de instalações mecânicas (por exemplo, para centros de dados, laboratórios, correções)
- Agente comissionador (especialmente na fase de desenvolvimento do projeto)
- Especialista em recursos naturais (dependendo do projeto)
- Consultor em gestão de dejetos *in loco* (caso sejam utilizadas bacias de detenção construídas, por exemplo)

Sally Wilson é diretora global de estratégia ambiental da CB Richard Ellis, a maior firma de gestão de propriedades do mundo. Ela agrega a perspectiva do corretor de imóveis comerciais à equipe de projeto integrado[9].

> Falando especificamente do caso de corretores de imóveis do inquilino, muitos acreditam que o processo de projeto é algo que se restringe ao arquiteto ou engenheiro. É fundamental amarrar alguns dos componentes do LEED no contrato de aluguel; do contrário, o arquiteto ou engenheiro terá de nadar contra a correnteza para obter a documentação ou conseguir o comprometimento. A edificação precisa se comprometer a fornecer infraestrutura para determinadas peças [da certificação LEED]. Por exemplo: se você for um inquilino de diversos pavimentos e quiser o crédito de água, provavelmente não será autorizado a trocar os acessórios de banheiro por mictórios sem água. Se estiver no contrato de aluguel, porém, terão de autorizar. Se for negociada no início, como uma exigência para os inquilinos, a mudança poderá ser feita.

Vimos mais um participante (o corretor de imóveis) que talvez precise ser integrado ao processo de projeto, especialmente no caso de projetos de imóveis comerciais e edificações com vários inquilinos, tais como os aproximadamente 1.600 projetos de empreendimentos comerciais que atualmente se preparam para solicitar uma certificação segundo o padrão LEED para Estruturas e Envoltórias (LEED-CS).

O PROJETO INTEGRADO PELA PERSPECTIVA DO ENGENHEIRO

Geoff McDonnell é engenheiro mecânico na Colúmbia Britânica. Veja como ele descreve o processo de projeto integrado, pelo ponto de vista de um engenheiro[10]. É possível perceber que o processo de projeto integrado pode ficar bastante complexo se feito com pressa. O verdadeiro segredo é que todos se envolvam inicialmente como uma

---

[9] Sally Wilson, CBRE, Entrevista, fevereiro de 2008.

[10] Comunicado pessoal, Geoff McDonnell, Omicron, 18 de abril de 2008.

equipe, partam para realizar seu trabalho especializado de análise e projeto e, em seguida, retornem para testar suas ideias em relação às metas mais amplas do projeto, repetindo continuamente o processo até que a equipe como um todo chegue ao projeto final.

1. A equipe de projeto deve ser selecionada como um grupo, começando com uma folha de papel em branco. Caso o arquiteto já tenha um projeto em mente, fica muito mais difícil fazer um projeto integrado com todos contribuindo em pé de igualdade. A equipe de projeto pode, em seguida, avaliar as condições do terreno, as exigências do código local de projeto e edificação e as fontes locais de materiais para o projeto da edificação. O orçamento inicial máximo e as intenções originais do cliente (incluindo o escopo do projeto) devem ser definidos com clareza nessa etapa.
2. A equipe de projeto e o proprietário da edificação trabalham juntos para definir as metas iniciais do projeto e decidir a composição das charretes de projeto subsequentes, bem como os membros da equipe necessários para as próximas etapas. Nesse momento, a equipe cria uma declaração das questões de projeto que seriam geradas pelas metas do projeto e determina os critérios de referência para o terreno da edificação, ocupação e exigências de operações e manutenção.
3. A equipe de projeto monta o kit de ferramentas inicial da edificação (utilizando as contribuições dos kits de ferramentas de cada especialidade, como os sistemas de refrigeração por radiação do engenheiro mecânico), talvez durante uma ou mais sessões hipotéticas, com o objetivo de decidir quais questões de projeto devem ser priorizadas para atingir as metas do cliente. Nesse momento, a equipe tenta solucionar as principais interações de consumo de energia, conforto do usuário, redução da manutenção e expectativa de vida dos sistemas prediais. É um bom momento para convidar o grupo de operações e manutenção predial do proprietário a compartilhar sua experiência com projetos similares.
4. Em seguida, a equipe deve convidar o modelador de energia, o orçamentista, o(s) representante(s) de manutenção e operações do proprietário e o representante da construção para auxiliar na criação de modelos simples de cada sistema. A equipe se une para projetar e otimizar o conjunto certo de sistemas e detalhes do projeto da edificação que esteja mais apto a alcançar os objetivos do projeto. A equipe deve estar pronta para gerar pelo menos duas ou três iterações principais com os conceitos do projeto da edificação, talvez reservando um ou dois conceitos para uma revisão mais detalhada do projeto. Nesse momento, também é possível testar diversas opções a fim de estudar tipos de sistemas de climatização, projeto e sistemas de controle da iluminação, opções de iluminação natural, estratégias de ventilação natural e opções para as vedações da edificação.
5. A equipe de projeto trabalha junto com os possíveis usuários a fim de definir suas exigências, como espaços internos, adjacências e outras exigências do programa de necessidades. A seguir, a equipe de projeto tem uma oportunidade de testar o kit de ferramentas do projeto da edificação criado em uma etapa anterior, baseando-se nas expectativas dos usuários da edificação.
6. Na fase de desenvolvimento do projeto, os membros da equipe de projeto retornam às suas disciplinas individuais para projetar um conjunto mais detalhado de sistemas que, então, são testados em relação às metas, ao orçamento, ao

desempenho e a questões de tectônica identificadas nas etapas anteriores. Nesta etapa do processo de projeto integrado, serão necessários alguns ciclos iterativos para retornar e realizar mais sessões de estudo a fim de aprimorar algumas questões de kits de ferramenta individuais, seja com o modelador de energia, o especialista em construção, o orçamentista ou os profissionais de manutenção. Segundo McDonnell, nesta etapa, "a ideia é que, após produzir o projeto básico da edificação usando noções de todos os 'kits de ferramentas' individuais, a equipe comece a refinar o projeto 'inteiro', coordenando e aprimorando as ideias de projeto. Esta fase dá uma polida nas ideias individuais de todos e as encaixa no todo do projeto"[11]. Esta etapa avança até a fase do projeto executivo.

7. Durante a construção, a equipe de projeto passa por etapas como comissionamento adequado da edificação (feita por terceiros), monitoramento do desempenho da edificação e questões de manutenção, e define um programa de avaliação pós-ocupação com a equipe de operações e manutenção do proprietário.

Essa sequência de etapas indica como um engenheiro pode ver o processo. A meu ver, o mais interessante é a perspectiva de que o processo de projeto integrado continua durante toda a construção, ocupação e primeiro ano de uso.

EXEMPLO DE PROJETO COM CERTIFICAÇÃO LEED PLATINUM

Centro de Serviços de Restauração e Conservação de Toronto e Região, Vaughan, Ontário, Canadá

Funcionando como escritório para 36 usuários e abrigando uma garagem de trabalho, o Centro de Serviços de Restauração é um prédio de dois pavimentos com cerca de 3.500 m². Ele foi projetado com o objetivo de reduzir o custo de energia em mais de 66% comparado com o Código Nacional de Energia Modelo do Canadá. Estima-se uma redução de 57% no consumo de energia por meio de uma bomba de calor geotérmica, calefação por laje radiante, ventilação com recuperação de calor e energia, menor densidade de energia elétrica e melhores vedações da edificação. Bacias sanitárias de compostagem, mictórios sem água e lavatórios de baixa vazão contribuem para uma redução de 80% no consumo de água potável.[12]

O PROJETO INTEGRADO NA PRÁTICA – A EXPERIÊNCIA DE UM ARQUITETO

Depois de ouvir a opinião dos engenheiros, vejamos como alguns dos principais arquitetos que adotam o projeto integrado abordam essa tarefa. Stephen Kieran é um dos diretores da Kieran Timberlake Associates, localizada na Filadélfia, Estados Unidos. Sua firma trabalhou no novo Edifício e Galeria de Esculturas da Yale University.

---

[11] Geoff McDonnell, comunicado pessoal, 26 de abril de 2008.
[12] Canada Green Building Council [online], http://mycagbc.org/green_building_projects/leed_certified_buildings.php?id=80&press=1&draw_column=3:3:2, acessado em abril de 2008.

Kieran descreve como ele e sua equipe lidaram com a criação de um processo de projeto integrado[13].

> Não tivemos tempo para isso [uma abordagem convencional]. Eram reuniões de um turno; todos se sentavam na mesma sala. O resultado foi incrível, porque uns começaram a comentar o trabalho dos outros. Por exemplo: algumas das melhores críticas sobre os sistemas mecânicos foram feitas por nossos engenheiros de estruturas. Tornou-se um processo de revisão ampla e verdadeira. Ideias emergiam e eram mais profundamente integradas em consequência de estarem todos na sala.
>
> A edificação tem, por exemplo, um sistema de ventilação com deslocamento vertical. É o primeiro do gênero em Yale. Está completamente acoplado à estrutura da edificação. Todos os armários de ventilação, que são as saídas para essa ventilação de velocidade extremamente baixa, foram construídos contíguos a todos os pilares estruturais. Fizemos isso pensando na flexibilidade de longo prazo da edificação, porque a estrutura não sairá do lugar e o sistema de ventilação com deslocamento precisa se tornar um acessório dentro da edificação. Não queríamos comprometer a flexibilidade da edificação pela perspectiva do proprietário; o prédio é basicamente um *loft*.
>
> A mesma circunstância se repetiu em centenas de detalhes em toda a edificação. Consistiu basicamente em unificar e integrar em vez de dividir e segregar. Nem mesmo tentamos obter a certificação Platinum. O proprietário autorizou apenas a Silver. Não fomos autorizados a pagar por nada que nos levasse além da certificação Silver. Como todos nós trabalhamos juntos e integramos nossos esforços, chegamos à certificação Platinum sem gastar um centavo acima do valor que o proprietário esperava gastar para obter a certificação Silver. Achamos que, na verdade, isto foi resultado da integração de todos os sistemas. Não custou mais caro; foi somente um projeto mais inteligente.

Quais lições nós podemos aprender com este projeto? Primeiramente, lembre-se que, no Capítulo 1, foi dito que havia uma pressão de tempo incrível; apenas 21 meses do início ao fim. Em segundo lugar, havia um grande preconceito contra a criação de um projeto de alto desempenho. Em terceiro lugar, a equipe era realmente de alto nível. Em quarto lugar, o arquiteto estava determinado a criar um processo para um projeto verdadeiramente integrado e deu a cada área de especialidade uma oportunidade – ou mesmo uma intimação – de participar plenamente, inclusive em áreas em que não tinham uma especialização específica. Com membros suficientes na equipe e o suporte de seu líder, profissionais experientes em edificação conseguem se ajudar para chegar a soluções de projeto mais eficientes e sustentáveis. Ninguém pode trabalhar de maneira completamente independente ou somente com coordenação mínima (cujo objetivo principal é evitar conflitos óbvios) e criar um projeto verdadeiramente integrado. Em vez disso, é preciso existir uma forte visão preponderante e uma noção clara de que a contribuição de todos pode ter valor.

Olhando o resultado final, Kieran comentou que sua experiência com um projeto com certificação Platinum anterior o levara a acreditar que sempre era necessário adicionar sistemas e custos para alcançar o alto desempenho. Neste projeto, o arquiteto teve uma experiência muito diferente.

---

[13] Entrevista com Stephen Kieran, março de 2008.

Pelo menos com base na experiência adquirida em Yale, ficou claro para mim que realmente é necessário modificar o processo desde o início. Não somente com os projetistas e consultores, mas também com os proprietários. Aliás, os empreiteiros estiveram presentes em todas as reuniões. Participaram de todas as reuniões de projeto quinzenais e forneceram informações de custo desde o início. Tratava-se de uma firma que não era especialmente conhecida pela construção de edificações de alto desempenho, mas aderiram e desenvolveram todo o processo junto conosco. Faziam os orçamentos à medida que projetávamos.

Alcançamos nosso objetivo ao adotar medidas inteligentes e originais para mitigar o volume de trabalho exigido pela edificação. A orientação com eixo longitudinal norte-sul da edificação não poderia ser mais perfeita, considerando o uso e o programa. A maneira como desenvolvemos as vedações da edificação realmente ajudou a mitigar o volume de trabalho necessário para fazer o que era preciso. Em retrospecto, tudo se resumiu a mitigar a demanda de cavalos-vapor e maximizar ou otimizar aquilo que a natureza oferece. De fato, tentamos começar em uníssono com a natureza, em vez de trabalhar contra ela. Conseguimos ganhar 52 pontos LEED sem fazer nada realmente extraordinário, somente um bom projeto. Utilizamos um sistema de ventilação por deslocamento – por si só, um sistema de alto desempenho e com baixo consumo de energia –, por isso, não precisamos nos esforçar tanto. Os sistemas normalmente precisam trabalhar menos por causa do que fizemos com o projeto – tanto a orientação como as vedações da edificação propriamente ditas. Agora, tenho um novo ponto de vista e deixei de acreditar que é necessário gastar mais dinheiro para obter a certificação LEED Platinum. Este novo edifício é prova disso.

UM PROJETO INTEGRADO INTERNACIONAL: O EDIFÍCIO DO NEW YORK TIMES

Bruce Fowle liderou a equipe de projeto da FXFOWLE Architects no projeto do Edifício do New York Times (Figura 3.6), situado em Nova York, trabalhando junto com a Renzo Piano Building Workshop. Segue seu relato sobre como o projeto integrado foi utilizado em uma das principais torres urbanas novas, com uma forte colaboração entre duas firmas de projeto muito talentosas[14].

> [O Edifício do New York Times] foi um esforço colaborativo do início ao fim. Embora Renzo Piano fosse, sem dúvida, o visionário do projeto, as duas firmas tiveram papéis iguais no desenvolvimento do projeto e ao executar a construção. Não tivemos a clássica relação arquiteto projetista/arquiteto responsável pela obra, já que se tratava de um tipo de projeto com o qual o escritório de Piano não estava familiarizado e não poderia fazer de maneira efetiva sem nossos conhecimentos especializados e experiência local.
>
> No concurso original, concebeu-se basicamente uma torre sobre uma base, mas isso acabou evoluindo para uma torre apoiada diretamente no solo, com uma edificação de quatro pavimentos anexa, como podemos ver no resultado construído. O principal elemento mantido a partir da visão original de Renzo foi a noção de um edifício muito leve e transparente, além de algo que, segundo ele, vibrasse conforme refrata a luz

---

[14] Entrevista com Bruce Fowle, fevereiro de 2008.

Figura 3.6 Projetado por Renzo Piano e pela FXFOWLE Architects, o Edifício do New York Times, situado em Manhattan, incorpora muitos recursos de sustentabilidade, de alto desempenho e eficientes em energia, incluindo um sistema de sombreamento externo incrivelmente artístico. Com o auxílio do Lawrence Berkeley National Laboratory, a New York Times Company criou um sistema de iluminação com dimmers e proteção solar de última geração projetado para diminuir o consumo de energia em 30%. Quarenta por cento da energia necessária para o prédio é gerada por uma usina de cogeração de energia elétrica e térmica[15].
Imagem cortesia da FXFOWLE Architects, fotografia de David Sundberg/Esto.

vinda do céu. No exterior, há barras cerâmicas tubulares, que estão suspensas por fora da caixa de vidro básica, agregando uma camada de complexidade, bem como uma riqueza tremenda à edificação. Essas retículas também promovem o sombreamento solar, que é uma das principais características da sustentabilidade da edificação [pois reduz a carga de condicionamento de ar e a demanda de eletricidade subsequente].

No início do processo de projeto, decidimos, em conjunto com os proprietários, que nos encontraríamos mensalmente, alternando entre o escritório de Renzo em Paris e nosso escritório na Cidade de Nova York. Isso funcionou muito bem, pois conseguimos receber bastante atenção de Renzo quando íamos a Paris. O ritmo de cada mês foi bom porque conseguimos trabalhar muito entre as reuniões, fazendo com que o processo avançasse. Nas etapas iniciais, alguns funcionários de Renzo permaneceram em nosso escritório em tempo integral, onde havia postos de trabalho disponíveis para eles. Ocasionalmente, mandávamos membros de nossa equipe de consultores para Paris por períodos prolongados. Grosso modo, metade do trabalho foi feito no escritório deles e a outra metade, no nosso.

Os elementos mais vitais do projeto, como o desenvolvimento da fachada e do aspecto interno da edificação, foram feitos principalmente em Paris. Durante a construção, normalmente havia um ou dois representantes do escritório de Renzo em Nova York auxiliando na coordenação, em mudanças no campo e em esclarecimentos sobre a intenção do projeto. Não foi o caso de os arquitetos do projeto encarregarem o arquiteto local de implementar os projeto executivo e inspecionar sua administração. Tratou-se realmente de um esforço colaborativo, embora a ênfase do trabalho durante a construção tenha partido do escritório da FXFOWLE e, na fase inicial do projeto, do escritório [de Piano].

Como começou no ano 2000, antes dos sistemas de certificação LEED do US-GBC, o projeto da edificação não foi submetido ao processo. Apesar disso, o Edifício do New York Times é um exemplo clássico de projeto integrado em um ambiente muito exigente, utilizando a cooperação internacional entre duas grandes firmas de arquitetura como elemento mais característico do processo. Por exemplo, em relação à função dos principais consultores de engenharia neste projeto, Bruce Fowle diz:

Os engenheiros entraram no processo bem no início. Não é possível fazer um prédio alto como este sem informações de engenharia, pois estas têm muita influência na integridade e no caráter da edificação. Isso foi muito verdadeiro neste caso em que a estrutura ficou exposta – pela primeira vez nos Estados Unidos (exposição da estrutura em um edifício alto dessa natureza). Exigiu um processo muito integrado.

Os engenheiros participaram de todas as reuniões semanais da equipe e da maioria das reuniões mensais com os proprietários, tanto em Paris como em Nova York. Semanalmente, determinávamos planos de trabalho para a semana seguinte. Temos um sistema para escrever memorandos de reuniões que acompanha todas as questões em aberto e evidencia quais ações são exigidas por cada parte. O memorando poderia dizer, por exemplo: "A Flack + Kurtz estudará o uso do sistema mecânico XYZ". A complexidade e as inúmeras inovações do projeto exigiram muitas reuniões específicas com consultores, além das reuniões regulares. Trinta ou 40 consultores diferentes participaram deste projeto. Além de proporcionar a visão e a liderança em projeto, a função principal do arquiteto é agir como um maestro para o processo. Em sua maioria, os consultores eram locais e conhecidos por nós, visto que era importante que conhecêssemos suas capacidades e estilos de trabalho, o que nos permitiu mexer a batuta e dizer: "Precisamos dos 'flautins' agora, em seguida dos 'tambores' e, então, dos 'violinos'". Isso geralmente faz parte de nossa função normal, mas especialmente neste projeto em função da singularidade e por envolver tantas pessoas.

Há outro projeto internacional que envolveu um novo edifício construído na Northern Arizona University (NAU), em Flagstaff, Arizona, Estados Unidos. A NAU é a

---

[15] Forest City Ratner Companies (November 19, 2007). "The New York Times Company Enters the 21st Century with a New Technologically Advanced and Environmentally Sensitive Headquarters". Comunicado à imprensa. Obtido em 28 de maio de 2008. http://www.newyorktimesbuilding.com/.

menor dentre as três universidades do Estado e a primeira a se comprometer com a obtenção de uma certificação LEED Platinum para seu novo Edifício de Pesquisa Aplicada e Desenvolvimento (ARD). Os projetistas foram Hopkins Architects, de Londres, e Burns Wald-Hopkins Shambach Architects, de Tucson, Arizona. Robin Shambach foi o arquiteto responsável para a firma americana. Segue seu relato sobre como o projeto integrado ajudou este projeto a atingir suas metas de alto desempenho[16].

> O arquiteto do projeto, a Hopkins Architects Ltd., é uma firma de Londres; trabalhou com o escritório londrino da Arup. Toda a equipe participou do projeto do início ao fim. No início do projeto, a Hopkins Architects assumiu a liderança junto com os engenheiros da Arup no Reino Unido. Começaram com a análise do terreno e uma pesquisa climática para o bioclima específico de Flagstaff.
>
> [Mais tarde], a ênfase passou da equipe de projeto para a equipe executiva, que consistia em nosso escritório e na Arup de San Francisco. Com a Arup, ocorreu uma transição tranquila para a equipe de San Francisco. A Hopkins Architects continuou envolvida e colaborativa porque estávamos implementando seu projeto.
>
> A equipe analisou todos [os estudos preliminares do terreno] e, em seguida, reuniu-se com o grupo de engenharia para identificar estratégias cruciais que foram definidas logo no começo. Tais estratégias incluíam fatores que impactaram a arquitetura e a engenharia; na verdade, este é o ponto principal do projeto integrado. Esses fatores foram o uso de massa termoacumuladora, orientação solar passiva, distribuição de ar de baixa velocidade (um sistema de distribuição de ar sob o piso), integração de energia fotovoltaica e outras energias alternativas (aquecimento solar de água) e introdução de iluminação natural. Esses conceitos principais realmente guiaram o projeto da edificação, incluindo a escolha de materiais, a estrutura (concreto moldado *in loco*) e a orientação do prédio (sul-sudeste, com uma forma fina e longa [hemisfério norte]). O estudo do corte da edificação foi crítico para o sucesso do projeto, que inclui uma laje de piso longa e fina cortada em seções. Os três pavimentos de espaços ocupados estão conectados por uma galeria. Tal galeria permite a entrada de luz natural pelo sul e sudeste. Os aspectos negativos dos ganhos solares (ao aumentar a demanda de ar condicionado) foram atenuados por brises integrados à edificação. Isso permite que a galeria seja um espaço temperado mediante o uso da massa termoacumuladora da estrutura. Tudo isso foi direcionado pelos conceitos principais que definimos logo no início junto com a equipe de engenharia. O projeto da edificação realmente resultou deles.

Shambach fala sobre a importância da função decisória do proprietário para alcançar os resultados da certificação LEED Platinum e a respeito das concessões que precisaram ser feitas no projeto para atingir tal meta.

> Como o objetivo de obter a certificação LEED Platinum era tão importante para a universidade, esta se comprometeu a atingir tal meta. Quando ela era ameaçada, a universidade se dispunha a priorizar e abrir mão de coisas a fim de manter a certificação Platinum intacta. Para obter a certificação, ela abriu mão de área construída. Originalmente, o edifício deveria ter cerca de 30 mil m², mas acabou com aproxi-

---

[16] Entrevista com Robin Shambach, Burns-Wald Hopkins Shambach Architects, fevereiro de 2008.

EXEMPLO DE PROJETO COM CERTIFICAÇÃO LEED PLATINUM

Edifício de Pesquisa Aplicada e Desenvolvimento, Northern Arizona University, Flagstaff, Arizona, Estados Unidos

Localizado em um planalto com altitude de 2.100 m, o Edifício de Pesquisa Aplicada e Desenvolvimento é um laboratório e edifício de escritórios de 22 milhões de dólares com cerca de 18 mil m²; levou quatro anos para ser projetado e construído. A ventilação passiva, a refrigeração e calefação por radiação, a ventilação com recuperação de calor, as vidraças de alto desempenho e a proteção solar conseguiram diminuir o consumo de energia em 83% em comparação com uma edificação convencional similar. Um sistema fotovoltaico produz aproximadamente 20% da eletricidade da edificação, enquanto um sistema térmico solar fornece água quente. Mictórios sem água e bacias sanitárias de baixa vazão que utilizam água reaproveitada contribuem para uma redução de 60% no consumo de água. Setenta e seis por cento (por custo) da madeira utilizada na edificação tinha certificação conforme os padrões do Forest Stewardship Council[17].

Fotografia de Timothy Hursley.

---

[17] *Environmental Building News*, www.buildinggreen.com, March 2008, page 7.

madamente 18 mil m². A universidade abriu mão dessa área para obter um nível de qualidade Platinum.

O segredo para o controle de custos é que tudo tem mais de uma serventia. A galeria é um bom exemplo. Ela faz tantas coisas pela edificação, mas só é paga uma vez. Proporciona ventilação natural, iluminação natural e massa termoacumuladora efetiva, além de coletar energia solar (no inverno). O concreto não foi pintado, mas sim corado em cor suave. Então, o concreto não era somente a massa termoacumuladora, mas também o material de acabamento. Não precisamos pagar por um forro adicional abaixo dele. A cor também ajudou a maximizar o consumo de luz na edificação, criando uma superfície refletora. Minimizar os acabamentos e transformar a própria edificação em um material de acabamento é uma maneira de controlar custos.

Neste caso, a meta preponderante de produzir uma edificação com certificação LEED Platinum resultou em grandes concessões de projeto, como a redução da área construída. Shambach diz que os segredos do projeto sustentável são "pensar a respeito desde o momento em que você visita o terreno pela primeira vez, mantendo os objetivos em mente o tempo todo; certificar-se de que todos estão cientes das escolhas que precisam ser feitas; e integrar a equipe inteira desde o princípio".

A FUNÇÃO DO EMPREITEIRO NO PROJETO INTEGRADO

Não é possível falar sobre projeto integrado sem examinar a função do empreiteiro no processo, especialmente considerando que muitos projetos de alto desempenho são do tipo projeto/construção ou projeto/assistência em que o empreiteiro está envolvido desde o início, pelo menos para fazer os orçamentos e análises tectônicas conforme o projeto progride. É difícil exagerar a importância da função do empreiteiro em um processo de projeto integrado. Afinal, na maioria dos projetos, o empreiteiro coordena o trabalho de dezenas de tipos de trabalhadores e subempreiteiros, sendo responsável por gastar mais de 90% do orçamento do projeto. Também é diretamente responsável por mais de 10 pontos do sistema LEED-NC. Indiretamente, cabe a ele implementar a visão da equipe de projeto e proteger as especificações do projeto de uma avalanche de pedidos de alteração.

Ted van der Linden, da DPR Construction, opina sobre como o empreiteiro geral pode ser um ativo significativo para a equipe de projeto integrado[18].

Trabalhamos como empreiteiros de projeto/construção em muitos projetos e, por esse motivo, nos envolvemos muito no processo. Convencionalmente, pensa-se que o arquiteto desenha, o engenheiro projeta a estrutura e nós recebemos um pacote completo para orçar. Isso mudou completamente no setor de edificações sustentáveis. Não fazemos muitas obras com concorrência de preços. [Para nós e para a maioria dos projetos de edificações sustentáveis], já não se trata do tradicional processo projetar/orçar/construir. É um processo de projeto holístico em que somos

---

[18] Entrevista com Ted van der Linden, DPR Construction, fevereiro de 2008.

contratados ao mesmo tempo que o arquiteto – ou, em alguns casos, mesmo antes. Nesse momento, temos uma excelente oportunidade de introduzir a sustentabilidade, dizendo: "Já pensaram em transformá-lo em um projeto sustentável?". Com frequência, o proprietário ou arquiteto responde: "Dizem que aumenta o custo". Normalmente, eu replico: "Fizemos 45 projetos com certificação LEED e todos eles tiveram entre 1% e 2% de custo extra em relação aos projetos convencionais. Ainda não conhecemos a estratégia de projeto, mas certamente podemos ajudá-lo a seguir por esse caminho". Então, ele poderia dizer: "Isso é ótimo, apenas 1%. Não passa de um erro de arredondamento em um projeto de 40 milhões de dólares".

Nesses casos, trazemos um arsenal de produtos e materiais que já utilizamos com sucesso e sugerimos esses itens aos arquitetos para que os incluam nas especificações. Não assumimos o ônus de fornecer as especificações do projeto. Fazemos algo que chamo de *greenlining*. Nós entramos em cena, fazemos o *greenline* das especificações atuais e dizemos coisas do tipo: "Estas não são bacias sanitárias com baixa vazão. Este não é um produto com poucos VOCs". Nós nos tornamos os fiscais da tectônica.

Estamos fazendo um projeto com certificação LEED Platinum para uma empresa esportiva muito popular. Ela está realmente interessada nos conceitos de orgânico e sustentável. Quando nos sentamos à mesa, foi uma das primeiras vezes [para nós] que o arquiteto, o engenheiro e a equipe de projeto como um todo estavam em um nível bastante avançado de pensamento de sustentabilidade. Porém, precisávamos demolir partes de uma edificação preexistente. Em geral, os arquitetos não costumam demolir edificações e reutilizar os materiais. Convidamos um certificador de madeira a avaliar a edificação. Ele entregou uma lista de oportunidades (para o reaproveitamento de materiais) à equipe de projeto. Dessa forma, o arquiteto pôde dizer: "É possível utilizar a madeira recuperada aqui, agora que conhecemos a qualidade e a disponibilidade". Em momentos assim, temos condições de afirmar: "Queremos buscar este crédito. Vamos falar sobre desconstruir e reaproveitar a edificação".

Às vezes, a equipe de projeto não confia necessariamente em nós – não acredita que estamos ali pelos motivos certos ou que promovemos a sustentabilidade pelos motivos certos. Em nosso caso, somos empreiteiros transparentes. Compartilhamos nossos números, nosso orçamento, nossos honorários e nosso lucro. Agimos como se quiséssemos fazer parte da família. É a ideia de estar casado com o cliente por um período. Queremos manter um bom relacionamento com ele "depois que as crianças saírem de casa" – durante todo o processo.

Por essa perspectiva, é possível ver que um processo de projeto verdadeiramente integrado terá de incluir o empreiteiro, bem como os futuros operadores e usuários do projeto. Não será realmente um projeto de alto desempenho a menos que possa ser construído por completo dentro de um orçamento convencional e operado de forma sustentável pelas pessoas que serão de fato responsáveis por isso. Portanto, para ter sucesso, o projeto integrado precisa ver a construção e as operações da edificação no longo prazo.

UMA NOVA TENDÊNCIA – O ESCRITÓRIO INTEGRADO?

Parece que alguns arquitetos decidiram que a melhor maneira de conseguir um projeto integrado é contar com uma equipe de projeto integrado dentro do mesmo escritório. Embora haja uma grande quantidade de escritórios "A/E" (arquitetura/engenha-

EXEMPLO DE PROJETO COM CERTIFICAÇÃO LEED PLATINUM

Centro de Ciências Naturais Betty Irene Moore, Oakland, Califórnia, Estados Unidos

Com quase 8 mil m², o Centro de Ciências Naturais Betty Irene Moore do Mills College acomoda salas de aula, laboratórios e áreas de pesquisa. O custo total da edificação ultrapassou 17 milhões de dólares e o projeto foi concluído em julho de 2007. Projetado com o objetivo de ter uma eficiência em energia 43% acima das exigências do California Title 24, o edifício também é 89% mais eficiente em energia do que um laboratório acadêmico comum da área da Baía de São Francisco. Um sistema fotovoltaico de 30 kW instalado na cobertura deverá produzir mais de 46 mil kW de eletricidade por ano. O sistema de coleta de águas pluviais contribuirá para uma redução de 61% no consumo de água. O projeto da edificação incorpora iluminação natural, janelas de abrir, piso radiante, ventilação por deslocamento de ar e resfriamento por evaporação[19].

Cortesia de Cesar Rubio Photography.

ria) e "E/A" (engenharia/arquitetura) entre as maiores empresas[20], aparentemente há uma tendência entre algumas firmas de reunir os principais projetistas de edificações sob o mesmo teto: arquitetos e projetistas de interiores, engenheiros de estruturas e

---

[19] Mills College [online], http://www.mills.edu/news/2007/newsarticle12112007platinum_award_LEED.php, acessado em abril de 2008.
[20] Por exemplo, firmas de A/E ou E/A representavam 19 dos 50 (38%) projetistas mais "puros" no levantamento anual das 500 maiores firmas de projeto realizado pela Engineering News-Record, April 21, 2008, p. 46.

mecânicos e arquitetos paisagistas. A LPA, Inc., da Califórnia, é uma firma de arquitetura sustentável de médio porte que adotou essa abordagem. O presidente Dan Heinfeld conta[21]:

> Minha firma vê o mundo de maneira bastante diferente porque, enquanto outras pessoas falam acerca de projeto integrado, nós realmente mudamos a forma de trabalho de nosso escritório. Temos arquitetos, engenheiros, arquitetos paisagistas e disciplinas estruturais em nossa equipe, para que o escritório esteja mais integrado com as pessoas fora das disciplinas tradicionais "de projeto". Creio que a situação seja profundamente diferente quando todas as disciplinas estão na empresa. É realmente possível ver o projeto integrado quando todas as disciplinas estão equilibradas para tentar encontrar a solução certa de sustentabilidade.
>
> Em nossos projetos, há um representante de cada disciplina nas charretes de projeto sustentável, que basicamente acontecem no início de um projeto. Não se trata de adicionar ou subtrair; torna-se parte do DNA do projeto da edificação.
>
> Internamente, é fácil envolver as pessoas no processo [de projeto integrado] porque estamos falando sobre isso há muito tempo. O processo vem sendo orientado por duas coisas: em primeiro lugar, sabemos que tal abordagem integrada resultará em melhores edificações e em uma melhor arquitetura; em segundo, que as forças de mercado querem edificações executadas de diferentes maneiras, seja projeto/construção, gestão de projeto integrado ou utilização do Building Information Modeling (BIM). O mercado está liderando as discussões: "Queremos projetos executados de maneira diferente. Queremos que o mundo do projeto trabalhe de maneira diferente".
>
> É profundamente diferente quando os arquitetos e engenheiros estão sentados uns ao lado dos outros e têm discussões espontâneas, envolvendo não apenas questões de projeto, mas também questões estruturais e mecânicas. Por exemplo: um engenheiro, um arquiteto e um arquiteto paisagista se reúnem para conversar sobre um projeto e buscam a solução certa de sustentabilidade, em vez de ficarem trocando desenhos, marcando reuniões, etc. Torna-se um processo muito mais integrado, que sabemos que resultará em uma solução mais sustentável.

Ainda não se sabe se essa questão ficará mais generalizada, mas é uma resposta cada vez mais comum à carência de engenheiros consultores que estejam dispostos a trabalhar junto com arquitetos no início do processo de projeto de edificações, permitindo que a equipe da edificação possa produzir um resultado mais integrado e de melhor desempenho. O arquiteto James Meyer, de Portland, Oregon, não está certo disso. Segundo ele, "eu poderia passar o dia dizendo que a reunião de várias tendências em uma equipe multidisciplinar, com membros selecionados especificamente para cada projeto, resultará em um projeto melhor do que aquele em que os membros por acaso trabalham na mesma firma. Os 'melhores' dificilmente estarão na mesma firma quando se trata de [montar] uma equipe completa"[22].

---

[21] Entrevista com Dan Heinfeld, LPA, Inc., fevereiro de 2008.

[22] James Meyer, Opsis Architecture, comunicado pessoal, maio de 2008.

4

A Ecocharrete

Um dos principais elementos do processo de projeto integrado é envolver as pessoas em um ambiente de trabalho de alto desempenho. A ecocharrete é um meio que adapta a conhecida sessão de projeto de arquitetura em grupo especificamente para os desafios de edificações de alto desempenho e – mais especificamente ainda – para obter resultados de alto nível usando o sistema de avaliação de desempenho LEED. Em minha própria prática profissional, prefiro ter pelo menos dois eventos separados: o primeiro é uma sessão para definição da visão do projeto que pode envolver somente o arquiteto e os tomadores de decisão de mais alto nível do cliente, com a tarefa específica de definir uma visão para o projeto. Com frequência, pergunto: "Estamos em 2018; olhando novamente para este projeto, passados dez anos, o que você mais quer que ele alcance? O que espera que os usuários da edificação e outros envolvidos mais valorizem neste projeto?". Também conhecidas como *backcasting*, perguntas como essas são feitas para provocar as mais altas emoções e valores que a maioria das pessoas traz para o projeto de uma grande edificação. Podem servir de orientação para abordagens detalhadas de projeto e, especialmente, para realizar as concessões que acompanham todo e qualquer projeto de edificação. Observe que nenhuma dessas questões utiliza a palavra "LEED" ou "edificação sustentável".

Após a definição da visão do projeto, que normalmente pode ser feita em menos de um dia, gosto de realizar um segundo encontro, uma charrete de projeto detalhada com uma série de participantes da equipe: o arquiteto, o gerente de projeto do proprietário, às vezes os principais atores da parte do proprietário, o empreiteiro geral (se já tiver sido escolhido) e os principais consultores, incluindo, pelo menos, o engenheiro mecânico/elétrico, o projetista da iluminação, o engenheiro de estruturas e o engenheiro civil. O arquiteto paisagista e o arquiteto de interiores podem ser adicionados, dependendo das circunstâncias. Essa sessão precisa focar nas oportunidades de projeto e deve resultar em um plano de ação claro para solucionar as principais indefinições. Tento manter a planilha de pontos do LEED em segundo plano. Não vejo sentido em perguntar a alguém se um projeto fica a 400 metros de duas ou mais linhas de ônibus, por exemplo, como exige o crédito 4.1 de terrenos sustentáveis do

EXEMPLO DE PROJETO COM CERTIFICAÇÃO LEED PLATINUM
Banner Bank, Boise, Idaho, Estados Unidos

O Banner Bank é um edifício de escritórios comerciais de Núcleo e Vedações; trata-se de uma edificação no estilo Art Deco que tem cerca de 18 mil m², 11 pavimentos e fica no centro de Boise. O custo total do projeto foi de 25 milhões de dólares ou quase 1.400 dólares por metro quadrado. Estima-se que os custos operacionais reduzidos aumentem o valor da edificação em 1,47 milhão de dólares, com um retorno sobre o investimento gradual do empreendedor, de 32,4%. Um sistema que captura e reutiliza água pluvial vinda das ruas e estacionamentos do centro de Boise contribui para uma redução de 60 a 80% no consumo de água, em comparação com o de edificações similares. O prédio consome 50% menos energia para climatização, água quente e carga de iluminação em comparação com o consumo de um edifício de escritórios típico do mesmo tamanho, incluindo uma redução de 65% na eletricidade usada para fins de iluminação[1].

Alpha Image Photography – Giuseppe Saitta.

---

[1] FM Link [online], http://www.fmlink.com/ProfResources/Sustainability/Articles/article.cgi?USGBC:200703-19.html, acessado em abril de 2008.

LEED-NC. Ou fica ou não fica e isso, em geral, pode ser determinado com facilidade. Portanto, não há razão para gastar mil dólares por hora (ou mais) com um grande projetista enquanto alguém tenta descobrir isso. A planilha de pontos do LEED é uma ferramenta de acompanhamento útil durante a definição do conceito do projeto, mas realmente não pertence à ecocharrete. O tema do LEED evidentemente entra em questão: tratamento paisagístico, equilíbrio de água, conservação de energia, oportunidades de energia renovável, gestão de projeto e o nível desejado de qualidade do ambiente dos interiores. São bons temas para discutir nas primeiras charretes de projeto e que costumam produzir resultados impressionantes quando a equipe inteira os enfrenta como um grupo. Agora iremos examinar um desses projetos e descobrir como uma abordagem criativa pode abrir novos caminhos para o projeto sustentável.

O PROCESSO DE CHARRETES

A maioria dos observadores concorda que o segredo para o processo de charrete envolve ouvir e, em seguida, participar de maneira criativa. O segredo para a facilitação da charrete é criar diferentes caminhos para a participação, de modo que o grupo se beneficie com a contribuição de todos (Figura 4.1). Dan Heinfeld, presidente da LPA, Inc., uma importante firma de arquitetura, conta[2]:

Figura 4.1 (Da esquerda para a direita) John Nystedt, Muscoe Martin, Colin Franklin, Tony Aiello e Bert Westcott, membros da equipe de projeto do Arboreto Morris.
Fotografia de Paul W. Meyer do Arboreto Morris, University of Pennsylvania.

---

[2] Entrevista com Dan Heinfeld, LPA, Inc., fevereiro de 2008.

Parte do processo de charrete está em saber que uma boa ideia pode vir de qualquer lugar. Precisamos estar dispostos a aceitar isso. Não importa de onde a ideia vem. Quando essas coisas acontecem, é muito claro. Não é possível trazer um punhado de egocêntricos para uma reunião com todos os atores, porque simplesmente não dá certo. A outra parte consiste em estar disposto a abrir mão [do controle] e permitir que o projeto siga seu curso. Se você realmente acredita no processo, também acreditará no resultado.

Estamos trabalhando em um centro estudantil para a California State University, agora em Northridge. Ele está sendo pago basicamente pelos alunos; por isso, há quatro alunos no comitê. Em uma das primeiras reuniões de projeto, um dos alunos disse algo do tipo: "Por que essas academias de ginástica sempre parecem iguais?". Nossa equipe levou [a pergunta a sério] e, agora, estamos desenvolvendo um projeto que não se parece com nenhuma outra academia. É extremamente diferente; primeiramente, porque se trata de uma solução de sustentabilidade e, em segundo lugar, por ser resultado de um processo de projeto verdadeiramente integrado.

Como veremos nas histórias abaixo, sem um forte processo de charrete, o projeto resultante tende a ser bastante convencional e, em geral, decorre das experiências anteriores dos arquitetos e engenheiros. O problema é que poucos desses projetos anteriores são de alto desempenho no nível em que a maioria de nós espera, isto é, com economia de 50% ou mais em energia, certificação LEED Gold ou Platinum e redução significativa da pegada de carbono.

A ANÁLISE SWOT

Meu amigo Nathan Good, um premiado arquiteto especialista em sustentabilidade de Salem, Oregon, costuma utilizar a análise SWOT em suas sessões para definição da visão do projeto, recorrendo a um diagrama muito parecido com o visto na Figura 4.2. Oriunda das faculdades de administração e de consultorias em gestão, a análise SWOT combina uma discussão honesta dos quatro elementos a seguir com uma visão de futuro a fim de chegar a uma pauta de ações para o projeto. A análise SWOT pode ser usada para revelar oportunidades, como a obtenção de recursos para melhorias na eficiência em energia – coisas que podem ficar de fora das responsabilidades específicas de qualquer indivíduo. Oferece uma maneira conveniente de vincular a situação presente com o resultado futuro desejado.

- Forças (*Strenghts*) – internas ao projeto; podem ser talentos específicos do projeto, recursos do proprietário, etc.
- Fraquezas (*Weaknesses*) – internas ao projeto; fatores que podem inibir o projeto sustentável, tais como desacordos quanto aos objetivos, falta de recursos para pagar as melhorias na eficiência em energia, etc.
- Oportunidades (*Opportunities*) – externas ao projeto; podem ser recursos naturais (energia solar, eólica, etc.), incentivos financeiros para edificações sustentáveis; parceiros dispostos a investir no projeto; entre outros.
- Ameaças (*Threats*) – externas ao projeto; podem incluir qualquer fator que venha a ameaçar o sucesso do processo de projeto, como uma mudança na propriedade ou na legislação municipal que não permita sistemas de reúso de águas servidas.

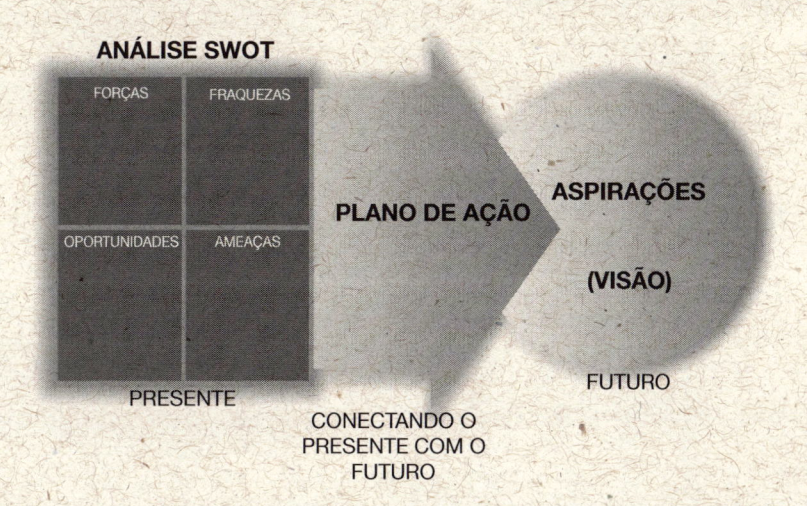

Figura 4.2 Visão–SWOT–Ação descreve um processo para a facilitação da charrete que envolve participantes e gera uma longa lista de questões de projeto e decisões de projeto por tentativa e erro.

O PROJETO DO ARBORETO MORRIS DA UNIVERSITY OF PENNSYLVANIA

Robert Shemwell é arquiteto e diretor da Overland Partners, de San Antonio, e já participou de uma série de projetos sustentáveis e de alto desempenho. Contratada para projetar um novo Centro de Horticultura e Educação para o Arboreto Morris, na University of Pennsylvania, a equipe de Shemwell adotou uma abordagem única para o processo da charrete de projeto[3]. Em março de 2008, o projeto estava na fase de desenvolvimento e almejava verdadeiramente uma certificação LEED Platinum.

> Para ter um processo de projeto integrado, é necessário que todos se reúnam à mesa ainda no início. Neste caso, realizamos diversas sessões de *brainstorming* que duravam o dia inteiro e contavam com a participação de clientes, membros da diretoria da universidade, funcionários, pessoal da administração dos prédios universitários e todos os nossos consultores. Começamos com algumas coisas diferentes. Fizemos um processo de criação de imagens no horário de lazer, em nossa primeira noite. Na ocasião, promovemos dois exercícios (Figura 4.3). Fizemos duas cópias de um mesmo objeto, em um desenho do tipo "pinte por números", e as cortamos em quadrados. Preparamos duas mesas com pastéis. Na primeira mesa, a caminho do jantar, o pessoal se sentou por aproximadamente cinco minutos e coloriu um dos quadrados. Podiam colorir como quisessem. Em seguida, passaram para a segunda mesa, onde escolheram um quadrado que incluía instruções sobre quais cores utilizar.
>
> A seguir, enquanto as pessoas comiam, fomos para trás das cortinas e montamos os dois desenhos. O primeiro foi composto por todos os quadrados que as pessoas coloriram de modo independente, e o segundo, pelos quadrados coloridos conforme

---
[3] Entrevista com Robert Shemwell, Overland Partners, fevereiro de 2008.

Figura 4.3 Durante a charrete do Arboreto Morris, um exercício convidou os participantes a escolherem fotografias para expressar visualmente "o que somos", "o que não somos" e "aonde queremos ir". *Fotografia de Paul W. Meyer, do Arboreto Morris, University of Pennsylvania.*

as instruções. No final do jantar, durante a sobremesa, pegamos os desenhos e, ao erguer o primeiro, dissemos: "Quando cada um faz o que quer, este é o resultado". Então erguemos o segundo, dizendo: "Quando todos seguem em uma direção, este é o resultado". Levamos cinco minutos para fazer cada exercício, mas aqui temos uma bela imagem do celeiro. Neste caso, utilizamos o antigo celeiro Amish do arboreto.

O primeiro desenho era uma imagem surreal com todo tipo de cor; com algum esforço, via-se que poderia ser um celeiro. O outro era uma representação realmente boa do celeiro. Esta foi uma lição objetiva para falarmos sobre o processo. Em outras palavras, se nos unirmos e trabalharmos com um objetivo comum, podemos – em um período relativamente curto – obter algo que comece a criar uma visão que possa ser compreendida e que seja atraente. Utilizamos um objeto [o celeiro] pelo qual tinham bastante afeição para fazer com que todos realmente pensassem no fato de que iriam trabalhar juntos.

Para dar seguimento, mostramos às pessoas o que faríamos nos dias seguintes. Mostramos a elas o que viria em seguida, o que era esperado, quando precisariam estar presentes, quando a presença seria opcional, por que precisariam estar presentes e quais resultados esperávamos obter para cada atividade. Realmente gostamos de oferecer um jantar antes da sessão de "tempestade cerebral" porque ele reúne um grupo de pessoas que não se conhecem e – apenas por fazer aquele pequeno exercício e compartilhar uma refeição – elas adquirem uma compreensão do que estarão fazendo nos próximos dias. Quando chegam no dia seguinte, elas estão com os pés no chão. Sabem o que estão fazendo, aonde estão indo e por que é importante, e estão empolgadas. Ajuda a reduzir boa parte do medo e do nervosismo.

Acho que esse aspecto costuma ser desconsiderado no processo integrado. Esquece-se que as pessoas são pessoas e, como tais, extremamente relacionais. A primeira coisa a ser feita é construir uma estrutura de relacionamento e de confiança. Portanto, em primeiro lugar, nos dedicamos a usar um tempo para estabelecer relacionamentos, confiança e uma compreensão do que estamos fazendo.

Neste caso, começamos o dia seguinte com dois exercícios. O primeiro foi um exercício de imagens. Tínhamos, sobre uma mesa, uma grande pilha de imagens extraídas de diferentes fontes. Pedimos que as pessoas as olhassem e selecionassem três conjuntos de imagens; podiam escolher quantas quisessem em três categorias diferentes: quem vocês são, quem vocês não são e quem vocês desejam se tornar enquanto instituição. Convidamos as pessoas que escolheram as imagens a falar sobre elas. Muitas vezes, escolheram imagens realmente estranhas.

Por exemplo: poderiam escolher uma criancinha sentada sobre um toco de árvore ou determinada imagem do céu. Nesta reunião, alguém escolheu a imagem de uma carroça amish andando pela estrada e disse: "Isto é o que nós não somos. Não somos antiquados. Não estamos presos ao passado". Recebemos algumas respostas bastante interessantes. Tudo foi concebido para que tivéssemos pistas do que as pessoas estão pensando. Temos um ditado: "Assim que o arquiteto pega um lápis, um monte de pessoas são excluídas da conversa". As pessoas se sentem intimidadas na presença de alguém que sabe desenhar. Mas ideias e palavras são moeda comum.

Demos continuidade com uma sessão de fichas de arquivo. Preparamos uma série de áreas, como orçamento, cronograma, imagem, meio ambiente e demais categorias que julgamos importantes para o projeto em questão. Distribuímos fichas de arquivo para cada categoria. Pedimos ao grupo que escrevesse suas ideias associadas com a categoria listada em cada ficha. Fazemos esse exercício porque descobrimos que, quando é feito verbalmente, as pessoas que falam mais alto e que gostam de falar dentro de cada grupo passam a dominar. As ideias de pessoas um pouco mais inseguras, tímidas ou silenciosas não são ouvidas. Lemos todas as fichas e convidamos as pessoas a falar sobre o que estão pensando e por quê.

Um exemplo pode ser a imagem do projeto. Uma resposta foi "sem ostentação". Outra pessoa escreveu "vanguardista". Outra resposta foi uma citação *quaker* (estamos na região dos *quakers*): "simples, mas da mais alta qualidade" – que acabou se tornando uma parte muito importante do projeto. A ideia é que seja simples e feito de bons materiais, mas que não gire em torno da decoração. Trata-se, na verdade, da função e da qualidade dos materiais, bem como da maneira como as coisas se reúnem para criar algo que, além de útil, seja realmente bonito. Essa ideia se tornou a pedra fundamental do projeto. O objetivo final do exercício é escrever uma missão usando as palavras que foram escritas nas fichas. Dizemos que é a "constituição do projeto". Em outras palavras, definimos em palavras o que estamos tentando fazer antes mesmo de começarmos a desenhar.

Em seguida, nos dividimos em grupos menores e pedimos que cada grupo fizesse um esboço da missão. Pedimos que pensassem sobre o seguinte: "Do que se trata este projeto, o que ele significa e o que deve fazer?". Não perguntamos sobre a instituição, mas sobre o próprio projeto: "O que o projeto faz para ajudar a instituição a alcançar sua missão?". Cada grupo teve de se apresentar; pegamos os melhores trechos dos diferentes grupos e os reunimos. Na metade da tarde, tínhamos uma missão escrita pelos próprios participantes. Ela se tornou a direção do projeto e contávamos com a adesão do grupo. Antes de começar a desenhar qualquer coisa, é preciso chegar a um consenso.

Este processo é o ponto crucial da charrete. Todos os atores e representantes das várias disciplinas participam do processo. Se você não se sente autor da visão e acha que não ajudou a formá-la, é somente um passageiro, não o piloto.

Constatamos que isso dá à equipe bastante liberdade para trabalhar. Nos dias seguintes, reunimos as informações, trabalhamos na análise do terreno e demos início aos partidos. Realizamos reuniões intermediárias com funcionários-chave; nelas, falamos a respeito daquilo que começávamos a descobrir, aonde achávamos que estávamos indo, e compartilhamos algumas ideias. Vimos sua reação e, em seguida, voltamos e trabalhamos um pouco mais; paramos novamente para conferir a reação e ouvir comentários. Esse processo foi documentado em tempo real. (Trouxemos à reunião um grupo de pessoas responsável apenas por tirar fotografias, digitalizar desenhos e transferi-los para imagens enquanto trabalhávamos.)

Durante a oficina de conclusão com dois dias de duração, várias coisas aconteceram ao mesmo tempo. Por exemplo: tínhamos uma equipe trabalhando nos desenhos e, ao mesmo tempo, outra se reunindo com funcionários e discutindo aspectos interpretativos do projeto. Fizemos perguntas como: "O que querem que as pessoas aprendam aqui? Como faremos isso? Como podemos aproveitar os pontos fortes do terreno? Como podemos aproveitar os pontos fortes da edificação? Como podemos utilizar os artefatos que vocês têm para ensinar às pessoas uma lição maior? Onde vocês veem as oportunidades?". Trabalhávamos nisso enquanto, simultaneamente, outro grupo trabalhava com os partidos. Tudo isso vai para os slides do PowerPoint.

Na noite seguinte, oferecemos um jantar de conclusão. Uma apresentação foi feita por todos os membros da equipe. Por exemplo, o arquiteto paisagista falou sobre como seu trabalho se encaixa no plano diretor, a análise do terreno, as lições aprendidas com o terreno, o que o rio está fazendo, o que a geologia e a topografia estão fazendo juntas. Convidamos membros da diretoria da universidade e funcionários a apresentar a missão ao grande grupo. Explicamos como a análise do terreno daria forma à edificação, quais eram algumas das metas de sustentabilidade, como estávamos lidando com fatores como os sistemas de vedação, o terreno e o que estávamos começando a fazer em relação aos componentes principais (Figura 4.4).

Fizemos muito em um período incrivelmente curto. Se, no início deste processo, você perguntasse às pessoas do Arboreto, elas diriam que acreditavam que não seria possível. Basicamente chegamos ao conceito naquele momento. Passamos o resto do tempo aprimorando-o e melhorando-o. Algumas mudanças foram feitas quando necessário, mas o conceito básico, sua organização no terreno e a postura desta edificação bastante simples, porém bem-articulada, permaneceram muito constantes.

Costumamos dizer que ter uma agenda é perfeitamente aceitável, desde que não seja uma agenda oculta. Estamos abertos a todo tipo de agenda. Elas são necessárias; na realidade, dizemos às pessoas que estamos à procura de conflitos. Nestes poucos dias, boa parte do nosso tempo é dedicada a procurar pontos de tensão: onde parece ser quase impossível fazer isto e aquilo? Mas as pessoas querem dizer: é possível fazer isto ou é possível fazer aquilo.

Figura 4.4 Projetado pela Overland Partners, o Centro de Horticultura do Arboreto Morris, localizado no campus da University of Pennsylvania, deseja obter uma certificação LEED-NC Platinum. © *Cortesia da Overland Partners*.

Dizemos que a genialidade de um projeto acontece quando é possível fazer isto e aquilo, não isto ou aquilo. Novamente, dizemos às pessoas que é aceitável não concordar. Na verdade, é importante não concordar, para que possamos descobrir quais são os problemas reais, colocá-los na mesa e, em seguida, encontrar uma forma de solucioná-los. Ao fazer isso, eliminamos parte do medo de serem ouvidas que algumas pessoas sentem. Muitas vezes, elas têm medo de verbalizar coisas com as quais podem não concordar. Nós realmente as cutucamos, dizendo, por exemplo: "Paul disse que isto e aquilo podem fazer bastante sentido de determinadas maneiras, mas quais são os problemas? O que poderia levar a uma complicação? O que poderia não funcionar? Como aquilo não cumpre com a visão?". Isso permite que as pessoas digam: "Bem, eu estava pensando que, na verdade, tal coisa não fazia isto ou aquilo". Assim, pudemos discutir esses pontos. Estamos menos preocupados com os conflitos, mas mais preocupados com os pontos de tensão. Perguntamos: "Quais são as coisas que estão entrando em conflito?".

No final, queremos descobrir o seguinte: o que terá precedência e como isso fará concessões para as demais funções da edificação? O grupo educacional quer que a edificação desempenhe certas funções. Porém, as pessoas ligadas à horticultura diziam: "Espere aí, isto vai interferir no meu trabalho". Acabamos descobrindo que podíamos criar um conceito que se parece com a metade de um número oito, uma curva em S gigantesca. A primeira extremidade da curva em S é o pátio público, para o qual estão voltadas as funções públicas; a seguir, este vira e há o pátio de serviço, para o qual estão voltadas todas as funções de serviço. Neste projeto, um enorme ponto de conflito foi a necessidade de os funcionários ligados à horticultura precisarem se deslocar com equipamentos pesados, materiais perigosos e coisas que não desejam mostrar ao público. No entanto, gostam da ideia de que as pessoas possam espiar e ver a quantidade de trabalho necessária para fazer a manutenção do local. Isso é horticultura, é o processo e foi um aspecto importante da edificação. A edificação gira em torno do processo.

No lado educacional, porém, outros diziam: "Podemos ser um local bastante instrutivo, podemos trazer o público aqui, podemos atender às necessidades do público e dar a ele uma aparência elegante, com um vislumbre do verdadeiro processo [de horticultura]". Se isso não tivesse vindo à tona, como um grande ponto de tensão, seria fácil passar por cima em vez de transformá-lo no núcleo do conceito do projeto.

Os benefícios de tal processo estão em avançar rapidamente e começar o processo de projeto com um enorme consenso e muita integração. Os engenheiros, os arquitetos paisagistas, o encarregado do estacionamento e o encarregado dos serviços de alimentação estavam presentes, nos explicando quais eram suas necessidades. Mesmo se não tivermos entendido bem como resolver tudo, podemos começar a elaborar a resposta ao atender às necessidades de todos. Quando o desenho é iniciado com antecedência, fica muito fácil esquecer pedaços, uma vez que se tenta lidar com questões amplas. Partes muito importantes do programa podem ficar de fora.

Quando se trata de um projeto com certificação LEED Platinum, precisamos que cada centímetro de todas as coisas aja em conjunto. Afinal, estamos tentando criar uma edificação que seja um sistema onde tudo aja em conjunto. Falamos sobre ser estratégico, sistêmico e sustentável. A edificação é estratégica; não é um fim por si só, é algo que ajuda as pessoas a realizarem sua missão. Os sistemas naturais, de construção, de orçamentação e todos os demais criam o contexto do projeto, para que ele possa se tornar uma resposta sistêmica. Em outras palavras, a edificação com certificação Platinum ideal funciona como um sistema integrado, não necessariamente como uma série de componentes isolados.

Vamos analisar a abordagem utilizada por Bob Shemwell e sua equipe e examinar alguns dos elementos. Em primeiro lugar, o jantar inicial com exercício de formação de equipe e para abrir as mentes mostra para todos que algo especial está acontecendo com este projeto e que algo criativo e divertido está prestes a acontecer. Em segundo lugar, os principais atores estão envolvidos de maneira bastante positiva com o objetivo de examinar o projeto a partir de pontos de vista bastante diferentes, chegando a uma missão que oriente o projeto e ajude a solucionar quaisquer conflitos ou concessões. A seguir, existe um hiato enquanto a equipe de projeto e os principais representantes do cliente trabalham nos conceitos do projeto e procuram possíveis conflitos que possam ser resolvidos de forma inclusiva, não exclusiva. Desse modo, consegue-se uma verdadeira integração e o ponto de vista de todos é respeitado, mesmo que não possa ser totalmente incorporado ao projeto. Finalmente, há um jantar de encerramento no qual o conceito do projeto é apresentado mais uma vez a todo o grupo de atores, buscando a aprovação para orientar a equipe de projeto a partir dali. Com esse processo, surgem sistemas prediais "estratégicos, sistêmicos e sustentáveis". No caso deste projeto, em que a equipe de arquitetura é do Texas e o cliente da Pensilvânia, é muito importante que haja confiança e uma relação de trabalho baseada no suporte mútuo antes que todos retornem aos respectivos locais de trabalho.

Capítulo 4   A Ecocharrete   77

EXEMPLO DE PROJETO COM CERTIFICAÇÃO LEED PLATINUM

Casey, Portland, Oregon, Estados Unidos

Desenvolvido por Gerding Edlen, projetado pela GBD Architects junto com a Interface Engineering e construído pela Hoffman Construction, o Casey – um edifício residencial de 16 pavimentos situado no Pearl District, em Portland, Oregon, Estados Unidos – inclui 61 unidades habitacionais, 390 m² de lojas no pavimento térreo e garagem no subsolo. O prédio custou 58 milhões de dólares. Os condomínios foram projetados para ter uma eficiência em energia 50% acima do exigido pelo código de edificações. Os recursos de sustentabilidade e de alto desempenho do projeto incluem: sistema fotovoltaico instalado na cobertura, cobertura verde, tratamento de águas pluviais *in loco*, unidades de recuperação da energia de ventilação, janelas de abrir, vidraças de alto desempenho e aparelhos sanitários com conservação de água[4].

Fotografia de Michael Mathers.

[4] Gerding Edlen [online], http://www.gerdingedlen.com/project.php?id=22, acessado em abril de 2008. "The Casey, Probably the Greenest Condos in US", Jetson Green, 05 de dezembro de 2007 [online], http://www.jetson-green.com/2007/12/the-casey-proba.html, acessado em abril de 2008.

ADOTE O "ESPÍRITO CERTO"

A partir da experiência no Arboreto, é possível enxergar claramente a importância de uma charrete de projeto estendida para a solução de problemas mais complicados do terreno e do programa. As pessoas precisam de tempo para refletir; este talvez seja o elemento de resolução de problemas mais crítico que realmente faz falta durante períodos de intensas atividades de projeto. Sem períodos de reflexão e interação casual, frequentemente se desconsideram boas soluções de projeto na ânsia de concluir a charrete e passar para o "trabalho real", ou seja, o projeto. Ainda combatemos a noção de que ideias são vagas e, às vezes, desagradavelmente lentas, enquanto os desenhos são tangíveis, concretos e podem ser produzidos dentro de um cronograma bem-definido. Segue um conselho sábio para esta época apressada: não aja impulsivamente, sente-se.

James Weiner é um arquiteto de Los Angeles com uma filosofia e uma abordagem similares. Segundo ele:

> Minha experiência é que a maioria dos grupos de profissionais de uma equipe de projeto fala sobre projeto integrado sem saber do que se trata realmente. Mesmo em um projeto de alto nível com certificação LEED, ainda existe um muro bastante evidente entre muitas das disciplinas que se unem no projeto. Tentamos rompê-lo ao reunir o máximo de pessoas envolvidas com o projeto desde o início, até o momento da ocupação e manutenção do prédio. Levamos todos a uma sala no início do projeto e discutimos os valores, objetivos e processos que iremos utilizar para levar o processo de projeto adiante de maneira sensata[5].

Weiner acredita que uma das tarefas mais importantes da charrete e do facilitador da charrete é forçar uma modificação nas abordagens padrão.

> Em grande parte, o processo de geração de um projeto é bastante rígido. Os proprietários desenvolvem programas sem necessariamente conversar com a equipe de projeto que irá executá-los. Certamente não se preocupam ao desenvolver programas sem envolver os empreiteiros que irão construir a edificação propriamente dita. Com frequência, os arquitetos começam a trabalhar sem contratar todos os consultores que, em última análise, precisam contribuir com seu conhecimento para o projeto. Muitas vezes postergam a contratação dos engenheiros especialistas até uma etapa relativamente tardia do processo.

O ponto de vista de Weiner é o de um cético intrigado que, ao mesmo tempo, defende com paixão as edificações e o projeto sustentáveis. A meu ver, isso é típico dos principais consultores de edificações sustentáveis e facilitadores de ecocharretes. Ao refletir sobre essa abordagem específica, Weiner diz:

> Primeiramente, as pessoas precisam se unir enquanto humanos que utilizam edificações. Podem compartilhar seus valores pessoais e, então, descobrir quais serão suas contribuições técnicas para a expressão bem-sucedida de seus valores. Esse primeiro passo é muito difícil para várias equipes. Elas olharão para ele e dirão: "Meu Deus, isso é meio relativo e impreciso".

---

[5] Entrevista com James Weiner, março de 2008.

Tal resposta me faz lembrar a história sobre a compra de uma bicicleta enviada do Japão. As instruções foram traduzidas do japonês e, nesses casos, costumam ocorrer traduções curiosas. O primeiro passo traduzido dizia: "Adote o espírito certo". Aliás, quanto tempo é necessário para fazer isso? Chega a levar um minuto?

"Adote o espírito certo" é uma maneira de dizer "olhe a situação de uma maneira diferente". Esse poderia ser o lema de todo processo de projeto integrado. Isso me faz lembrar o clássico ditado zen: "Na mente do especialista, existem poucas possibilidades; na mente do iniciante, existem muitas". O segredo é equilibrar a curiosidade do iniciante com as ferramentas e a experiência do especialista. Um engenheiro poderia se referir a isso como "retornar aos princípios" e começar a projetar desde o início. É possível constatar que os melhores arquitetos e engenheiros têm uma forma de suspender a descrença por tempo suficiente para encontrar algumas abordagens inovadoras e, em seguida, colocar todas as suas habilidades para trabalhar no projeto a fim de fazer com que a ideia inicial – que poderia ser apenas um esboço ou rascunho de uma ideia – dê frutos.

EXEMPLO DE PROJETO COM CERTIFICAÇÃO LEED PLATINUM

Biblioteca de bairro Lake View Terrace, Los Angeles, Califórnia, Estados Unidos

Localizada no Vale de San Fernando, a Biblioteca Lake View Terrace é uma biblioteca de bairro e um edifício multiuso da cidade de Los Angeles. Concluída em junho de 2003, a construção da biblioteca de quase 1 mil m² custou 4,4 milhões de dólares. Com uma eficiência 40% superior aos padrões de energia da Califórnia, as vedações da edificação foram construídas com unidades de alvenaria de concreto com grande massa (CMU) com isolamento externo e utilizam uma estratégia de resfriamento com ventilação noturna de massas. Aproximadamente 80% do edifício tem ventilação natural com janelas mecanicamente interconectadas controladas pelo sistema de gestão de energia. Praticamente todas as vidraças são sombreadas durante o horário de funcionamento, enquanto fornecem iluminação natural que não ofusca durante todo o dia. Um sistema fotovoltaico integrado à edificação proporciona um pouco de proteção solar, além de satisfazer 15% das necessidades de energia do prédio. Biodigestores e outros recursos de paisagismo diminuem o escoamento pluvial em 25%[6].

---

[6] AIA/COTE Top Tem Green Projects, AIA: The American Institute of Architects [online], http://www.aiatopten.org/hpb/overview.cfm?ProjectID=289, acessado em abril de 2009.

5

Barreiras para Edificações de Alto Desempenho: Por que Alguns Projetos são Bem-sucedidos e Outros Fracassam

Vamos fazer uma pequena pausa e tentar descobrir o que poderia influenciar a realização bem-sucedida de um projeto com certificação LEED. Em junho de 2008, existiam mais de 53 mil Profissionais com Capacitação LEED (LEED Accredited Professionals, ou APs), o que talvez nos levasse a crer que o nível de sucesso (definido como certificação final de um projeto registrado no LEED) aumentaria com o tempo. Fica difícil dizer, uma vez que havia somente cerca de 1.170 projetos com certificação LEED-NC e LEED-CS na época. Isso significa que a maioria dos APs ainda não concluiu seu primeiro projeto com certificação LEED e, portanto, tem pouca experiência prática com o processo por inteiro, do início ao fim. Ademais, como muitos profissionais sabem, o projeto e a construção são atividades complexas, frequentemente com obstáculos significativos à maneira de concretizar as intenções iniciais dos proprietários e projetistas. Não obstante, edificações são de fato construídas e, posteriormente, ocupadas. Este livro demonstra um processo que funciona para projetos de alto desempenho (LEED Platinum) e mostra como você pode aplicar o mesmo processo aos seus próprios projetos.

Em junho de 2008, já existiam quase 7.200 projetos registrados no LEED-NC aguardando pela certificação e pouco menos de 1.100 projetos certificados – cerca de 15% do total de registros. Em todos os outros sistemas de certificação, havia 4.600 projetos registrados e 435 certificados, ou seja, menos de 11%. Veja os números na Tabela 5.1, que compara os projetos registrados *versus* com certificação LEED-NC até o momento[1].

Esses números não são precisos, visto que alguns projetos da versão 2.0 migraram para a 2.1 (quando esta foi disponibilizada) e alguns projetos da versão 2.1 migraram para a 2.2 em 2005 e 2006. Além disso, o LEED permite a combinação de alguns créditos das versões 2.1 e 2.2. Mesmo assim, indicam um problema relativamente significativo: inclusive se considerarmos o período de tempo necessário para a conclusão de grandes projetos comerciais, 18 a 36 meses após o registro, *muitos projetos que começam com as melhores intenções acabam não sendo certificados.*

---

[1] Dados de funcionários do USGBC, preparados mensalmente.

TABELA 5.1 Projetos registrados versus projetos com certificação LEED-NC (dados de março de 2008)*

Versão do LEED-NC[†]	Registrados[‡]	Com certificação[§]	Porcentagem[¶]
2.0 (encerrada em 2002)	624	238	38%
2.1 (encerrada em 2005)	2.134	352	17
2.2 (iniciada no final de 2005)	3.684	467	13
Totais	6.442	980	15%

* Dados fornecidos por funcionários do USGBC ao autor; o autor supõe que em geral são exatos.
[†] Em geral, a versão 2.0 do LEED foi aplicada a projetos registrados antes do final de 2002; a versão 2.1 do LEED se aplica a projetos registrados geralmente entre 2003 e o final de 2005; a versão 2.2 do LEED está em vigor para todos os projetos registrados a partir de 01 de janeiro de 2006.
[‡] Os registros feitos até o final de 2002 se aproximam do número de projetos registrados no LEED-NC versão 2.0. Novos registros de projetos feitos até o final de 2005 se aproximam do número de projetos registrados no LEED-NC versão 2.1. Aproximadamente 16 meses se passaram desde que os projetos puderam ser registrados na versão 2.1 (isto é, desde o final de 2005). Os projetos registrados no LEED-NC versão 2.2 normalmente são os registrados desde o início de 2006.
[§] A maioria dos projetos do LEED-NC versão 2.0 com condições de serem certificados já o foram. Muitos dos projetos registrados no LEED-NC versão 2.1 ainda estão envolvidos com os documentos de certificação. Alguns ainda podem estar na fase de projeto ou construção, em função de vários atrasos ou do seu grande tamanho.
[¶] Porcentagem certificada até o final de março de 2008. Não é significativa para projetos LEED-NC versão 2.2, pois os registrados em 2006 e 2007, em sua maioria, ainda estão em andamento.

Esse problema é similar a terminar um noivado antes do casamento: há constrangimento, mas a vida segue adiante. No caso do LEED, se tentamos produzir edificações melhores porque o futuro do planeta depende de nossos esforços, faz sentido descobrir por que os projetos que começam com as melhores intenções não resultam em um pacote de certificação.

Como toda empresa sabe, sem prestar atenção aos números é impossível realizar mudanças verdadeiras, assim como corrigir desvios em relação ao desempenho desejado. O sucesso do LEED como catalisador para institucionalizar inovações no setor de edificações depende criticamente de uma avaliação realista do progresso[2]. Até o momento, o progresso deve ser considerado misto, com base nos números mostrados na Tabela 5.1.

Vejamos os resultados com mais atenção: como compreende mais de 66% de todos os registros de projetos e 74% de todas as certificações concedidas até hoje (sendo provável que se mantenha nessa posição dominante), o LEED-NC é o sistema mais importante a ser analisado. Por que alguns projetos não terminam a jornada do registro à certificação? Não pode ser o custo, ou apenas ele. No estudo de 2006 intitulado *Greening America's Schools*, Greg Kats estudou 30 projetos de escolas com certificação LEED e chegou a um custo de capital extra de 2% (30 dólares em um custo básico médio de cerca de 1.500 dólares por m²)[3]. Como a maioria dos projetos tem uma contingência de 5%, esse aumento de custo fica dentro do orçamento. Além disso, considerando que uma escola elementar mediana custa entre 15 e 20 milhões

---

[2] Veja, por exemplo, o livro de Matthew May publicado em 2007 e intitulado *The Elegant Solution: Toyota's Formula for Mastering Innovation* (New York: Free Press).

[3] Greg Katz, *Greening America's Schools*, 2006, disponível em www.cap-e.com (citação completa).

de dólares (entre aproximadamente 9 mil e 12 mil m² de área construída), até mesmo os custos "típicos" da certificação/papelada do LEED no valor de cem mil dólares (incluindo o comissionamento e a modelagem de energia) aumentariam o orçamento do projeto em apenas 0,5 a 0,7%.

Acredito que, muito mais que o custo percebido ou a dificuldade da certificação LEED, fatores sociais estão envolvidos. Três vêm à mente de imediato:

1. Os projetos com certificação LEED obtêm os melhores resultados quando as equipes de projeto e construção utilizam um *processo de projeto integrado*. Creio – e observei em muitas reuniões de projeto – que a maioria dos arquitetos não sabe gerenciar tal processo, sente-se desconfortável com relação a ele ou não está disposta a utilizá-lo; já a maioria dos proprietários não força as equipes de projeto e construção a mudar o tradicional processo isolado e serial.

2. Com frequência, a responsabilidade pela documentação do LEED não é atribuída claramente a um "gerente de projeto LEED" específico, exceto quando há um consultor LEED envolvido. Mesmo assim, o consultor tem pouca autoridade para exigir da equipe de projeto a documentação dentro dos prazos. Quando a gestão dos documentos é feita internamente, costuma ser atribuída a um funcionário relativamente inexperiente – novamente, com pouca autoridade para cobrar o desempenho de outros membros da equipe de projeto. Aqui, a solução é obter um bom software de gestão de projetos LEED, que vá além dos modelos de dados de projeto do USGBC – algo que apresentarei posteriormente neste livro – e, em seguida, exigir que as equipes obtenham certos resultados específicos utilizando-o.

3. Falta de treinamento em projeto integrado para todos os membros da equipe de projeto e construção. Os engenheiros mecânicos, em especial, precisam se impor e exigir o mesmo treinamento oferecido aos outros integrantes da equipe de projeto.

Se o problema realmente for o processo, as equipes de projeto precisarão se tornar defensoras do processo e observar outros setores em que ele é considerado extremamente importante, como o sistema de produção da Toyota na fabricação de automóveis. Laura Lesniewski é uma das diretoras de BNIM Architects, de Kansas City, Missouri, Estados Unidos, e liderou a equipe de projeto do Edifício de Escritórios da Lewis & Clark State, localizado em Jefferson City, Missouri, Estados Unidos, que recebeu uma certificação LEED Platinum. Ela diz o seguinte sobre como administrar um projeto de sucesso[4]:

> Foco em duas coisas: ter o processo certo e contar com as pessoas certas. Quanto às pessoas, enfatizo que a participação mais importante, em relação aos objetivos do projeto, é a do proprietário final do prédio. A seguir, idealmente, o restante da equipe de projeto precisa participar. Se sua equipe puder contar com consultores que sejam excelentes, melhor ainda. Também é importante incluir o máximo de pessoas o quanto antes. Caso o método de construção permita a presença do construtor desde o início, faça-o participar, pois ele pode oferecer conselhos valiosíssimos à medida que o projeto avança, em termos de auxiliar com questões de construção e informações sobre o cronograma. Por exemplo, ao acompanhar de perto os esforços da equipe de projeto, o empreiteiro pode lhe dizer como as decisões de projeto estão influenciando o custo e o cronograma em pacotes menores de compartilhamento

---

[4] Entrevista com Laura Lesniewski, BNIM Architects, março de 2008.

de informações e custo, evitando grandes interrupções no projeto em que os custos sejam revelados e o retrabalho se faça necessário. É muito mais fácil fazer pequenas correções no decorrer do projeto do que concluir uma fase e só então descobrir que é preciso retrabalhar o projeto, saindo 20% do orçamento.

Com relação ao processo, é essencial deixar claro para a equipe de que maneira todos serão integrados e se reunirão no momento certo. Clareza na estrutura decisória e no cronograma também é fundamental para que todos saibam quando precisam aprontar algo para passar ao próximo grupo, de modo que este faça seu trabalho. Outro aspecto do "pensamento enxuto" é a possibilidade de que todos os membros da equipe façam "promessas confiáveis" uns aos outros. Um exemplo simplificado pode ser perguntar a alguém: "Necessito que você faça isso. De quanto tempo você precisa?". Se a pessoa responder que precisa de duas semanas, eu poderia dizer: "Você realmente precisa de duas semanas?". "Bem, eu poderia fazer em uma semana, mas só se tivesse certeza de que receberia as informações de outra pessoa". Então, você se dirige à outra pessoa e confere se ela pode prometer com confiança que irá cumprir o cronograma. Isso está intimamente relacionado com a redução dos prazos, que tenta identificar o que é verdadeiramente necessário em cada fase ou etapa do processo. É especialmente útil em projetos que têm um cronograma curto e em que os custos são um problema.

Para compreender os benefícios de promessas confiáveis, é particularmente útil acompanhar as promessas cumpridas e não cumpridas a fim de que as pessoas entendam como estão se saindo. O objetivo não é punir, mas sim aprender. O envolvimento com membros da equipe que você conhece e confia resulta em um componente muito poderoso e efetivo do projeto; além disso, ajuda todos a fazerem promessas melhores e confiar mais uns nos outros.

EXEMPLO DE PROJETO COM CERTIFICAÇÃO LEED PLATINUM

Edifício de Escritórios da Lewis & Clark State, Jefferson City, Missouri, Estados Unidos

Construído no terreno do antigo Centro de Correção de Jefferson City, o Edifício de Escritórios da Lewis & Clark abriga aproximadamente 400 funcionários do Departamento de Recursos Naturais do Missouri. A edificação com cerca de 11 mil m² custou aproximadamente 17 milhões de dólares. Desenvolvido com o objetivo de reduzir o consumo de energia em 60% em comparação com edificações padrão, este projeto da BNIM Architects utiliza tecnologias de iluminação natural, sistemas avançados de controle de eletricidade e iluminação, vedações eficientes e sistemas de climatização extremamente integrados e inovadores. A água pluvial oriunda do telhado é coletada em um reservatório com 190 m³ e usada para a descarga das bacias sanitárias, biodigestores e pisos permeáveis; além disso, um ecossistema nativo, junto com bacias de detenção, elimina o escoamento pluvial restante. Arranjos fotovoltaicos suprem 2,5% das necessidades de energia do prédio, enquanto um sistema térmico solar providencia água quente[5].

---

[5] Lewis & Clark State Office Building Earns LEED Platinum Certification [online]. www.oa.mo.gov/purch/recycling/success.pdf, acessado em abril de 2008. BNIM Architects and Missouri Department of Natural Resources Receive LEED Platinum Certification for Lewis and Clark State Office Building [online], http://www.bnim.com/fmi/xsl/press/archive/index.xsl?-token.arid=47, acessado em abril de 2008.

©2006 Assassi.

MENOS CERTIFICAÇÕES DE PADRÃO MAIS ALTO

Outro indicador da dificuldade do sistema é o fato de que a porcentagem de projetos que recebe certificações Gold e Platinum básicas na verdade *diminui* da versão 2.0 para a versão 2.1 do LEED-NC. (Ainda existem pouquíssimos dados sobre as certificações da versão 2.2 do LEED para constatarmos se essa tendência está sendo revertida.) Isso pode significar duas coisas: a primeira é que a maioria das equipes está concluindo seu primeiro projeto e ainda não possui as habilidades necessárias para obter certificações de nível superior; no entanto, também pode ser porque os custos das certificações de nível superior não estão diminuindo, levando equipes com orçamento limitado a aceitar certificações de nível inferior. Outra razão pode estar no próprio sucesso do sistema LEED em vender seu selo ao mercado. Se uma edificação com qualquer nível de certificação LEED é considerada "sustentável", equivalente a todas as outras para a mídia e os vários envolvidos, então o nível real da certificação não importa tanto quanto o selo do LEED. Nesse caso, equipes de projeto e proprietários podem muito bem se perguntar: por que gastar mais dinheiro do que o necessário para obter uma certificação básica?

Essa postura pode não ser ruim. Até mesmo projetos com certificação básica são melhores do que a grande maioria dos projetos que nem se dá ao trabalho de tentar ser certificada. Um estudo realizado com 125 projetos certificados constatou que inclusive os projetos certificados desejam uma economia de 30% em energia e água em comparação com edificações padrão. (Veja a Tabela 5.2.) O interessante é que a economia média de água não cresceu muito, mesmo em níveis superiores de certificação, enquanto a economia média de energia subiu de 25% para aproximadamente 45%, comparada

TABELA 5.2 Economias de recursos previstas nos 125 projetos com certificação LEED-NC

Nível de certificação (Nº. de projetos)	Economia média de água	Economia média de energia*
Certificado	30%	25%
Silver	30%	25%
Gold	30%	44%
Platinum	30%	44%

*Versus U.S. Department of Energy 2003 Commercial Building Energy Consumption Survey. O estudo completo, "Energy Performance of LEED-NC Buildings", pode ser acessado em www.newbuildings.org.

com a edificação de referência. Entretanto, se o objetivo atual do LEED for diminuir as emissões de dióxido de carbono da edificação (em grande parte, vinculadas ao consumo de energia) em 50%, mesmo os projetos Gold estão deixando a desejar. O estudo constatou, porém, que 25% de todos os projetos tinham economias acima de 50%.

E quanto às certificações em alguns dos novos sistemas de certificação LEED, como o LEED para Núcleos e Vedações (LEED-CS), LEED para Interiores Comerciais (LEED-CI) e o LEED para Edificações Preexistentes? A Tabela 5.3 mostra resultados similares para eles. As versões piloto (teste beta) de cada sistema de certificação conseguiram certificar entre 25 e 30% dos projetos, mas os resultados dos sistemas da "versão 2.0" são decepcionantes nessa etapa.

O que esses números sugerem para os demais sistemas de certificação LEED? Vamos analisá-los em seguida.

LEED Core & Shell

Em primeiro lugar, o LEED-CS – Estruturas e Envoltórias é usado principalmente no mercado de locação comercial[6], em geral por empreendedores grandes e relativamente sofisticados. Em segundo lugar, ao usar uma pré-certificação LEED para fins comerciais, um empreendedor fica bastante "amarrado" às expectativas do inquilino e às cláusulas do contrato para providenciar uma certificação ao final do projeto; por isso, seria de esperar que as porcentagens fossem mais altas. Como tendem a ser bem maiores que o típico projeto LEED-NC (em média, 32 mil m² *versus* 10 mil m²[7]), esses projetos demoram mais para serem construídos, fazendo com que muitos dos projetos da versão 2.0 ainda não estejam prontos (e certificados). Ademais, a uma média de 32 mil m², o projeto típico custa mais de 50 milhões de dólares, o que torna os "custos fixos" da certificação LEED relativamente baixos. Portanto, em função das vantagens comerciais que o LEED-CS confere ao projeto de um imóvel que será alugado ou vendido, deve haver um forte incentivo para ir desde o registro até a certificação. No entanto, examinando a taxa de "porcentagem de conclusão" na Tabela 5.3, vemos que não é superior a dos outros sistemas LEED.

---

[6] Para utilizar o LEED-CS, o empreendedor não pode concluir mais de 50% do espaço do inquilino até o fim do projeto; normalmente, isso seria feito pelo inquilino âncora. Do contrário, deve-se usar o LEED-NC.

[7] Dados de projeto LEED do USGBC, abril de 2007.

TABELA 5.3 Registros e certificações em outros sistemas de certificação LEED[§§]

Sistema de certificação	Registrados[*]	Certificados	Porcentagem
LEED-CS v. 1.0 (piloto)	110	28	25%
LEED-CS v. 2.0[†]	1.231	31	3
LEED-CI v. 1.0 (piloto)	106	30[‡]	28
LEED-CI v. 2.0[§]	895[¶]	186	21
LEED-EB v. 1.0 (piloto)[**]	88	26	30
LEED-EB v. 2.0[††]	891[‡‡]	44	5
Totais	1.120	203	18

[*] Baseado em projetos registrados no LEED listados no site do USGBC, acessado em 30 de maio de 2007. Esses totais são inferiores aos da lista "Medições do LEED".
[†] O LEED-CS v. 2.0 entrou em vigor em meados de 2006; por isso, tem somente dois anos, aproximadamente, o que não é suficiente para que a maioria dos grandes projetos tenha terminado a construção e a certificação.
[‡] Total acumulado em meados de 2007.
[§] Em vigor desde outubro de 2004.
[¶] Total acumulado em meados de 2005.
[**] Total de projetos registrados no final de 2004.
[††] Em vigor desde outubro de 2004.
[‡‡] Total acumulado em meados de 2005.
[§§] Em abril de 2008, os dados são cortesia do USGBC.

LEED para Interiores Comerciais

O LEED-CI representa uma situação completamente diferente, com tamanho médio de apenas 4.650 m² (um ou dois pavimentos de um edifício de escritórios) e um breve período de elaboração do projeto. A maioria dos projetos de reformas ou melhorias feitos pelos inquilinos acontece bastante rápido, fazendo com que a decisão de solicitar o LEED-CI seja tomada no início do projeto ou logo depois. Nesse caso, espera-se que o cliente e a equipe de projeto se comprometam com os resultados finais. Há, porém, um fator compensador: o custo médio do projeto é inferior a cinco milhões de dólares – com frequência, inferior a dois milhões de dólares –, de modo que o custo fixo da conclusão de um projeto LEED-CI (talvez de 50 mil a 100 mil dólares) seja um fator mais significativo no orçamento total. Como resultado, a porcentagem de projetos registrados já concluídos na versão 2.0 do LEED-CI (em vigor desde novembro de 2004) é inferior à do LEED para Novas Construções. A Exelon Corporation, por exemplo, uma grande distribuidora elétrica, utilizou o LEED-CI para equipar os escritórios de sua nova sede (Figura 5.1).

LEED para Edificações Preexistentes

Dentre todos os programas, o LEED-EB tem demorado mais a deslanchar, porque envolve referências de gestão de instalações e práticas operacionais, o que frequentemente exige que a empresa gaste 50 mil dólares ou mais (para mão de obra e consultores internos) para obter o LEED, além de algumas centenas de milhares de dólares nas melhorias exigidas para a certificação na maioria dos casos. Por enquanto, menos de 10% dos projetos registrados (incluindo a versão piloto e a versão 2.0, que está em

Figura 5.1 Localizada no centro de Chicago, a sede da Exelon contém cerca de 20 mil m² de escritórios com certificação LEED-CI. *Cortesia da Exelon Corp.*

vigor desde novembro de 2004) recebeu a certificação. Até março de 2008, entidades corporativas ou com fins lucrativos haviam registrado 62% dos projetos. Espera-se que o número de projetos concluídos seja mais alto, já que os administradores prediais normalmente não registrariam um processo sem ter a verba e o comprometimento necessários para concluir a certificação. Em geral, o mundo corporativo não recompensa aqueles que não obtêm resultados; por isso, a motivação para concluir o projeto é bastante significativa. Mesmo assim, atualmente, os projetos com certificação LEED para Edificações Preexistentes têm uma taxa de conclusão pior que a do LEED para Interiores Comerciais e do LEED para Novas Construções. Há um fator compensador surgido em 2007 e 2008: a aceitação do LEED-EB como plataforma para que algumas imobiliárias muito grandes demonstrassem sua preocupação com a sustentabilidade. A CB Richard Ellis, por exemplo – a maior administradora de imóveis do mundo –, pretende submeter mais de 200 projetos à certificação LEED-EB até o final de 2008[8]. É perfeitamente possível que o LEED-EB esteja se aproximando do ponto de "decolagem" em termos de aceitação no mercado, isto é, um avanço que seria muito útil para a crescente prioridade de reduzir a pegada de carbono constatada em muitas organizações.

---

[8] Comunicado pessoal, Warren Whitehead, CB Richard Ellis, dezembro de 2007.

O QUE PRECISA ACONTECER

Quais são as soluções evidentes para o fato de que a maioria dos projetos registrados no LEED não obtém a certificação? Afinal, se a missão do USGBC é transformar o setor de edificações, o primeiro passo para concluir a tarefa seria garantir que os projetos que começam a jornada realmente a terminem.

Para ter uma noção melhor do que pode ser feito, entrevistamos diversos consultores com experiência em gestão de projetos LEED de todo o país. Seguem algumas das soluções recomendadas por eles:

1. Tenha uma perspectiva realista em relação aos custos de certificar um projeto no LEED, tanto em termos de custos "intangíveis" (projeto, gestão de processo e documentação) quanto de custos "tangíveis", como despesas líquidas adicionais de capital. Certifique-se de que o orçamento do projeto contenha dinheiro para possíveis aumentos no custo de capital e – igualmente importante – para os documentos do LEED.

2. Encontre um *sensei* ou mestre (também chamado de *consultor*) que possa orientá-lo ao longo de seus dois primeiros projetos (pelo menos), até que você consiga dominar com clareza todas as etapas técnicas, de processos e de documentação e até que um "defensor do processo" apareça ou que seja designado à equipe de projeto e construção.

3. Desenvolva ou adquira ferramentas patenteadas para a gestão do processo LEED (para um exemplo, veja o Capítulo 8), o qual é suficientemente diferente do projeto e da construção convencionais, garantindo uma abordagem inovadora. Certifique-se de que essas ferramentas sejam utilizadas em cada projeto. Não deixe as pessoas improvisarem e começarem do zero sempre que alguém diferente é encarregado da tentativa de obter a certificação LEED.

4. As equipes de construção não devem esperar um pagamento adicional a cada projeto para fazer o mesmo tipo de esforço voltado ao projeto sustentável e a sua certificação. Meu conselho para elas: diminuam seus custos a cada projeto subsequente. Encarem a gestão de projetos LEED como um processo adequado às mesmas etapas de melhoria que o projeto e a execução. Um engenheiro observou que as firmas de arquitetura e engenharia "deveriam cobrar honorários fixos pelo valor que agregam à" equipe de projeto integrado[9].

5. As equipes de projeto devem aproveitar a distinção entre os créditos de "projeto" e "construção" no LEED-NC versão 2.0, submetendo os créditos de projeto à revisão assim que a construção começar. Dessa forma, terão uma ideia melhor da situação de determinado projeto (e terão reunido a documentação necessária para os créditos de projeto) muito antes do final da construção, enquanto ainda há tempo para adicionar créditos de construção a fim de alcançar os níveis de certificação desejados.

---

[9] Paul Schwer, PAE Consulting Engineers, comunicado pessoal, maio de 2008.

6. Alguns entrevistados disseram que existem clientes institucionais que estão começando a expressar a opinião de que, depois de projetarem e certificarem alguns projetos, não precisarão mais fazê-lo, pois já terão provado que seu processo de projeto e construção é realmente muito sustentável. Tal postura – do gênero "já fiz isso antes" – é uma receita certa para retroceder ao mundo "pré--LEED". Um proprietário sem responsabilidades quanto à documentação e à certificação por terceiros não demonstra comprometimento em obter resultados de nível superior e, provavelmente, não os obterá.
7. Proprietários e empreendedores devem contratar equipes de projeto com mais experiência em LEED caso queiram obter os melhores resultados. Embora possa parecer óbvia, essa conclusão muitas vezes é contrária à tendência – verificada entre proprietários institucionais – de contratar as equipes que conhecem melhor de projetos anteriores (sem certificação LEED).

EXEMPLO DE PROJETO COM CERTIFICAÇÃO LEED PLATINUM

Standard Refrigeration Company, San Juan, Porto Rico

Esta edificação de dois pavimentos e 1.800 m² é a sede da Standard Refrigeration Company. Comparado com um edifício construído de acordo com as normas da ASHRAE 90.1–1999, o prédio da Standard foi projetado com o objetivo de economizar mais de 70% nos custos de eletricidade. Uma roda de entalpia com eficiência de 80%, capaz de atender a 125% do ar que deve entrar no prédio, é um importante componente do sistema de recuperação de calor. A Standard estima que somente a economia com eletricidade conseguirá cobrir o custo da nova edificação em 10 a 15 anos, com base nas tarifas de eletricidade atuais[10].

Cortesia da Standard Refrigeration Co., Inc.

---

[10] http://envirotechnews.blogspot.com/2008/01/greening-caribbean.html, acessado em abril de 2008.

Finalmente, creio que há, aqui, uma mensagem para os arquitetos. Como "capitães" das equipes de projeto, eles precisam assumir toda a responsabilidade caso a viagem não seja terminada ou se parte da carga ou tripulação estiver faltando quando o navio atracar. É hora de os arquitetos (em geral) se dedicarem seriamente a fazer com que as edificações sustentáveis de alto desempenho sejam de fato construídas e certificadas. Não está na hora de os profissionais de projeto admitirem que ainda têm dificuldades para produzir edificações realmente sustentáveis em todas as ocasiões, mantendo-se dentro ou perto dos orçamentos convencionais? A meu ver, admitir o fracasso abriria portas para o início do verdadeiro aprendizado, sendo que, na maioria das vezes, os arquitetos precisam tomar a iniciativa.

OBTENDO RESULTADOS CONSISTENTES

Vejamos como um proprietário – a University of Washington – lida com o desafio de obter certificações LEED a cada projeto. Clara Simon foi contratada alguns anos atrás como a primeira diretora de sustentabilidade do Capital Projects Office. Ela relata sua experiência com projetos LEED[11].

> Atualmente, a maioria de nossos projetos LEED é paga pelo estado. No estado de Washington, existe a exigência de obtermos pelo menos a certificação LEED Silver em todos os nossos projetos. (Até o início de 2008, a universidade havia obtido certificações LEED para quatro edificações – incluindo uma certificação LEED-CS Gold – com 14 projetos LEED em andamento.) O financiamento estadual influencia muito no processo nestes projetos, sendo a sustentabilidade um componente crucial.
>
> Logo no início, sabemos que teremos de satisfazer certas exigências de sustentabilidade, o que nos leva a começar com pedidos de informações (RFI) e pedidos de propostas (RFP); temos a obrigação de colocar anúncios no jornal sobre nossos projetos, visto que somos uma instituição pública. Deixamos claro, no princípio, que precisamos obter pelo menos uma certificação LEED Silver. Trata-se de um ponto de partida para a contratação de profissionais em relação à direção que seguiremos nestes projetos.
>
> A universidade sabe que o segredo para o sucesso dos projetos LEED é agilizar o processo. Constantemente, pegamos o conhecimento adquirido em um projeto e o colocamos em ação para um nível mais alto de sucesso no projeto seguinte. A University of Washington desenvolveu diretrizes de projeto integrado que cobrem uma diversidade de opções para cada projeto.
>
> Para implementar o processo de projeto sustentável, envolvo-me ainda no início dos estudos preliminares e me reúno com o arquiteto e o engenheiro [que podem variar – e normalmente variam – entre um projeto e outro]. Montamos um comitê da edificação que costuma incluir o cliente, arquitetos, engenheiros e, às vezes, até mesmo o arquiteto paisagista. Existe uma lei estadual que diz que a universidade não pode envolver o empreiteiro nesse momento, o que é uma pena; no entanto, conseguimos envolvê-lo, mediante certo tipo de contrato, após a definição do partido de arquitetura. Tentamos montar a equipe com antecedência. Geralmente, faço ao menos uma apresentação para a equipe de projeto, mostrando o que o projeto sustentável significa para nós.

---

[11] Entrevista com Clara Simon, University of Washington, fevereiro de 2008.

Aqui, nosso objetivo é utilizar um processo de projeto integrado. O estado exige que façamos uma ecocharrete para todos os nossos projetos. Em geral, isso acontece em uma sessão com duas horas de duração. Costumávamos levar um dia inteiro ou até dois. Nós a reduzimos porque fazemos uma reunião prévia com o arquiteto e o gerente de projeto a fim de realmente determinar as oportunidades que estão evidentes. Assim, não precisamos lidar com isso durante a ecocharrete. Nela, nos concentramos de verdade na tomada de decisões de alto nível e na resolução de problemas relacionados a onde queremos chegar, seguindo nossas diretrizes de sustentabilidade.

Implementamos recentemente uma meta de redução de energia nessas edificações desde o início – por exemplo, no novo edifício do grêmio estudantil (Figura 5.2). Usamos isso como força motriz para o projeto. No passado, projetávamos e, no final, determinávamos onde estávamos [em termos de economia de energia]. Agora, transferimos essa análise mais para o início do projeto. No processo de projeto integrado, trabalho com o conselho de proteção ambiental aqui no campus. Trata-se de um conselho que foi formado na época do Reitor Mark Emmet [da University of Washington]. Estamos visando à sustentabilidade total do campus.

Figura 5.2 Com projeto da Perkins + Will, a reforma do edifício do Grêmio Estudantil Husky, no campus da Washington University, acomodará escritórios e espaços de reunião para atividades estudantis, auditório e área para apresentação, uma livraria, loja de bicicletas, salão de boliche, sala de sinuca, salas de conferência, serviços alimentares, salas de jantar e uma área de atividades externas com bancas de venda de alimento. *Cortesia da Perkins + Will.*

A lição aprendida com a universidade é que, para obter resultados no LEED de modo consistente, precisamos anunciar o fato desde o princípio. Além disso, precisamos de uma pessoa dedicada a inspecionar e guiar o processo. Finalmente, é necessário treinar os empreiteiros, além de nossos próprios funcionários. Por exemplo: Simon e a equipe da universidade se esforçam para reunir as lições aprendidas e aplicá-las a cada projeto novo. Os arquitetos também precisam entregar os documentos do LEED dentro dos prazos. Segundo Simon:

> Antes da construção, solicita-se que o arquiteto entregue ao proprietário uma lista de produtos especificados que indique a fundamentação teórica para o desempenho LEED; a lista precisa resultar nas metas da certificação. Ao longo da construção, esse documento é usado como elemento-chave durante os processos de apresentação e pedido de informações (RFI). Mensalmente, as reuniões de construção LEED devem avaliar os níveis do status de obtenção de créditos.

No escritório de projetos de capital da universidade, de acordo com Simon, existem quase 50 Profissionais com Capacitação LEED. Em outras palavras, a certificação LEED se torna parte da cultura do lugar. O treinamento de empreiteiros também é uma exclusividade da universidade, de certa forma. Simon explica como se faz isso.

> O estado reconheceu que existiam muitos empreiteiros que não entendem o processo do LEED. O treinamento é feito por meio do escritório de sustentabilidade do Washington Department of General Administration, gerenciado por Stuart Simpson. Ele preparou um programa chamado "Build it LEED" e trabalhou junto com o Cascadia Green Building Council para organizar tudo isso – o grupo que montou o treinamento *Build It LEED*. Exijo que os empreiteiros de todos os nossos projetos sigam esse processo.

Exigir o treinamento dos empreiteiros como condição para a apresentação de propostas ou para trabalhar em projetos do estado é um processo que toda universidade, distrito escolar, administração municipal e agência do estado poderia utilizar. Tenho certeza de que, sozinho, esse treinamento resultaria em um aumento significativo na taxa de sucesso dos projetos LEED.

Outro fato interessante é que o processo continua após a ocupação. Como observa Simon,

> Após a ocupação, o estado exige a medição e o relato contínuos do consumo de água, eletricidade e gás até 2016, junto com a testagem da edificação por especialistas terceirizados e uma avaliação pós-ocupação passados 12 meses. O objetivo do estado é estabelecer parâmetros em cada projeto com dados operacionais, concluir um estudo de caso e obter um selo de certificação ENERGY STAR para todos os projetos pagos pelo estado.

6
A Vantagem Econômica das Edificações Sustentáveis

Com frequência, explico a vantagem econômica das edificações comerciais sustentáveis em 2008 desta forma: se seu próximo projeto não for uma edificação sustentável, que seja certificado por um sistema de certificação terceirizado nacional com aceitação, ele se tornará funcionalmente ultrapassado no momento em que abrir as portas e, muito provavelmente, terá um desempenho pior no mercado à medida que o tempo passa[1]. Um especialista afirma que trilhões de dólares em propriedades comerciais em todo o mundo perderão valor porque as edificações sustentáveis estão se transformando em algo convencional e, em breve, tornarão tais propriedades obsoletas[2]. Trata-se de uma mudança notável no ambiente das edificações comerciais sustentáveis em um período tão curto, que iniciou apenas em 2006. A questão já não é se os empreendedores comerciais irão construir uma edificação comercial certificada, mas quando e onde farão seus próximos projetos, qual nível de certificação eles tentarão obter e até que ponto estão preparados para investir em seu programa de edificação sustentável.

Um estudo recente com projetos comerciais, que utilizou o maior banco de dados de propriedades comerciais disponível, comprova essa contenção. Concluído em março de 2008 pelo CoStar Group, que analisou mais de 1.300 edificações com certificação LEED e ENERGY STAR (das quais 335 tinham certificação LEED) representando aproximadamente 32,6 milhões de m² em seu banco de dados, o estudo

---

[1] Existem edificações que podem ter elementos de sustentabilidade, mas não buscam uma certificação formal. Estimo que representem menos de metade do mercado de edificações sustentáveis atualmente e diminuirão rapidamente nos próximos três anos enquanto parcela de todas as edificações sustentáveis. Como se costuma dizer, "de boas intenções, o inferno está cheio". A vantagem de certificar as edificações está em outro lugar. Quando as pessoas me dizem que têm uma edificação sustentável, mas não se deram ao trabalho de certificá-la formalmente, eu respondo: "Prove". A verdade é que a maioria das pessoas que afirma estar fazendo um projeto sustentável sem se dar ao trabalho de certificá-lo por meio de um terceiro independente provavelmente está mentindo para si próprio, visto que, sem ter a certificação como meta, muitos dos elementos de sustentabilidade acabam sendo cortados da maioria dos projetos em função do orçamento.

[2] Charles Lockwood, "As Green as the Grass Outside", *Barron's*, December 25, 2006, http://online.barrons.com/article/SB116683352907658186.html?mod=9_0031_b_this_weeks_magazine_main, acessado em 06 de março de 2007.

mostrou que, além de os aluguéis e as taxas de ocupação serem mais altos nas edificações sustentáveis, os preços de venda também são substancialmente superiores.

Na análise, as edificações com certificação LEED alcançaram aluguéis mais altos (122 dólares por m²) em relação aos edifícios de escritórios tradicionais e apresentaram taxas de ocupação 4,1% superiores. As edificações com certificação ENERGY STAR resultaram em aluguéis mais elevados em 25,82 dólares por m² e apresentaram taxas de ocupação 3,6% superiores em relação a outras semelhantes.

As edificações com certificação LEED que foram revendidas receberam 1.840 dólares a mais por m², enquanto as edificações ENERGY STAR foram vendidas a uma média de 656 dólares a mais por m² em relação a edificações similares sem a certificação.

As edificações com certificação LEED apresentaram aluguéis mais altos de 122 dólares por m² em relação a edificações semelhantes sem certificação, bem como uma taxa de ocupação 4,1% mais elevada. Nas edificações com certificação ENERGY STAR, as taxas de locação representaram 25,82 dólares por m² a mais que edificações comparáveis sem a certificação, bem como uma taxa de ocupação 3,6% mais elevada.

Os dados estão chegando e são convincentes. Este estudo demonstrou que as edificações sustentáveis alcançam aluguéis e taxas de ocupação superiores, têm custos operacionais mais baixos e obtêm preços de revenda mais elevados. Precisamos de mais alguma informação para mostrar a vantagem econômica das edificações sustentáveis no setor comercial[3]?

Para proprietários de edificações institucionais, como grandes corporações, universidades, escolas, entidades sem fins lucrativos e agências do governo – normalmente as que apresentam perspectivas de longo prazo para o proprietário/usuário –, a vantagem econômica é ainda mais convincente, uma vez que podem desfrutar de todos os benefícios da propriedade, enquanto os empreendedores comerciais costumam dividi-los com os inquilinos. Cada vez mais, os proprietários públicos e institucionais veem as edificações sustentáveis como expressões de escolhas políticas que favorecem a sustentabilidade, isto é, uma expressão tangível de um comprometimento muitas vezes intangível.

Por volta de 2010, a maioria dos observadores espera que a vantagem econômica das edificações sustentáveis seja completamente aceita e se torne parte de uma nova definição da velha estratégia de que tudo continuará normalmente, apesar dos contratempos. Richard Cook, da AIA, um famoso arquiteto da Cidade de Nova York (veja a discussão sobre a torre do Bank of America, situada em One Bryant Park, no Capítulo 2), afirma: "Em cinco anos, ficará evidente que as edificações que não alcançam o mais alto padrão de sustentabilidade se tornarão obsoletas"[4]. Muitos profissionais do mercado imobiliário acreditam que, em breve, os edifícios de escritórios não serão considerados de "Classe A" sem uma certificação LEED. Sem ela, as edificações estarão em posição de desvantagem considerável na maioria das grandes cidades, incapazes de conseguir os mesmos aluguéis ou inquilinos da mesma qualidade que seus concorrentes com certificação.

Segue a vantagem comercial explicada por Ben Weeks, empreendedor da Aardex LLC, com sede em Denver, Estados Unidos[5]:

---

[3] http://www.costar.com/News/Articles.aspx?id=D968F1E0DCF73712B03A099E0E99C679, acessado em 11 de maio de 2008.

[4] Entrevista com Richard Cook, Cook + Fox Architects, Cidade de Nova York, março de 2007.

[5] Entrevista com Ben Weeks, Aardex, LLC, março de 2008.

Geralmente, as empresas pagam entre 3.200 e 6.400 dólares por m² por seu pessoal (pressupondo salário e benefícios no valor de 60 mil dólares por ano e um espaço de 10 a 20 m² por funcionário). Pagam entre 160 e 215 dólares por m² de aluguel. Se a edificação for capaz de aumentar a produtividade das pessoas em pelo menos 5%, bem, 6.500 dólares por m² por funcionário significa 320 dólares por m² – aproximadamente o dobro ou significativamente mais do que o custo total da edificação.

Acredito que o céu seja o limite em termos de ganhos e maximização a partir dessa relação. Estamos divulgando isso ao máximo no setor, para quem quiser ouvir. No caso da edificação e do empreendimento, todos os custos estão subindo: o custo de substituir edificações, o custo das operações e o custo da contratação de pessoal – absolutamente todos. A sociedade simplesmente não pode, ou não deveria, se dar ao luxo de aceitar a premissa de que as edificações são descartáveis. As edificações precisam ser produtivas e sustentáveis enquanto for possível. No mínimo, necessitam ter uma vida útil de 100 anos ou mais. Acreditamos que, além de viável, isso seja *essencial* para nosso setor, nossa comunidade e o mundo.

INCENTIVOS E BARREIRAS ÀS EDIFICAÇÕES SUSTENTÁVEIS

Mesmo assim, existem barreiras à adoção generalizada de técnicas, tecnologias e sistemas de edificações sustentáveis – algumas delas relacionadas a experiências reais e o restante à percepção, no setor de edificações, de que as edificações sustentáveis ainda levam a custos adicionais. Isso é surpreendente, porque já faz tempo que altos executivos que representam firmas de arquitetura e engenharia, consultores, empreendedores, proprietários de edificações, proprietários/usuários corporativos e instituições educacionais vêm demonstrando uma postura positiva quanto aos benefícios e custos de construções sustentáveis[6]. Encontrei, por exemplo, uma biblioteca pública com certificação LEED na distante cidade de Homer, no Alasca (Figura 6.1).

Considerando essas opiniões positivas, é surpreendente que os principais obstáculos à adoção generalizada das edificações sustentáveis continuem sendo os altos custos percebidos e a falta de consciência da diversidade de benefícios da construção e das operações sustentáveis. Outros fatores que desencorajam as edificações sustentáveis ainda são a complexidade e o custo percebidos da documentação do LEED; os horizontes orçamentários de curto prazo por parte dos clientes e os longos períodos de retorno do investimento em algumas medidas de energia renovável; e os frequentes incentivos compartilhados entre proprietários e inquilinos de edificações comerciais. Sally Wilson, da CB Richard Ellis, a maior empresa de gestão imobiliária do mundo, descreve como isso poderia funcionar[7].

Trabalhei em um projeto no qual havia um inquilino que iria ocupar uma edificação com certificação LEED-NC. Era um inquilino pequeno, que ocuparia aproximadamente 1.400 m². O inquilino principal era uma empresa de serviços públicos, responsável por solicitar o LEED inicialmente. Havia muitas exigências no aluguel que o inquilino precisou satisfazer por parte do LEED. Foi fundamental ajudar o inquilino a compreender qual é o custo extra em comparação com uma edificação

---

[6] Turner Construction Company [online], http://www.turnerconstruction.com/greenbuildings/content.asp?d=5785, acessado em 06 de março 2007.
[7] Entrevista com Sally Wilson, fevereiro de 2008.

Figura 6.1 Projetada pela ECI/Hyer Architecture & Interiors, com iluminação natural abundante e utilização de materiais locais, a Biblioteca Pública de Homer, no Alasca, tem 1.600 m² e certificação LEED-NC Silver. Até mesmo em uma das menores cidades do Alasca, literalmente no fim da estrada asfaltada que parte de Anchorage, existe uma biblioteca com certificação LEED. Isto mostra que edificações sustentáveis são viáveis em qualquer lugar. *ECI/Hyer e Chris Arend Photography.*

sem certificação LEED. Outra função importante para nós foi estruturar o aluguel de maneira a fazer com que o locador se responsabilizasse pelo pagamento de tudo isso. O locador recebia essencialmente os créditos fiscais, mas queria que o inquilino pagasse pelas melhorias. Esse foi um ponto de negociação. O inquilino não estava buscando o LEED, mas tinha de entender o que isso significava em termos do aluguel e de suas obrigações.

Apesar desses obstáculos, os proprietários e equipes de construção continuam desenvolvendo projetos com certificação LEED Platinum; portanto, deve haver fatores preponderantes, como um forte comprometimento interno com a sustentabilidade.

Paul Meyer é o Diretor F. Otto Haas do Arboreto Morris da University of Pennsylvania. Sobre o comprometimento em obter uma certificação LEED Platinum para o novo prédio do arboreto, ele diz[8]:

> Conseguir uma certificação LEED Platinum é muito importante para o Arboreto. Queremos que ele seja realmente um exemplo de melhores práticas de sustentabilidade. Neste momento, estamos bastante confiantes de que alcançaremos o nível Platinum. Temos nos preocupado com isso e nos preparado para isso desde o primeiro dia. Não podemos simplesmente desenvolver um projeto e, em seguida, decidir que queremos uma certificação LEED. Desde o princípio, as metas do LEED têm de fazer parte da discussão e do processo de projeto. Bem no começo, fizemos um inventário de pontos [de crédito LEED]; por isso, sabíamos que seria bastante fácil

---

[8] Entrevista com Paul Meyer, fevereiro de 2008.

chegar ao Gold. Também sabíamos que daria algum trabalho chegar ao Platinum. Neste momento [março de 2008], achamos que o Platinum é possível.

O Dr. Douglas Treadway, do Ohlone College, na Califórnia, Estados Unidos, descreveu como a ideia geral da missão da faculdade levou à exigência de uma edificação com certificação LEED Platinum.

Os objetivos foram determinados após uma série de oficinas de planejamento, exercícios de visualização, entrevistas e pesquisas na região da Bay Area a fim de definir a viabilidade de certas abordagens à edificação sustentável. Em seguida, nós os amarramos à visão do novo campus, que tampouco havia sido visado. Seria uma faculdade geral e, em seguida, foi alterada para uma faculdade de ciências da saúde e tecnologia. Então, tivemos uma motivação diferente para nossa edificação sustentável, porque a natureza da missão da instituição tinha mudado. Mudar a edificação de um campus geral para um campus temático de ciências da saúde e tecnologia foi realmente importante no início do projeto, pois direcionou tudo a partir dali.

Também consultamos líderes industriais e líderes hospitalares locais para ter uma ideia de aonde os segmentos emergentes iriam e como a arquitetura sustentável seria uma parte deles. Se uma pessoa asmática entrar em nossa nova edificação, sentirá um alívio instantâneo. Recentemente alguém me confirmou isso. Assim que passou pela porta, percebeu que o ar no interior tinha uma qualidade melhor que no exterior. Sentiu alívio instantâneo de alguns dos sintomas.

Como superar as barreiras às edificações sustentáveis

Algumas das barreiras ao desempenho das edificações sustentáveis têm pouco a ver com o custo e muito a ver com a maneira como engenheiros e arquitetos se acostumaram a trabalhar uns com os outros, assim como irmãos e irmãs de uma mesma família que querem distância um do outro durante a adolescência, mas se tornam bons amigos anos depois. Dan Nall é vice-presidente sênior da Flack + Kurtz, uma das maiores firmas de engenharia dos Estados Unidos. Segue sua avaliação sobre a situação[9].

Na realidade, os engenheiros não entendem necessariamente o que os arquitetos estão tentando fazer e, provavelmente, os arquitetos – em relação aos engenheiros mecânicos – não entendem por que eles se preocupam com certas coisas.

O principal tipo de conflito acontece com relação à quantidade e à natureza do vidro na fachada da edificação – uma questão relevante atualmente porque está na moda. Os arquitetos não entendem necessariamente que fazer a parede com vidro incolor não significa apenas que o consumo de energia da edificação irá subir, mas também que será quase impossível que as pessoas se sintam confortáveis no interior, não importa quanto ar seja insuflado. Não entendem os conceitos físicos básicos e os ganhos térmicos tanto do ponto de vista da condução do calor quanto do ponto de vista da radiação. Isso é realmente um problema. Os engenheiros não sabem necessariamente como conversar com os arquitetos sobre os objetivos de arquitetura que desejam atingir com esse determinado tipo de fachada, apresentando meios alternativos de alcançar o mesmo efeito visual sem comprometer a eficiência energética e o conforto dos usuários.

---

[9] Entrevista com Dan Nall, abril de 2008.

Acredito que é muito importante estar disposto a ouvir e entender os problemas. Os arquitetos precisam entender que, se tiverem um bom consultor, este tentará ajudá-los a fazer uma boa edificação. As preocupações dos bons consultores são legítimas; não estão apenas tentando ser um empecilho. Muito tempo atrás, um arquiteto me disse: "Detesto engenheiros porque estão sempre tentando me dizer o que não posso fazer". Pensei comigo mesmo: "Bem, se você conseguisse perceber por conta própria o que não deveria fazer, os engenheiros não teriam de fazer isso".

Com o objetivo comum de produzir edificações de alto desempenho com certificação LEED Gold e Platinum, arquitetos, engenheiros, construtores e empreendedores estão trabalhando duro para alinhar os custos com os benefícios, de três maneiras específicas. O Capítulo 7 mostra as muitas formas em que as decisões de projeto e construção influenciam os custos das edificações sustentáveis. Nos próximos anos, o setor das edificações sustentáveis provavelmente se focará em diminuir a barreira de custos de diversos modos:

- Trabalhar agressivamente com o intuito de reduzir os custos das edificações sustentáveis, acumulando experiência em projetos e fortalecendo o foco em abordagens de projeto integrado que talvez diminuam os custos totais.
- Casar custos operacionais e de capital ao encontrar maneiras de financiar melhorias nas edificações sustentáveis, a fim de reduzir ou eliminar todas as penalidades de custos iniciais que podem ocorrer, utilizando incentivos à redução da demanda das distribuidoras de energia elétrica, programas de "interesse público" de distribuidoras e governos municipais, estaduais e federais, a fim de maximizar os pontos de alavancagem. Também há um número crescente de fontes de financiamento terceirizadas para a geração *in loco* (cogeração de energia térmica e elétrica ou calefação/refrigeração do bairro) e investimentos em energia solar em projetos de grandes edificações.
- Analisar estudos de caso e visitar projetos bem-sucedidos que documentaram toda a variedade de benefícios de edificações sustentáveis para que os proprietários de edificações com perspectiva de propriedade de longo prazo possam ser motivados a encontrar os fundos adicionais ou criar o ambiente certo para a construção de edificações de alto desempenho.

Ben Weeks, da Aardex, descreve como justificaram os custos extras dos sistemas de distribuição de ar sob o piso no projeto do Signature Center, em Denver:

Cada elemento de projeto tem muitas características: custos iniciais, custos de ciclo de vida, problemas de treinamento. Qual é a interface com os demais elementos de projeto? Qual é o momento certo para a instalação e quais são os outros problemas de tempo associados a ele? Existem problemas de concorrência, como a quantidade de concorrentes disponíveis para apresentar propostas para materiais e instalação – e o que acontece se o subempreiteiro selecionado falir? Você tem alguém para substituí-lo? E a tecnologia, é tradicional, nova ou de ponta? Onde estão as possibilidades de falha? Consideramos tudo isso para cada componente da edificação, na maneira mais "holística" possível. Depois de totalmente revisados em termos de custo e benefício para o projeto, adotamos tais tecnologias e componentes que fazem uma contribuição sustentável e duradoura e rejeitamos os demais.

Capítulo 6 A Vantagem Econômica das Edificações Sustentáveis

Por exemplo, percebemos que os benefícios de um sistema de fornecimento de ar sob o piso (Figura 6.2) eram significativos e concluímos que queríamos seguir por esse caminho. Superficialmente, parecia que o aumento de custos iniciais era substancial. Somente o custo do sistema sob o piso foi de aproximadamente 75 ou 85 dólares por m², instalado. Simplesmente em termos de custos iniciais, a maioria dos empreendedores nem consideraria tal opção por implicar um aumento enorme nos gastos. Em nosso caso, porém, pudemos considerá-la em função das muitas coisas que nos permitiu fazer, como remover todos os dutos de ar da edificação. Essencialmente, não temos dutos além dos quatro dutos verticais de insuflamento e retorno. Também nos permitiu colocar toda a fiação de energia sob o piso de modo *plug and play*, que reduziu substancialmente a quantidade de material elétrico e os gastos com mão de obra. Outro grande benefício é que nos permitiu reduzir a altura entre pisos em aproximadamente 25 centímetros, que foram tirados de todos os pavimentos. Multiplicando por cinco pavimentos, eliminamos 1,25 m da altura total da edificação. A área de piso por pavimento da edificação (130 m²) multiplicada por 818 dólares por m² para o custo das vedações resultou em uma economia de 446 mil dólares. Além de reduzir os custos iniciais do sistema de ar sob o piso, gastamos menos com os sistemas mecânicos do que com um sistema tradicional aéreo de distribuição de ar. Além

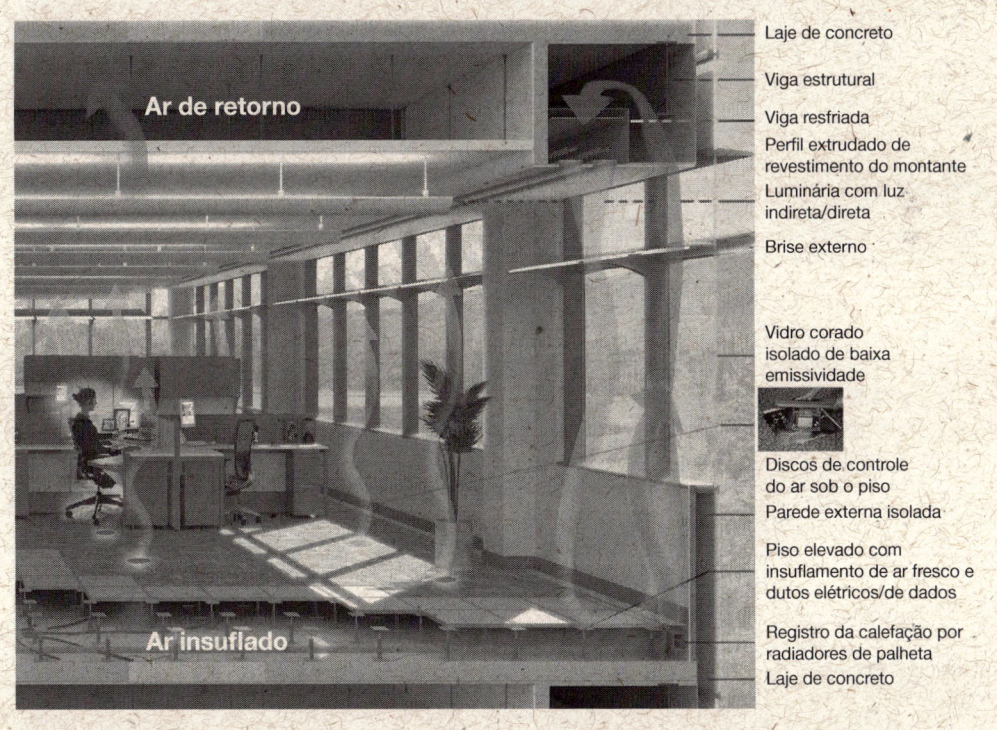

Figura 6.2 No Signature Centre, um sistema de distribuição de ar sob o piso fornece ar com baixa pressão e velocidade por meio de difusores no piso. O ar sobe por meio de convecção natural e é exaurido por *shafts* de retorno de ar localizados no centro do núcleo. Esse sistema consome muito menos energia que a distribuição de ar convencional pelo alto e permite uma maior utilização da "refrigeração livre" do ar externo, uma vez que a temperatura do ar que entra normalmente é oito graus mais alta.
Cortesia da Aardex, LLC.

disso, o projeto do Signature Centre está localizado em um distrito de zoneamento com altura máxima de 22,9 m. A economia em altura possibilitada pelo projeto do sistema de insuflamento de ar sob o piso nos permitiu adicionar um pavimento a mais ao edifício que gerou benefícios internos e externos a todos os interessados.

EXEMPLO DE PROJETO COM CERTIFICAÇÃO LEED PLATINUM

The Armory/Portland Center Stage, Portland, Oregon, Estados Unidos

Ocupado pela Companhia Teatral Portland Center Stage, o Teatro Bob and Diana Gerding, localizado no Armory, consta do Registro Nacional de Lugares Históricos dos Estados Unidos. Construído originalmente em 1889 para a Guarda Nacional do Oregon, o edifício de 5.100 m² passou por uma reforma de 36 milhões de dólares que foi finalizada em setembro de 2006. Vigas resfriadas são o principal sistema de refrigeração (a água resfriada vem de uma estação distrital de refrigeração situada nas proximidades), enquanto caldeiras de condensação a gás suprem as necessidades de calefação do edifício. As características de refrigeração passiva e de circulação do ar reduzem o consumo de energia dos sistemas mecânicos em 40%. A coleta da água pluvial, a ausência de irrigação do terreno, as bacias sanitárias com descarga dupla e os aparelhos sanitários de baixa vazão diminuíram a demanda de água potável em 88%. Devido à fachada histórica da edificação e à orientação preexistente, abordagens de projeto solar passivo e sistemas fotovoltaicos não puderam ser utilizados para fins de economia de energia[10].

BENEFÍCIOS COM IMPACTOS ECONÔMICOS

A vantagem econômica dos empreendimentos sustentáveis se baseia em uma série de benefícios: econômicos, financeiros, de produtividade, de gestão de riscos, de relações públicas e marketing e de financiamento[11]. Muitas pessoas também descrevem tais benefícios em termos de "Resultado Final Triplo", usando expressões como "Pessoas, Planeta e Lucros". A principal questão aqui é que os benefícios variarão conforme o tipo de propriedade, o tipo de uso, o nível de investimento e incentivos similares. A meu ver, é muito importante que os membros da equipe da edificação se tornem articulados em relação aos benefícios da equação da edificação sustentável, assim como são em relação aos custos, para ficarem tão informados acerca dos benefícios e considerações financeiras como são sobre as questões técnicas relativas às suas próprias especialidades. Encontrei, em todas as disciplinas, profissionais que são incapazes de explicar com clareza as vantagens econômicas das edificações sustentáveis. Em minha opinião, uma das habilidades críticas da profissão é aprender como seus clientes ganham dinheiro e adquirir fluência no idioma dos negócios e investimentos. A maioria

---

[10] Cascadia Region Green Building Council [online], http://casestudies.cascadiagbc.org/overview.cfm?ProjectID=833, acessado em abril de 2008.

[11] U.S. Green Building Council, *Making the Business Case for High-Performance Green Buildings* (Washington, D.C.: U.S. Green Building Council, 2002), disponível em: www.usgbc.org/resources/usgbc_brochures.asp[0], acessado em 06 de março de 2007. Veja também *Environmental Building News*, 14, nº. 4 (April, 2005), disponível em: www.buildinggreen.com, acessado em 06 de março de 2007.

dos clientes considera como ponto pacífico que você conseguirá fazer um bom projeto e uma boa construção. No entanto, querem que você entenda e explique as razões para uma edificação sustentável em termos que façam sentido para eles e que possam ser transmitidos aos principais interessados dentro de sua própria organização.

A Tabela 6.1 apresenta uma amostra de diversos benefícios das edificações sustentáveis, examinados em detalhes nas próximas seções.

TABELA 6.1   Os benefícios das edificações sustentáveis

1. Economias nas contas de energia e água, em geral de 30 a 50%, além de redução da "pegada de carbono" a partir das economias com energia.
2. Redução dos custos com manutenção por meio dos serviços terceirizados de especialistas em testes (comissionamento), treinamento de operadores e outras medidas capazes de melhorar e assegurar a integração adequada dos sistemas e o monitoramento contínuo do desempenho.
3. Maior valor resultante da renda operacional líquida mais elevada e de relações públicas melhores no caso de edificações comerciais.
4. Benefícios tributários para investimentos específicos em edificações sustentáveis, tais como conservação de energia e energia solar, além de incentivos municipais, dependendo da localização.
5. Valor imobiliário mais competitivo para proprietários do setor privado, no longo prazo, incluindo valor de revenda mais elevado (veja o estudo da CoStar citado anteriormente).
6. Aumento da produtividade para proprietários de edificações no longo prazo, em geral de 3% a 5%.
7. Benefícios para a saúde, incluindo redução do absenteísmo, em geral de 5% ou mais.
8. Gestão de riscos, incluindo aluguel e venda mais rápidos para empreendedores privados, e menos risco de exposição de funcionários à irritação ou a substâncias químicas tóxicas em materiais de construção, móveis e acessórios.
9. Benefícios de marketing, especialmente para empreendedores, grandes corporações e empresas de bens de consumo.
10. Benefícios de relações públicas, especialmente para empreendedores e agências públicas.
11. Recrutamento e retenção de funcionários-chave, além de sensação de bem-estar.
12. Levantamento de fundos para faculdades e entidades sem fins lucrativos.
13. Maior disponibilidade de capitais próprios e de terceiros para empreendedores.
14. Demonstração de comprometimento com a sustentabilidade e proteção ambiental; valores compartilhados com os principais atores.

BENEFÍCIOS ECONÔMICOS

Maiores benefícios econômicos são o principal propulsor para a adoção de edificações sustentáveis. Na realidade, a vantagem econômica relativa é o principal propulsor de quase todas as edificações. Os benefícios econômicos das edificações sustentáveis variam consideravelmente, dependendo da natureza da propriedade da edificação; considerá-los em sua totalidade é vital para promover todo e qualquer projeto sustentável.

> **EXEMPLO DE PROJETO COM CERTIFICAÇÃO LEED PLATINUM**
>
> **Inland Empire Utilities Agency, Chino, Califórnia, Estados Unidos**
>
> A sede da Inland Empire Utilities Agency em Chino, Califórnia, Estados Unidos, é um projeto com duas edificações e um total de 6.100 m². O custo total do projeto foi de 7,5 milhões de dólares. O custo da construção das duas edificações foi de aproximadamente 1.650 dólares por m², bem abaixo do padrão industrial de 1.940 a 3.160 dólares por m² para edifícios similares na época. A agência prevê uma economia anual de 800 mil dólares em energia. Espera-se que o sistema fotovoltaico instalado na cobertura produza mais de 100 mil quilowatts-hora de eletricidade por ano. Os dois edifícios são aquecidos e resfriados pelo calor recuperado de geradores de energia na usina de reciclagem de água vizinha. A água recuperada da usina, bem como da coleta de águas pluviais e da edificação, é reutilizada nas bacias sanitárias e na irrigação, diminuindo o consumo de água potável em 73% (em comparação com uma edificação convencional)[12].

Redução dos custos operacionais

Como o preço real do petróleo provavelmente se manterá acima de 80 a 100 dólares por barril (em valores atuais) no futuro previsível[13], os preços do gás natural estão em níveis quase recordes e os preços da eletricidade em períodos de pico (em geral, em horários de condicionamento de ar durante o verão) estão subindo constantemente em muitas áreas metropolitanas, as edificações eficientes em energia fazem bastante sentido em termos de negócios. Mesmo em contratos de aluguel nos quais o locatário também se compromete a pagar pelo seguro e pela manutenção do imóvel comercial (o tipo de contrato de locação mais comum nos Estados Unidos) e arca com todos os seus custos operacionais, os locadores desejam oferecer aos inquilinos o espaço mais econômico para seu dinheiro (pois, se não o fizerem, resultará em um ônus oculto para o locador). No caso de pequenos investimentos adicionais no custo de capital, as edificações sustentáveis oferecem custos operacionais mais baixos nos anos seguintes. Muitas edificações sustentáveis são projetadas com o objetivo de alcançar níveis de eficiência ainda mais altos. Convertido em um custo operacional de 32 dólares por m² pela eletricidade (a fonte de energia mais comum em edifícios comerciais e de escritórios), tal nível de economia poderia reduzir os custos operacionais com utilidades em 10 a 16 dólares por m² por ano. Com frequência, essa economia é alcançada com um investimento de apenas 11 a 33 dólares por m². Com o custo das edificações chegando a 1.600 a 3.200 dólares por m², muitos empreendedores, instituições e proprietários de edificações acham que é inteligente tomar a decisão de investir 1 a 2% do custo de capital para garantir as economias de longo prazo, especialmente com retorno do investimento em menos de três anos. Em um prédio de 7.400 m², esse nível de economia por parte do proprietário é convertido em 72 mil a 120 mil dólares por ano, um ano após o outro.

---

[12] U.S. Green Building Council [online], http://leedcasestudies.usgbc.org/overview.cfm?ProjectID=278, acessado em abril de 2008.

[13] U.S. Energy Information Administration [online]. Para a previsão de novembro de 2006, veja www.eia.doe.gov/oiaf/aeo/key.html, acessado em 06 de março de 2007.

Redução dos custos de manutenção

Mais de 120 estudos documentaram que edifícios testados adequadamente apresentam economias adicionais de 10 a 15% no custo de energia. Esses edifícios também costumam ser mais fáceis de operar e fazer a manutenção[14]. Ao realizar testes funcionais completos de todos os sistemas que consomem energia antes da ocupação, frequentemente é possível obter uma edificação com funcionamento mais tranquilo por anos, porque os possíveis problemas são corrigidos com antecedência. Uma revisão recente de tais estudos feita pelo Lawrence Berkeley National Laboratory mostrou que o retorno do investimento feito com o comissionamento da edificação era de quatro anos somente em economia de energia; porém, caiu para cerca de um ano quando foram considerados outros benefícios, como menos pedidos para atender reclamações de conforto térmico.

Maior valor da edificação

Uma maior economia anual com energia também gera valores mais elevados para a edificação. Imagine uma edificação que economize 72 mil dólares por ano em custos de energia *versus* uma edificação comparável construída de acordo com as exigências do código de edificações (essa economia poderia resultar de uma economia de apenas 10 dólares por m² em um edifício de 7.400 m²). Com taxas de capitalização de 6%, comuns em imóveis comerciais atualmente, as atualizações de edificações sustentáveis agregariam 1,2 milhão de dólares (160 dólares por m²) ao valor do edifício. No caso de um pequeno investimento inicial, o proprietário pode colher benefícios que normalmente oferecem um retorno de investimento de três anos ou menos e uma taxa de retorno interna superior a 20%. O estudo da CoStar citado anteriormente, entre outros, mostra que edificações com certificação ENERGY STAR e LEED têm valores extra de revenda de até 30%.

Benefícios tributários e incentivos

Mais de 600 programas de incentivo para energia renovável e eficiência em energia são oferecidos por todos os níveis do governo nos Estados Unidos[15]. Alguns estados oferecem benefícios tributários para edificações sustentáveis. Os estados de Oregon e Nova York oferecem créditos tributários estaduais. O crédito tributário de Nova York permite que os construtores que atingem as metas de energia e utilizam materiais com indicação ambiental solicitem créditos de até 40 dólares por m² para obras internas e 80 dólares por m² para obras externas, em relação às contas tributárias estaduais. Para se qualificar ao crédito, em novas edificações o consumo de energia não pode exceder 65% do permitido pelo código de energia do Estado de Nova York; em edificações reformadas, não pode exceder 75%[16].

---

[14] Lawrence Berkeley National Laboratory, *The Cost-Effectiveness of Commercial Buildings Commissioning*, 2004 [online], http://eetd.lbl.gov/emills/PUBS/Cx-Costs-Benefits.html, acessado em abril de 2008. Esta pesquisa revisou 224 estudos dos benefícios de comissionamento das edificações e concluiu que, somente com base na economia de energia, tais investimentos têm um retorno de até cinco anos.

[15] A melhor fonte é o banco de dados do State Incentives, www.dsireusa.org, acessado em 30 de junho de 2008.

[16] Natural Resources Defense Council [online], www.nrdc.org/cities/building/nnytax.asp[0], acessado em 06 de março de 2007.

O Estado de Nevada oferece um abatimento no imposto sobre propriedade com redução de até 35%, por até 10 anos, para projetos de empreendimentos privados que obtenham certificação LEED Silver. Pressupondo que o imposto sobre propriedade seja avaliado em 1% do valor, esse abatimento poderia chegar, em geral, a 3,5% do custo da edificação – muito mais que o custo real de obter uma certificação LEED Silver para um projeto de grande porte. Como resultado, um grande número de projetos de Nevada está buscando certificações LEED[17]. A legislação de Nevada também proporciona o abatimento do imposto sobre venda dos materiais sustentáveis usados em edificações com certificação LEED Silver.

A Lei Federal da Política de Energia de 2005 oferece dois grandes incentivos tributários a aspectos de edificações sustentáveis: um crédito tributário de 30% para sistemas solares térmicos e elétricos e uma dedução tributária de até 20 dólares por m² para projetos que diminuam em 50% o consumo de energia em iluminação, sistemas de climatização e aquecimento de água, comparados com um padrão mínimo[18]. Essa legislação deve expirar no final de 2008 e, até o primeiro semestre, o prazo final ainda não havia sido estendido pelo Congresso, embora muitos acreditem que isso irá acontecer.

Ganhos de produtividade

Na economia de serviços, os ganhos de produtividade com espaços internos mais saudáveis equivalem entre 1% e 5% dos custos de funcionários, ou seja, aproximadamente 32 a 320 dólares por m² de espaço para ser alugado ou utilizado pelo proprietário. Essa estimativa utiliza um custo médio do funcionário de 3.200 a 6.400 dólares por m² por ano (com base em um salário médio anual e benefícios de 60 mil dólares e de 10 a 20 m² por pessoa)[19]. Como os custos de energia normalmente são inferiores a 32 dólares por m² por ano, parece que os ganhos de produtividade com as edificações sustentáveis poderiam facilmente alcançar ou ultrapassar todos os custos com energia das operações prediais.

A Figura 6.3 mostra que os ganhos médios de produtividade de uma iluminação de alto desempenho totalizam 3,2% em 11 estudos analisados pela Carnegie Mellon University, de Pittsburgh, Estados Unidos, ou cerca de 10 a 20 dólares por m² por ano – um valor quase igual ao custo da energia[20]. Esse benefício se soma à economia média reportada de 18% no total das contas de energia, resultante de uma iluminação apropriada. Para proprietários e usuários de edificações corporativas e institucionais, são benefícios demais para ignorar durante o processo de projeto.

Veja desta maneira: se o proprietário de uma edificação conseguir um aumento de 10% na produtividade com uma edificação sustentável, ou um aumento de cerca de 320 a 640 dólares por m² na produção anual, quase sempre valerá a pena para a empresa construir um novo edifício para os funcionários trabalharem. Em outras pala-

---

[17] Comunicado pessoal, Lynn Simon, Simon & Associates, 02 de fevereiro de 2007. Veja também US Department of Energy [online], www.eere.energy.gov/states/news_detail.cfm/news_id=9149, acessado em 06 de março de 2007, e http://www.leg.state.nv.us/2ndSpecial/bills/AB/AB3_EN.pdf, acessado em 06 de março de 2007.

[18] U.S. Department of Energy [online], www.energy.gov/taxbreaks.htm, acessado em 06 de março de 2007.

[19] Onze estudos de caso mostraram que sistemas de iluminação natural inovadores podem se pagar em menos de um ano devido aos benefícios de energia e produtividade. Vivian Loftness et al., *Building Investment Decision Support (BIDS)* (Pittsburgh: Center for Building Performance and Diagnostics, Carnegie Mellon University, n.d.), disponível em http://cbpd.arc.cmu.edu/ebids, acessado em 06 de março de 2007.

[20] Carnegie Mellon University, http://cbpd.arc.cmu.edu/ebids/images/group/cases/lighting.pdf, acessado em 06 de março de 2007.

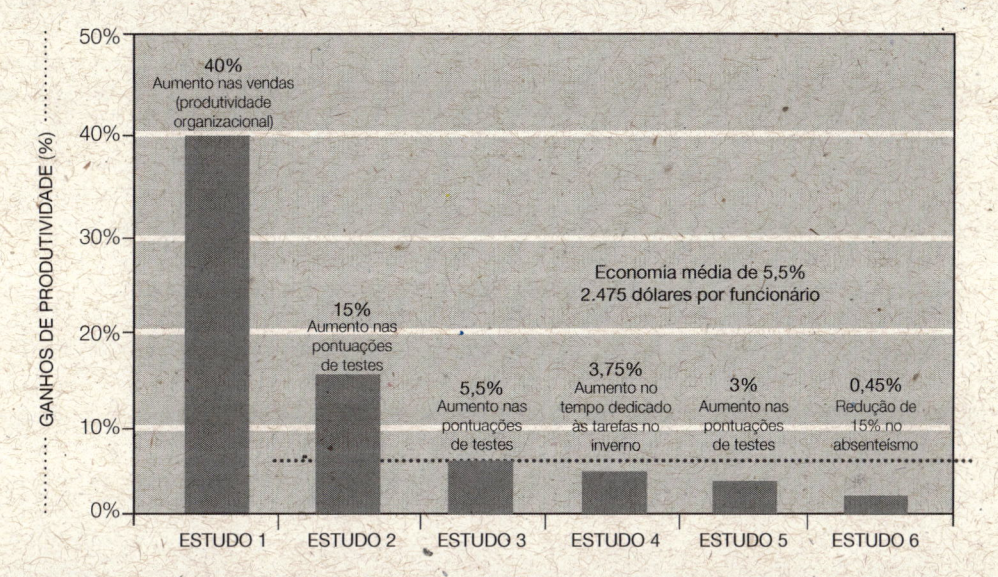

Figura 6.3 Ganhos de produtividade com as melhorias na iluminação.
Center for Building Performance and Diagnostics, Carnegie Mellon University. EBIDS: Energy Building Investment Decision Support Tool.

vras, o aumento da produtividade compensaria metade ou mais do aluguel ou do custo da nova edificação sustentável. Mas, então, qual seria a vantagem econômica de uma edificação não sustentável, isto é, uma edificação convencional sem tais benefícios?

Em 2003, um estudo detalhado feito com 33 edificações sustentáveis com certificação LEED gerou um cálculo de "valor presente líquido" de 20 anos para as várias categorias de benefícios da edificação sustentável[21]. Nesse estudo, os ganhos de produtividade e saúde geraram mais de dois terços dos benefícios totais das edificações sustentáveis analisadas. A economia com energia e manutenção gerou mais 20% a 25% do total de benefícios[22]. O conceito de utilizar o valor presente líquido (o valor com desconto de todos os fluxos de caixa do projeto) tem maior relevância para proprietários/usuários de longo prazo das edificações, tais como órgãos governamentais, grandes corporações, universidades, escolas e entidades sem fins lucrativos, que provavelmente desfrutarão de todos os benefícios com o tempo.

A GESTÃO DE RISCOS

Considere a possibilidade de que a certificação de edificações sustentáveis pudesse oferecer algum tipo de proteção contra futuras ações judiciais por meio da verificação terceirizada de medidas instaladas para proteger a qualidade do ar no interior, fazendo mais do que apenas atingir o mínimo exigido pelo código de edificações. (O objetivo desta seção não é oferecer orientação jurídica – consulte seu próprio advogado em relação às estratégias de mitigação de riscos!) Com o interesse nacional pelo mofo e seu

---

[21] Capital E Consultants [online], www.cap-e.com/ewebeditpro/items/O59F3303.ppt#2, acessado em 06 de março de 2007.

[22] Gregory Kats, "Financial Costs and Benefits of Green Buildings" [online], www.cap-e.com.

efeito nos usuários da edificação, os empreendedores e proprietários de edificações devem dar bastante atenção à melhoria e à manutenção da qualidade do ar no interior. Se as edificações sustentáveis pudessem lhe dar uma melhor postura frente à gestão de riscos, quanto isso valeria? Cinco por cento do custo inicial? Um por cento?

A capacidade das edificações sustentáveis de se qualificarem, em diversas cidades, a um licenciamento mais rápido ou a uma assistência especial para a obtenção de alvará também pode ser considerada um tipo de mitigação de riscos. Em Chicago, por exemplo, o governo municipal criou o cargo de administrador de projetos de sustentabilidade e oferece a esses projetos prioridade no processamento das licenças para edificação. Em projetos de grande porte, acima dos requisitos mínimos, o município abre mão das taxas que cobra para consultores do código independentes. Projetos com metas de sustentabilidade de alto nível costumam receber licenças para construção em 15 dias[23]. Em Austin, Texas, o município acelerou a análise para o licenciamento de um grande hipermercado, permitindo que fosse inaugurado 12 meses antes do planejado; os lucros resultantes – de aproximadamente 3 milhões de dólares – compensaram a edificação inteira, que custou 2,8 milhões[24] de dólares.

Em 2007, conduzi um estudo para a NAIOP, organização de um empreendedor de propriedades nacionais, e encontrei dezenas de jurisdições que ofereciam incentivos a edificações sustentáveis. Esse número sobe a cada ano[25]. Os governos municipais oferecem incentivos que variam da análise acelerada para o licenciamento do uso do terreno e da edificação a bônus por densidade e descontos nos tributos. (Normalmente, tais benefícios não se aplicam a projetos governamentais e institucionais que podem não exigir essas licenças municipais.)

Outro benefício da gestão de riscos de edificações sustentáveis no setor privado é a possibilidade de vender e alugar os edifícios com maior rapidez, em comparação com projetos similares na mesma cidade. Edificações sustentáveis costumam ser mais fáceis de alugar e vender, porque, cada vez mais, inquilinos inteligentes entendem os benefícios (consulte o estudo da CoStar citado). Atualmente, muitos departamentos imobiliários corporativos estão começando a exigir certificação LEED sempre que possível, como uma condição para a locação de espaço em edifícios comerciais. Em alguns casos, é possível que o edifício inteiro seja alugado antes do término da construção, o que reduz o "risco de mercado" do empreendedor. Imagine o benefício para o empreendedor se todos os contratos de locação forem assinados antes que ele tenha de arcar com os custos da construção.

As edificações sustentáveis também são consideradas menos arriscadas por algumas seguradoras. Em setembro de 2006, a Fireman's Fund – uma grande seguradora – anunciou que daria uma redução de 5% nos prêmios de seguros para edificações sustentáveis. Também anunciou as coberturas Substituição para Edificação Sustentável Certificada e Melhoria para Sustentabilidade[26]. Depois desse anúncio inicial, outras seguradoras comerciais também começaram a oferecer benefícios de seguros especiais para edificações sustentáveis com certificação. Apesar de não representa-

---

[23] "Speedy Permitting Has Developers Turning Green in Chicago", *Building Design & Construction*, November, 2005, p. 28; www.BDCnetwork.com, acessado em 06 de março de 2007.
[24] Comunicado pessoal, S. Richard Fedrizzi, Diretor Executivo, U.S. Green Building Council.
[25] NAIOP, www.naiop.org/foundation/greenincentives.pdf.
[26] www.buildingonline.com/News/viewnews.pl?id=5514, acessado em 06 de março de 2007.

> **EXEMPLO DE PROJETO COM CERTIFICAÇÃO LEED PLATINUM**
>
> **Reserva Laurence S. Rockefeller, Parque Nacional Grand Teton, Wyoming, Estados Unidos**
>
> A Reserva Laurence S. Rockefeller, no Parque Nacional Grand Teton, funciona como um centro de visitantes. Localizado perto de Jackson Hole, Wyoming, o edifício de 700 m² acomoda um centro de interpretação para o National Park Service. O projeto da edificação deve reduzir o consumo de energia em 84% e economizar dois mil dólares por ano. Espera-se que a bomba de calor com fonte subterrânea e o sistema fotovoltaico forneçam 58% da eletricidade do centro. Toda a madeira utilizada na construção foi certificada de acordo com os padrões do FSC. Os toaletes do prédio têm bacias sanitárias de compostagem, economizando em torno de 280 mil litros de água por ano[27].

rem grandes economias, essas reduções nos prêmios se somam às vantagens do "livro razão" da edificação sustentável.

MELHORIAS PARA A SAÚDE

Evidentemente, a saúde dos trabalhadores é fundamental para a produtividade. Devido ao foco em medidas que melhoram a qualidade ambiental dos interiores, como mais ventilação, iluminação natural, vistas do exterior e acabamentos e móveis com baixa toxicidade, as pessoas que frequentam edificações saudáveis apresentam uma redução média de 41,5% nos sintomas anualmente[28]. É óbvio que funcionários saudáveis são mais produtivos, pois comparecem mais ao trabalho e provavelmente trabalharão com mais energia do que aqueles que estão adoentados ou não se sentem bem.

Uma vez que a maioria das empresas é autossegurada na prática (isto é, os custos do plano de saúde sobem de acordo com o uso) e a maioria dos órgãos governamentais e empresas de grande porte é autossegurada de fato, faz bastante sentido, em termos econômicos, se preocupar com o efeito do projeto da edificação na saúde das pessoas. Além disso, considerando o que já se sabe sobre os efeitos das várias medidas de edificações sustentáveis na saúde, uma empresa poderia estar "pedindo" para ser processada se não tomasse todas as medidas viáveis para projetar e construir um edifício saudável.

RELAÇÕES PÚBLICAS E MARKETING

Muitos empreendedores e proprietários de edificações, tanto de empresas do setor público como do privado, estão percebendo benefícios consideráveis em marketing e relações públicas decorrentes da criação de edificações sustentáveis com certificação LEED. Nos Estados Unidos e no Canadá, a mídia aderiu à ideia de que edificações

---

[27] World Clean Energy Awards [online], http://www.cleanenergyawards.com/top=navigation/nominees-projects/nominee-detail/project/41/, acessado em abril de 2008. Building Green [online], http://www.buildinggreen.com/auth/article.cfm/2008/1/1/Grand-Teton-Visitor-Center-Earns-LEED-Platinum/?, acessado em abril de 2008.

[28] Center for Building Performance and Diagnostics, Carnegie Mellon University. eBIDS: Energy Building Investment Decision Support Tool, http://cbpd.arc.cmu.edu/ebids, acessado em 30 de abril de 2008.

com certificação LEED representam edificações melhores e um maior comprometimento com a sustentabilidade por parte dos proprietários de edificações e empreendedores. A certificação LEED também oferece uma proteção efetiva contra acusações de "estar disfarçado de sustentável" ou contra a alegação de que os benefícios ambientais são exagerados ou não podem ser comprovados.

Como relações públicas positivas têm benefícios financeiros diretos para os empreendedores privados – em termos de receber aprovação do governo ou diminuir a oposição social aos projetos –, elas são, para eles, um benefício crítico das edificações sustentáveis. Além disso, muitos proprietários institucionais (hospitais, universidades, escolas de ensino fundamental e entidades semelhantes) dependem fundamentalmente das relações públicas para angariação de fundos, autorização legislativa de orçamentos, eleições de títulos e outras finalidades; é de seu interesse promover uma pauta de edificações sustentáveis como símbolo do comprometimento da organização com a sustentabilidade.

As relações dos atores e a satisfação dos usuários

Os inquilinos de edificações e os funcionários corporativos, públicos e institucionais desejam que se demonstre preocupação com o seu bem-estar e o do planeta. Proprietários inteligentes estão começando a perceber como comercializar tais benefícios para uma base perspicaz e cética de clientes e atores, usando as vantagens das certificações de edificações sustentáveis e outras formas de documentação, inclusive o suporte de programas industriais e de serviços públicos locais. Isso vai além de "disfarçar-se de sustentável"; é uma resposta positiva à crescente preocupação pública com a saúde do meio ambiente no longo prazo. Uma boa indicação de como as corporações adotaram esse conceito é o aumento considerável de projetos de edificações sustentáveis e relações públicas associadas desde 2006; por exemplo, se você se conectar ao Google Alerts e inserir "edificação sustentável" como palavra-chave, receberá entre seis e 12 notícias da mídia quase que diariamente, além de várias postagens em blogs.

EXEMPLO DE PROJETO COM CERTIFICAÇÃO LEED PLATINUM

Centro de Visitantes do Arboreto Bernheim, Clermont, Kentucky, Estados Unidos

O conceito de projeto do Centro de Visitantes do Arboreto Bernheim, concluído em 2005, era "imagine uma edificação parecida com uma árvore". Este prédio de 5 mil m² contém madeira reciclada (de barris de picles e depósitos de uísque) que talvez seja sua característica sustentável mais aparente. Para simular os processos naturais da árvore, o prédio tem um sistema de filtração com musgo de turfa e um reservatório subterrâneo de 30 mil litros. Treliças e pérgolas ao redor proporcionam sombra e, como em uma árvore, um habitat natural para a flora e a fauna locais. O projeto utiliza uma cobertura verde e sistemas solares ativos e passivos[29].

---

[29] Zach Mortice, "Arboretum Visitor Center Stands Tall – Against the Yardstick of a Tree", AIArchitect, Volume 15, February 15, 2008 [online], http://www.aia.org/aiarchitect/thisweek08/0215/0215d_bernheim.cfm, acessado em abril de 2008.

Proteção ambiental

A política da boa vizinhança não é apropriada apenas para usuários de edificações, mas também para a comunidade como um todo. Empreendedores, grandes corporações, universidades, escolas, governos municipais e proprietários e gerentes de edificações já perceberam os benefícios de marketing e relações públicas (incluindo a valorização da marca) ao demonstrar preocupação com o meio ambiente. As edificações sustentáveis passam essa mensagem. Como resultado, espero que mais executivos de imóveis corporativos se comprometam a tornar suas edificações e instalações sustentáveis. Um bom exemplo é a Adobe Systems, Inc., uma importante desenvolvedora de software com sede em San Jose, Califórnia, Estados Unidos. Em 2006, a Adobe anunciou que havia recebido três certificações LEED-EB Platinum para as torres de sua sede; além de desfrutar de bastante publicidade, a empresa mostrou que os investimentos como um todo tinham benefícios, com valor presente líquido quase 20 vezes maior que o custo inicial[30].

Muitas organizações públicas e privadas maiores têm missões de sustentabilidade bem articuladas e estão entendendo de que modo suas escolhas imobiliárias podem refleti-las e levá-las em frente. Em 2007, por exemplo, a CB Richard Ellis, maior consultor imobiliário do mundo, se comprometeu a certificar mais de 100 propriedades dentro do padrão LEED-EB. O empreendedor Jonathan F.P. Rose comenta que "ter uma missão com motivação social e ambiental facilita para que empresas do setor imobiliário recrutem e retenham grandes talentos. É mais provável que as comunidades deem suporte a projetos sustentáveis em vez de projetos tradicionais; além disso, é mais fácil para tais projetos se qualificarem a muitos contratos governamentais, subsídios, benefícios e créditos tributários. O setor imobiliário pode prosperar ao tomar decisões ambientalmente responsáveis"[31].

As edificações sustentáveis também reforçam a imagem da marca. Empresas varejistas como Wal-Mart, Kohl's, Office Depot, Best Buy, Starbucks ou PNC Bank podem melhorar ou manter sua imagem ao se associarem a edificações sustentáveis; por isso, estão seguindo nessa direção[32]. Grandes corporações, incluindo aquelas que publicam relatórios de sustentabilidade a cada um ou dois anos (em 2007, havia mais de 1.200, segundo a Global Reporting Initiative), veem os benefícios das edificações sustentáveis como uma forma de demonstrar a funcionários, acionistas e outros atores que estão dando o exemplo, fazendo o que defendem.

Produtos mais competitivos

Os empreendedores especulativos estão percebendo que as edificações sustentáveis podem ser mais competitivas em certos mercados se construídas dentro de um orçamento convencional ou próximo dele. Isso encarrega a equipe de projeto e construção de descobrir como construir edificações com certificação LEED Silver ou superior sem agregar custos significativos. Edificações sustentáveis com custos operacionais

---

[30] U.S. Green Building Council [online]. www.usgbc.org/News/PressReleaseDetails.aspx?ID=2738, acessado em 06 de março de 2007.

[31] "The Business Case for Green Building", *Urban Land*, June 2005, p. 71; www.uli.org, acessado em 30 de abril de 2008.

[32] Por exemplo, o PNC Bank se comprometeu a obter certificações LEED para todas as suas agências, pelo menos no nível básico.

menores e melhor qualidade do ambiente dos interiores são mais atraentes para um crescente público de compradores corporativos, públicos e individuais. A sustentabilidade ainda irá demorar a substituir atributos comerciais conhecidos, como preço, localização e atrativos convencionais, mas, cada vez mais, os recursos sustentáveis farão parte das decisões dos inquilinos acerca dos espaços alugados e das decisões dos compradores relativas à aquisição de propriedades e casas. Vale a pena observar que o maior banco de dados de imóveis comerciais, o CoStar, que tem informações sobre mais de dois milhões de propriedades, listou, desde 2006, os edifícios de escritórios que obtiveram certificação LEED ou ENERGY STAR.

Um estudo feito pelo Professor Norman Miller, da University of San Diego, com 2 mil edifícios de escritórios de grande porte (definidos como aqueles que têm pelo menos 18.580 m² de área para alugar) que estão no banco de dados do CoStar, publicado no final de 2007, mostrou que, entre 2004 e o primeiro semestre de 2007, as edificações com certificação ENERGY STAR (dentro dos 25% com mais eficiência em energia nos Estados Unidos) tinham aluguéis superiores em 22 dólares por m² e uma ocupação 2% mais elevada. Esses dois fatores aumentam perceptivelmente o valor da edificação. Na realidade, as edificações com o selo ENERGY STAR vendidas em 2006 obtiveram um prêmio de 30% (preço de venda por metro quadrado) em relação aos demais edifícios[33]. Isso é consistente com o estudo mais amplo do CoStar citado no início deste capítulo.

Alguns empreendedores utilizam a pré-certificação disponibilizada pelo sistema de certificação LEED para Núcleos e Vedações com o intuito de atrair inquilinos e financiamento para torres de escritórios altas. Uma grande torre de escritórios de Chicago, inaugurada em 2005, recebeu uma certificação LEED-CS Gold e, ao mesmo tempo, os benefícios de mercado associados a aluguéis mais rápidos e bons inquilinos. Projetada para a Goettsch Partners pela John Buck Company, a torre de 51 pavimentos contém 134 mil m² de espaço, incluindo garagem com estacionamento para 370 carros. O edifício da *111 South Wacker* tem como âncora a firma de serviços profissionais Deloitte, que alugou 41.440 m², ou seja, mais de 43% da área total.

Os benefícios de mercado da pré-certificação LEED-CS incentivaram quase 1 mil projetos a se registrarem neste programa até o primeiro semestre de 2008. Como o valor médio de tais edificações é de 50 milhões de dólares (em geral, com área superior a 32.500 m²), esta é uma declaração enfática da comunidade de empreendedores em relação ao valor esperado da certificação LEED.

RECRUTAMENTO E RETENÇÃO

Um dos aspectos mais negligenciados das edificações sustentáveis é seu efeito no desejo das pessoas de entrarem ou permanecerem em uma organização. Normalmente, a perda de um bom funcionário custa de 50 mil a 150 mil dólares, sendo que a maioria das organizações tem entre 10% e 20% de rotatividade de pessoal por ano – incluindo pessoas que elas realmente não queriam perder. Em alguns casos, as pessoas partem em função de ambientes físicos ruins (e também por causa do "chefe infernal" das paródias do Dilbert). Em uma equipe de 200 pessoas, tal rotatividade implica a saída de 20 a 40 pessoas por ano.

---

[33] Veja, por exemplo, Daily Commercial News, http://denonl.com/article/id26427, acessado em 30 de junho de 2008.

E se uma edificação sustentável conseguisse diminuir a rotatividade para 5%, por exemplo? Uma a duas pessoas, em vez de 20 a 40? Sozinha, essa economia iria de 50 mil dólares a, possivelmente, 300 mil dólares, o que é mais que suficiente para justificar os custos de se certificar o projeto da edificação. Se uma firma de serviços profissionais, como uma firma de advocacia, mantivesse apenas um bom advogado – normalmente faturando entre 300 mil e 400 mil dólares por ano, com lucro bruto de 200 mil a 250 mil dólares –, seria suficiente para cobrir o custo adicional de uma edificação sustentável ou do projeto de melhorias sustentáveis por parte do inquilino, contanto que tais medidas segurassem o advogado no escritório. Além disso, um ambiente de trabalho saudável contribui para que os funcionários acreditem que seu empregador realmente se importa com seu bem-estar. Um estudo com dois mil trabalhadores, encomendado em 2006 pela firma de arquitetura Gensler, revelou que quase metade dos entrevistados sentiria vergonha de mostrar seu escritório a clientes ou possíveis funcionários. Qual seria a relação entre o estado de espírito e a sensação de que o empregador se importa de fato com seu bem-estar?

O destino é a demografia. Devido ao envelhecimento da mão de obra da geração *baby boom* (os nascidos entre 1946 e 1964), o grupo de idade entre 35 a 44 anos terá menos pessoas em 2014 do que em 2005, sendo ele, normalmente, o grupo que lidera a maioria das organizações: gerentes, executivos, funcionários com experiência e equipe técnica sênior, em geral no auge da carreira. Para encontrá-los e mantê-los, a maior parte das empresas precisará ter criatividade e recursos; edificações sustentáveis são capazes de demonstrar que a empresa ou organização e seus principais funcionários compartilham os mesmos valores. Trabalhar em uma empresa que aluga ou possui prédios sustentáveis é mais um motivo para que os funcionários digam aos amigos e familiares por que continuam trabalhando ali.

FINANCIAMENTO DE PROJETOS DE SUSTENTABILIDADE

Seja no setor público ou privado, encontrar verba para projetos novos e de reforma é sempre um problema. No caso dos empreendedores privados, o desafio normalmente é conseguir o uso do capital alheio e do capital próprio. O aumento dos investimentos em propriedades com responsabilidade social promete recompensar os empreendedores que constroem de forma sustentável.

O investimento em edificações sustentáveis começou a atrair uma atenção considerável como forma de investimento imobiliário responsável (RPI, *responsible property investing*), uma prática que vem crescendo mais rapidamente que os investimentos em geral. O especialista Professor Gary Pivo disse o seguinte em um relatório de 2007 sobre um levantamento feito com 189 executivos imobiliários importantes dos Estados Unidos[34]:

> Existe interesse e atividades consideráveis de RPI entre as organizações de investimento em imóveis dos Estados Unidos. Isso reflete o comprometimento com a sustentabilidade e uma responsabilidade social corporativa que parece estar se

---

[34] Gary Pivo, "Investimento imobiliário responsável: A Survey of American Executives", www.u.arizona.edu/~gpivo/RPI%20Survey%20Brief.pdf, acessado em 23 de abril de 2008.

EXEMPLO DE PROJETO COM CERTIFICAÇÃO LEED PLATINUM

Genzyme Center, Cambridge, Massachusetts, Estados Unidos

Projetado no início dos anos 2000 pela Behnisch Architekten, de Stuttgart, na Alemanha, e concluído em 2004, o Genzyme Center – com seus 12 pavimentos e quase 32 mil m² – oferece escritórios para mais de 900 funcionários. Situada na Kendall Square, em Cambridge, a edificação é parcialmente abastecida por fontes de energia renovável e controlada por um sistema de automação predial (BAS) integrado que custou 2,3 milhões de dólares. Um átrio ao ar livre funciona como duto de ar de retorno e como poço de luz, e oferece luz natural a 75% dos postos de trabalho dos funcionários, o que contribui para uma redução de 42% no custo de eletricidade. Helióstatos (espelhos) completamente automatizados instalados na cobertura acompanham o movimento do sol e refletem luz no átrio. Espelhos fixos, móbiles prismáticos suspensos, painéis refletores e uma parede de luz refletora trabalham juntos por meio de um sistema computadorizado automatizado, a fim de refletir e difundir a luz natural por toda a edificação. Mictórios sem água, bacias sanitárias com descarga dupla, torneiras automáticas, aparelhos sanitários de baixa vazão e abastecimento de água na torre de resfriamento complementado por água pluvial reduzem coletivamente o consumo de água em 32%. Noventa por cento da madeira tem certificação do FSC[35].

Fotografia de Stefan Behnisch.

---

[35] Evelyn Lee, "Green Building: Genzyme Center LEEDs the Way", Inhabitat, February 6, 2007 [online], http://www.inhabitat.com/2007/02/06/genzyme-center/, acessado em abril de 2008. Building Green [online], http://www.buildinggreen.com/hpb/overview.cfm?projectId=274, acessado em abril de 2008.

firmando no mundo dos negócios em geral. Como afirmou a CoreNet Global na introdução de sua recente conferência sobre sustentabilidade e imóveis, "a tendência a adotar a abordagem do Resultado Final Triplo nos negócios continua acelerando e chegamos a uma virada – a sustentabilidade das pessoas, do planeta e do lucro agora é obrigatória para as multinacionais que atuam em uma economia global. O que isso significa para os profissionais do mercado imobiliário e para os gestores?".

Estamos começando a ver o significado nesses resultados. A maioria dos executivos que investe em propriedades diz que está extrapolando as exigências legais mínimas a fim de abordar questões sociais ou ambientais. Muitos estão promovendo a conservação de energia e recursos naturais, se envolvendo com os principais atores afetados por seu trabalho e reconhecendo a sustentabilidade e a responsabilidade social nas estratégias comerciais e declarações de valores. Um terço ou mais diz que investiu em propriedades com benefícios sociais e ambientais, como preenchimento de vazios urbanos, edificações sustentáveis, terrenos contaminados e desenvolvimento orientado pelo trânsito. Mais de um terço diz que sua organização reconhece as eficiências associadas ao RPI. Outros 30% vão mais longe, afirmando que é de interesse próprio integrá-lo à sua estratégia comercial. Além disso, 10% relatam ser Organizações Sustentáveis que estão fundamentalmente comprometidas com o RPI e o promovem de maneira ativa nos negócios e na sociedade.

O que está acarretando essa transformação aparente? Segundo nossos importantes executivos imobiliários, os principais promotores são as preocupações comerciais: evitar riscos associados a problemas ambientais ou sociais que poderiam prejudicar o tempo de retorno sobre o investimento e buscar oportunidades associadas ao interesse dos consumidores em saúde, comunidade, equidade e ecologia. Embora a ética e o voluntariado também sejam relevantes, a importância da motivação comercial para o processo é um bom sinal para o futuro do RPI.

Em 2006, o empreendedor nova-iorquino Jonathan Rose criou o *Rose Smart Growth Investment Fund* para investir em projetos de edificações sustentáveis. Essa parceria com limite de 100 milhões de dólares está focada na aquisição de propriedades preexistentes perto do trânsito de massas. O fundo espera fazer melhorias de sustentabilidade nas propriedades e mantê-las como investimentos de longo prazo[36]. O enfoque no desenvolvimento orientado pelo trânsito leva em consideração a economia de energia resultante da capacidade de as pessoas utilizarem o trânsito de massas. O primeiro projeto do fundo fica no centro de Seattle, Washington; trata-se da reforma dos edifícios Joseph Vance and Sterling, da década de 1920, com uma área construída total de aproximadamente 11 mil m^2, dividida em varejo no pavimento térreo e escritórios em cima[37]. De acordo com o fundo, "tais edificações estão se transformando nos prédios históricos 'mais sustentáveis e saudáveis' do mercado, o que aumentará sua percepção de mercado, atraindo e mantendo inquilinos".

Muitas entidades sem fins lucrativos conseguiram tornar suas edificações sustentáveis com o objetivo de angariar fundos para projetos de reforma. Em 2000, a ONG Ecotrust, de Portland, Oregon, Estados Unidos, recebeu uma grande contribuição de um único doador para reformar um armazém de tijolos centenário de dois pavimentos,

---

[36] *New York Times*, January 10, 2007.

[37] Jonathan Rose Companies [online], www.rose-network.com/projects/index.html, acessado em 06 de março de 2007.

transformando-o em um edifício moderno de 6.500 m² e três pavimentos, sendo dois de escritórios e o primeiro, de comércio. Em sua inauguração, em 2001, o Jean Vollum Natural Capital Center era apenas o segundo projeto com certificação LEED Gold nos Estados Unidos[38]. Edificações com certificação LEED estão sendo construídas por uma grande variedade de grupos sem fins lucrativos, incluindo o Chicago Center for Neighborhood Technology; o Artists for Humanity, sediado em Boston; o Natural Resources Defense Council, de Santa Monica, Califórnia; o Centro do Legado de Aldo Leopold, em Baraboo, Wisconsin; a Heifer International, em Little Rock, Arkansas; a National Audubon Society, em Los Angeles, Califórnia; a Chesapeake Bay Foundation, de Annapolis, Maryland; e a William A. Kerr Foundation, em Saint Louis, Missouri.

BENEFÍCIOS POLÍTICOS

Os benefícios políticos podem ser vistos como um subconjunto dos benefícios de marketing e relações públicas; porém, eu gostaria que os construtores sustentáveis os considerassem separadamente – tanto no caso de um órgão político municipal como no de empreendedores que dependem de aprovação pública para o licenciamento da edificação e até mesmo aprovação de projeto e licenças para edificação em projetos específicos. No Dia do Planeta de 2008, uma enxurrada de anúncios políticos ocorreu em edificações sustentáveis, pois prefeitos e diversas autoridades públicas aproveitaram a data para declarar seu suporte à sustentabilidade. Em Los Angeles, por exemplo, o prefeito Antonio Villaraigosa anunciou a certificação LEED Gold dos condomínios Luma, que ficam no centro da cidade[39]. O projeto estima uma economia de 30% em energia em comparação com edifícios tradicionais e faz parte de um novo conjunto habitacional alto ao sul do centro de Los Angeles, no qual todas as edificações terão certificação LEED Gold.

QUEM SE BENEFICIA?

Um dos maiores problemas das edificações sustentáveis é que os benefícios são distribuídos de maneira desigual entre aqueles que pagam pelo projeto e aqueles que o desfrutam. Por exemplo: os benefícios das escolas sustentáveis vão mais diretamente para os alunos, embora o distrito escolar (e os contribuintes) pague por elas. Poderíamos justificar que o distrito escolar deve favorecer edificações sustentáveis que beneficiam principalmente os alunos e professores, mas esse nem sempre é o caso – assim como os empreendedores, os distritos se preocupam com custos iniciais e com os efeitos das edificações sustentáveis em seus orçamentos limitados.

Em empreendimentos comerciais para venda ou aluguel, os inquilinos recebem a maioria dos benefícios originados pela redução dos custos operacionais e aumento da produtividade, apesar de o empreendedor ter de arcar com o aumento de custo inicial. Os estudos recentes citados no início deste capítulo indicam maior ocupação e aluguéis mais elevados em edifícios de escritórios comerciais com selo ENERGY STAR; além disso, os valores de revenda mais altos são sedutores. No entanto, muitos empreendedores questionam se tais benefícios serão para eles próprios. Em 2008, no

---

[38] Ecotrust [online], www.ecotrust.org/ncc/index.html, acessado em 06 de março de 2007.
[39] http://mayor.lacity.org/villaraigosaplan/EnegyandEnvironment/Greenbuilding/index.htm, acessado em abril de 2008.

> **EXEMPLO DE PROJETO COM CERTIFICAÇÃO LEED PLATINUM**
>
> **Centro do Legado de Aldo Leopold, Baraboo, Wisconsin, Estados Unidos**
>
> Em 2007, o Centro do Legado de Aldo Leopold se tornou o projeto com certificação LEED-NC Platinum com o maior número de pontos (61 dos 69 pontos possíveis). Criado pela Kubala Washatko Architects, este projeto é a sede da Aldo Leopold Foundation, com escritórios e espaços para reuniões, um centro interpretativo, arquivo, oficina e salão para uso em três estações do ano. O complexo de cerca de 1.100 m² custou 4 milhões de dólares e consome 70% menos energia que uma edificação padrão. Um sistema fotovoltaico de 39,6 kW com 198 painéis foi projetado para atender a 110% das necessidades de energia anuais da edificação. Mais de 90 mil pés de madeira colhida no local foram utilizados em peças estruturais, portas, janelas, materiais de acabamento e móveis artesanais. Um sistema tubular subterrâneo separa a ventilação dos sistemas de calefação e refrigeração, economizando de duas a cinco vezes mais energia que um sistema de cogeração e permitindo que o edifício utilize uma ventilação com 100% de ar fresco, inclusive durante invernos rigorosos[40].
>
> ©The Kubala Washatko Architects, Inc. / Mark F. Heffron

empreendimento varejista, por exemplo, empreendedores de shopping centers ainda não estimam aluguéis mais elevados em projetos de varejo com certificação LEED, ainda que possam aproveitar a aprovação política mais rápida e mais benefícios de marketing e relações públicas[41]. Mesmo assim, importantes empreendedores varejistas têm anunciado o comprometimento em obter certificação LEED regularmente em 2008, o que sugere que veem benefícios comerciais nessa atividade[42].

---

[40] www.architectureweek.com/2007/1114/design_4-1.html, acessado em 23 de abril de 2008.
[41] Comunicado pessoal, Scott Wilson, vice-presidente de construção, Regency Centers, setembro de 2007.
[42] Anúncio da Vestar no Dia do Planeta de 2008; anúncio do Regency Centers, 01 de novembro de 2007.

TABELA 6.2 Distribuição dos benefícios das edificações sustentáveis

Tipo de proprietário	Economia de energia	Ganhos de produtividade	Benefícios para a saúde	Marketing/relações públicas	Recrutamento	Financiamento
Privado, ocupado pelo proprietário	Sim	Sim	Sim	Sim	Sim	Sim
Privado, escritório para aluguel ou venda	Não	Não	Não	Sim	Não	Sim
Varejo, hipermercado	Sim	Não	Talvez	Sim	Não	Talvez
Varejo, shopping center	Baixa porcentagem	Não	Não	Sim	Sim	Talvez
Escola pública de ensino fundamental	Sim	Sim, para os funcionários	Sim, para os funcionários	Sim	Sim, para os professores	Não
Faculdade particular	Sim	Sim	Sim	Sim	Sim, para a faculdade	Possivelmente, novos doadores
Universidade pública	Sim	Sim	Sim	Sim	Sim	Sim, para doadores privados
Entidade de saúde sem fins lucrativos	Sim	Sim, para os funcionários	Sim	Sim	Sim, para os enfermeiros	Geralmente não
Organização sem fins lucrativos	Sim	Sim	Sim	Sim, muito importante	Pouco importante	Sim, para os doadores
Governo federal	Sim	Sim	Sim	Pouco importante	Pouco importante	Não
Governo estadual	Sim	Sim	Sim	Pouco importante	Pouco importante	Não
Governo municipal	Sim	Sim	Sim	Relativamente importante	Relativamente importante	Pouco importante

Capítulo 6 A Vantagem Econômica das Edificações Sustentáveis 119

A Tabela 6.2 mostra a distribuição dos benefícios de edificações sustentáveis. Para promover as edificações sustentáveis para diferentes atores, você sempre deve considerar essas distinções ao defendê-las. As políticas públicas para edificações sustentáveis devem considerar a distribuição dos benefícios e criar incentivos para resolver as falhas no mercado. Por exemplo: a concessão mais rápida de licenças para empreendimentos para aluguel ou venda pode ter um enorme impacto nos retornos do projeto e, em geral, é um grande incentivo que custa relativamente pouco ao governo.

EXEMPLO DE PROJETO COM CERTIFICAÇÃO LEED PLATINUM

Heifer International, Little Rock, Arkansas, Estados Unidos

A missão da Heifer é eliminar a fome e a pobreza e, ao mesmo tempo, cuidar do planeta. A sede de cinco pavimentos e 8.700 m² da organização foi concluída em fevereiro de 2006, tendo custado 17,4 milhões de dólares. A Heifer espera reduzir o consumo de energia em 40% (comparada a uma edificação convencional). Com apenas 18,9 m de largura, a orientação e a forma curva permitem que a luz natural entre na edificação, diminuindo a necessidade de iluminação artificial. A água pluvial do estacionamento permeável é coletada em uma bacia de detenção construída, que reserva e purifica até 15 milhões de litros de água para uso posterior. Uma torre de água de 95 mil litros coleta água pluvial da cobertura para utilização nos toaletes, sistema de calefação por radiação e recarga da bacia de detenção. Materiais reciclados, renováveis e regionais foram usados em toda a edificação[43].

©Fotografia de Timothy Hursley.

---

[43] Heifer International [online], http://www.heifer.org/site/c.edJRKQNiFiG/b,1484715, acessado em abril de 2008.

7
Os Custos das Edificações Sustentáveis

O principal benefício do processo de projeto integrado é sua capacidade de obter resultados de desempenho superiores sem aumentar significativamente os custos totais da edificação. Os custos são o fator mais importante no setor de desenvolvimento e construção. A razão é simples: os custos de projeto e construção são "tangíveis" porque são reais e ocorrem no presente, enquanto benefícios previstos, como economia de energia, economia de água e ganhos de produtividade, são "intangíveis" devido à sua natureza especulativa e por acontecerem no futuro. Portanto, uma análise de custo-benefício para cada projeto é extremamente importante, pois permite convencer os proprietários de edificações, equipes de projeto e empreendedores a levarem adiante as medidas de projeto sustentável e os esforços voltados à certificação LEED. Essa abordagem é discutida em mais detalhes no Capítulo 8.

O principal empecilho para as edificações sustentáveis é a *percepção* de que elas custam mais. Uma pesquisa feita em meados de 2007 revelou que 89% dos respondentes – incluindo executivos e participantes experientes no setor de projeto e construção de edificações – acreditavam que edificações sustentáveis custavam mais caro, sendo que 41% deles julgava que o aumento de custo era superior a 10%[1]. O World Business Council for Sustainable Development relatou resultados similares em um levantamento internacional realizado também em meados de 2007. Nesse levantamento global feito com 1.400 pessoas, os respondentes estimaram que o custo adicional de uma edificação sustentável seria de 17% em relação à construção convencional! Na mesma época, estimaram as emissões de gases com efeito estufa das edificações como sendo 19% do total, embora o número real (40%) seja o dobro disso, considerando edificações residenciais e comerciais[2].

---

[1] *Building Design & Construction*, 2007 Green Building White Paper, página 8, disponível em www.bdcnetwork.com, acessado em 22 de abril de 2008.

[2] World Business Council for Sustainable Development, "Energy Efficiency in Buildings: Business Realities and Opportunities", August 2007, disponível em www.wbcsd.org/plugins/DocSearch/details.asp?type=DocDet&ObjectId=MjU5MTE, acessado em 22 de abril de 2008.

Tais levantamentos revelam que até mesmo participantes com experiência no setor da construção têm falsas percepções em relação a um negócio que conhecem tão bem. Logo, para eliminar essa percepção de custo mais elevado, é necessário demonstrar que o processo de projeto integrado pode produzir edificações de alto desempenho com custos convencionais. Muitas das entrevistas realizadas para este livro verificaram que pessoas que "sabem o que estão fazendo" realmente conseguem obter esses resultados, independentemente do processo que seguirem. Faz-se necessária uma mudança substancial no processo que busque o equilíbrio das equipes de edificação.

Lisa Matthiessen é arquiteta e consultora sênior da Davis Langdon, uma firma de gestão de custos internacional. Junto com seus colegas na Davis Langdon, ela preparou diversos estudos impressionantes relativos aos custos de edificações sustentáveis. A Figura 7.1 mostra os resultados de um desses estudos – neste caso, analisando os custos de edificações para laboratórios. A mensagem fundamental é que não há diferença, em termos de custo por metro quadrado, entre edificações com e sem certificação LEED. Trata-se de um estudo interessante, pois mostra que a "sustentabilidade" é uma questão do programa, ou seja, se for uma meta essencial do projeto, não precisa haver custo adicional. Por outro lado, quando a sustentabilidade é tratada como um acréscimo ou uma decisão posterior, provavelmente custará mais caro.

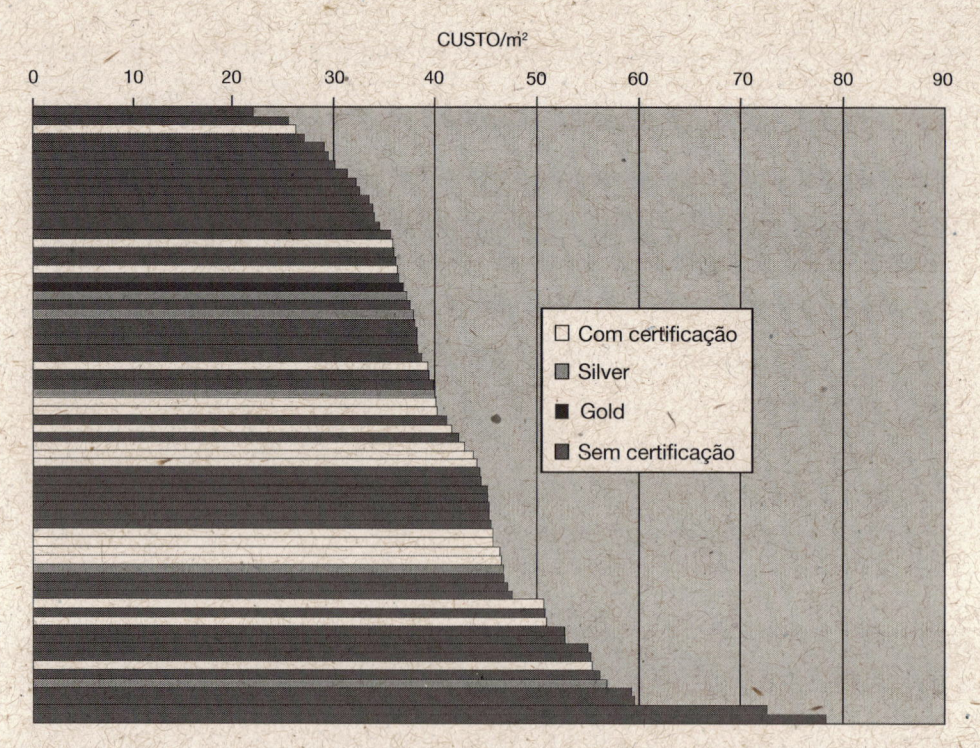

Figura 7.1 Segundo estudos da Davis Langdon, os laboratórios com certificação de sustentabilidade não precisam custar mais caro que os laboratórios convencionais. *Cortesia da Davis Langdon.*

Matthiessen observa que há um forte vínculo entre a sofisticação da equipe de projeto, seu conhecimento e comprometimento com o projeto integrado e o custo final do projeto[3].

O custo da realização de projetos com certificação LEED é semelhante ao de projetos sem certificação LEED. Pode ser mais elevado, às vezes, mas é semelhante e, normalmente, as pessoas acabam deixando de buscar a certificação sem um motivo real.

Vimos um corolário entre o melhor controle de custos – custos reduzidos em projetos em que a sustentabilidade foi realmente integrada –, por exemplo, em projetos em que a equipe conseguiu adotar medidas mais simples para alcançar a sustentabilidade, o que, por sua vez, se traduz em menos dinheiro, porque normalmente exige sistemas em menor número ou mais simples. Sabendo quais são os projetos e quais são as equipes, supomos que elas usaram um processo de projeto integrado para conseguir um resultado de projeto integrado. Em outras palavras, é perfeitamente possível que utilizassem uma abordagem totalmente linear [tradicional] e tivessem como resultado um bom projeto; porém, é mais provável que tenham usado uma abordagem integrada para chegar até ali.

As equipes de projeto com as quais trabalhamos são realmente boas: sabem como colocar informações suficientes nos desenhos ainda no início, de forma que, à medida que avançam no projeto e, especialmente, na construção, há menos esforço, menos pedidos de alteração e menos [aumentos nos] custos da construção. Portanto, isso indica que vale a pena gastar mais dinheiro no projeto para economizar na construção. Parte disso depende do tipo de projeto que se tem e do nível de honorários que a equipe pode exigir [para ter condições de arcar com os custos iniciais extras de um processo de projeto integrado].

DETERMINANTES DO CUSTO DAS EDIFICAÇÕES SUSTENTÁVEIS

O que determina os custos das edificações sustentáveis? Primeiro, vejamos alguns fatores relacionados aos custos de projeto. Os principais determinantes incluem os seguintes:

- Experiência em projetos de alto desempenho/com certificação LEED
- Nível de certificação LEED exigido
- Estrutura da equipe
- Processo e escopo do projeto
- Documentação LEED
- Honorários de projeto

Experiência da equipe

A experiência da equipe em projetos com certificação LEED e de alto desempenho é, evidentemente, um fator crítico – e por duas razões. Em primeiro lugar, equipes com pouca ou nenhuma experiência naturalmente incluirão um "adicional de risco" em seus honorários, esperando que o primeiro cliente pague por sua "curva de aprendi-

---

[3] Entrevista com Lisa Matthiessen, março de 2008.

zagem". Em segundo lugar, as equipes que têm experiência desenvolveram atalhos, escreveram especificações padrão, pesquisaram materiais alternativos e, em geral, aprenderam a escolher membros com experiência similar. Portanto, não precisam incluir um adicional de risco em seus honorários e têm maior probabilidade de tratar as exigências de projeto do LEED como algo "padrão" e não como um custo adicional em seu processo de projeto convencional.

Sobre essa questão, Matthiessen diz que as equipes precisam conseguir honorários adequados para poderem fazer os estudos preliminares que geram resultados mais eficientes em custo[4].

> Diria que atualmente há um número crescente de projetos que têm equipes menos sofisticadas; em projetos como os que são concebidos/construídos muito rapidamente (projetos do tipo investimento imobiliário), essas equipes estão tendo dificuldade com essa noção, porque, para elas, está mudando sua maneira de trabalhar. Em ocasiões em que os clientes são rigorosos em relação aos honorários durante o projeto, fica mais difícil para as equipes de projeto fazerem uma mudança [no processo] e, de fato, dedicar mais tempo durante o projeto a fim de obter um resultado melhor [durante a construção]. Vi mais comprometimento [com o projeto integrado], mas é um comprometimento contrário à noção [por parte do proprietário] de que é necessário pagar mais para obtê-lo.

Nível de certificação LEED

O nível de certificação LEED almejado é relevante, sem dúvida. Conforme nos aproximamos de níveis mais elevados de certificação LEED, inclusive com o processo de projeto integrado, provavelmente serão acrescentados elementos de custo mais alto, como coberturas verdes, sistemas fotovoltaicos e produtos de madeira certificada. É provável que também seja necessário um maior número de estudos na fase do projeto, incluindo análises de ventilação natural, estudos de dinâmica de fluido computacional, modelagens de energia mais frequentes, etc. Em alguns casos, porém, temos exemplos de certificações LEED Platinum que foram obtidas com nenhum ou pouco custo extra, considerando os custos tanto de projeto como de construção, porque as equipes encontraram maneiras de diminuir os custos de capital mediante o "dimensionamento correto" de equipamentos, por exemplo. (Para um desses exemplos, leia a Apresentação, de Leith Sharp.) Para comprovar isso, a Tabela 7.1 apresenta estimativas encontradas de custos de projetos com certificação LEED, incluindo o projeto e também a construção.

TABELA 7.1 Faixas de custo extra de projetos com certificação LEED em 2008 (estimativas do autor)

Nível de certificação LEED	Custo extra total
Certificação básica	0% a 2%
Silver	1% a 4%
Gold	2% a 5%
Platinum	2% a 10%

---

[4] Entrevista com Lisa Matthiessen, março de 2008.

É possível encontrar estudos com estimativas de preço mais altas e mais baixas; por isso, esses números devem ser usados somente como orientação. Os aumentos de custo não contemplam o aumento dos benefícios – assunto tratado no Capítulo 8.

Estrutura da equipe

Diz-se que a quantidade de consultores na equipe aumenta os custos do projeto, uma vez que surge a questão da coordenação, bem como a necessidade de pagar por especialistas. Grandes números de consultores são comuns em projetos mais complexos, como centros de artes dramáticas, laboratórios e outras edificações complicadas. Sempre que o arquiteto conta com um engenheiro dentro da própria empresa do cliente ou quando há menos consultores, existe uma oportunidade de economizar nos custos do projeto. Entretanto, um dos principais elementos na estrutura da equipe é a do construtor geral e dos principais empreiteiros, como os instaladores mecânicos. Quando estes compreendem de que modo projetos de alto desempenho são realizados e se estiverem bem integrados com a equipe de edificação desde o início, os custos extras tendem a desaparecer. Na realidade, sem estimativas precisas do custo dos sistemas mecânicos, muitas oportunidades para economizar energia podem ser perdidas.

Matthiessen vê uma relação, aqui, entre o envolvimento antecipado do empreiteiro e os custos do projeto.

> Os empreiteiros estão se tornando bastante sensatos. Quando entendem o que está em jogo, não cobram a mais. Estamos vendo mais pontos relacionados aos empreiteiros [em projetos com certificação LEED]. Muitos têm uma compreensão bem melhor desses pontos LEED, estão muito mais dispostos a obtê-los e não estão pedindo mais dinheiro. Mais uma vez, isso não necessariamente muda o projeto, mas muda as práticas de construção e está reduzindo os custos.

Processo e escopo do projeto

Espera-se que um comprometimento sério com o projeto integrado eleve seus custos, em consequência de reuniões adicionais, charretes de projeto e outros estudos e análises feitos durante sua elaboração. Em geral, uma reunião de um dia custará 20 mil dólares se envolver muitos consultores – cada um cobrando 1.200 a dois mil dólares pelo dia. A abordagem mais em conta consiste em reunir todos somente uma vez, sem que ninguém saia da reunião de projeto até que a maioria das decisões ou direções principais seja feita. Essa abordagem é especialmente importante quando os consultores vêm de fora da cidade ou até mesmo do país. Veremos que charretes com vários dias de duração costumam ser bastante úteis, mas reuniões mais curtas também podem funcionar – em casos em que o lado do cliente está muito bem informado sobre o LEED e tem experiência em fazer projetos de alto desempenho. Outros autores observam que o projeto integrado pode exigir uma série de charretes com facilitadores.

Também é importante pensar nos principais itens durante a reunião inicial e usar os modelos de energia especialmente para tomar decisões de projeto melhores e com mais antecedência. Alguns dos últimos avanços em Building Information Modeling (BIM) prometem permitir que os resultados em energia sejam modelados a fim de encontrar abordagens alternativas de projeto ainda no início da definição do partido de arquitetura. Como mostra a Greenbuild de 2007 do USGBC, um fornecedor de BIM apre-

> **EXEMPLO DE PROJETO COM CERTIFICAÇÃO LEED PLATINUM**
>
> **Prefeitura de Highland Beach, Highland Beach, Maryland, Estados Unidos**
>
> O centro comunitário de 200 m² está localizado em Highland Beach, Maryland, Estados Unidos. Concluída no primeiro semestre de 2006, a Prefeitura de Highland Beach custou 500 mil dólares e funciona como espaço para reunião e socialização de habitantes da comunidade. Dois terços da cobertura têm vegetação e podem absorver até 99% de uma chuva de até 25 mm. Um sistema de bomba de calor com fonte subterrânea é utilizado para calefação e refrigeração. Painéis fotovoltaicos conectados à rede pública devem suprir 100% da demanda de energia. A energia produzida em excesso, que é comprada pela American Wind Energy, previne que 6.783 kg de CO_2 sejam lançados à atmosfera[5].

sentou uma abordagem promissora que acabaria permitindo a modelagem de resultados aproximados em energia mesmo com croquis preliminares. Com relação à questão de chegar a níveis mais elevados de sustentabilidade sem gastar mais, Matthiessen diz:

> Pode parecer estranho, mas boa parte da tarefa está em utilizar corretamente a modelagem energética, o que temos visto mais equipes fazendo. Estão usando modelos de energia mais no início do processo como uma ferramenta de projeto e como uma maneira de fazer escolhas inteligentes. Algumas das mudanças que estão fazendo não são mudanças reais no projeto, mas sim na operação da edificação. Estão examinando sequências operacionais e fatores como pressões estáticas. Estão analisando os pressupostos que fizeram sobre como a edificação será projetada e operada; também estão sendo um pouco mais rigorosos em relação àqueles que utilizam o modelo de energia [para fornecer conselhos específicos e dar um retorno quanto às implicações energéticas de projetos alternativos].

Custos da documentação LEED

A necessidade de documentação para o LEED poderia custar entre 25 mil e 50 mil dólares para os serviços de coordenação de equipe e gestão de projetos LEED. Independentemente de isso ser feito pela própria firma de arquitetura ou por consultores externos, um nível mais elevado de esforço é necessário para coordenar todos os membros da equipe de projeto e manter os aspectos de LEED do projeto em ordem. À medida que o LEED for mais plenamente integrado à prática de projeto nos próximos cinco anos, espera-se que os custos dos serviços de coordenação, documentação e certificação de projetos LEED diminuam, mas não que cheguem a desaparecer.

Custos extras de projeto

Naturalmente, os proprietários e empreendedores de edificações não desejam pagar honorários de projeto mais altos do que o necessário; no entanto, a abordagem padrão é selecionar um arquiteto para um projeto de alto desempenho e, em seguida,

---

[5] Apresentação em plenário por Phil Bernstein, Autodesk, na conferência *Greenbuild* do USGBC, Chicago, novembro de 2007.

negociar os honorários. Isso coloca o proprietário em posição de desvantagem em negociações abertas, a menos que existam fortes atividades de formação de equipe e outros métodos no início do projeto para reduzir o risco percebido pelo arquiteto. Ao selecionar um arquiteto muito famoso, o proprietário é obrigado a pagar honorários mais elevados para conseguir um projeto de alto desempenho.

Minha conclusão básica é que, se os proprietários de edificações querem uma edificação sustentável com projeto de alto desempenho, devem estar dispostos a pagar o necessário para contratar os melhores profissionais. Pela mesma razão, o proprietário precisa pressionar os projetistas para que descubram oportunidades de como diminuir os custos da construção por meio de suas escolhas de projeto. Vale a pena, evidentemente, pagar honorários de projeto mais elevados se for possível obter um resultado geral mais barato. Em geral, os custos da construção representam 92% da estrutura de custo total; por isso, talvez seja justificável adicionar 10% aos honorários de projeto se os projetistas forem capazes de reduzir os custos totais de construção em pelo menos 1%.

Um fator que resulta em honorários de projeto mais elevados é a função de consultores especializados em projetos realmente complexos. Todo laboratório precisa de um consultor laboratorial; todo complexo de artes dramáticas precisa de um consultor teatral e de outro de iluminação, etc. Até mesmo grandes edifícios de escritórios têm, cada vez mais, consultores especializados em fachadas e "engenheiros climáticos" – uma especialidade na qual empresas como a Arup e a alemã Transsolar foram pioneiras[6]. Tais especialidades costumam surgir na Europa, porque lá os honorários de projeto para engenheiros mecânicos são aproximadamente um terço mais elevados que nos Estados Unidos – cerca de 2% do total da construção, contra 1,5%[7].

EXEMPLO DE PROJETO COM CERTIFICAÇÃO LEED PLATINUM

Casa no campo, Billings, Montana, Estados Unidos

Atualmente um escritório de 930 m² para o Northern Plains Resource Council e a Western Organization of Resource Councils, esta edificação antigamente acomodava uma mercearia abandonada. O prédio horroroso de Billings foi transformado em um marco da cidade e deu nova vida a uma parte do centro urbano. O custo total da construção foi 1,4 milhão de dólares. Um sistema fotovoltaico de 10 kW conectado à rede pública gera aproximadamente 37% da eletricidade necessária para a edificação, enquanto um sistema de aquecimento solar de água atende à toda a demanda. O edifício usa refrigeração por evaporação e calefação radiante para o condicionamento térmico dos ambientes. Bacias sanitárias de compostagem e mictórios sem água ajudam a reduzir o consumo de água em dois terços (em comparação com um prédio similar). Cubículos, arremates de madeira, portas de carvalho maciço, painéis de biofibra, carpetes, azulejos das paredes dos banheiros, concreto com poeira de borralho, estofamento dos móveis, pias dos banheiros e os pisos e azulejos cerâmicos da cozinha são exemplos de seus produtos que contêm materiais reciclados, de demolição e sustentáveis[8].

---

[6] Veja a obra de Matthias Schüler, da Transsolar, em www.transsolar.com, acessado em abril de 2008.
[7] Comunicado pessoal, Patrick Bellew, CEO do Atelier Tem, Londres, fevereiro de 2008.
[8] Home on the Range: An In-Depth Look at Montana's Greenest Commercial Building [online], http://www.greenhomeontherang.org, acessado em abril de 2008.

Portanto, é possível dedicar um esforço maior à engenharia de sistemas, não somente à especificação de equipamentos. Matthiessen diz o seguinte sobre esse assunto:

> Algumas equipes querem contar com um grande número de novos especialistas que não tinham antes. Outras estão tentando agir internamente – e ambas as abordagens têm pontos positivos e negativos. Uma não é especialmente melhor que a outra. Acho que, para a maioria das pessoas, projeto integrado significa que estão incluindo mais membros da equipe de projeto tradicional no início do processo. Não vi muitos projetos em que há um paradigma totalmente novo. Parece que estão aprimorando a abordagem que já tinham.

CONSIDERAÇÕES ADICIONAIS SOBRE O CUSTO

Existem outros fatores potencialmente significativos que determinam quanto custará um projeto com certificação LEED, na base de "dólar por metro quadrado". Ao fazer a estimativa de tal projeto, esses fatores muitas vezes determinam o orçamento final. Alguns são bastante significativos, mas podem não ter relação com o nível de certificação LEED ou de desempenho de energia almejado.

O orçamento inicial

No caso de projetos de baixo orçamento, como o projeto/construção de lojas de varejo ou de escritórios suburbanos construídos com módulos pré-fabricados (como no sistema *tilt-up*), é mais difícil obter a certificação LEED sem aumentar os custos, porque muitos já foram otimizados para esse tipo de projeto, especialmente para reduzir os custos de capital mediante o seguimento das exigências do código de edificações. Analisando pequenas lojas de varejo, por exemplo, encontrei um aumento de custo de 5% para a primeira certificação. No entanto, o programa *volume build* ("construção de volume") do USGBC pode ser usado para manter os custos baixos, já que permite que o varejista certifique um protótipo e, em seguida, apresente quaisquer mudanças relacionadas ao terreno para fins de revisão, em cada loja subsequente. Por outro lado, um projeto com orçamento alto por metro quadrado pode absorver com maior facilidade os custos adicionais da certificação LEED.

Momento do projeto

Há um determinante de custo significativo quando o projeto é orçado; em 2006 e 2007, por exemplo, fiquei sabendo que alguns projetos em cidades grandes tiveram dificuldade até mesmo para receber os orçamentos dos subempreiteiros, uma vez que todos estavam completamente ocupados. À medida que o setor de edificações comerciais desacelerar em 2008 e 2009, como parece provável, os empreiteiros provavelmente sairão em busca de mais trabalhos, fazendo com que os preços baixem. A inflação contínua dos materiais de construção também contribui para o aumento de custo nos orçamentos de projetos.

Localização do projeto

Em muitas cidades, existem vários projetos com certificação LEED. Nesses locais, os empreiteiros estão se acostumando com a instalação de coberturas verdes, sistemas de condicionamento de ar sob o piso, calefação ambiente por água quente e outras práticas que se afastam do "normal"; por isso, não precisam incluir o "fator de risco" em seus orçamentos. Em outros locais, os primeiros projetos com certificação LEED provavelmente terão mais trabalho com treinamento de subempreiteiros e terceirização de materiais alternativos para manter os custos baixos.

Clima

Como muitos projetos de alto desempenho com certificação LEED têm metas ousadas de economia de energia, o clima pode ser importante na determinação dos custos. Por exemplo: muitos projetos na costa oeste dos Estados Unidos – onde a umidade não é um fator significativo para o projeto e as temperaturas são amenas na maior parte do ano – podem contar com sistemas de ar externos (que usam ciclos de reaproveitamento de calor) dedicados exclusivamente a boa parte da refrigeração durante o ano. Tais sistemas não são possíveis no clima mais quente e úmido do sudeste norte-americano, onde as opções de refrigeração são menos abundantes. Um estudo de edificações para laboratórios feito pela Davis Langdon (utilizando o sistema de certificação de laboratórios 21 EPC) mostrou que o custo adicional de uma edificação com certificação Gold poderia equivaler a praticamente o dobro entre a cidade litorânea de Santa Barbara, na Califórnia, e Central Valley, no interior do mesmo Estado.

Padrões de projeto

Certas instituições públicas e privadas exigem níveis mais elevados de projeto, que vão além do "código" de edificação. Alguns campi já oferecem estacionamentos; central de vapor de água, central de água gelada e/ou eletricidade; espaços abertos, diversas opções de transporte; e outros serviços que resultam em cinco a 15 pontos LEED "agregados", contribuindo para a certificação de qualquer projeto. Da mesma forma, um empreendedor de shopping center com padrões mais elevados de paisagismo poderia "agregar" entre seis e 12 pontos LEED a cada loja de varejo em busca de certificação, sem que tal loja tenha de gastar mais.

Tamanho do projeto

Espera-se que projetos menores tenham um custo extra para a certificação LEED, pois alguns dos custos do LEED (por exemplo, assistência à documentação, modelagem de energia e comissionamento dos sistemas prediais) têm elementos de valor fixo que independem do tamanho do projeto e aumentarão o custo por metro quadrado. Acima de determinado tamanho, talvez 5 mil m^2 para novos projetos ou grandes reformas, esse "custo extra por tamanho" comece a desaparecer. Digamos que tal projeto tem um orçamento de 5 milhões de dólares e que os itens de "custo fixo" do LEED para uma certificação Silver totalizam 75 mil dólares. É um custo extra de 1,5%, o que geralmente é bem tolerado na maioria dos projetos, pressupondo-se que não haja muitos outros acréscimos de custo *líquido* oriundos da maior eficiência em energia, por exemplo. Com um orçamento de 10 milhões de dólares, o custo extra fixo provavelmente ficará abaixo de 1%.

Viabilidade das medidas para o LEED

Outro fator de custo é a viabilidade das ações visando ao LEED. Por exemplo: na maioria das áreas urbanas, a reciclagem de 75% dos resíduos da construção é praticamente um item sem custo para o projeto. Todavia, no caso de projetos feitos para áreas rurais, talvez não haja oportunidades para a reciclagem de resíduos da construção. Obter os dois pontos "perdidos" por meio de outras medidas para o LEED, por exemplo, pode agregar custo a um projeto idêntico, considerando-se que o resto seja igual, caso desejemos nos qualificar para o mesmo nível de certificação. O mesmo aconteceria com muitos dos créditos de materiais e recursos que poderiam se basear em uma ca-

---

EXEMPLO DE PROJETO COM CERTIFICAÇÃO LEED PLATINUM

Residências Vento, Calgary, Alberta, Canadá

Criado pela Busby Perkins + Will, este projeto de uso misto, com 3.600 m² e três pavimentos, inclui lojas, estacionamento no subsolo e 22 habitações (incluindo dois apartamentos populares). A redução de 45% no consumo de energia resulta de vedações aprimoradas da edificação; melhores níveis de isolamento térmico; janelas com vidros duplos de baixa emissividade e com argônio; ventilação com recuperação de calor na exaustão do ar; e sensores de ocupação para iluminação. O desempenho de custo de energia da Vento Residences é 47% melhor em relação ao Código de Energia de Edificações Modelo do Canadá. Bacias sanitárias com descarga dupla, aparelhos sanitários de baixa vazão e a reutilização da água pluvial contribuem para a redução de 50% no consumo de água potável[9].

Cortesia do Windmill Development Group.

---

[9] Canada Green Building Council [online], http://my.cagbc.org/green_building_projects/leed_certified_buildings.php?id=83&press=1&draw_column=3:3:2, acessado em abril de 2008.

deia de fornecedores locais para o fornecimento de materiais com conteúdo reciclado ou produtos de madeira certificada. (Ironicamente, muitos dos projetos com certificação LEED Platinum apresentados neste livro estão localizados em áreas rurais.)

Processo de projeto e sinergias de crédito

Certas medidas de sustentabilidade exibem sinergias que geram diversos créditos LEED a partir de uma ação. Um exemplo são as coberturas verdes. Além de reduzir o efeito de ilha térmica urbana, as coberturas verdes também atenuam o escoamento pluvial, criam habitat e espaços urbanos abertos, conservam a água usada em jardins, reduzem o consumo de energia na edificação e podem inclusive se qualificar a um crédito de inovação no sistema LEED. A mesma medida poderia gerar até oito pontos LEED, servindo para compensar os custos mais elevados das coberturas verdes – que costumam ser de 100 a 250 dólares por metro quadrado – ao eliminar outros custos que seriam incorridos em busca de benefícios equivalentes. Evidentemente, em certos climas, como o dos estados mais quentes e secos do oeste dos Estados Unidos, coberturas refletivas talvez sejam uma abordagem melhor.

CONTROLE DE CUSTOS EM PROJETOS COM CERTIFICAÇÃO LEED

O arquiteto Peter Busby, diretor internacional de prática de projeto sustentável da Perkins+Will, preparou vários projetos com certificação LEED. Sua abordagem de controle de custos envolve diversos elementos importantes[10].

- Ter um objetivo de projeto sustentável claro desde o início do processo.
- Certificar-se de que a equipe de projeto está completamente integrada.
- Incorporar elementos de sustentabilidade no projeto desde o começo.
- Contar com gestão centralizada do processo de edificação sustentável.
- Os membros de equipe devem ter experiência em edificações sustentáveis ou conhecê-las.
- Obter informações técnicas suficientes para tomar decisões bem embasadas.
- Proporcionar antecipação e verbas suficientes para que os estudos obtenham as informações técnicas.
- Sempre insistir em saber o custo do ciclo de vida dos investimentos em sustentabilidade[11].

Retornaremos a esses pontos em diversos momentos durante este capítulo, uma vez que cada equipe de projeto precisa enfrentar o desafio de identificar os custos (e benefícios) de edificações sustentáveis, bem como justificá-los aos clientes. (O Capítulo 6 apresentou a vantagem econômica das edificações sustentáveis ao colocar todos os benefícios em perspectiva – com frequência, um prelúdio necessário para decidir arcar com custos adicionais.)

---

[10] Comunicado pessoal, Peter Busby, abril de 2008.
[11] Uma discussão mais completa do custo do ciclo de vida foge ao escopo deste livro. Para um exemplo, consulte www.wbdg.org/resources/lcca.php, acessado em abril de 2008.

ALTO DESEMPENHO DENTRO DO ORÇAMENTO

O Centro de Saúde e Tratamento da Oregon Health and Science University, localizado em Portland, Oregon, Estados Unidos – um grande projeto feito sob medida e orientado por seu empreendedor, ocupado no quarto trimestre de 2006 –, demonstrou ser falsa a ideia de que níveis de desempenho muito mais elevados sempre resultam em custos de capital significativamente mais altos. Este projeto de 38 mil m², 16 pavimentos e valor total de 145 milhões de dólares recebeu certificação LEED Platinum no início de 2007, sendo, no momento, o maior projeto do mundo a obter tal classificação. O empreendedor relatou um custo extra total – descontando incentivos municipais, estaduais e federais – de 1%[12]. O custo total das instalações mecânicas e elétricas ficou aproximadamente 3,5 milhões de dólares abaixo das estimativas orçamentárias iniciais feitas pelo empreiteiro geral, com base em abordagens padrão ao condicionamento e iluminação de ambientes[13]. Esses resultados foram alcançados mediante um grande esforço pelo projeto integrado, que foi definido pelos engenheiros como ter o mesmo sistema desempenhando diversas tarefas. Por exemplo: o ventilador da garagem no subsolo assume a função extra de ventilador para evacuação de fumaça em caso de incêndio, por meio de um registro motorizado. Ao mesmo tempo, as modelagens de energia e água indicaram economia de 61% no consumo futuro de energia e de 56% no consumo futuro de água. Em outras palavras, pelo ponto de vista do desempenho, esse projeto demonstra os benefícios de um processo de projeto integrado, associado a um empreendedor e a uma equipe de projeto experientes e dispostos a adotar integralmente a ideia do projeto da edificação.

Uma das principais estratégias utilizadas em projetos integrados é a noção de "transferência de custos", especialmente partindo das instalações mecânicas e elétricas, para o restante do projeto, conforme mostrado na Figura 7.2. Segue um bom exemplo: o projeto da OHSU utiliza elementos de sombreamento sobre as janelas da fachada sul (hemisfério norte), desde o 5º até o 16º pavimento desse edifício de 16 pavimentos. As fachadas leste e oeste contêm poucas janelas, somente escadas, que são ventiladas naturalmente usando uma abordagem de "efeito chaminé". Como resultado, acontecem muito menos ganhos térmicos nos meses de verão, com uma redução de custo consequente na tonelagem necessária de condicionamento de ar. A economia de custo obtida com a redução do tamanho do sistema de condicionamento de ar mais que compensa os beirais da fachada sul; além disso, promove transferência de custo para outros aspectos da edificação, como uma grande cobertura verde e o arranjo fotovoltaico de 60 kW integrado ao prédio, com painéis que ficam integrados aos brises da fachada sul.

Quanto mais os empreendedores contratarem cada vez mais firmas de projeto e construção sustentáveis com experiência, além de exigirem que seus consultores produzam resultados de alto desempenho (sem desculpas), maior será a probabilidade de que o custo total do projeto não exceda os custos de um projeto convencional que não oferece os mesmos benefícios de uma edificação sustentável de alto nível.

---

[12] Comunicado pessoal, Dennis Wilde, Gerding Edlen Development, 2006.
[13] "Engineering a Sustainable World", por Interface Engineering, October 2005, disponível em www.interfaceengineering.com, acessado em abril de 2008.

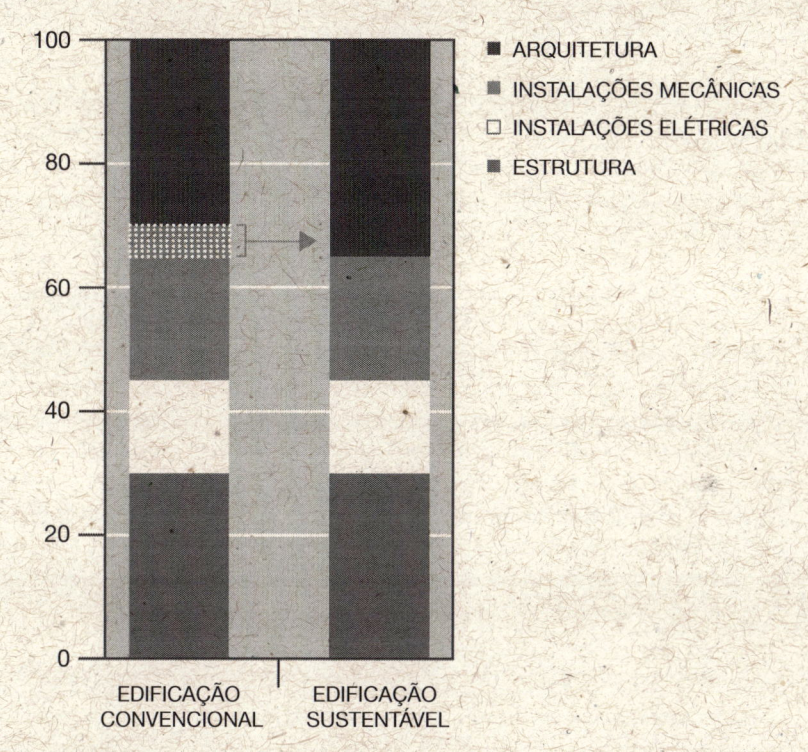

Figura 7.2 Abordagens de projeto integrado permitem que a "transferência de custos" aconteça, partindo de sistemas de climatização e de instalações hidrossanitárias e elétricas em direção a outros benefícios mais visíveis, sem deixar de suprir todas as necessidades de instalações da edificação. *Redesenhado com autorização da Interface Engineering.*

Muitas das medidas de edificação sustentável que conferem ao edifício um valor maior no longo prazo – entre elas, geração de energia *in loco*, gestão de águas pluviais no próprio terreno e reciclagem de água, coberturas verdes, iluminação natural e ventilação natural – frequentemente exigem um custo de capital mais elevado. No entanto, muitas equipes de projeto estão descobrindo que é possível arcar com esses custos se evitarem outros, como taxas de conexão com a rede pública de esgoto e escoamento pluvial, ou utilizarem incentivos das empresas de serviço público municipais, isenções de tributos estaduais e créditos tributários federais. A principal lição aprendida com tais projetos é que o projeto integrado também precisa contemplar o "custo integrado", ou seja, considerar o orçamento inteiro do projeto ou o orçamento da construção.

Embora muitas vezes seja possível chegar a uma edificação com certificação LEED (e, às vezes, LEED Silver) sem custo adicional, um gasto extra costuma ocorrer conforme as equipes de edificação tentam tornar uma edificação mais sustentável. Isso é verdade especialmente quando o proprietário ou empreendedor deseja exibir seu edifício sustentável com medidas mais caras (porém visíveis), como coberturas verdes ou arranjos fotovoltaicos para geração de energia *in loco*, ou quando há um forte compromisso em usar materiais sustentáveis, como madeira certificada.

RESUMO DAS INFLUÊNCIAS DE CUSTO

O Capítulo 6 falou sobre as muitas vantagens econômicas das edificações sustentáveis e comprovou que os custos são reais, ocorrem primeiro e precisam ser justificados para os vários envolvidos. Em geral, os benefícios são de longo prazo e os custos são imediatos; por isso, muitas pessoas tendem a evitar tudo o que possa aumentar os custos, apesar dos benefícios em potencial.

A Tabela 7.2 mostra alguns dos elementos das decisões de projeto e construção de edificações sustentáveis que podem influenciar o custo do projeto. Nesta tabela de "influenciadores de custo", é possível ver que não existe uma resposta exata para a seguinte pergunta: "quanto custa uma edificação sustentável?". Com frequência, digo aos meus ouvintes que a resposta certa para tal pergunta é simples – depende!

Em geral, os custos associados com o projeto e construção de edificações sustentáveis podem exceder 1% dos custos de construção, no caso de grandes edificações, e 5% dos custos de pequenas edificações, dependendo das medidas utilizadas.

Edificações sustentáveis com níveis mais elevados (por exemplo, padrão LEED Silver, Gold ou Platinum) podem envolver alguns custos de capital adicionais, com base em casos de referência de edificações concluídas nos Estados Unidos. Os proje-

TABELA 7.2 Influenciadores de custo para projetos de edificações sustentáveis

Influenciador de custo	Possível aumento de custo
1. Nível de certificação LEED almejado	Zero para certificação LEED a 1–2% para LEED Silver e até 4% para LEED Gold
2. Etapa do projeto em que é tomada a decisão de buscar a certificação LEED	Quando o desenvolvimento do projeto já passou de 50%, fica muito mais caro fazer alterações
3. Tipo de projeto	Com certos tipos de projeto, como laboratórios de ciência e tecnologia, talvez custe caro mudar as abordagens de projeto preestabelecidas; é mais fácil modificar edifícios de escritórios
4. Experiência das equipes de projeto e construção com projetos e edificações sustentáveis	Toda organização tem uma "curva de aprendizado" para edificações sustentáveis; os custos diminuem conforme as equipes aprendem mais sobre o processo
5. Tecnologias "sustentáveis" específicas adicionadas ao projeto, sem integração total com outros componentes	Sistemas fotovoltaicos e coberturas verdes aumentarão os custos, de qualquer maneira; mas é possível projetar uma edificação com certificação LEED Gold sem eles
6. Falta de prioridades claras para medidas de sustentabilidade e falta de uma estratégia para incluí-las	Cada membro da equipe de projeto considera estratégias separadamente, na ausência de uma direção clara vinda do proprietário, o que resulta em custos totais mais elevados e menos integração dos sistemas
7. Localização geográfica e clima	O clima pode tornar certos níveis de certificação LEED mais difíceis e caros para tipos de projetos como laboratórios e até mesmo edifícios de escritórios

tos com certificação LEED também incorrem em custos adicionais intangíveis (não relacionados à construção) de projeto adicional, análise, engenharia, modelagem de energia, terceirização de testagem dos sistemas prediais e certificação. Para alguns projetos, serviços profissionais adicionais, por exemplo – incluindo a modelagem de energia, comissionamento dos sistemas prediais, serviços adicionais de projeto e o processo de documentação – podem acrescentar de 0,5 a 1,5% ao custo total, dependendo do tamanho do projeto.

ESTUDOS DE CUSTO DE EDIFICAÇÕES SUSTENTÁVEIS

Em função do alto nível de interesse nos custos da sustentabilidade, é surpreendente que haja tão poucos estudos rigorosos do custo do "sustentável *versus* não sustentável" para projetos similares. Seguem alguns estudos que contribuem para uma melhor compreensão dos custos de edificações sustentáveis.

O estudo de custos da Califórnia de 2003

Um estudo feito em 2003 para o Estado da Califórnia, Estados Unidos, foi a primeira avaliação rigorosa dos custos e benefícios de edificações sustentáveis[14]. Com base nos dados de custo de 33 projetos de edificações sustentáveis em todo o país, o relatório concluiu que as certificações LEED agregam em média 1,84% ao custo de construção de um projeto. No caso de projetos de escritórios com certificação Gold, os custos extras de construção variavam de 2 a 5% em relação ao custo de uma edificação convencional no mesmo terreno.

O estudo de custos da GSA de 2004

Em 2004, a General Services Administration encomendou um estudo dos custos para a obtenção de vários níveis de certificação LEED para edificações do governo, examinando construções novas e projetos de reforma. O estudo chegou a conclusões semelhantes às do trabalho feito para o Estado da Califórnia. Neste, por exemplo, um edifício público de 40 milhões de dólares em busca de uma certificação LEED Gold deveria aumentar seu orçamento em 2% – ou mais 800 mil dólares – para obtê-la.

O estudo de 2004 detalhou com cuidado dois projetos típicos: um novo tribunal federal (com 24.340 m² e custo de construção de 2.367 dólares por m²) e uma reforma em um edifício de escritórios (com 28.500 m² e custo de construção de 1.400 dólares por m²). Na época, o estudo estimou que os custos de capital adicionais dos dois tipos de projetos da GSA iriam variar de desprezíveis para projetos com certificação LEED a 4% para o nível Silver e 8% para o nível Gold[15].

---

[14] Gregory Kats et al., *The Costs and Financial Benefits of Green Buildings*, 2003, disponível em www.cap-e.com/ewebeditpro/items/O59F3303.ppt#1, acessado em 06 de março de 2007.

[15] Steven Winter Associates, "GSA LEED Cost Study", disponível para download (578 páginas) no website *Whole Building Design Guide*, www.wbdg.org/ccb/GSAMAN/gsaleed.pdf, acessado em 18 de março de 2007. Segundo os autores: "As estimativas de custo de construção refletem vários recursos de projeto específicos da GSA, bem como pressupostos de projeto; dessa forma, os números devem ser usados com cuidado [e] não podem ser diretamente transferidos a outros tipos de projeto ou proprietários de edificação" (*ibid*, p. 2).

> **EXEMPLO DE PROJETO COM CERTIFICAÇÃO LEED PLATINUM**
>
> **Prédio de Ciência e Tecnologia do National Renewable Energy Laboratory (NREL) do U.S. Department of Energy, Golden, Colorado, Estados Unidos**
>
> O National Renewable Energy Laboratory (NREL – Laboratório Nacional de Energia Renovável) do U.S. Department of Energy é um prédio de pavimentos múltiplos que acomoda os grupos de pesquisa solar e em hidrogênio. Projetado pela SmithGroup e concluído em junho de 2006, o edifício de 6.680 m² custou 22,7 milhões dólares. Foi criado com o objetivo de reduzir o consumo geral de energia em 40% e utiliza iluminação natural que atende a 100% das necessidades de iluminação geral dos escritórios. Um sistema de recuperação de energia é usado para ventilar os laboratórios. Onze por cento dos materiais utilizados vêm de produtos reciclados, enquanto 27% dos materiais de construção foram fabricados em um raio de 800 km do terreno[16].
>
> *Fotografia de Bill Timmerman, cortesia da SmithGroup.*

Tornando as escolas dos Estados Unidos mais sustentáveis

Em 2006, Gregory Kats publicou um estudo dos custos e benefícios de tornar as escolas de ensino fundamental mais sustentáveis. O relatório – intitulado "Greening America's Schools" – se tornou um dos documentos mais importantes para justificar a construção de edificações sustentáveis para um segmento de mercado muito amplo: o das escolas de ensino fundamental[17]. No Capítulo 6, expusemos os benefícios de es-

---

[16] NREL, http://www.nrel.gov/news/press/2007/507.html; www.nrel.gov/features/07-04_science_tech_facility.html, www.eurekalert.org/features/doe/2007-04/drel-st040507.php, acessados em 22 de abril de 2008.

[17] Capital-E [online], "Greening America's Schools, Costs and Benefits", outubro de 2006, www.cap-e.com/ewebeditpro/items/O59F11233.pdf, acessado em 26 de abril de 2007.

colas sustentáveis descritos em tal relatório. Foram estudados 30 projetos de escolas sustentáveis em 10 estados, concluídas entre 2001 e 2006, e concluiu-se que o custo extra médio dos sistemas de sustentabilidade era de 1,7% ou cerca de 33 dólares por metro quadrado. Conforme definido pelo relatório, o "custo extra dos sistemas de sustentabilidade" é o "custo extra inicial para construir uma edificação sustentável em comparação com uma edificação convencional". Em geral, esse adicional de custo é resultado de materiais mais caros (e de fontes sustentáveis), instalações mecânicas mais eficientes e um melhor projeto, modelagem e integração, junto com outros recursos de alto desempenho. Muitos arquitetos de escolas usam um orçamento predeterminado pelo Estado ou pelo distrito escolar (ou custos históricos) como referência para o custo apropriado para a edificação. Algumas escolas sustentáveis foram construídas dentro do orçamento de escolas convencionais, mas muitas realmente precisam gastar mais em função dos vários condicionantes de projeto. Os dados de custo, assim como as economias em comparação com um projeto convencional, foram geralmente fornecidos pelos arquitetos das escolas.

EXEMPLO DE PROJETO COM CERTIFICAÇÃO LEED PLATINUM

Sidwell Friends School

A Sidwell Friends School é uma escola de ensino fundamental Quaker independente, localizada em Washington, D.C. Projetada pela Kieran Timberlake Associates, a edificação de três pavimentos e 6.700 m² foi concluída em setembro de 2006. Uma bacia de detenção construída trata e recicla as águas servidas para reutilização em bacias sanitárias e na torre de resfriamento. A cobertura verde da Sidwell retém parte da água pluvial no telhado e permite que ela transpire de volta para a atmosfera. Um gerador de energia central *in loco* serve o campus inteiro. Painéis fotovoltaicos suprem 5% da demanda de eletricidade da edificação. Chaminés solares, janelas de abrir e ventiladores de teto minimizam a necessidade de refrigeração mecânica[18].

Os estudos de custo da Davis Langdon

No início deste capítulo, demos um exemplo do estudo de custo de projeto da Davis Langdon. Em 2004, o primeiro estudo de custo LEED da empresa ofereceu fortes evidências – baseadas em 94 projetos de edificações distintos, de tipos extremamente diferentes – de que o determinante mais importante de custo de projeto não é o nível de certificação LEED almejado, mas sim outras questões mais convencionais, como os objetivos do programa de edificação, o tipo de construção e a economia local na construção. Neste estudo, os autores concluíram que não existiam *evidências estatisticamente significativas* de que as edificações sustentáveis custam mais por metro quadrado do que os projetos convencionais, especialmente porque tantos fatores

---

[18] www.sidwell.edu/about_sfs/greenbuilding.asp; www.kierantimberlake.com/pdf_news/sidwell-friends-school.pdf; www.aiatopten.org/hpb/overview.cfm?ProjectID=775; acessados em 22 de abril de 2008.

influenciam o custo de qualquer tipo específico de edificação.[19] Com base nesses resultados, deve ser feita mais pressão por parte dos proprietários e empreendedores para que as equipes de projeto e construção tentem alcançar metas elevadas de LEED, uma vez que realmente se espera que tais edificações oferecem mais benefícios pelo dinheiro gasto.

Os autores do estudo comentaram: "A partir desta análise inicial, concluímos que muitos projetos conseguem ser sustentáveis dentro de seu orçamento inicial ou com poucos gastos extras. Isso sugere que os proprietários estão encontrando maneiras de incorporar os objetivos e valores do projeto, independentemente de orçamento, ao fazerem escolhas. Contudo, não existe uma resposta que se aplique a todos os casos. Cada projeto de edificação é único e deve ser considerado dessa maneira ao abordar o custo e a viabilidade do LEED. A comparação com outros projetos similares pode ser valiosa e informativa, mas não serve para previsão".

O relatório da Davis Langdon de 2006, que contemplou 130 projetos, chegou às seguintes conclusões: a maioria dos projetos feitos por boas equipes "agregou" 12 pontos LEED (dentre os 26 necessários para a certificação), e a maioria poderia adicionar até 18 pontos para obter uma certificação LEED básica com custo total mínimo – por meio de uma abordagem de projeto integrado[20]. Dentre os 60 projetos em busca de LEED que foram analisados, mais da metade não precisou de orçamento complementar para dar suporte às metas de sustentabilidade. Dentre os que receberam verbas adicionais, o complemento geralmente foi inferior a 5% e, muitas vezes, tais verbas foram usadas para melhorias específicas, sendo a mais comum os sistemas fotovoltaicos. Em outras palavras, os resultados deste estudo indicam que toda equipe de projeto deve estar apta a construir edificações com certificação LEED sem custos adicionais, e edificações com certificação LEED Silver somente com um aumento mínimo de custo.

O custo de tornar os laboratórios de pesquisa mais sustentáveis

A Davis Langdon também estudou o impacto do clima nos custos de um laboratório de pesquisa. O custo extra variou de 2,7 a 6,3% para um projeto com certificação LEED Gold e de 1,0 a 3,7% para um projeto com certificação LEED Silver (o estudo considera que o mesmo projeto foi construído em várias cidades ao mesmo tempo).

Para os proprietários e empreendedores (bem como equipes de projeto e construção), a principal mensagem relativa ao custo é que a sustentabilidade precisa ser uma questão do "programa", ou seja, deve estar integrada às metas do projeto e não pode ser tratada como um elemento de custo adicional. *Essa conclusão não é apenas uma questão de semântica; está fortemente relacionada à pergunta "qual é o objetivo desta edificação ou projeto?". Se a sustentabilidade não for um objetivo-chave, irá custar mais caro; se for essencial para a tarefa, os custos serão similares aos de edificações não sustentáveis do mesmo tipo.*

---

[19] Lisa Matthiessen and Peter Morris, "Costing Green: A Comprehensive Database", Davis Langdon, 2004, disponível em www.davislangdon.com/USA/research. A atualização de 2006, intitulada "The Cost of Green Revisited", está disponível em www.davislangdon.com/USA/Research/ResearchFinder/2007-The-Cost-of-Green-Revisited, acessado em 22 de abril de 2008.

[20] U.S. Green Building Council, novembro de 2006, LEED Cost Workshop.

> **EXEMPLO DE PROJETO COM CERTIFICAÇÃO LEED PLATINUM**
>
> **Hawaii Gateway Energy Center, Kailua-Kona, Havaí, Estados Unidos**
>
> Projetado para acomodar espaços para pesquisa, desenvolvimento e demonstração para o Natural Energy Laboratory of Hawaii (Laboratório de Energia Natural do Havaí), o Hawaii Gateway Energy Center foi concluído em janeiro de 2005. O custo total de projeto deste prédio de cerca de 330 m² foi de 3,4 milhões de dólares[21]. Com um projeto como o de uma chaminé térmica, o edifício captura calor e promove a circulação do ar usando somente sua forma, junto com princípios termodinâmicos. O projeto tem uma taxa de ventilação de 10 a 15 trocas de ar por hora sem uso de sistema mecânico. Um sistema fotovoltaico de 20 quilowatts supre todas as necessidades de energia. A edificação foi projetada com o objetivo de ser 80% mais eficiente em energia que edifícios similares construídos de acordo com os padrões ASHRAE 90.1-1999[22].

Custos intangíveis para projetos de edificações sustentáveis

O estudo feito pela GSA em 2004, mencionado anteriormente, também examinou os "custos intangíveis", isto é, o custo de coisas que não fazem parte da construção da edificação. Estimou que os custos intangíveis de serviços adicionais de projeto e documentação variavam de aproximadamente 4,3 dólares a 8,6 dólares por m² (0,2% a 0,4%) para o projeto do fórum e 3,8 a 7,6 dólares por m² (0,3% a 0,6%) para a reforma do edifício de escritórios. Atenção: a porcentagem agregada do custo total pode ser mais elevada no caso de projetos menores.

Portanto, cada equipe de edificação precisa analisar todos os custos que o projeto poderia gerar, desde as licenças e desenvolvimento do terreno até móveis e acessórios, antes de decidir que determinada medida sustentável é "cara demais". O projeto integrado exige um pensamento nos sistemas, com o intuito de evitar a tendência quase universal de avaliar itens individuais de custo isoladamente – um processo eufemisticamente chamado de "engenharia de valor". Decidir quais custos terão o valor mais elevado em determinada situação deve ser uma das principais tarefas do arquiteto, trabalhando em conjunto com o cliente, o proprietário da edificação ou empreendedor e o empreiteiro.

Uma coisa é certa: há custos associados a projetos de edificações sustentáveis que precisam ser levados em consideração, especialmente aqueles relacionados com a certificação LEED. Muitos projetos não consideram esses custos bastante onerosos, mas outros sim. A Tabela 7.3 mostra alguns dos possíveis custos "intangíveis", isto é, os que não estão relacionados à construção. Alguns desses custos devem ser considerados essenciais para um bom projeto e execução, especificamente testando os sistemas prediais e fazendo a modelagem de energia; já outros são mais claramente associados à tentativa de obter a certificação LEED.

---

[21] É, evidentemente, um projeto de alto custo, em função dos muitos recursos especiais inclusos.
[22] U.S. Green Building Council, http://leedcasestudies.usgbc.org/overview.cfm?ProjectID=592, acessado em abril de 2008.

TABELA 7.3 "Custos intangíveis" da certificação LEED, 2008*

Elemento	Faixa de custo (em dólares)	Exigido pelo LEED?
Testagem básica dos sistemas prediais (feita por terceiros)	4,3 a 10,8 por m², no mínimo 20 mil	Sim
Modelagem de energia	15 mil a 30 mil	Sim; depende do tamanho e complexidade
Documentação LEED	25 mil a 90 mil	Sim; depende da complexidade do projeto, da experiência da equipe e do nível de certificação
Ecocharretes	10 mil a 20 mil	Não
Modelagem de ventilação natural	7.500 a 20 mil	Não
Serviços especiais de testagem dos sistemas prediais (terceirização)	3 mil a 15 mil	Não
Modelagem do projeto de iluminação natural	3 mil a 10 mil	Não (oferecido como serviço gratuito por algumas empresas de geração e/ou distribuição de energia)
Plano de medição e verificação (para o crédito EA5 do LEED)	10 mil a 30 mil	Não, é um ponto de crédito opcional

*Baseado na experiência profissional do autor.

O PROJETO INTEGRADO PODE REDUZIR CUSTOS

Com frequência, a execução do processo de projeto tradicional do tipo "projetar/orçar/construir" acontece com relação ao desenvolvimento da edificação sustentável. Nesse processo, muitas vezes acontece uma "transferência de encargos" sequencial do arquiteto aos engenheiros e ao empreiteiro; portanto, um "ciclo de retroalimentação" limitado resulta dos aspectos de engenharia dos custos operacionais da edificação e das considerações de conforto e, então, retorna às características básicas do projeto.

Em um processo de projeto padrão, por exemplo, o engenheiro mecânico costuma ficar de fora das considerações do arquiteto acerca do projeto das vedações, embora tais decisões muitas vezes sejam fundamentais para determinar o tamanho (e o custo) dos equipamentos de climatização, que, em muitas ocasiões, podem consumir até 15% ou mais do custo da edificação. Pelo caminho, o exercício padrão de "engenharia de valor" frequentemente implica em reduzir o valor dos sistemas de climatização mediante a especificação de equipamentos menos eficientes (mais baratos) – possivelmente reduzindo o valor-R das vidraças e do isolamento térmico – e outras medidas que diminuem os custos iniciais, o que resulta em custos operacionais mais elevados para o fornecimento de energia durante a vida útil da edificação. (Em geral, os custos operacionais da vida útil equivalem a 80% ou mais do custo total da edificação.)

> **EXEMPLO DE PROJETO COM CERTIFICAÇÃO LEED PLATINUM**
>
> **Jardim Botânico e Reserva Natural Shangri La, Orange, Texas, Estados Unidos**
>
> Perto da fronteira entre os estados do Texas e da Louisiana situa-se o Jardim Botânico e Reserva Natural Shangri La, com 100 hectares. Depois de ter sido fechado por uma nevasca que arrasou a maior parte dos jardins, o novo centro do Jardim Botânico Shangri La foi projetado pelos arquitetos da Lake/Flato e reinaugurado em março de 2008. O edifício acomoda espaços de pesquisa, um centro externo de aprendizado, pavilhões com salas de aula e um centro para visitantes. Painéis solares distribuídos pela propriedade suprem 21% das necessidades de energia. Muitas das construções do terreno foram construídas com tijolos de demolição oriundos de um armazém da década de 1920; o asfalto do estacionamento foi recuperado durante a repavimentação de uma das ruas de Orange. Toras de cipreste resgatadas do fundo de um rio da Louisiana foram usadas no revestimento de paredes internas, tabiques, cercas, portas e portões. A água da chuva é coletada e utilizada em bacias sanitárias e para a irrigação[23].

Dan Nall, da Flack & Kurtz, conta como isso acontece[24].

Aquilo que especificamos – instalações mecânicas, elétricas, hidrossanitárias, proteção contra incêndio, etc. – costuma representar entre 20% e 40% do custo total de construção de uma edificação, dependendo do tipo de edificação. Se for um hospital ou coisa parecida, pode muito bem chegar a 40%. Certamente, se for um centro de dados, pode custar isso tudo ou mais.

Especificamos muitas coisas que o proprietário irá comprar, mas não temos muita liberdade no controle de nossos custos porque muitas coisas são determinadas pelo código, exigidas pela funcionalidade da edificação ou, de alguma maneira, não opcionais. Sim, é possível economizar na qualidade e procurar materiais e componentes mais baratos. Mas precisamos tomar muito cuidado, já que também há questões de responsabilidade. Queremos nos certificar de que as coisas durem – que não quebrem rapidamente e sejamos processados. Afinal, estamos especificando uma fração significativa do custo da edificação.

No entanto, quando chegamos à engenharia de valor, muitas vezes ficamos presos à questão de quanto estamos dispostos a negociar. Essas coisas foram originalmente colocadas no projeto por algum motivo. Dificilmente as escolhemos por sua aparência. Alguns podem dizer, em alguns casos (e, em alguns casos, com razão), que desenhamos tal coisa, projetamos tal coisa e especificamos tal coisa por excesso de cautela. Isso realmente acontece e, como engenheiros, precisamos reconhecer quando estamos sendo cautelosos demais e retirar um elemento do projeto, se necessário, para ajudar a ajustar o custo. Porém, ocasionalmente, é uma decisão agonizante a fazer.

Da mesma forma, em relação à arquitetura, estou certo de que os arquitetos – na hora da engenharia de valor – agonizam sem parar com relação a até que ponto fazer

---

[23] Fontes: www.architechmag.com/news/detail2.aspx?contentID=58301495; e www.aia.org/aiarchitect/thisweek08/0321/0321_d_shangrila.cfm, acessados em 22 de abril de 2008.

[24] Entrevista com Dan Nall, março de 2008.

determinada substituição ou fazer algo de maneira diferente compromete a visão da arquitetura, tornando-a inválida. Ambos agonizamos de nossas próprias maneiras sobre quanto temos que comprometer aquilo que achamos que o projeto precisa a fim de seguir o orçamento. Naturalmente, é muito difícil, pois todos os projetos em que estou trabalhando atualmente ultrapassaram seus orçamentos, já que os preços de construção estão subindo em um ritmo muito rápido. Acredito que muitos proprietários de edificações não são de fato realistas quanto ao alcance dessa escalada e, como dizem por aí, "têm olhos maiores que a barriga".

Com a necessidade de cortar os custos iniciais para ficar dentro do orçamento, a conclusão é que as principais decisões de projeto costumam ser tomadas sem que se considerem os custos operacionais de longo prazo. A maioria dos empreendedores, proprietários de edificação e projetistas acabam descobrindo que o melhor processo para a criação de edificações sustentáveis envolve um esforço de projeto integrado no qual todos os principais atores trabalham juntos desde o início. Empreendedores e proprietários encontraram economias de custo no projeto e construção de edificações por meio do uso de abordagens de projeto integrado, bem como outras medidas "não tradicionais", que podem envolver a participação do empreiteiro geral e dos principais subempreiteiros no início do processo para ajudar a estimar o preço de abordagens alternativas, a fim de alcançar os níveis de conforto necessários na edificação. O projeto integrado tem outro grande benefício. Praticamente impossibilita que a "engenharia de valor" tire coisas demais da edificação. Por exemplo: a adição de brises voltados para o sul (no hemisfério norte) implica custo. Se lhe pedirem para retirá-los do projeto, o engenheiro pode responder solicitando mais capacidade de climatização, o que talvez custe ainda mais que a redução no custo do sombreamento. Portanto, o sombreamento permanece no projeto.

CUSTOS BRUTOS E CUSTOS LÍQUIDOS

Os arquitetos e engenheiros costumam pensar como profissionais de projeto e não como proprietários; por isso, muitas vezes desconsideram a diferença entre custos brutos e líquidos ao determinar se irão aceitar ou rejeitar medidas de sustentabilidade, o que pode prejudicar o projeto. Por exemplo: sistemas de distribuição de ar sob o piso custam mais caro – normalmente, entre 43 e 75 dólares por m^2 – em termos brutos. Entretanto, levando cabos de dados e força diretamente a cada posto de trabalho, é possível eliminar a necessidade de móveis pré-cabeados. Tais móveis podem custar, digamos, mil dólares (ou mais, em comparação com divisórias padronizadas) por posto de trabalho com cerca de 14 m² (área bruta) – um custo de 72 dólares por m². O problema é que os móveis estão no orçamento de móveis, acessórios e equipamentos, não no orçamento básico da edificação; por isso, essa possível compensação de custo costuma ser negligenciada nas considerações iniciais de projeto, ainda que, em muitos casos, o mesmo proprietário arque com ambas as despesas. É um bom exemplo de preocupação com os centavos e desperdício de dinheiro, concordam? Segue outro exemplo: além de contribuir com seis a oito pontos de LEED (de maneira similar ao exemplo da cobertura verde, anteriormente), a coleta e reutilização da água da chuva também pode reduzir as taxas de conexão, ou "taxas de impacto" do sistema de esgoto pluvial mediante a diminuição ou eliminação das saídas de água pluvial do terreno.

Capítulo 7 Os Custos das Edificações Sustentáveis   **143**

EXEMPLO DE PROJETO COM CERTIFICAÇÃO LEED PLATINUM

Centro de Desenvolvimento Infantil, University of Calgary, Calgary, Alberta, Canadá

Concluído em agosto de 2007, o Centro de Desenvolvimento Infantil acomoda um centro de cuidados infantis, os escritórios da Calgary Health Region, pesquisadores, clínicos gerais e médicos da comunidade. É uma edificação de quatro pavimentos e 11,6 mil m², cuja construção custou 23 milhões de dólares. Projetado pela Kasian Architecture, o prédio buscou reduzir o custo de energia em 70% e o custo de água em 55%. Um sistema fotovoltaico instalado nas paredes é capaz de produzir 65 mil quilowatts-hora de eletricidade por ano. Os recursos de sustentabilidade de alto desempenho adicionais incluem rodas de recuperação de calor, madeira certificada pelo FSC, pisos de cortiça renovável, bacias sanitárias de descarga dupla, mictórios sem água, painéis de refrigeração por radiação e janelas de abrir[25].

Cortesia da Kasian Architecture Interior Design and Planning Ltd.

---

[25] Bradley Fehr, University of Calgary Child Development Centre Opens: LEED-Platinum-certified building sets Canadian and world records, Journal of Commerce, November 12, 2007 [online], http://www.joconl.com/article/id25047, acessado em abril de 2008. Kasian Architecture Interior Design and Planning Ltd. (22 de outubro de 2007). "Kasian designs LEED Platinum certified building". Comunicado à imprensa. Baixado em abril de 2008.

Mais uma vez, a equipe de projeto ou o proprietário pode ignorar tais economias e desconsiderar o sistema de coleta e tratamento de água pluvial por razões de custo. Porém, ao fazê-lo, acaba aumentando o custo do projeto! Não são exemplos exagerados; já os vi acontecerem em diversos projetos.

Pagar-se versus ter retorno sobre o investimento

Com frequência, os engenheiros (e, até certo ponto, os arquitetos) não conseguem apresentar informações econômicas aos responsáveis pela tomada de decisões em nível superior, que preferem falar em termos de negócios, não de projeto. Um bom exemplo está na área de economia de energia. Suponhamos um custo extra de 300 mil dólares para garantir economias anuais de energia no valor de cem mil dólares. É uma circunstância comum. O engenheiro poderia dizer que tal medida "se paga em três anos" (300 mil/100 mil dólares), referindo-se ao tempo necessário para recuperar o investimento inicial a partir da redução anual no custo de energia. (Foi disso que se lembrou da única disciplina sobre "economia da engenharia" que precisou cursar na universidade.) Uma pessoa mais voltada aos negócios diria que tal medida tem "retorno sobre o investimento de 33%, protegido da inflação", uma vez que a recuperação é medida conforme o custo atual da energia, que tende a subir no futuro. Qual abordagem parece mais atraente – esperar três anos para recuperar seu dinheiro ou fazer um investimento com retorno bastante alto? Os dois utilizaram os mesmos dados, mas um terá maior probabilidade de conseguir a aprovação, não parece?

Vamos levar a mesma situação para o mercado imobiliário comercial. As propriedades comerciais geralmente são avaliadas como um múltiplo de "renda operacional líquida", normalmente determinado dividindo-se a renda por uma taxa de capitalização expressa como uma porcentagem (pense em como um título corporativo é avaliado; é a mesma abordagem). Se eu reduzir o custo anual de energia em cem mil dólares, uma "taxa de capitalização" típica de 6% geraria um aumento de valor para 1,67 milhão de dólares (100 mil dólares/0,06). Portanto, o mesmo investimento na eficiência de energia (em uma situação comercial) criaria um retorno imediato sobre o investimento de 566% (1.667.000/300 mil dólares)! É muita diferença entre um retorno sobre o investimento de 33% (que, de fato, parece muito bom) e um aumento imediato de valor de 533%! Se os engenheiros e arquitetos aprendessem como seus clientes ganham dinheiro e falam sobre ele, seria muito mais fácil "vender" investimentos em projeto sustentável para muitos projetos. Mais uma vez, a mensagem fundamental é que os profissionais de projeto e construção precisam sair de sua "zona de conforto" e se tornar defensores mais efetivos das edificações de alto desempenho.

8

Gestão de Projeto Integrado – Análise de Custo/Benefício das Edificações Sustentáveis[1]

O movimento de edificação sustentável ganhou força a partir de 2004. Seus princípios resultaram em enormes inovações no desenvolvimento de produtos e materiais, assim como no projeto de edificações; além disso, uma mudança fundamental no processo de construção das edificações – denominado *projeto integrado* – ajudou os construtores a cumprirem a promessa de sustentabilidade. As edificações sustentáveis consomem energia com eficiência, economizam água e se enchem de luz natural e ar saudável. Dessa forma, criam ambientes onde os usuários são mais saudáveis e satisfeitos, promovendo ganhos de produtividade, notas mais altas nos exames escolares, menor absenteísmo e maior eficiência operacional.

Mas por que não há mais pessoas construindo edificações sustentáveis? Conforme dito ao longo deste livro, existem três questões principais:

1. Muitos proprietários e projetistas não desejam alterar seus processos e procedimentos atuais de desenvolvimento, projeto, engenharia e/ou construção.
2. Muitos não compreendem a gama completa de custos e benefícios envolvidos em fazer as mudanças exigidas pelo comprometimento com práticas de desenvolvimento, projeto e construção sustentáveis; por isso, tendem a evitar novas abordagens desafiadoras.
3. Muitos não entendem os benefícios de custo de ciclo de vida resultantes da implementação de práticas de edificação sustentável dentro do contexto das exigências de seus projetos.

Com um impacto generalizado no setor de edificação, a edificação sustentável está entrando na *fase seguinte à lua de mel*. Está cada vez mais difícil fazer com que uma análise qualitativa dos benefícios de edificações sustentáveis influencie os proprietários e empreendedores a aceitarem cegamente todas as iniciativas de edificação sustentável. A maioria das equipes de projeto precisa lidar com questões de

---

[1] Um esboço original deste capítulo contou com a colaboração de Paul Shahriari, diretor da GreenMind, Inc., www.greenmind.com. Paul criou o Software de Gestão de Projeto LEED *Ecologic 3*, www.ecologic3.com, acessado em 31 de julho de 2008.

"custo *versus* benefício" relacionadas às várias medidas propostas para seus projetos de edificações sustentáveis. Sem um conjunto robusto de parâmetros quantificáveis para avaliar um projeto, as equipes inevitavelmente começam a ver as iniciativas ambientais em posição de desvantagem em relação às forças de projeto tradicionais, como condicionantes de cronograma e questões orçamentárias. Acredito que, com uma estrutura bem definida de visão, metas e benefícios financeiros de ciclo de vida, as equipes de projeto poderão entender melhor as necessidades do proprietário, enquanto este poderá tomar decisões melhores baseadas em dados.

Neste capítulo, me concentrarei no fato de que, para beneficiar-se com o paradigma da edificação sustentável, é necessário que todos os envolvidos no projeto entendam os objetivos pelos quais estão se esforçando. Além disso, precisa estar em vigor um processo de gestão de projeto que aborde todos os benefícios financeiros do ciclo de vida. Conforme ressaltei neste livro, a base para o sucesso da edificação sustentável é o *processo de projeto integrado*. Em outras palavras, a equipe inteira precisa utilizar os talentos de todas as disciplinas para entender com exatidão os impactos das edificações sustentáveis. Este capítulo apresenta diversos exemplos de análise de créditos de projetos LEED e oferece uma introdução a uma metodologia de custo/benefício que é crucial para o sucesso de qualquer projeto sustentável. No final do capítulo, examino uma situação em que soluções individuais são combinadas em uma análise de projeto completa. Nesse caso, o impacto agregado dos custos tangíveis e intangíveis pode ser analisado imediatamente em comparação com os benefícios de longo prazo de vários níveis de certificação LEED.

INTRODUÇÃO AO MÉTODO DO VALOR AGREGADO AMBIENTAL

Os métodos tradicionais de execução de projeto não oferecem um caminho muito fácil rumo ao objetivo de produzir com sucesso um projeto de edificação sustentável. Como vimos em diversos exemplos apresentados no início deste livro, ao avaliar os componentes de custo/benefício de uma edificação sustentável, o ponto de partida para todos os projetos precisa ser uma sessão de estabelecimento da visão entre todos os envolvidos, uma reunião concentrada que permita que o proprietário do projeto ou empreendedor desenvolva um conjunto de metas às quais as equipes de projeto e construção recorrerão com frequência durante o processo de desenvolvimento de projeto.

Na sessão de estabelecimento da visão, o proprietário tem de reunir a equipe inteira de atores para ajudá-los a participar da visualização do projeto. A sustentabilidade e sua aplicação à edificação sustentável podem ser definidas pelo conceito do Resultado Final Triplo, que se baseia em preocupações das três principais áreas de impacto: planeta, lucro e pessoas. Outros definem as áreas de impacto como ambiental, econômica e social. Se o proprietário conseguir definir claramente quais elementos do Resultado Final Triplo está almejando, a equipe poderá articular com mais clareza um caminho de projeto para atingir tais metas.

Muitas vezes, as equipes de projeto começam um projeto com uma lista de conferência do LEED, mas sem área de enfoque específica. Isso pode levar a equipe a "correr atrás" de pontos – em alguns casos, inserindo elementos pelos quais o proprietário talvez nem se interesse, enquanto deixam créditos mais consistentes de lado. O proprietário deve definir para a equipe de projeto (e para o projeto propriamente dito) os elementos do Resultado Final Triplo que estão almejando. Ao definirem as metas que o projeto deve almejar, as equipes de projeto também precisam definir todos os condicionantes que podem afetar tais áreas de interesse. Pular a sessão de estabelecimento da visão deixa a maioria dos projetos de edificação sustentável à mercê da temida "engenharia de valor" ou simplesmente de exercícios de corte de custos. A Tabela 8.1 apresenta um conjunto de metas articuladas durante uma sessão real de estabelecimento da visão para o projeto de um campus corporativo.

Depois de definidas as metas almejadas e também os condicionantes, a equipe tem de avaliar a lista de sinergias entre os elementos do Resultado Final Triplo. Sempre é possível encontrar sinergias. Na Tabela 8.1, por exemplo, "Planeta: Reduzir o consumo de energia" e "Reduzir as emissões de gases com efeito estufa" estão relacionados entre si. Esses elementos se alinham com "Reduzir os custos de energia", na categoria de Lucro, que, por sua vez, se alinha com o elemento da categoria de Pessoas chamado "Ser um bom cidadão corporativo" e "Reduzir as emissões de gases com efeito estufa". Quando diversos elementos de diversas categorias se alinham, a equipe pode ter certeza de que os proprietários se concentrarão nos elementos de projeto sustentável de alto desempenho que os proporcionam (Tabela 8.10).

Após essa análise, a equipe tem uma compreensão dos benefícios que o proprietário está buscando e pode começar a projetar. Os benefícios em que o proprietário decidiu se concentrar devem se tornar parte do registro da EVA (*Análise do Valor Financeiro Ambiental*). Diferentemente da VA (Análise do Valor) e da VE (Engenharia de Valor), o registro da EVA visa reter elementos de sustentabilidade na edificação que tenham um papel importante para alcançar os resultados financeiros que o cliente deseja em determinado projeto.

TABELA 8.1 Metas de resultado final triplo para uma sessão de estabelecimento da visão do projeto de um campus corporativo

Planeta/ambiental	Lucro/econômico	Pessoas/social
	Metas a buscar	
Reduzir o consumo de energia em 50%	Reduzir os custos de energia em 50%	Ser um bom cidadão corporativo
Reduzir as emissões de gases com efeito estufa em 50%	Reduzir os custos de água em 50%	Proporcionar um ambiente de trabalho saudável
Reduzir o consumo de água em 50%	Reduzir os custos de manutenção	Reduzir as emissões de gases com efeito estufa
Reduzir os resíduos produzidos durante a construção e as operações	Aumentar a produtividade	Maximizar a utilização dos recursos
Proteger a biodiversidade	Reduzir o risco de problemas relacionados à síndrome da edificação doente	Reduzir a pegada de carbono total
	Condicionantes	
O terreno já foi selecionado	As metas de retorno do proprietário são inferiores a 10 anos	Experiência limitada entre a equipe do proprietário

SISTEMAS DE CERTIFICAÇÃO LEED E EVA

Os sistemas de certificação LEED oferecem às equipes uma estrutura maravilhosa de pontos focais na edificação sustentável. O nível de desempenho em cada crédito gera resultados de Resultado Final Triplo. Este capítulo usa o sistema de certificação LEED-NC e examina diversos créditos para analisar como esse processo se aplica à tomada de decisões reais de projeto. Analisa, em especial, os créditos de LEED a seguir:

- Terrenos sustentáveis
    - Crédito 6: Projeto de escoamento de águas pluviais
    - Crédito 7: Efeito de ilha térmica; cobertura
- Eficiência no consumo da água
    - Crédito 1: Paisagismo eficiente em água
    - Crédito 3: Redução do consumo de água
- Energia e atmosfera
    - Crédito 1: Otimizar o desempenho de energia
    - Crédito 2: Energia renovável *in loco*
- Qualidade ambiental dos interiores
    - Crédito 3.1: Gestão da qualidade do ar do interior da construção
    - Crédito 8.2: Iluminação natural e vistas; iluminação natural

Ao avaliar créditos para incluí-los possivelmente em um projeto, a equipe precisa considerar os seguintes impactos:

- IMPACTOS DE CUSTO
    - Custos intangíveis (Projeto, engenharia ou consultoria adicionais serão necessários?)
    - Custos tangíveis (Elementos ou serviços relacionados à construção serão necessários?)
- IMPACTOS DE RESULTADO FINAL TRIPLO – Registro de EVA
    - Planeta/ambiental (Quais elementos este crédito suporta?)
    - Lucro/econômico (Quais elementos este crédito suporta?)
    - Pessoas/social (Quais elementos este crédito suporta?)

Vamos começar com a análise para ver como esse método ajuda a gerar alternativas e auxilia na tomada de decisões. Também veremos os fluxos de caixa acumulados de cada alternativa, considerando tanto os custos como os benefícios.

Tal abordagem não é exclusiva deste livro. Dan Heinfeld, da LPA, diz, por exemplo[2]:

> Criamos um software patenteado que utilizamos em todos os nossos projetos e que se tornou uma ferramenta essencial nas charretes de projeto sustentável que fazemos. Ele segue o formato do LEED. O software cria um documento vivo que atribui responsabilidades, custos, pontos obtidos, pontos não obtidos e outros elementos de estudo mediante o uso de um processo online. O documento é revisado e atualizado em todas as etapas do projeto e em cada charrete. Também está relacionado ao Guia

---
[2] Entrevista com Dan Heinfeld, LPA, Inc., março de 2008.

de Referência do USGBC; por isso, durante a reunião, podemos consultá-lo online. Constatamos que essa ferramenta é o início da documentação do LEED. Ela é utilizada em todos os nossos projetos, independentemente de estarmos buscando uma certificação LEED ou não.

A outra diferença, atualmente, é que as pessoas que se sentam à mesa são diferentes. Em primeiro lugar, elas têm muito mais experiência [com edificações sustentáveis] e, em segundo, pertencem a um número muito maior de disciplinas, permitindo uma integração de projeto muito melhor. Além disso, descobrimos que a equipe pode ver o projeto de modo mais holístico, já que todos têm um representante à mesa. Isso também ajuda a diminuir os custos, porque há mais integração e mais sinergias. Acreditamos que a sustentabilidade gira em torno do valor agregado, não de custos agregados, e comprovamos isso aqui, diariamente, com os nossos projetos.

Portanto, a meta essencial dos sistemas de certificação LEED e do projeto integrado é conseguir benefícios de Resultado Final Triplo, ao mesmo tempo em que controla custos por meio do processo de Valor Agregado Ambiental. Vejamos agora como essa abordagem funciona na análise de decisões de projeto individuais, usando o software Ecologic 3 para fornecer a ferramenta analítica e os valores para comparação.

Terrenos sustentáveis: Crédito 6 – Projeto de escoamento de águas pluviais

Nesta análise, percebe-se imediatamente que a solução do biodigestor tem um retorno consideravelmente mais alto do que o uso de pisos externos permeáveis; além disso, o retorno é positivo desde o início (Figura 8.1, Tabela 8.2).

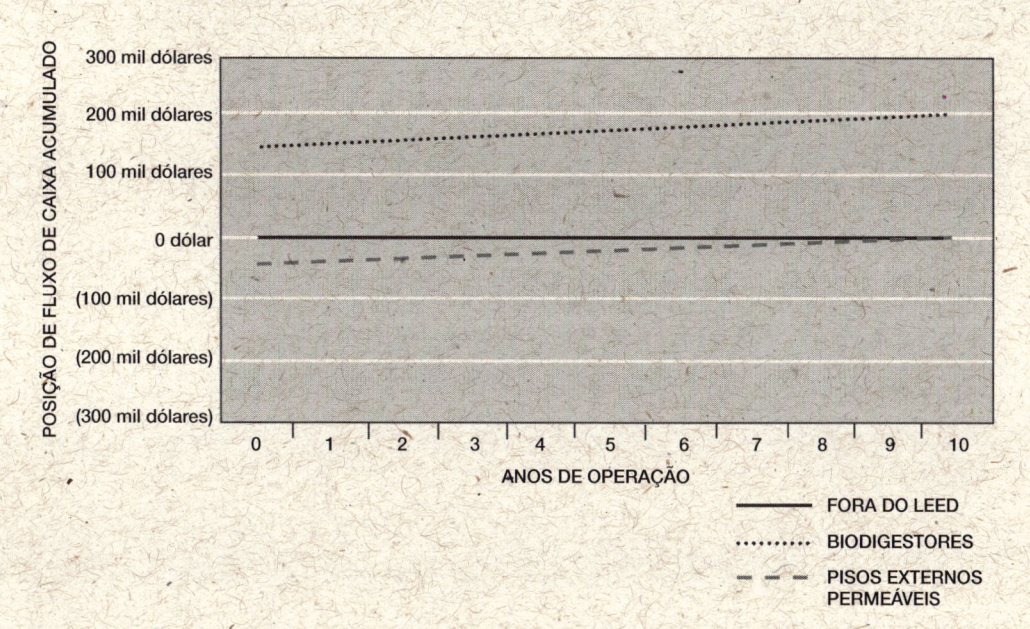

Figura 8.1 Fluxo de caixa acumulado com o Crédito 6.2 de terrenos sustentáveis: Gestão do escoamento de águas pluviais. *Paul Shahriari, GreenMind, Inc.*

TABELA 8.2 Terrenos sustentáveis: Crédito 6 – Projeto de escoamento de águas pluviais

	Edificação sem certificação LEED	Solução nº. 1 para crédito LEED: biodigestores	Solução nº. 2 para crédito LEED: pisos externos permeáveis
Impactos dos custos intangíveis	Nenhum	Colaboração com arquiteto paisagista e engenheiro civil	Nenhum
Impacto dos custos tangíveis	Nenhum	Compra de terreno menor para a atenuação do escoamento pluvial 150 mil dólares	1. Uso de pisos externos permeáveis em vez de pavimentação com asfalto padrão + 200 mil dólares 2. Compra de terreno menor para a atenuação do escoamento pluvial 150 mil dólares
Benefícios de ciclo de vida	Nenhum	Redução do custo de manutenção em 10 mil dólares/ano	Redução do custo de manutenção em 10 mil dólares/ano

Terrenos sustentáveis: Crédito 7.2 – Efeito de ilha térmica, cobertura

Para atenuar o efeito de ilha térmica urbana, duas soluções óbvias são projetar uma cobertura refletiva de alta emissividade, de acordo com o LEED, ou instalar uma cobertura verde. As duas alternativas têm custo inicial de projeto e instalação (Tabela 8.3), mas a cobertura refletiva consegue um retorno no quinto ano, enquanto é necessário esperar até o nono ano para obter um retorno sobre o investimento na cobertura verde (Figura 8.2). Contudo, é possível que ainda não queiramos descartar de vez a

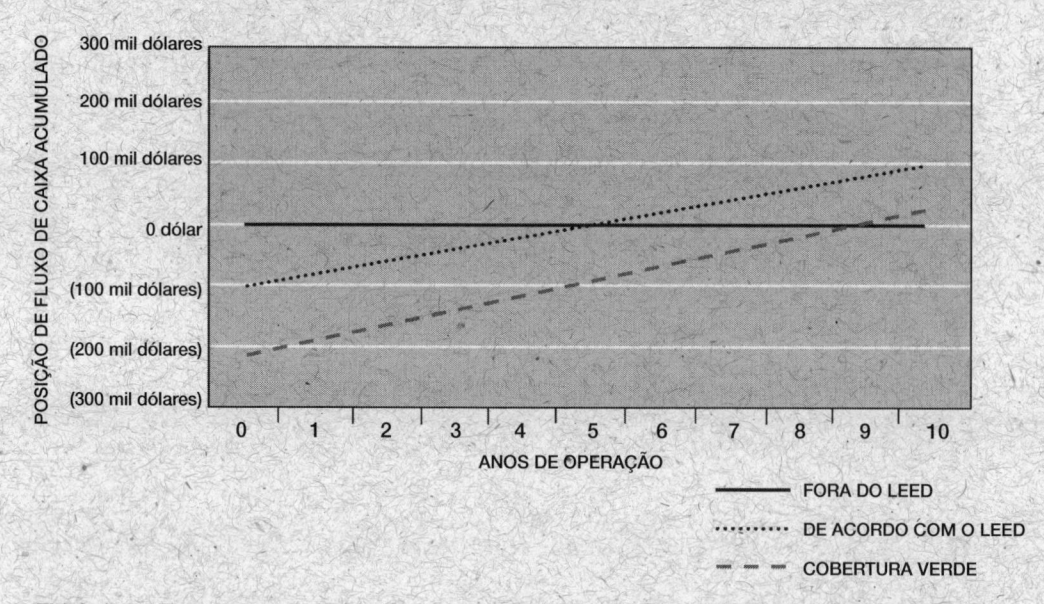

Figura 8.2 Fluxo de caixa acumulado com o Crédito 8.2 de terrenos sustentáveis: Efeito de ilha térmica.
Paul Shahriari, GreenMind, Inc.

TABELA 8.3   Terrenos sustentáveis: Crédito 7.2 – Efeito de ilha térmica, cobertura

	Edificação sem certificação LEED	Solução nº. 1 para crédito LEED: cobertura de acordo com o LEED	Solução nº. 2 para crédito LEED: cobertura verde
Impactos dos custos intangíveis	Nenhum	Nenhum	Engenharia de estruturas: 10 mil dólares adicionais para o projeto
Impacto dos custos tangíveis	Nenhum	Aumento de custo para materiais de cobertura de acordo com o LEED 100 mil dólares	1. Aço estrutural adicional: 20 mil dólares 2. Aumento de custo para cobertura verde: 400 mil dólares 3. Menos área de terreno necessária para retenção do escoamento de água pluvial: 200 mil dólares.
Benefícios de ciclo de vida	Nenhum	Redução do custo de energia em 20 mil dólares/ano	1. Redução do custo de energia em 20 mil dólares/ano 2. Redução do custo de manutenção em 20 mil dólares/ano

opção da cobertura verde, que também ajuda a obter os créditos de LEED relativos a espaço aberto e preservação de habitat, além de proporcionar uma amenidade vital em um ambiente urbano, sendo visível para fins de recreação passiva ou podendo ser utilizada para recreação ativa. Como exemplo de recreação passiva, a firma de arquitetura Cook+Fox, da Cidade de Nova York, criou uma cobertura verde no nono pavimento de um edifício com 100 anos de idade, localizado no centro de Manhattan – como parte da reforma para um inquilino com certificação LEED para Interiores Comerciais Platinum. A cobertura está disponível para recreação passiva por parte de todos os funcionários e visitantes. Embora não possa ser acessada pelos usuários, pode ser vista a partir de muitas das janelas do escritório, proporcionando uma amenidade visual vital em uma área urbana extremamente congestionada.

Eficiência no consumo da água: Crédito 1 – Paisagismo eficiente em água

Vejamos agora um exemplo totalmente diferente, que aborda a preocupação em reduzir o consumo de água potável para a irrigação de jardins. Duas alternativas são plantar somente espécies nativas/tolerantes à seca ou coletar a água da chuva e usá-la na irrigação. Na segunda opção, somamos 80 mil dólares aos custos de coleta, tratamento e distribuição da água pluvial coletada e das águas servidas ao nosso sistema de irrigação (Tabela 8.4). Na primeira opção, também economizamos 15 mil dólares ao ano em contas de água e 5 mil dólares com a manutenção do sistema de irrigação, incluindo retorno imediato. A segunda opção também resulta em economias de 15 mil dólares ao ano em contas de água. São necessários mais de cinco anos para cobrir os custos. Na análise, o uso das plantas nativas é uma solução economicamente superior, além de atingir nossas metas de Resultado Final Triplo (Figura 8.3).

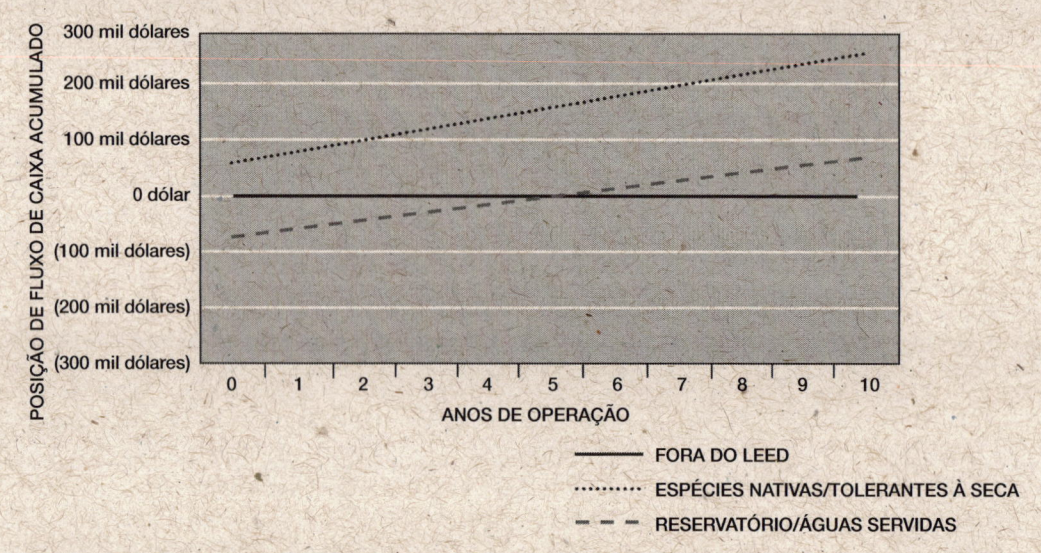

Figura 8.3 Fluxo de caixa acumulado com o Crédito 1 de eficiência no consumo da água: Paisagismo eficiente em água. *Paul Shahriari, GreenMind, Inc.*

Eficiência no consumo da água: Crédito 3 – Redução do consumo de água

Vejamos outra situação relacionada à água. Neste caso, queremos diminuir o consumo de água na edificação – uma questão crucial identificada em nossa sessão de estabelecimento da visão do projeto, não apenas para economizar em custos operacionais, mas também para gerar benefícios ambientais e reduzir o impacto do desenvolvimento na infraestrutura urbana. Nossas opções incluem especificar acessórios que conser-

TABELA 8.4 Eficiência no consumo da água: Crédito 1 – Paisagismo eficiente em água

	Edificação sem certificação LEED	Solução nº. 1 para crédito LEED: plantas nativas/tolerantes à seca e sem irrigação permanente	Solução nº. 2 para crédito LEED: reservatório para água pluvial e sistema de reúso de águas servidas
Impactos dos custos intangíveis	Nenhum	Nenhum	Engenharia de instalações e equipamentos adicional: cinco mil dólares
Impacto dos custos tangíveis	Nenhum	1. Diminuição nos custos de materiais de paisagismo: 20 mil dólares 2. Eliminação do sistema de irrigação permanente: 25 mil dólares	1. Reservatório de água pluvial: 50 mil dólares 2. Sistema de reúso de águas servidas: 30 mil dólares
Benefícios de ciclo de vida	Nenhum	1. Redução do custo de água em 15 mil dólares/ano 2. Redução do custo de manutenção do sistema de irrigação em cinco mil dólares/ano	Redução do custo de água em 15 mil dólares/ano

TABELA 8.5 Eficiência no consumo da água: Crédito 3 – Redução do consumo de água

	Edificação sem certificação LEED	Solução nº. 1 para crédito LEED: aparelhos eficientes em água	Solução nº. 2 para crédito LEED: reservatório de água pluvial com filtração
Impactos dos custos intangíveis	Nenhum	Nenhum	Custo adicional de engenharia de instalações e equipamentos: cinco mil dólares
Impacto dos custos tangíveis	Nenhum	Gasto extra com aparelhos sanitários de baixa vazão: cinco mil dólares	Reservatório de água pluvial: 25 mil dólares
Benefícios de ciclo de vida	Nenhum	Redução do custo de água em cinco mil dólares /ano	Redução do custo de água em 10 mil dólares /ano

vem água ou utilizar água pluvial coletada (e tratada) em lugar de água potável para a descarga de bacias sanitárias e mictórios (Tabela 8.5). Em muitos projetos, essas abordagens são evidentemente usadas em conjunto; mas, para fins de ilustração, são consideradas maneiras separadas de atingir a mesma meta. Observe que, se usarmos as duas medidas, de forma que o consumo total de água seja reduzido em 50%, também podemos obter outro ponto de crédito de LEED – o crédito 2 de Eficiência no Consumo da Água. Se for uma edificação baixa com uma grande área de cobertura, algo comum em muitas situações, talvez consigamos coletar água pluvial suficiente para buscar as metas de irrigação do terreno e de redução do consumo interno de água.

A simples substituição de aparelhos sanitários ineficientes tem retorno de aproximadamente um ano, enquanto o sistema de coleta, tratamento e distribuição de água pluvial possui um maior benefício anual, mas retorno de investimento de três anos (Figura 8.4). Observe que todas as opções de coleta e reúso de água pluvial atualmente exigem

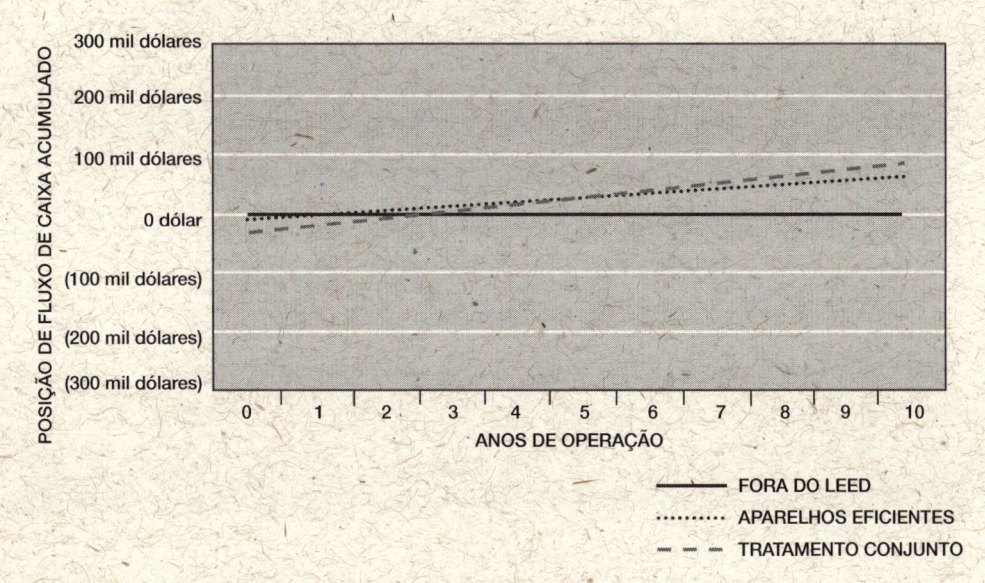

Figura 8.4 Fluxo de caixa acumulado com o Crédito 3 de Eficiência no consumo da água: Redução do consumo de água. *Paul Shahriari, GreenMind, Inc.*

certa manutenção extra, bem como instalações hidráulicas duplas dentro das edificações – um custo que não existe pela simples opção de escolher aparelhos sanitários de baixa vazão. No curto prazo, os aparelhos eficientes oferecem a melhor solução, mas as duas abordagens não são mutuamente excludentes e ambas podem ser consideradas.

Energia e atmosfera: crédito 1 – Otimizar o desempenho de energia

E quanto à energia, que costuma ser a maior preocupação na maioria dos projetos de edificações sustentáveis? Como as opções de conservação de energia e energia renovável se saem na análise do valor econômico agregado? Vejamos o primeiro crédito de LEED para medidas de conservação de energia e eficiência energética, que valem de dois a 10 pontos. No atual sistema LEED-NC 2.2, cada novo projeto de construção precisa economizar pelo menos 14% em relação ao padrão ASHRAE 90.1-2004 para cumprir o pré-requisito. Cada reforma de edificação precisa economizar pelo menos 7% em relação ao mesmo padrão para cumprir o pré-requisito. O parâmetro mais baixo resulta do fato de que reformas de edificações preexistentes normalmente não mudam o isolamento térmico das paredes ou cobertura, embora possam substituir janelas antigas por uma fenestração que conserve mais energia.

A eficiência em energia é um crédito importante na maioria dos projetos de alto desempenho – e não há como uma análise breve fazer justiça às complexidades envolvidas. Neste caso, examinaremos a atualização das vedações e dos sistemas de iluminação da edificação em comparação com aumentar a eficiência dos sistemas de climatização e trazer iluminação natural à edificação (Tabela 8.6). A Figura 8.5 mostra como podemos analisar essas medidas complexas com a ferramenta de valor econômico agregado no software de gestão de projeto *Ecologic 3*. O período de retorno do investimento

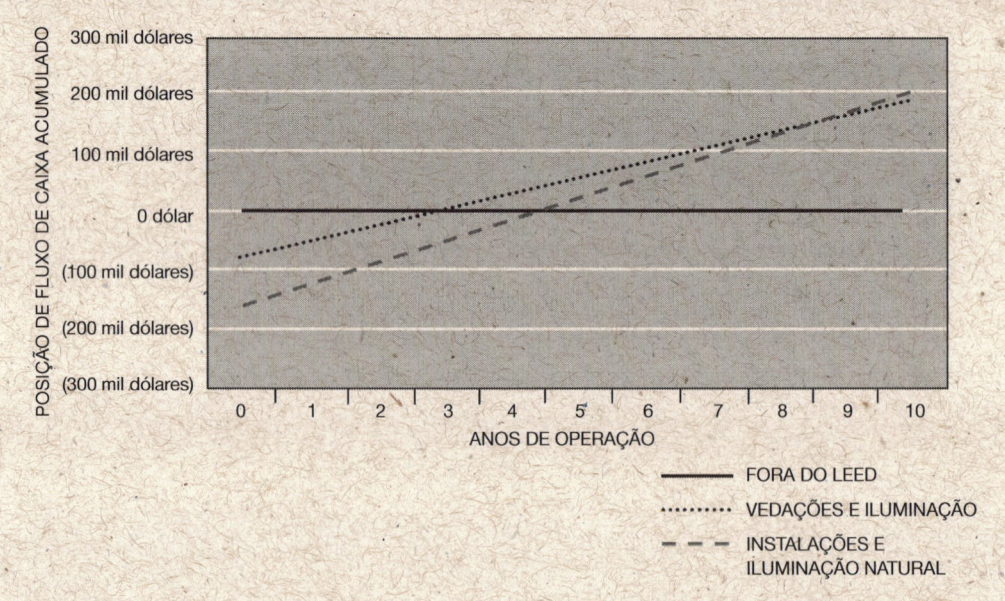

Figura 8.5 Fluxo de caixa acumulado com o Crédito 3 de energia e atmosfera: Otimizar a energia. *Paul Shahriari, GreenMind, Inc.*

TABELA 8.6 Energia e atmosfera: crédito 1 otimizar o desempenho de energia

	Edificação sem certificação LEED	Solução nº. 1 para crédito LEED: atualização das vedações e da iluminação da edificação	Solução nº. 2 para crédito LEED: Atualização do sistema de climatização e iluminação natural
Impactos dos custos intangíveis	Nenhum	Nenhum	Modelagem adicional de iluminação natural: 10 mil dólares
Impacto dos custos tangíveis	Nenhum	1. Atualização da cobertura em conformidade com o LEED: 100 dólares 2. Atualização do isolamento térmico das vedações da edificação: 50 mil dólares 3. Redução dos equipamentos de calefação e refrigeração: 75 mil dólares	1. Atualização para resfriador com água fria: 150 mil dólares. 2. Adição de estantes de luz que melhoram a iluminação natural: 150 mil dólares 3. Redução da densidade da iluminação: 150 mil dólares
Benefícios de ciclo de vida	Nenhum	Redução do custo de energia em 25 mil dólares/ano	Redução do custo de energia em 35 mil dólares/ano

para medidas de atualização das vedações e da iluminação é de aproximadamente três anos, enquanto o aumento na eficiência do sistema mecânico, junto com a iluminação natural, resulta em retorno simples entre quatro e cinco anos. Ultrapassando a marca de oito anos, o pacote de climatização e iluminação natural terá um custo mais reduzido; por isso, vale a pena considerá-lo para muitas edificações. Na vida real, esses períodos de retorno podem ser reduzidos ainda mais mediante o uso de créditos e deduções tributários federais e estaduais disponíveis, em conjunto com os incentivos das empresas públicas municipais para conservação. Lembre-se de sempre incluir os pagamentos de incentivos em todas as análises de valor econômico agregado. (No futuro próximo, talvez seja necessário acrescentar também um "imposto de carbono" para dar conta das emissões de CO_2.) Este exemplo também ilustra outro princípio fundamental do projeto integrado: sempre faça o possível para reduzir a demanda de energia (medidas de vedação) antes de tentar aumentar a eficiência das instalações mecânicas e elétricas.

Energia e atmosfera: crédito 2 – Energia renovável *in loco*

Veremos agora a instalação de medidas de energia renovável para nosso projeto hipotético. Neste caso, quase sempre nos deparamos com custos consideravelmente mais elevados de capital em relação à economia anual. Contudo, os incentivos disponíveis podem ser um importante fator de atenuação. Muitos estados e empresas de serviços públicos, em conjunto com o governo federal, oferecem créditos tributários, além de pagamentos diretos que podem reduzir o custo de capital efetivo de tais medidas em 50% ou mais. A Tabela 8.7 mostra a análise do valor econômico agregado para duas opções: um sistema elétrico solar (fotovoltaico) ou uma microturbina eólica, enquanto a Figura 8.6 mostra o fluxo de caixa acumulado dos dois elementos. Muitos projetos estão começando a considerar tais opções – portanto, preste atenção à análise! Em

TABELA 8.7 Energia e atmosfera: Crédito 2 – Energia renovável *in loco*

	Edificação sem certificação LEED	Solução nº. 1 para crédito LEED: sistema elétrico solar fotovoltaico	Solução nº. 2 para crédito LEED: microturbina eólica
Impactos dos custos intangíveis	Nenhum	Instalações adicionais: 20 mil dólares	Instalações adicionais: 20 mil dólares
Impacto dos custos tangíveis	Nenhum	1. Atualização da cobertura para o sistema fotovoltaico: 50 mil dólares 2. Sistema fotovoltaico: 500 mil dólares 3. Incentivos tributários: 150 mil dólares	1. Microturbina eólica: 250 mil dólares 2. Incentivos tributários: 75 mil dólares
Benefícios de ciclo de vida	Nenhum	Redução do custo de energia em 20 mil dólares/ano	Redução do custo de energia em 15 mil dólares/ano

ambos os casos, com fortes incentivos federais, estaduais e das empresas públicas municipais, os períodos de retorno de investimento se tornam inferiores a 15 anos. Como as tecnologias solar e eólica são declarações inequívocas a favor de um futuro com pouco carbono, é possível que se decida incluí-las no projeto somente por essa razão. Visto de outra maneira, um retorno de 13 anos é quase um retorno anual de 7% considerando-se as tarifas anuais de energia. É possível obter, na realidade, um resultado protegido da inflação que se compara favoravelmente com investimentos similares.

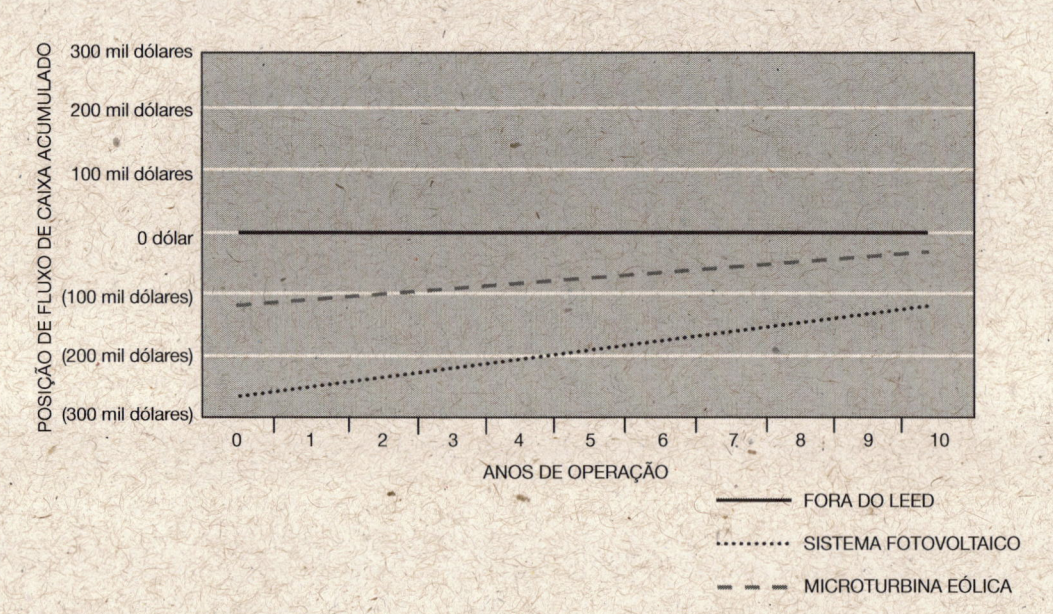

Figura 8.6 Fluxo de caixa acumulado com o Crédito 2 de energia e atmosfera: Energia renovável in loco. *Paul Shahriari, GreenMind, Inc.*

TABELA 8.8 Qualidade do ambiente dos interiores: Crédito 3 – Gestão da qualidade do ar do interior (IAQ) na construção

	Edificação sem certificação LEED	Solução nº. 1 para crédito LEED: plano de gestão de IAQ básico	Solução nº. 2 para crédito LEED: plano de gestão de IAQ avançado
Impactos dos custos intangíveis	Nenhum	Nenhum	Nenhum
Impacto dos custos tangíveis	Nenhum	1. Procedimentos e materiais para proteção dos equipamentos da edificação: 13 mil dólares 2. Filtros MERV 8: 2 mil dólares	1. Procedimentos e materiais para proteção dos equipamentos da edificação: 13 mil dólares 2. Sistema temporário de desumidificação/ar fresco enquanto são feitos os acabamentos: 100 mil dólares
Benefícios de ciclo de vida	Nenhum	1. Redução do custo de manutenção em 10 mil dólares/ano 2. Redução do custo com problemas diversos em 50 mil dólares/ano	1. Redução do custo de manutenção em 20 mil dólares. 2. Redução do custo com problemas diversos em 100 mil dólares/ano

Qualidade ambiental dos interiores: Crédito 3.1 – Gestão da qualidade do ar do interior na construção

Agora veremos uma situação menos óbvia: como manter a qualidade do ar no interior (IAQ) durante a construção. As escolhas são entre planos de gestão de qualidade do ar do interior básicos e avançados (Tabela 8.8). Neste caso, o plano de qualidade do ar do interior avançado tem um retorno muito mais forte durante o ciclo de vida de 10 anos, pois reduz os custos de manutenção e seguro (Figura 8.7). Este caso ilustra

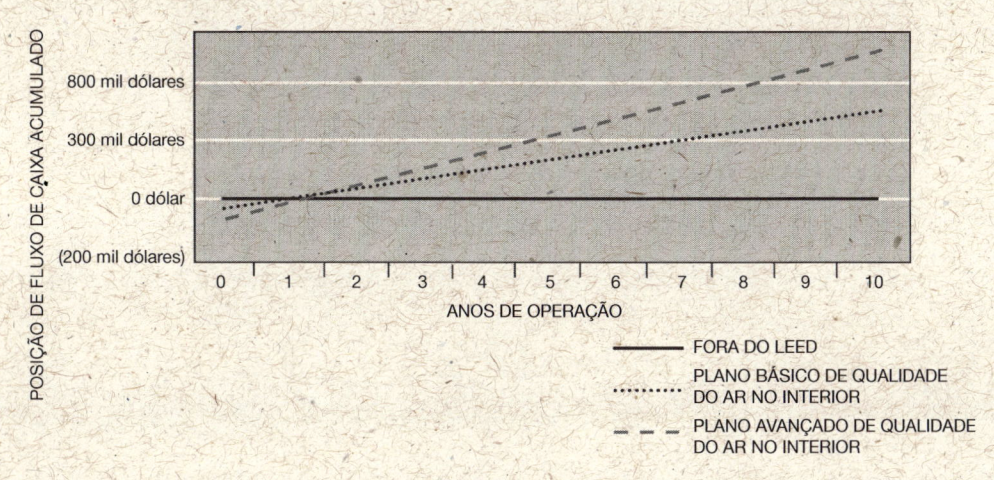

Figura 8.7 Fluxo de caixa acumulado com o Crédito 3 de Qualidade do Ambiente dos Interiores: Gestão da qualidade do ar do interior (IAQ) na construção. *Paul Shahriari, GreenMind, Inc.*

que vale a pena buscar benefícios tanto primários como secundários, para que muitos dos créditos de LEED – que representam "melhores práticas" – não deixem de ser considerados. Essas análises ajudam as equipes de projeto a avaliarem alternativas que estão no sistema LEED, mas podem não fazer parte das decisões de projeto tradicionais. Em função da mitigação de riscos e da redução dos custos de manutenção, o plano avançado de qualidade do ar no interior é compensado em menos de dois anos.

Qualidade ambiental dos interiores: Crédito 8.2 – Iluminação natural e vistas

Veremos, finalmente, duas alternativas para proporcionar iluminação natural e vistas (Tabela 8.9). Neste caso, as duas alternativas – instalação de estantes de luz internas e externas em comparação com a criação de claraboias ou lanternins voltados para o norte (hemisfério norte) e reconfiguração das lajes de piso – têm benefícios semelhantes (Figura 8.8). Cientes disso, podemos nos concentrar em outras considerações de projeto, porque ambas irão gerar benefícios líquidos positivos no período de análise de 10 anos.

Resumo dos benefícios do valor econômico agregado

Durante a revisão de todos os exemplos de crédito discutidos, devemos sempre examinar como afetarão o Registro de Valor Econômico Agregado do Resultado Final Triplo, conforme mostrado na Tabela 8.10. Não é de surpreender que cada uma dessas medidas gere fortes benefícios do resultado final triplo para cada projeto. A criação de projetos de alto desempenho sempre será um ato de equilíbrio entre esses benefícios e seus custos líquidos.

Análise de um projeto completo

Quando a equipe analisa créditos ou soluções, existem muitas sinergias que precisam ser revistas. Muitos créditos e soluções de projetos com certificação LEED estão

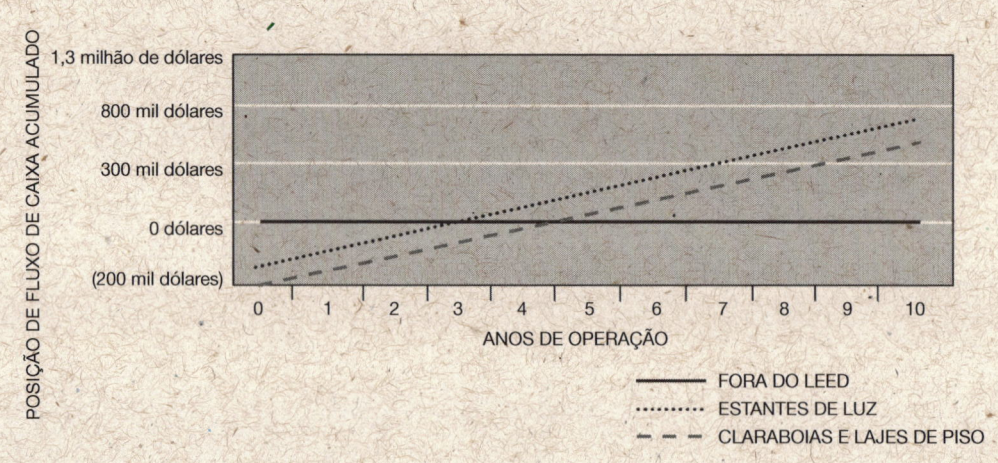

Figura 8.8 Fluxo de caixa acumulado com o Crédito 8.1 de Qualidade do Ambiente dos Interiores: Iluminação natural e vistas. *Paul Shahriari, GreenMind, Inc.*

TABELA 8.9 Qualidade do ambiente dos interiores: crédito 8 iluminação natural e vistas

	Edificação sem certificação LEED	Solução n°. 1 para crédito LEED: estantes de luz internas e externas	Solução n°. 2 para crédito LEED: claraboias voltadas para o norte (hemisfério norte) e reconfiguração da laje de piso
Impactos dos custos intangíveis	Nenhum	Modelagem adicional de iluminação natural: 10 mil dólares	Modelagem adicional de iluminação natural: 20 mil dólares
Impacto dos custos tangíveis	Nenhum	1. Estantes de luz externas: 80 mil dólares 2. Estantes de luz internas: 60 mil dólares. 3. Economia com a redução da densidade de iluminação: 40 mil dólares	1. Claraboias voltadas ao norte e poços de luz: 120 mil dólares 2. Reconfiguração da laje de piso com vedação externa adicional: 120 mil dólares 3. Economia com a redução da densidade de iluminação: 60 mil dólares
Benefícios de ciclo de vida	Nenhum	1. Redução do custo de energia em 15 mil dólares/ano 2. Melhoria dos níveis de produtividade/retenção/absenteísmo em 100 100 mil dólares/ano	1. Redução do custo de energia em 15 mil dólares/ano 2. Melhoria dos níveis de produtividade/retenção/absenteísmo em 100 mil dólares/ano

TABELA 8.10 Benefícios do Valor Econômico Agregado

Categoria/crédito	Planeta	Lucro	Pessoas
Terrenos sustentáveis			
Projeto de retenção de águas pluviais	Sim	Sim	Sim
Efeito de ilha térmica	Sim	Sim	Sim
Eficiência no consumo da água			
Paisagismo eficiente em água	Sim	Sim	Sim
Redução do consumo de água	Sim	Sim	Sim
Energia e atmosfera			
Otimizar o desempenho de energia	Sim	Sim	Sim
Tecnologias renováveis in loco	Sim	Sim	Sim
Qualidade do ambiente dos interiores			
Gestão da qualidade do ar no interior na construção	Sim	Sim	Sim
Iluminação natural e vistas	Sim	Sim	Sim

diretamente relacionados a outros elementos dentro do projeto. Essas oportunidades permitem que a equipe realmente acelere as curvas de benefício para os projetos e reduza os retornos de ciclo de vida de muitos itens.

Após encontrar os créditos que correspondem às metas de Resultado Final Triplo do proprietário, a equipe pode avaliar o nível de certificação ao qual o projeto aspira. Os benefícios de ciclo de vida da construção sustentável dependem em grande parte da inflação dos fatores de custos operacionais, como energia, água e manutenção, que estão se tornando mais altos a cada ano. Alguns sobem rapidamente, podendo chegar a 10% ou mais ao ano. Ao analisar os benefícios de ciclo de vida da construção sustentável, tais fatores devem ser levados em consideração.

Agora avaliaremos, como exemplo, um projeto com certificação LEED completo. Avaliamos os quatro níveis de certificação para produzir esses dados. Os custos tangíveis e intangíveis foram calculados como nos exemplos anteriores. Além disso, calculamos os benefícios de ciclo de vida para os quatro níveis de certificação, com um período de análise de 10 anos. O impacto da inflação (acima de taxas nominais de 3%) sobre os benefícios também foi avaliado e é mostrado para uma taxa de 0% (Figura 8.9) e de 5% (Figura 8.10). Tais exemplos ressaltam a importância de fatorar as taxas inflacionárias para os custos operacionais na hora de avaliar as opções de edificação sustentável, já que muitas medidas de edificação sustentável envolvem adicionar custos desde o início para receber uma série de benefícios mais tarde (como economias nos custos de energia e água).

Na Tabela 8.11, é possível ver o aumento líquido dos benefícios a cada nível de certificação mais elevado. Ironicamente, os níveis de certificação Silver e Gold resultam em um retorno mais rápido do que a certificação simples, se pagando já no segundo ano.

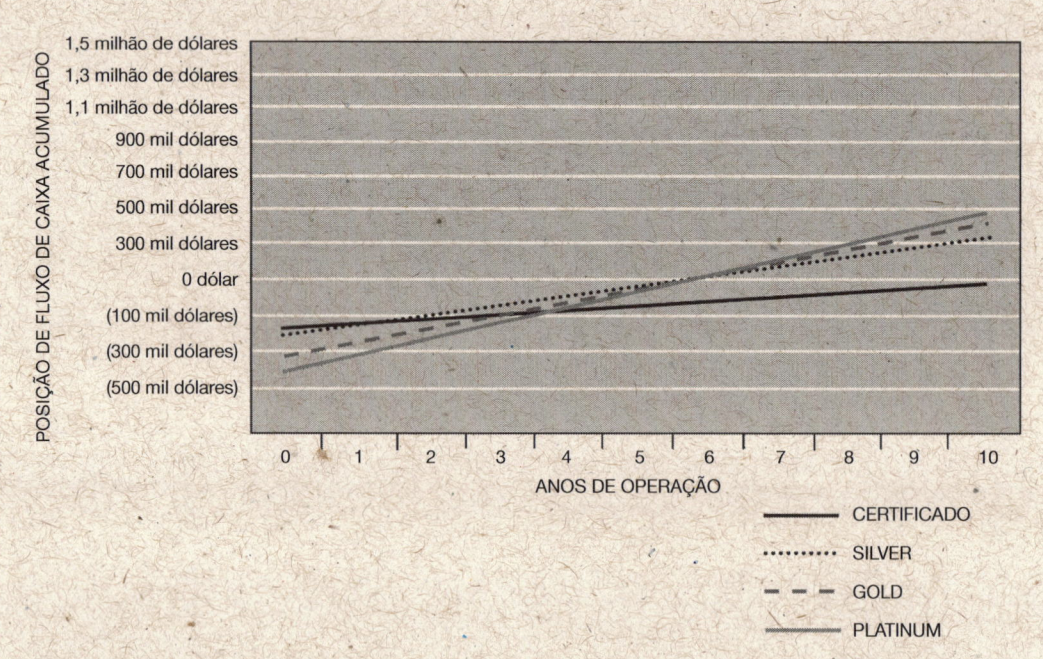

Figura 8.9 Fluxo de caixa acumulado em exemplo de projeto com certificação LEED (inflação de 0% sobre o benefício). *Paul Shahriari, GreenMind, Inc.*

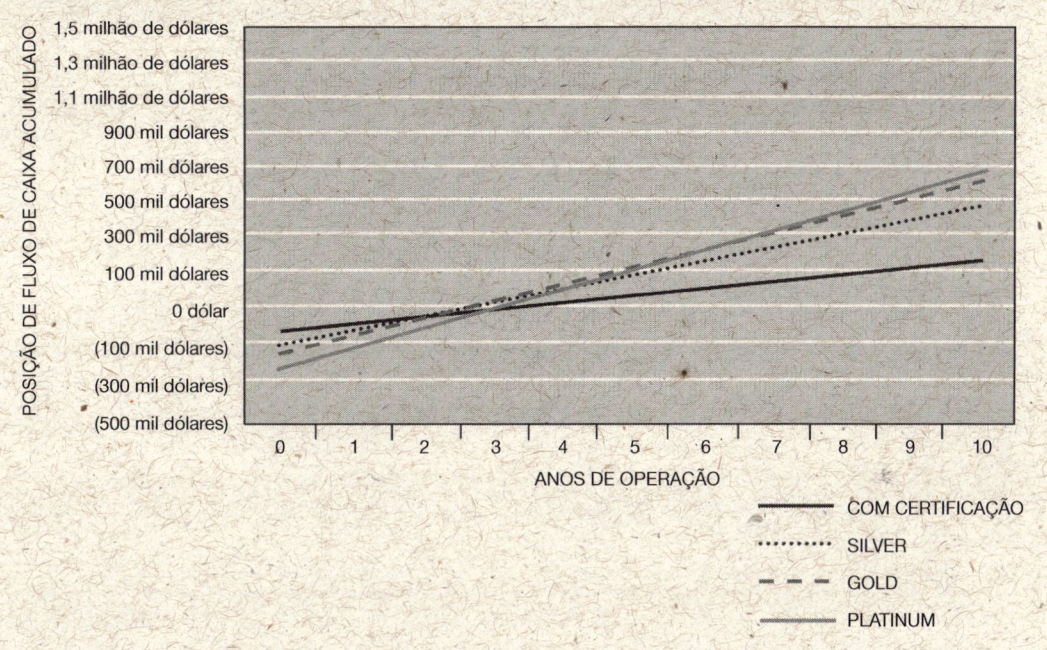

Figura 8.10 Fluxo de caixa acumulado em exemplo de projeto com certificação LEED (inflação de 5% sobre o benefício). *Paul Shahriari, GreenMind, Inc.*

Até mesmo a edificação com certificação Platinum analisada se paga no terceiro ano, sem levar em conta quaisquer inflações nos custos de energia ou água, por exemplo.

Se considerarmos um aumento anual de 5% no lado dos benefícios, os anos necessários para que os custos extras se paguem permanecem os mesmos, mas o projeto

TABELA 8.11 Fluxo de caixa acumulado – inflação de 0% sobre os benefícios (custos de energia, custos de água, operações, manutenção, etc.) – em dólares

Período de análise	Certificado	Silver	Gold	Platinum
Ano 0	70.500,00	100.500,00	145.500,00	215.500,00
Ano 1	36.250,00	40.250,00	72.250,00	132.250,00
Ano 2	2.000,00	20.000,00	1.000,00	49.000,00
Ano 3	32.250,00	80.250,00	74.250,00	34.250,00
Ano 4	66.500,00	140.500,00	147.500,00	117.500,00
Ano 5	100.750,00	200.750,00	220.750,00	200.750,00
Ano 6	135.000,00	261.000,00	294.000,00	284.000,00
Ano 7	169.250,00	321.250,00	367.250,00	367.250,00
Ano 8	203.500,00	381.500,00	440.500,00	450.500,00
Ano 9	237.750,00	441.750,00	513.750,00	533.750,00
Ano 10	272.000,00	502.000,00	587.000,00	617.000,00

TABELA 8.12   Fluxo de caixa acumulado – inflação de 5% sobre os benefícios (custos de energia, custos de água, operações, manutenção, etc.) – em dólares

Período de análise	Certificado	Silver	Gold	Platinum
0	70.500,00	100.500,00	145.500,00	215.500,00
1	36.250,00	40.250,00	72.250,00	132.250,00
2	287,50	23.012,50	4.662,50	44.837,50
3	37.473,13	89.438,13	85.420,83	46.945,63
4	77.121,78	159.185,03	170.216,66	143.317,91
5	118.752,87	232.419,28	259.252,49	244.508,80
6	162.465,51	309.315,25	352.740,11	350.759,24
7	208.363,79	390.056,01	450.902,12	462.422,20
8	256.556,98	474.833,81	553.972,23	79.463,31
9	307.159,83	563.850,50	662.195,84	702.461,48
10	360.292,82	658.318,03	775.830,63	831.609,55

Gold, por exemplo, tem benefícios 30% superiores em um período de planejamento de 10 anos (Tabela 8.12). Para uma instituição ou corporação de grande porte com perspectiva de proprietário/operador de longo prazo, a análise de custos e benefícios em um período de planejamento de 10 anos não é incomum. Quando os benefícios são conhecidos ou podem ser estimados com facilidade, a questão deixa de ser "devemos fazer isso?" e passa a ser "como iremos pagar por isso?". Em outras palavras, as decisões são financeiras e não econômicas por natureza, porque o valor econômico é bastante claro.

COMO INICIAR A ANÁLISE DO VALOR AGREGADO AMBIENTAL

As equipes de projeto devem dar início ao processo de edificação sustentável identificando quais metas de Resultado Final Triplo o proprietário do projeto mais deseja. Isso garante que a equipe compreenda o ponto de vista do proprietário em relação ao que irá determinar o sucesso de um projeto. Em seguida, é necessário avaliar os vários créditos de LEED e soluções de projeto sustentável que apoiam as necessidades de programa do proprietário para a instalação. Cada item precisa ser avaliado em relação ao Registro de Valor Agregado Ambiental dos proprietários. A equipe deve avaliar todos os impactos, examinando os impactos de custo tangíveis e intangíveis e os benefícios de ciclo de vida para todo e qualquer crédito/solução do projeto. É preciso entender e revisar os efeitos líquidos de tudo. Os efeitos dos fatores de inflação nos custos das operações de ciclo de vida têm um papel importante na avaliação de soluções. É necessário que o analista considere com cuidado o impacto inclusive das menores mudanças na inflação de custo de operações. A equipe pode, em seguida, auxiliar o proprietário a escolher um conjunto de soluções que se adeque às suas necessidades e que esteja alinhado com as melhores metas de Resultado Final Triplo definidas no início do processo. Ao entregar ao proprietário o projeto alinhado às suas metas de sustentabilidade e às necessidades de programa do projeto, a equipe pode estar certa de que terá sucesso. A maioria dos clientes quer desfrutar do benefício econômico do desempenho ambiental – e essa abordagem contribui para isso.

Ted van der Linden é diretor de construção sustentável da DPR Construction. Ele assegura o valor dessa abordagem:[3]

> Não há muitas ferramentas de edificação sustentável disponíveis atualmente no mercado. Fomos um dos primeiros a usar a Ecologic 3. A DPR criou várias ferramentas feitas sob encomenda que se baseiam no programa MS Excel. Temos uma ferramenta chamada Custom Delivery Model que nos permite avaliar não apenas o "sim, não, talvez" de cada estratégia sustentável diferente, mas também fazer uma análise de custo-benefício de tais estratégias. Para cada crédito de que precisamos, recebemos um sim, não ou talvez e, a seguir, temos outra série de colunas que listam impactos de custo no projeto, impactos de custo na construção e benefícios durante o primeiro ano – ou o retorno, se houver. Desse modo, temos alguns dados quantificáveis sobre qual será o retorno sobre o investimento inicial para o cliente. A Ecologic 3 é uma boa ferramenta para o período anterior à construção, mas não acompanha o projeto inteiro do início ao fim. Sem ela, porém, estaríamos em uma situação pior. Assim que chegamos às informações precursoras – os créditos de LEED que iremos buscar, seus custos iniciais e os benefícios propostos – a Ecologic 3 permite inserir todas elas e, em seguida, avaliar quais créditos têm um retorno mais impactante no período mais breve. É possível selecionar as estratégias que fazem mais sentido em termos econômicos. Ela fornece o seguinte: "Veja como seria um LEED Silver, veja como seria um LEED Gold, veja como seria um LEED Platinum, veja como seria uma certificação simples". Mostra os investimentos com custos iniciais. Se olharmos a coluna esquerda de um gráfico, veríamos, por exemplo, que uma edificação certificada tem um impacto de custo inicial de 25 mil dólares, a Silver tem impacto de custo inicial de 85 mil dólares, a Gold, de 1,1 milhão de dólares e a Platinum, de 1,6 milhão de dólares. Mostra, em escala graduada, quando os custos iniciais são recuperados e quando se começa realmente a ganhar dinheiro. É uma ferramenta excelente para a análise anterior à construção. Acredito que muitos arquitetos talvez não enxerguem necessariamente o valor porque não têm as respostas para as informações exigidas pelo software. Mas é uma ótima ferramenta para as pessoas que têm os dados de custo.

AVALIAÇÃO DO VALOR INTEGRADO

Entrevistamos Michaella Wittman, diretora de projeto sustentável da HDR, uma grande empresa de arquitetura e engenharia com quase sete mil funcionários. Sua firma desenvolveu uma ferramenta chamada Integrated Value Assessment, que é usada para orientar projetos de alto desempenho.[4]

> À medida que este setor se torna mais sofisticado, temos a forte sensação de que é crucial trabalhar com os proprietários das edificações no início dos projetos e ajudá-los a entender o valor do projeto sustentável. Realmente tentamos utilizar o LEED

---

[3] Entrevista com Ted van der Linden, DPR Construction, fevereiro de 2008.
[4] Entrevista com Michaella Wittmann, HDR, fevereiro de 2008.

como uma ferramenta para certificar edificações sustentáveis, mas preferimos não transformá-lo no foco da meta. Em vez disso, falamos sobre os valores do proprietário e o que é importante para os usuários da edificação.

Usamos um processo de projeto integrado em seis etapas para o projeto sustentável. Nosso processo começa definindo as metas específicas do cliente e as específicas do projeto e priorizando-as. Também há uma parte de valor em que tentamos determinar o que é importante para o cliente. A segunda etapa consiste em identificar as medidas sustentáveis. Categorizamos essas medidas em quatro áreas diferentes: conservação de energia e eficiência energética; qualidade do ar e do ambiente dos interiores; eficiência e eficácia dos recursos; e usuários da edificação. No passado, os clientes realmente focavam muito na lista de verificação do LEED, mas descobrimos que isso não nos levava à solução certa. Percebemos que focar nessas categorias nos ajuda a encontrar as soluções corretas. Em seguida, a terceira etapa é a medição da edificação sustentável. Pode ser o LEED, outro programa ou até mesmo nossos próprios parâmetros [outra ferramenta, discutida posteriormente]. A quarta é selecionar as soluções com base nas medidas identificadas na segunda etapa. A quinta etapa consiste em implementá-las. A sexta é chamada de gestão do ciclo de vida.

Constatamos que a etapa da medição da edificação sustentável – a terceira etapa do nosso processo – é essencial. Fala-se muito sobre análise de ciclo de vida e em articular os custos e benefícios de ciclo de vida das soluções aos clientes. Temos uma ferramenta que examina os riscos e benefícios ambientais e econômicos. Temos grupos internos de economistas na HDR que trabalharam com projetos de infraestrutura e comunitários. Eles aplicam princípios de boas teorias e processos econômicos. Mas demos um passo à frente e avaliamos os riscos e benefícios ambientais. Chegamos a um conjunto de dados, alguns deles específicos à tecnologia que estamos considerando. Outros são dados como a quantidade de dióxido de carbono que determinada tecnologia pode exigir ou quantas emissões podemos esperar de uma tecnologia que utiliza uma quantidade x de combustível. Temos dados aceitos pela indústria e dados que são específicos às tecnologias e soluções sustentáveis que estamos considerando. Podemos dar aos nossos clientes uma ideia bastante exata dos tipos de riscos e benefícios ambientais que podem ter como parte do projeto.

Por exemplo: usamos nosso modelo de avaliação econômica e ambiental em um de nossos edifícios de escritórios com certificação LEED Platinum para Núcleo e Vedações. Era um edifício de escritórios para aluguel e não tínhamos condições de medir a produtividade futura porque não sabíamos quem iria ocupar o espaço. Conseguimos fazer esse modelo e dizer: "Considerando todas as soluções sustentáveis que estamos usando, como pisos elevados, sistemas fotovoltaicos, terraços de cobertura, janelas de abrir e demais itens, qual é o valor econômico e o benefício ambiental das soluções de sustentabilidade empregadas?".

Perguntamos: "E se estimássemos que a produtividade dos usuários desta edificação aumentaria em meio por cento em função do enfoque que demos à sua saúde?". Conseguimos modelar qual seria o valor econômico para o cliente. Isso foi extremamente importante para nós. Examinamos, juntos, os impactos de custo das soluções de sustentabilidade e seu benefício para o meio ambiente. Temos registros que mostram as reduções previstas de dióxido de carbono – por exemplo, por causa das soluções que consideramos.

> **EXEMPLO DE PROJETO COM CERTIFICAÇÃO LEED PLATINUM**
>
> **Edifício Sustentável de McKinney, Mc Kinney, Texas, Estados Unidos**
>
> Concluído em abril de 2006, o Edifício Sustentável de McKinney é um prédio de escritórios para aluguel de três pavimentos, com cerca de 5,7 mil m². Foi projetado com o objetivo de reduzir o consumo de energia em mais de 70% e o de água em 30% em comparação com um edifício de escritórios convencional parecido. Um sistema fotovoltaico na cobertura totaliza 152 painéis que suprem aproximadamente 10% da eletricidade necessária para a edificação. Dois reservatórios – cada um com capacidade para 34 m³ – coletam água pluvial para a irrigação dos jardins. Os quase 29 km de tubulações subterrâneas da bomba de calor geotérmico e os 120 poços no estacionamento darão suporte ao sistema de refrigeração baseado no lençol freático[5].

A ferramenta é utilizada para várias coisas diferentes. Isso ajuda os clientes a entenderem as tecnologias. No caso de projetos geridos pelo empreendedor, ajuda-os a comercializar a edificação. Nossos resultados mostraram que a produtividade supera vários benefícios até mesmo de energia. É possível mostrar ao cliente que uma edificação pode se tornar 40% mais eficiente em termos de energia, mas, se conseguir aumentar a produtividade dos usuários em 1%, ou conseguir ajudar a reduzir a rotatividade do pessoal e facilitar o recrutamento, tais benefícios compensarão os demais.

É possível perceber que as maiores empresas estão chegando às mesmas conclusões. Os projetos de alto desempenho precisam incluir um forte componente analítico que pode ser usado não somente para orientar as decisões de projeto, mas também para convencer proprietários céticos que essas medidas têm valor em termos estritamente econômicos. Parte do conjunto de habilidades do projetista integrado terá de incluir uma forte análise econômica (e também técnica) conforme as edificações de alto desempenho se tornarem convencionais.

---

[5] HDR [online], http://www.hdrinc.com/13/38/1/default.aspx?projectID=300, acessado em abril de 2006. Katie Sosnowchik, "McKinney Green Building Earns LEED Platinum Rating", iGreenBuild, June 5, 2007 [online], http://www.igreenbuild.com/cd_2876.aspx, acessado em abril de 2008. Curt Parde, "What Makes the Building Green?", Environmental Design & Construction, November 1, 2006 [online], http://www.edcmag.com/CDA/Archives/506dd8b741fde010VgnVCM100000f932a8c0, acessado em abril de 2008.

9

Como Começar – Estudos Preliminares

Os projetos sustentáveis costumam envolver uma diversidade de considerações, as quais variam de buscar níveis mais elevados de eficiência em energia ao uso de materiais com conteúdo reciclável e incorporação de iluminação natural, entre outras. Muitos projetos pressupõem, erroneamente, que a única dúvida real é se solicitarão a certificação LEED ao U.S. Green Building Council. No entanto, a decisão de solicitar a certificação LEED – sem um comprometimento com o projeto integrado e sem fundos para os custos específicos dos documentos de certificação – provavelmente resultará em frustração e, no final, em futilidade. Por esse motivo, muitos projetos registrados no sistema LEED não conseguiram chegar ao fim do processo, conforme discutido no Capítulo 5. De acordo com essas estimativas, menos da metade (talvez menos de um terço) de todos os projetos registrados no LEED até o final de 2004 conseguiu a certificação antes do final de 2007, mesmo considerando um intervalo de três anos entre o registro e a certificação[1].

Apoio o sistema LEED e incentivo os clientes que me consultam a incluírem-no em seus projetos sempre que possível; entretanto, o projeto sustentável envolve um conjunto muito mais amplo de considerações. As seções a seguir incorporam e expandem os critérios do LEED para uma gama mais ampla de considerações de projeto, construção e operação.

Existem muitos livros e websites excelentes que fornecem respostas a questões específicas de projeto sustentável. Contudo, frequentemente o problema é fazer as perguntas certas na hora certa a fim de satisfazer as exigências de sustentabilidade de um cliente ou proprietário. Para extrair dos membros da equipe de edificação toda a inteligência, experiência e conhecimento que já possuem, preparei uma série de questões que se aplicam a praticamente qualquer projeto com metas de sustentabilidade. Essas perguntas são organizadas pelas fases de projeto e construção que ocorrem naturalmente na maioria dos projetos e variam do geral ao muito específico, à medida

---

[1] "Where Are All the LEED Projects?", *Environmental Design & Construction*, July 2007, www.edcmag.com/Articles/Featured_Special_Sections/BNP_GUID_9-5-2006_A_10000000000000134921.

que o processo de projeto se aproxima dos documentos finais da construção. Elas serão apresentadas neste capítulo e nos seguintes.

Como se diz, "pergunte e faça o papel de bobo uma vez; não pergunte e continue bobo para sempre". Sem fazer as perguntas certas na hora certa, as equipes de edificação correm o risco de eliminar precipitadamente boas oportunidades sem nem mesmo percebê-las. O processo de projeto e construção tem uma forte tendência a não reconsiderar decisões anteriores; sempre quer avançar, a menos que seja forçado a fazer mudanças significativas no sistema em função de exigências da engenharia de valor. Portanto, é melhor demorar um pouco mais no ponto de partida do projeto para fazer boas perguntas e exigir boas respostas. (A Figura 3.2 mostra como os graus de liberdade no projeto diminuem ao longo do processo, e sabe-se que o custo de fazer mudanças aumenta consideravelmente à medida que o processo de projeto e construção avança. A maioria dos projetistas conhece esse gráfico, mas poucos realmente apreciam as implicações, na pressa de "pegar um lápis e começar a desenhar".)

Uma vez, o norte-americano Buckminster Fuller, inventor e guru da ciência de projetar, escreveu que um problema bem formulado é resolvido 100% das vezes em tese e 50% das vezes na prática. Fazendo as perguntas certas no momento certo, é possível resolver pelo menos 50% dos problemas de projeto para implementar as soluções apropriadas. Espero que esta lista de perguntas leve os membros da equipe de projeto a expor melhor os problemas e, em seguida, a encontrar melhores soluções de projeto sustentável.

CONSIDERAÇÕES DE NÍVEL MAIS ELEVADO: O RESULTADO FINAL TRIPLO

A maioria dos projetos com certificação LEED Platinum que analisei para este livro tinha várias características semelhantes. Muitos eram institucionais, todos tinham proprietários envolvidos e todos contrataram equipes de projeto e construção muito experientes – ainda que, no caso de quase todas as equipes, este tenha sido o primeiro projeto com certificação LEED Platinum. John Pfeifer, da McGough Construction, em Minnesota, Estados Unidos, fala sobre a importância do envolvimento dos proprietários e do planejamento antecipado em seu projeto com certificação LEED Platinum (Figura 9.1): a sede da Great River Energy, em Minneapolis[2].

> Quando se tem como objetivo uma edificação de alto desempenho e com certificação LEED de alto nível, [a importância de] todas as decisões [antecipadas] é incrivelmente intensificada. Queremos tomar decisões o quanto antes porque o possível risco da falta de coordenação e falta de comunicação é que as repercussões podem ser muito maiores, isto é, talvez não consigamos o LEED Platinum ou talvez não consigamos receber os créditos que havíamos planejado. Depois que você passa de certo ponto e está comprometido com certo sistema de edificação que talvez não cumpra os requisitos do seu cartão de pontuação de créditos do LEED, pode ser tarde demais para modificar as coisas. A diferença é que você precisa acelerar o processo de tomada de decisões. É necessário intensificar o planejamento desde o início.
>
> O que fez toda a diferença no trabalho com o projeto do Great River Energy foi o fato de que realmente tínhamos um proprietário que estava comprometido e dedicado a

---

[2] Entrevista com John Pfeifer, McGough, abril de 2008.

Figura 9.1 Buscando uma certificação LEED Platinum, a sede da Great River Energy em Maple Grove, Minnesota, Estados Unidos, espera economizar mais de 90 mil dólares ao ano em custos de eletricidade por meio do uso de medidas eficientes em energia e aproveitamento da luz natural. *Cortesia da Great River Energy.*

obter esses resultados. Existem proprietários que falam sobre o LEED e sobre a sustentabilidade, mas, assim que as decisões se tornam um pouco mais desafiadoras com relação aos custos e à energia que são necessários para solucionar os problemas e atingir algumas dessas metas, talvez não se mostrem tão comprometidos como acreditavam ser. Especialmente no caso de edificações com certificação Platinum ou LEED de alto nível, se o proprietário não estiver totalmente comprometido com as metas do projeto, não vai acontecer. Isso não pode ficar nas mãos do resto da equipe de projeto.

Há muitas perguntas importantes que precisam ser feitas no princípio de cada projeto de edificação sustentável – considerações que ajudam a definir as principais metas do projeto e os elementos "imprescindíveis". Elas incluem:

1. Quais são as metas e objetivos específicos do projeto (por exemplo, níveis de certificação, seguir políticas corporativas ou institucionais, divulgar para inquilinos ou possíveis compradores, criar espaços extraordinários ou icônicos, relações públicas, incentivos financeiros)?
2. Para os proprietários institucionais, a pergunta principal é: por que esta edificação é necessária? Existem espaços já construídos que satisfariam as necessidades do programa e podem ter sido ignorados? A edificação pode ser menor do que o planejado originalmente? (Para muitos defensores de edificações sustentáveis, a edificação nova mais sustentável ecologicamente é aquela que nunca foi construída.)
3. Quem são os principais tomadores de decisão que estabelecem as metas gerais do projeto e como poderemos encontrá-los no decorrer do processo? (Para um exemplo clássico de como isso foi bem feito, veja o caso de referência de Yale.)

4. Quais consideramos ser as questões ambientais mais importantes (em nossa região/para a nossa empresa ou organização) e como podemos fazer uma contribuição positiva para abordá-las com esse projeto? (Por exemplo, conservação de água no sudoeste dos Estados Unidos, preservação do habitat ou restauração na maioria das áreas.)
5. Até que ponto as fontes de financiamento do projeto (instituições financeiras e investidores de capital, por exemplo) e outros atores (financiadores de órgãos públicos ou reitores ou diretores de universidades) têm a mesma filosofia em relação a tornar o projeto o mais sustentável possível?
6. Qual é a vida útil prevista das edificações (50 anos, 100 anos, 200 anos)? Como isso afetará as decisões relacionadas aos sistemas de energia (por exemplo, passivo *versus* ativo, estrutural *versus* mecânico), durabilidade dos materiais selecionados, flexibilidade para atualizações tecnológicas futuras, possibilidade de mudanças no uso (como aumento ou diminuição da ocupação), possível expansão desta edificação ou anexos próximos no conjunto de prédios, crescimento da vegetação que irá sombrear os coletores solares, padrões de uso conforme o horário do dia e questões de flexibilidade?
7. Quais fontes de financiamento e incentivos (estadual/municipal/empresa pública/outros) estão disponíveis para um projeto sustentável ou para estratégias de "edificação sustentável" específicas? (Constatei que é útil examinar fontes financeiras externas no estágio inicial da maioria dos projetos, para ajudar a custear os estudos que contribuem para a tomada de decisões relacionadas às opções de sustentabilidade.)
8. Quem é responsável por investigar e garantir essas fontes de financiamento? (Alguém da equipe de projeto ou a equipe de projeto do proprietário deve assumir o comando nessa iniciativa.)
9. Os atores estão dispostos a gastar os recursos necessários para garantir o conhecimento de que precisam (modelagem/terceirização da testagem dos sistemas prediais/análise adicional de projeto/documentação) para implementar as metas de sustentabilidade de alto nível?
10. Qual é o retorno do investimento mínimo aceitável ou o "período de retorno" máximo para os custos que ultrapassam os custos de projeto orçados? (Com frequência, fazer essa pergunta é bastante útil, porque alerta os principais tomadores de decisão quanto à necessidade de buscar fundos adicionais, por exemplo, para atualizações visando à eficiência em energia.)
11. Qual é o orçamento de custo inicial para o projeto? Como e quando (e por quem) foi determinado? As estimativas de custo ainda são relevantes; precisam ser revistas para acomodar as metas da inflação e da edificação sustentável? ("De onde veio este orçamento?" é uma pergunta útil, especialmente para expor pressupostos e preconceitos que podem estar ocultos no início do projeto.)
12. O custo do projeto é realista em termos de inflação do custo da construção desde que o orçamento original foi preparado? Em caso negativo, há fontes de fundos alternativas ou o orçamento, escopo ou escala do projeto precisam ser revistos?
13. Quais valores econômicos, ambientais ou culturais o cliente ou proprietário atribuem ao projeto sustentável? Como ficarão visíveis no projeto?

Figura 9.2 O edifício de escritórios da Manitoba Hydro, localizado no centro de Winnipeg, almeja uma certificação LEED-NC Canada Gold ou até mesmo Platinum. ©*Tom Arban Photography.*

Um dos muitos projetos de alto desempenho significativos terminados em 2008 é a nova sede da Manitoba Hydro, uma empresa pública provincial de eletricidade localizada em Winnipeg, no Canadá (Figura 9.2), que ocupa um edifício de 270 milhões de dólares canadenses, com 22 pavimentos e 64 mil m^2. Conversei com o gerente de projeto do proprietário e com o arquiteto e fiquei impressionado com o fato de o proprietário ter participado ativamente, sem parecer sufocar a criatividade da equipe de projeto. Esse projeto enfrentou muitos desafios, incluindo uma oscilação anual de temperatura de 70°C – sem falar nos ventos gelados de inverno, quando as temperaturas chegam a 40° negativos (os leitores espertos perceberão que 40° é a temperatura tanto em graus centígrados como em Fahrenheit!). Winnipeg talvez seja a cidade grande mais assolada pelos ventos na América do Norte; tem invernos frios e secos e verões quentes e úmidos. Para ajudar a equipe de projeto, o proprietário e o arquiteto contrataram uma das firmas de engenharia climática mais importantes do mundo – a Transsolar, de Stuttgart, na Alemanha – para colaborar com a filosofia e abordagens do projeto de sistemas mecânicos. A fim de entender melhor o projeto, conversei com Tom Goldsborough, da Manitoba Hydro, o gerente de projeto do cliente, e Bruce Kuwabara, diretor da KPMB Architects, de Toronto, Canadá, o arquiteto do projeto[3].

O projeto começou em 2002 com uma pesquisa de projetos sustentáveis, seguida por um concurso internacional de projeto. As metas do cliente eram cinco:

---

[3] Entrevistas com Tom Goldsborough e Bruce Kurabara.

1. Demonstrar a conservação de energia, economizando 60% da energia de uma edificação normal construída de acordo com o Código de Energia de Edificações Modelo do Canadá; esta meta era importante, já que o cliente é uma empresa pública de energia elétrica que busca incentivar outros a economizar energia.
2. Criar um ambiente de trabalho saudável e produtivo para os 1.800 funcionários da Manitoba Hydro, todos os quais seriam reunidos no edifício da nova sede.
3. Projetar uma edificação com arquitetura exuberante que pudesse satisfazer as necessidades comerciais da empresa pelos próximos 50 anos.
4. Ajudar a revitalizar o centro de Winnipeg com um grande investimento corporativo, assegurando que o projeto da edificação seja aberto ao público e ajude a dar vida às ruas da região.
5. Fazer sentido financeiro, para não ter um grande impacto nas tarifas de eletricidade.

A equipe interna de projeto de Goldsborough e da Manitoba Hydro tinha um ponto forte oculto: realmente entendia de gestão de projeto, já que faz principalmente isso na empresa: construir e operar grandes instalações de geração e distribuição de energia. Portanto, a perspectiva de gerenciar um projeto de 270 milhões de dólares não foi tão intimidante. Para começar, a equipe contratou um consultor de arquitetura e visitou 10 edificações de alto desempenho nos Estados Unidos e Europa Ocidental. Depois de entrevistar oito dos maiores arquitetos internacionais, a equipe da Hydro optou pela KPMB, com base em seu conjunto de obras, experiência com processo de projeto integrado e comprometimento comprovado com o projeto sustentável. (A firma de arquitetura responsável pelo projeto é a Smith Carter Architects, de Toronto e Winnipeg, Canadá.) Uma das singularidades deste projeto é que todos os contratos de consultores ficaram com o proprietário, não com o arquiteto; o objetivo do proprietário era conseguir selecionar os principais indivíduos que trabalhariam no projeto e "incentivar o comportamento adequado". O projeto escolheu a Poole Construction como empreiteira e a Hanscomb como auditora de quantidade.

A equipe de projeto realizou diversas charretes com vários dias de duração para revelar uma visão de projeto, investigar os problemas do projeto e, mais especificamente, para se concentrar em obter um alto nível de eficiência em energia na edificação. Contratou um facilitador externo para a charrete e um especialista em energia. Na perspectiva do proprietário, este projeto não teve concessões importantes: todas as metas originais de projeto estão sendo alcançadas e Goldsborough acredita que podem conseguir uma certificação LEED Gold, ou mesmo Platinum, quando a documentação estiver concluída. (Em maio de 2008, segundo a equipe de projeto, o projeto estava perto da meta da certificação Platinum.) O método de execução era aproximadamente 60% a 70% de projeto/assistência; o proprietário acha que poderiam ter dado um pouco mais de enfoque ao uso dos empreiteiros para concluir os conceitos do projeto. Há um processo de avaliação pós-ocupação em vigor, bem como um bônus de um milhão de dólares para a equipe de projeto caso o processo atinja as metas de desempenho de energia almejadas.

O trabalho da KPMB com o projeto teve um forte enfoque na mão de obra da Hydro e na criação de uma edificação flexível que pudesse lidar com as mudanças nas necessidades dos funcionários e nos hábitos do ambiente de trabalho pelos próximos 50 anos. O arquiteto queria muito relacionar o desempenho com a estética. Cada opção de projeto foi avaliada com estas três perguntas:

1. Como funciona?
2. Funciona bem?
3. Qual é a aparência e que sensação transmite?

Os engenheiros climáticos da Transsolar tomaram a decisão antecipada de desvincular o sistema de ventilação do sistema de condicionamento de espaços e de utilizar os três átrios de seis pavimentos na edificação como uma parte importante do sistema de ar fresco e controle de temperatura. Um sistema de 288 cabos de papel vegetal em uma quina do átrio voltado para o sul funciona como obra de arte e também para o controle de temperatura e umidade. No inverno, quando o ar externo está completamente seco, a água que corre pelos cabos umidifica o ar dentro do átrio; no verão, a água é resfriada até aproximadamente 15°C e induz o vapor d'água a condensar nos cabos, desumidificando o ar da edificação.

Kuwabara aprendeu algumas lições que compartilhou comigo para este livro:

1. Em um mercado pequeno, inovações agregam custos; neste projeto, não havia muitos concorrentes entre os quais escolher.
2. O processo de projeto integrado precisa permitir a argúcia, momentos de "revelação". Segundo Kuwabara, o processo deve fazer "mágica".
3. A questão mais importante é decidir exatamente quando avaliar; neste projeto, as principais questões eram sustentabilidade, conectividade dos funcionários (uns com os outros) e criar um local de trabalho criativo.

Em suas palavras: "é importante manter os olhos no prêmio" e avaliar com relação a metas simples e claras, fazendo tais avaliações na ordem certa – uma mensagem que está implícita na organização deste livro.

CONSIDERAÇÕES GERAIS: PROJETO SUSTENTÁVEL

Os sistemas de certificação de edificações sustentáveis LEED foram introduzidos em março de 2000; por isso, este livro está sendo escrito depois de os sistemas estarem em vigor há oito anos[4]. Mesmo assim, muitos arquitetos e proprietários de edificações estão participando de seu primeiro projeto LEED, enquanto outros concluíram apenas alguns. Ter especialistas à mão pode, muitas vezes, fazer a diferença entre o sucesso e o fracasso. Esta seção aborda tais pontos com as questões a seguir.

1. Tomamos a decisão firme de seguir um processo de projeto integrado e estamos divulgando esse processo a todos os possíveis proponentes de serviços de projeto e construção?
2. Ajustamos nossas expectativas e orçamentos para refletir a natureza do processo de projeto integrado?
3. Essa abordagem está claramente expressa em todos os Pedidos de Qualificações enviados à comunidade de projeto e construção?
4. Tomamos a decisão firme de buscar registro e certificação final no LEED? Em caso afirmativo, quem assumirá a tarefa de criar a interface com o processo

---

[4] O LEED data de março de 2000, com a introdução do sistema LEED versão 2.0 para novas construções.

do LEED: o proprietário, o arquiteto ou um consultor de edificação sustentável? (Estamos constatando que muitas firmas de arquitetura desejam gerenciar esse processo com seus colaboradores internos em vez de deixá-lo para um consultor externo; no entanto, o proprietário pode querer os conhecimentos especializados trazidos por um consultor especializado em LEED. O mais importante é que a pessoa responsável tenha a autoridade necessária para exigir documentos, estudos e análises em tempo hábil dos demais membros da equipe de edificação.)

5. As exigências de certificação LEED já estão inclusas no escopo dos serviços para a equipe de projeto e construção? Os custos extras para análises e ações de LEED estão inclusos no orçamento do projeto?

6. Caso a certificação LEED ainda não seja um elemento de programa neste projeto, o que será necessário para garantir que essa decisão seja tomada por parte do proprietário ou cliente? Se o proprietário não estiver disposto a se comprometer, a equipe de projeto pode fazer pressão para tornar o projeto "passível de certificação LEED"?

7. Selecionamos participantes para a equipe de projeto e consultores que têm experiência com projeto e construção sustentáveis? Eles estão dispostos a inovar e ir além nas principais áreas de projeto para nos ajudar a atingir nossas metas? (Esta é uma decisão crítica, especialmente com relação à seleção do arquiteto e do engenheiro mecânico, os dois principais participantes na maioria dos projetos de edificações de alto desempenho; sem um engenheiro disposto a testar novas ideias e fazer parte do processo de projeto integrado, o esforço para obter a certificação LEED é como extrair um dente à moda antiga, prendendo uma corda ao redor do dente e amarrando-a a uma maçaneta.)

8. Quais recursos de projeto sustentável (financeiro, conhecimento especializado, parcerias, software de gestão de projeto LEED) entre os atores e membros da equipe de projeto estarão disponíveis para este projeto? A equipe de projeto está autorizada a usar esses recursos conforme o necessário?

9. Todos os principais membros da equipe de projeto participaram de oficinas de projeto sustentável, incluindo a oficina de Revisão Técnica do LEED, com um dia de duração? Em caso negativo, algum tipo de treinamento formal sobre o sistema LEED faz parte das exigências da equipe de projeto? (Afinal, quase 75 mil pessoas fizeram treinamentos de LEED até maio de 2008; faz sentido pedir às pessoas para "se inteirarem" do sistema caso queiram trabalhar no projeto.)

10. Os membros da equipe de projeto e construção são profissionais acreditados pelo LEED? Em caso negativo, pelo menos um membro da equipe de projeto se comprometerá a ser acreditado pelo LEED durante os estudos preliminares de projeto?

11. Revisamos casos de referência de projetos similares com certificação LEED para buscar inspiração e orientação?

12. Realizamos uma revisão das Regras de Interpretação de Créditos do LEED (*LEED Credit Interpretation Rules* ou CIRs) para buscar orientação sobre como podemos organizar o projeto?

EXEMPLO DE PROJETO COM CERTIFICAÇÃO LEED PLATINUM

Artists for Humanity Epi-Center, Boston, Massachusetts, Estados Unidos

Com quase 2.200 m² e quatro pavimentos, o Artists for Humanity Epi-Center acomoda ateliês de arte e galerias em Boston. O custo total do projeto foi de 4,3 milhões de dólares – quase dois mil dólares por m². Se a edificação fosse construída de acordo com os padrões de energia mínimos da ASHRAE 90.1-1999, o custo de energia seria de 32,3 dólares por m² (68 mil dólares/ano); porém, o custo estimado de energia do Epi-Center é de seis dólares por m² (12.732 dólares/ano). Um sistema fotovoltaico de 45 quilowatts foi projetado para produzir 58 mil kWh de eletricidade por ano – 156% das necessidades de energia elétrica da edificação e 32% de suas necessidades totais de energia. Ventiladores de teto, janelas de abrir e exaustores serão utilizados para o resfriamento, já que não há um sistema de refrigeração com agente frigorígeno no prédio, o que reduzirá o consumo total de eletricidade em 65%[5].

©Richard Mendelkorn, cortesia da Arrowstreet.

ESCOLHA E AVALIAÇÃO DO TERRENO

Paul Meyer, o diretor da F. Otto Haas do Arboreto Morris, na University of Pennsylvania, descreve as questões delicadas de escolha e projeto do terreno para conseguir um projeto de alto desempenho[6]:

---

[5] U.S. Green Building Council [online], http://leedcasestudies.usgbc.org/overview.cfm?ProjectID=736, acessado em abril de 2008.

[6] Entrevista com Paul Meyer, Arboreto Morris, março de 2008.

O Arboreto Morris fica no vale de um riacho conhecido como Wissahickon. Esse vale é especial. Fomos abençoados com muito espaço aberto preservado até o momento. Também nas proximidades, existiram, anteriormente, as pedreiras do xisto de Wissahickon, que é uma pedra cinza com partículas de mica que brilham. O vale transmite uma sensação especial em termos de formas naturais, arquitetura, vistas e panorama. Queríamos apenas nos certificar de que, onde quer que estivéssemos, o edifício se relacionasse com isso e respeitasse o espírito do lugar. Porém, não queríamos apenas construir edificações que se parecessem com edificações do século XVIII. Queríamos algo que fosse vanguardista, mas, ao mesmo tempo, respeitasse o passado.

Como arboreto, estamos muito comprometidos em fazer edificações que também funcionem como exemplos. Por exemplo, em meados da década de 1980, o Arboreto construiu um estacionamento no meio do arboreto. Foi algo controverso – como o verso de uma antiga canção de Joni Mitchell: "Pavimentaram o paraíso e construíram um estacionamento" [*They paved paradise and put up a parking lot*]. Dessa vez, queríamos fazer isso, mas de maneira mais bela e sustentável. Criamos um estacionamento que não é apenas funcional, mas também funciona como um exemplo de como projetar estacionamentos que não agridam o meio ambiente. Do mesmo modo, com esta edificação, queríamos nos certificar de que ela refletisse coisas que podem ser feitas para melhorar a sustentabilidade. Além de fazer essas coisas, queríamos, sempre que possível, que elas fossem visíveis e interpretadas para os visitantes. O próprio edifício funcionará como uma exibição de sustentabilidade. Transmitimos isso desde o início aos arquitetos. Não estavam criando somente uma edificação; estavam criando uma exibição.

A partir deste projeto e de muitos outros exemplos, é possível perceber que a escolha do terreno costuma ser uma questão crucial para determinar se um projeto pode atingir metas de sustentabilidade de alto nível. A seção de Terrenos Sustentáveis do sistema de avaliação LEED oferece orientações consideráveis para organizações que são flexíveis em seus critérios de localização. Com frequência, não temos flexibilidade ao escolher o terreno para, por exemplo, o projeto de um campus ou de preenchimento de um vazio urbano. No entanto, existem situações em que dois ou mais terrenos são avaliados para um possível projeto de edificação sustentável. As principais perguntas que devem ser fitas durante essa fase geralmente incluem o seguinte:

1. O programa da edificação funciona melhor em local urbano, suburbano ou rural? É possível agrupar edificações baixas para usos urbanos em vez de um prédio alto?
2. Quem tomará a decisão relacionada à escolha do terreno? Há critérios explícitos? Caso corretores de imóveis sejam utilizados (para ajudar a encontrar um terreno), como irão entender o que realmente estamos buscando?
3. Há restrições, nos terrenos que estão sendo considerados, que prejudicariam o projeto sustentável – como alturas máximas permitidas, drenagem ruim ou solos pobres, lençol freático alto ou disponibilidade limitada de água?
4. O terreno está localizado em áreas agrícolas importantes? Existem terrenos alternativos próximos, mas que não sejam um recurso tão crítico? (Observação: em determinadas áreas, como no Vale Central da Califórnia, Estados Unidos,

EXEMPLO DE PROJETO COM CERTIFICAÇÃO LEED PLATINUM

Escritório da William A. Kerr Foundation, Saint Louis, Missouri, Estados Unidos

Construído originalmente como uma casa de banho em 1895, o edifício localizado em 21 O'Fallon Street acomodava uma oficina de chapeação de carros antes de ser adquirido pela Kerr Foundation. O projeto de reforma de 446 m² custou 1,5 milhão de dólares. Além de funcionar como um escritório para a fundação, o edifício recebe trabalhadores da cidade que usam bicicletas, pois oferece um bicicletário seguro, duchas e vestiários. A energia *in loco* é fornecida por uma microturbina eólica e um sistema fotovoltaico, que suprem 25% da demanda anual de energia da edificação. Um sistema de distribuição de ar sob o piso garante a alta qualidade do ar no interior, o conforto e o menor consumo de energia para ventilação. Aparelhos sanitários de baixa vazão e bacias sanitárias com descarga dupla diminuem a demanda de água potável do prédio. Barris pluviais, biodigestores e uma sala sustentável contribuem para a gestão de águas pluviais. O projeto também foi feito com o objetivo de promover a revitalização das quadras ao redor, atualmente em más condições[7].

Cortesia da TMA Architects LLC & Mary Deweese, Arquiteto Paisagista, Acorn Landscapes.

sem construir verticalmente, é quase impossível evitar o uso de importantes áreas agrícolas para empreendimentos.)

---

[7] Vertegy (August 13, 2007), "Vertegy Delivers St. Louis City's First LEED Platinum Building", http://www.vertegyconsultants.com/news.cfm?id=9, comunicado à imprensa, acessado em abril de 2008.

5. O terreno está localizado mais de 1,5 m acima de uma planície aluvial centenária em um terreno ainda não urbanizado, de modo a impedir enchentes futuras e impactos em edificações vizinhas e em usos do solo?
6. O terreno está em uma área que serve de habitat para uma espécie vegetal ou animal ameaçada ou em risco de extinção? Fizemos um inventário de recursos biológicos do terreno para determinar suas características bióticas únicas?
7. O terreno fica a menos de 30 metros de alguma área de manancial? Existe a possibilidade de usar áreas de manancial preexistentes para a gestão de água pluvial ou de águas residuais?
8. O terreno está em um parque público atual ou antigo (exceto em projetos de parques)? Em caso afirmativo, existem terrenos alternativos que não diminuirão a disponibilidade de parques para uma população crescente?
9. É necessário concluir avaliações ambientais ou relatórios de impacto ambiental em qualquer um dos terrenos considerados?
10. Dentre os terrenos que estamos considerando, quais são mais bem atendidos pelo transporte público preexistente ou planejado (e com verbas disponíveis)?
11. Quais terrenos estão a menos de 400 metros de duas ou mais linhas de ônibus e quais estão a menos de 800 metros de uma estação de trem suburbano, de metrô leve ou de metrô (preexistentes ou planejadas e com verbas disponíveis)?
12. Há um número significativo de serviços comunitários nas proximidades ou os usuários da edificação serão obrigados a sair de carro para almoçar, realizar tarefas e buscar outros serviços de uso frequente?
13. Existe uma edificação preexistente disponível que atenderia às necessidades do projeto e possa ser reformada ou reutilizada? Os custos são semelhantes (por exemplo, considerando os custos das melhorias exigidas por códigos de edificações ou de proteção contra terremotos)?
14. A edificação preexistente é tombada? São possíveis melhorias de projeto sustentável dentro do contexto de preservação de edificações históricas?
15. Quais são os compromissos com a preservação histórica, como a inviabilidade de melhorar o desempenho de energia da edificação?
16. Existem incentivos tributários ou ao desenvolvimento, por parte do governo municipal ou estadual, que seriam importantes para decidir pelo reúso de uma edificação preexistente?
17. Existem terrenos contaminados que poderiam ser adquiridos e recuperados por meio do empreendimento deste projeto? Isso satisfaria necessidades públicas de longo prazo melhor do que o empreendimento em terreno "virgem"?
18. Há vazios urbanos que seriam apropriados para este projeto, a fim de reduzir os impactos de infraestrutura e apoiar os padrões existentes de trânsito e ocupação urbana?
19. Esses vazios urbanos contêm uma densidade de pelo menos 13,8 mil m² por hectare (edificações de dois pavimentos ou mais) bem perto do terreno do projeto, incentivando empreendimentos compactos?
20. Há diversos usos que poderiam ser adequados ao terreno e ajudariam a incentivar o uso do trânsito e a oferta de serviços comunitários (exemplo: habitação, comércio varejista e escritórios mistos)?

21. O terreno possui elementos naturais existentes, como árvores, rios, açudes e mananciais, que deveriam ser protegidos, preservados ou recuperados (por exemplo, cursos de água, cânions ou rotas de migração de animais)?
22. Existem fontes de energia renovável (ventos fortes consistentes/boa orientação solar/água para energia hidráulica/energia geotérmica) no terreno da edificação ou próximas a ele?
23. Esses recursos estão disponíveis para serem utilizados no projeto da edificação?
24. Como é possível adequar da melhor maneira o terreno às fontes de energia renovável da região?
25. Existem padrões ecológicos locais estabelecidos que podem ser aprimorados, como cursos de água e padrões de drenagem, pequenos córregos, espaços verdes e/ou redes de transporte? Há possibilidade de contribuir para a saúde de tais sistemas? Córregos ou cursos de água afetados anteriormente podem ser recuperados como parte do projeto?
26. A edificação pode ser implantada mais perto de mais usuários (seguindo um bom ditado de planejamento: "ofereça acesso primeiramente pela proximidade e, em seguida, pelo transporte")?
27. Há áreas fora do terreno que poderiam ser utilizadas como parte do projeto? (Exemplo: um parque ou manancial vizinho poderia ser usado para o escoamento ocasional de águas pluviais.)
28. Como os elementos do terreno ou de fora dele poderiam prejudicar a capacidade de tornar o projeto sustentável, especialmente em termos de energia renovável (como árvores ou edificações planejadas para o futuro nas proximidades, que talvez sombreassem os painéis fotovoltaicos)?
29. É possível encontrar um terreno que dê mais visibilidade à utilização de recursos renováveis? (No caso da Hard Bargain Farm, descrita no Capítulo 14, o programa foi dividido em duas edificações – uma à sombra e uma sob o sol.)
30. Uma edificação adjacente pode ser usada para dar suporte aos coletores solares que abastecerão o projeto? (Isso é mais provável com parcerias com terceiros visando investimentos solares, utilizando incentivos federais e municipais.)
31. É possível usar uma edificação adjacente para helióstatos que possam refletir luz nas partes mais escuras do terreno? (Pode ser uma alternativa viável para terrenos urbanos de alta densidade.)
32. Há edificações contíguas com programas diferentes e padrões de uso diário/semanal distintos que proporcionariam convênio para estacionamento (exemplo: igreja, cinema, um shopping center próximo, entre outros), de maneira a diminuir a quantidade de estacionamento no terreno?
33. Existem vistas das quais a edificação pode tirar proveito – ou a edificação obstruirá as vistas de outros?
34. Quais amenidades próximas à edificação poderiam ser incluídas em seu programa (serviços de alimentação, clube de esportes com duchas) sem ter de construí-las?
35. A edificação fica perto de fontes de calor residual, águas servidas, esgotos reciclados ou outros recursos que poderiam ser usados de maneira positiva?
36. Há oportunidades para a coleta de água da chuva a partir do escoamento do terreno para utilizá-la na edificação ou em jardins?

> **EXEMPLO DE PROJETO COM CERTIFICAÇÃO LEED PLATINUM**
>
> **Audubon Center, em Debs Park, Los Angeles, Califórnia, Estados Unidos**
>
> Localizado a 10 minutos ao leste do centro de Los Angeles, o Audubon Center, em Debs Park, é um centro natural dentro de uma área selvagem de mais de 110 hectares pertencente ao Departamento de Recreação e Parques do município. O custo total do projeto (excluindo a aquisição do terreno) foi de 5,5 milhões de dólares. O projeto e a construção da edificação de 470 m² custaram aproximadamente 2,5 milhões de dólares – ou quase quatro mil dólares por m². Projetado com o objetivo de consumir apenas 25 mil kWh de energia por ano, o prédio funciona completamente desconectado da rede pública; toda a energia consumida é gerada *in loco*. Com o intuito de consumir 70% menos água do que uma edificação convencional similar, o centro trata todo o esgoto *in loco*. Cinquenta por cento dos materiais usados na edificação foram fabricados na região e 97% dos resíduos da construção foram reciclados[8].

ELABORAÇÃO DO PROGRAMA DE NECESSIDADES

Na fase de elaboração do programa de necessidades, a quantidade de espaço e os vários usos para os usuários individuais da edificação são especificados em detalhes suficientes para que os projetistas comecem a implantá-los dentro da estrutura física. Neste momento, é importante prestar atenção às implicações de energia e ventilação natural da utilização de espaço no edifício. O programa de necessidades também especifica as adjacências, ou seja, os usos que precisam ser agrupados. Tais decisões costumam ser determinadas pela estrutura organizacional do cliente ou pela natureza da obra, como a necessidade de reunir os escritórios e laboratórios dos pesquisadores.

Vamos examinar o processo de criação de outro projeto com certificação LEED Platinum: o Instituto de Biodesign da Arizona State University em Temple, Arizona, Estados Unidos. Há duas edificações finalizadas que são contíguas, uma com certificação LEED Gold e outra com certificação LEED Platinum. O projeto resultou do trabalho em equipe entre a firma de arquitetura de laboratórios Lord Aeck Sargent, conhecida em todos os Estados Unidos, e a Gould Evans, de Phoenix. Jim Nicolow é sócio da Lord Aeck Sargent. Segundo ele[9]:

> Com o edifício do Biodesign (e com outros projetos), descobrimos que, se tivermos a intenção de fazer uma edificação sustentável desde o início, é essencialmente possível obter a certificação Gold dentro de um orçamento de projeto tradicional. Parece que a certificação Platinum tende a ser o limite a partir do qual é necessário considerar energia renovável gerada *in loco* ou outras tecnologias que têm um custo mais elevado. No caso específico do Biodesign, são dois projetos diferentes: o

---

[8] Building Green [online], http://www.buildinggreen.com/hpb/overview.cfm?projectID=234, acessado em abril de 2008.

[9] Entrevista com Larry Lord e Jim Nicolow, Lord Aeck Sargent, março de 2008; Trudi Hummel, John Dimmel e Tamara Shroll, Gould Evans, março de 2008.

Edifício A e o Edifício B. O Edifício A tem certificação Gold, e o B, Platinum. A diferença realmente está no arranjo fotovoltaico sobre a cobertura do Edifício B, que foi suficiente para ultrapassar tal limite. Também percebemos isso em outros projetos. Com um orçamento de projeto convencional, se começarmos com a intenção de construir conforme os padrões do LEED, a certificação Gold é possível. Aparentemente, para obter a certificação Platinum, é necessário ir além do orçamento convencional ou das práticas convencionais.

Larry Lord, outro sócio da Lord Aeck Sargent, fala sobre como o consumo de energia é muito mais elevado em laboratórios e sobre como é possível reduzir consideravelmente esse consumo por meio de projetos inteligentes e da integração total de arquitetura, engenharia e novas tecnologias:

> A arquitetura e a engenharia de laboratórios são interessantes. A necessidade de trazer ar do exterior está na natureza dessas edificações (por causa do que acontece em seu interior). No Arizona, no verão, o ar pode chegar a 43°C ou mais. É preciso resfriá-lo para 13°C (a fim de distribuí-lo dentro da edificação). Portanto, precisamos colocar bastante água fria nas bobinas para resfriar o ar. A seguir, ele é distribuído. Quando começamos o projeto, tínhamos de 10 a 12 trocas de ar [padrão] por hora, o que significa que, de 10 a 12 vezes por ano, entra ar novo; imagine quanta energia é necessária. Isso foi reduzido com o tempo; agora, acontecem de quatro a seis trocas de ar por hora. Do ponto de vista do consumo de energia pura e inalterada, o maior desafio é tentar diminuir o número de trocas de ar para que não tenhamos que resfriar tanto a cada vez. Cada edifício de laboratórios tem o desafio de fazer com que certa quantia de ar entre, fique lá por cinco a 10 minutos (com a taxa de projeto convencional de seis a 12 trocas de ar por hora) e, em seguida, saia pelos exaustores.
>
> Em termos de utilização, por exemplo, o ar retorna à área de escritórios da edificação. É somente um edifício de escritórios convencional, mas o ar extra chega ao átrio, e parte dele aos laboratórios. Uma das estratégias foi, em essência, reutilizar o ar que, em um edifício de escritórios, apenas circularia novamente. Circulamos novamente parte dele, mas, em seguida, ele desce e é usado como parte do ar nos laboratórios. Usamos todas as precauções para evitar a emissão de gases; fizemos o *flush out* do edifício antes de ele ser ocupado, etc. Precisamos nos certificar de que a qualidade inicial do ar é boa.
>
> Nos laboratórios, sabemos que o alto número de trocas de ar proporcionará um ar de alta qualidade, já que os muitos movimentos limpam o ar. É uma nova técnica que foi empregada nesta edificação. Na verdade, nem recebemos um ponto de LEED por ela, pois foi instalada mais tarde. Trata-se de um novo sistema da Aircuity. Basicamente, ele controla o ar que está entrando mediante o controle das válvulas, que, por sua vez, controlam o número de trocas de ar. Agora que o sistema está instalado, o número de trocas de ar diminuiu para quatro por hora. Isso é possível porque o sistema tem algo que chamo de "cheiradores", que detectam se há um problema. Podem identificar vários gases e outros contaminantes. Se detectar um problema, o sistema acelera o circulador de ar e o faz voltar a 10 a 12 trocas de ar por hora.

Quando se trata de reduzir a taxa de trocas de ar, Nicolow diz que o desafio das equipes de projeto (em projetos de laboratório) é envolver com antecedência o pessoal do cliente responsável pela saúde e segurança do ambiente. São outros participantes em potencial que precisam estar envolvidos no processo de projeto integrado. Neste projeto, a Lord Aeck Sargent cuidou da maior parte dos interiores da edificação, enquanto a Gould Evans fez as vedações. Segundo Lord:

> Definimos as funções; é muito importante definir as funções em um projeto. Isso fez o relacionamento [entre as duas firmas] funcionar. É exatamente como uma produção de teatro em que eu tenho um papel, você tem outro papel e deve respeitar os papéis dos demais; precisa fazer sua parte na produção. Funcionou dessa forma.

A equipe da Gould Evans – composta por Trudi Hummel, a sócia encarregada, John Dimmel e Tamara Shroll – falou sobre como viu o processo de projeto integrado funcionar, em termos bastante práticos.

> [Hummel] Foi realmente um trabalho em equipe. Em termos do projeto como um todo, tentamos dividi-lo em partes iguais. Portanto, havia muita motivação de ambas as partes para fazê-lo funcionar. A questão da filosofia interdisciplinar e interativa foi verdadeiramente importante para desenvolver o conceito geral das duas edificações. O átrio interno é um espaço lindo e muito grande; a luz natural entra pelos lanternins no alto. A discussão sobre como isso funcionaria no final foi um diálogo de verdade. Muitas vezes ocorreram conflitos, mas, em nossa opinião, isso não é ruim. Com frequência, é o que gera algumas das melhores ideias.

Uma característica única deste projeto é o modo como a equipe pensou sobre o consumo de água e integrou as iniciativas da paisagista no raciocínio geral.

> [Hummel] Um dos elementos significativos do projeto que realmente demonstra boas práticas de projeto sustentável é a integração do biodigestor, um conceito que foi proposto pela arquiteta paisagista, Christie Ten Eyck. Trata-se de um elemento que está verdadeiramente integrado ao funcionamento geral da edificação, uma vez que coleta a água condensada nos equipamentos mecânicos. Essa água é armazenada e enviada ao sistema de irrigação. Além disso, é um elemento que faz parte da maneira como os jardins são um espaço vivo para os usuários e visitantes da edificação. Faz realmente parte da experiência do terreno. Tornou-se um dos elementos mais famosos do projeto e um exemplo de como a arquitetura e o paisagismo podem trabalhar muito bem juntos.

> [Dimmel] Para levar água ao biodigestor, todos os tubos de queda pluvial precisaram ser organizados de modo a descerem pela lateral da edificação e levarem ao biodigestor. Quando chove, é um acontecimento. Toda a chuva da cobertura é coletada, desce pela edificação e é redirecionada ao biodigestor, que fica em uma área baixa e deserta. Foi necessário muita coordenação dos sistemas prediais para levar todos os drenos à mesma área, passando pelas principais redes de utilidades públicas e pelo nível do subsolo da edificação. Muito trabalho precisou ser feito para chegar a isso, mas o resultado foi realmente espetacular e mostra a essência das pesquisas no Instituto de Biodesign.

> [Shroll] Existe uma ótima conexão com o tipo de pesquisa que de fato é feito no Instituto de Biodesign, muito em torno da natureza. Eles estão tentando solucionar todos os tipos de problemas com sua pesquisa, mas pelo ponto de vista da natureza [como ela soluciona problemas semelhantes]. A ideia era que tivessem uma conexão entre seus escritórios e essa paisagem incrível, muito relacionada ao deserto. Foi um aspecto motivacional e inspirador da conexão entre um edifício e o local onde está implantado.

As dificuldades de fazer com que algo aconteça são um exemplo de quão forte a equipe de projeto precisa ser em termos de força das ideias de projeto e daquilo que a equipe está tentando alcançar junta. Quando as ideias são fortes, e como houve um suporte incrível por parte do gerente de projeto da universidade, alguns dos conflitos parecem naturais, porque todos estão buscando o mesmo objetivo. Algumas das perguntas a fazer durante a fase de elaboração do programa de necessidades incluem:

1. De que tamanho a edificação realmente precisa ser (maior ou menor do que o pensado inicialmente)? Podemos pagar pelo que precisamos ou teremos de reduzir o programa de necessidades? (Isso aconteceu no projeto do Ohlone College, pois o objetivo preponderante era ter uma edificação sustentável de alto desempenho dentro de um orçamento preestabelecido.)
2. Nossos pressupostos quanto ao uso da edificação ainda são válidos com relação a tendências sociais emergentes e estabelecidas, como uso da internet, transporte para o trabalho, 100% do trabalho feito de casa, etc.? (Em outras palavras, ainda precisamos de todo o espaço que achávamos que precisávamos?) Caso nossos pressupostos estejam incorretos e tenhamos construído um espaço grande demais para as nossas necessidades atuais, podemos alugar espaços para terceiros por cinco ou 10 anos?
3. Existem partes desta edificação que não exigem a construção de uma edificação permanente? Por exemplo, é possível acomodar usos sazonais e periódicos por meio de construções temporárias ou espaços parcialmente fechados, como serviços alimentares em um campo de golfe? Mais arquitetos estão testando construções temporárias – em um caso, um escritório de vendas com 930 m² e certificação LEED Silver feito para um grande empreendedor de Seattle (Estados Unidos) foi projetado especificamente para ser desconstruído a fim de poder ser transferido facilmente para outro terreno quando o empreendedor precisasse do terreno em que estava para futuras fases de edificação.
4. Há elementos do programa da edificação que podem ser sobrepostos em espaços multiuso a fim de reduzir o tamanho do prédio? O estacionamento compartilhado é uma maneira óbvia de reduzir os impactos ambientais; outro exemplo óbvio são espaços para reunião compartilhados em escolas, que podem ser usados para reuniões comunitárias à noite.
5. Estamos projetando a edificação de forma que seja flexível o suficiente para se adaptar a uma nova vida depois que nos mudarmos ou que ela se torne pequena demais? As paredes internas podem ser movidas facilmente sem afetar a resistência da estrutura? (Alguns anos atrás, visitei um projeto em Oslo, na Noruega, e percebi que é muito comum que os prédios menores de lá sejam projetados sem paredes portantes internas, permitindo que outros usos sejam acomodados com maior facilidade no futuro simplesmente por meio da movimentação de paredes.) Novos sistemas de paredes desmontáveis estão disponíveis no mercado e contribuem para essa tarefa.
6. A planta baixa permite a expansão fácil da edificação ou a expansão de sistemas de refrigeração para centros de dados futuros ou uma maior carga de ocupação? É mais fácil esperar que talvez tenhamos de acrescentar mais condicionamento de ar no futuro do que projetar uma edificação de maneira demasiadamente rí-

gida para os usos atuais. Afinal, "longa vida, flexibilidade, baixa energia" é uma das definições originais de projeto sustentável.

7. Devemos construir PARA CIMA ou PARA OS LADOS? Há vantagens relativas em ambos; uma edificação mais alta tende a consumir menos energia por metro quadrado de área construída, pois existem menos áreas de paredes e menos coberturas. Uma edificação mais baixa consome menos energia para elevadores, etc.
8. Existem bônus de índice de ocupação para se dedicar a edificações sustentáveis ou atingir outras metas para a melhoria da vida nas cidades como "1% para as Artes", que poderiam afetar o programa da edificação?
9. Há lugares no interior da edificação que promoveriam um sentimento de comunidade, como locais de encontro, áreas naturais, jardins de inverno ou áreas de alívio visual?
10. No caso de um novo projeto, é possível dimensionar o estacionamento de forma a não exceder as exigências do zoneamento municipal e fornecer vagas preferenciais para o uso compartilhado de automóveis (*carpool*) que contemplem pelo menos 5% dos usuários da edificação?
11. No caso de um projeto de reforma, é possível não adicionar estacionamento e fornecer vagas preferenciais para o uso compartilhado de automóveis (*carpool*) que contemplem pelo menos 5% dos usuários da edificação?
12. Podemos oferecer estações de recarga de combustíveis alternativos para o transporte (veículos elétricos, híbridos [de carregar em uma tomada] ou a gás natural comprimido) para 3% da capacidade total de estacionamento de veículos do terreno?
13. É possível oferecer um bicicletário seguro para pelo menos 5% dos usuários da edificação, com duchas convenientes e vestiários, na proporção de uma ducha para cada 10 pessoas?
14. Todos (ou pelo menos 90% de todos os espaços ocupados) terão contato visual direto com o exterior?
15. Os usuários finais estão envolvidos no planejamento para elaborar um programa mais exato?
16. Os usuários finais podem se familiarizar com os sistemas prediais antes da ocupação?
17. Que grau de manutenção está disponível e o que será necessário para a edificação?
18. Que "impacto" (isto é, faturamento anual) é esperado para os escritórios e como isso pode afetar a escolha dos sistemas prediais e a economia de vários sistemas prediais, como os sistemas de distribuição de ar sob o piso?
19. Será um espaço flexível – ou seja, com planta livre – e como as decisões relativas a espaços abertos *versus* espaços fechados podem ser examinadas em termos de impacto nas opções de projeto sustentável?
20. As barreiras à iluminação e à ventilação naturais, como paredes internas altas e paredes sólidas, podem ser mantidas afastadas do perímetro para permitir a penetração plena da iluminação natural?
21. O perímetro pode se tornar uma área de circulação, com escritórios privados no interior do espaço, e não no exterior, para facilitar a iluminação natural e vistas do exterior?

> **EXEMPLO DE PROJETO COM CERTIFICAÇÃO LEED PLATINUM**
>
> **Center for Neighborhood Technology (CNT), Chicago, Illinois, Estados Unidos**
>
> Tendo obtido a certificação LEED em dezembro de 2005, o edifício com cerca de 1.280 m² abriga o Center for Neighborhood Technology, uma organização sem fins lucrativos com sede em Chicago. Com custo de aproximadamente 880 dólares por m², esta reforma custou consideravelmente menos que outras convencionais feitas na cidade, que variavam, na época, de 970 a 1.400 dólares por m². O edifício foi projetado com o objetivo de consumir 50% menos energia que uma edificação convencional. Um reservatório termoacumulador funciona como principal sistema de refrigeração da edificação e transfere as cargas de refrigeração elétrica de pico para o período da noite, quando é feito gelo para satisfazer as necessidades de refrigeração do dia seguinte. Materiais reciclados, regionais e saudáveis correspondem a 13% do custo total de materiais da edificação. Uma pavimentação externa permeável foi utilizada no estacionamento a fim de incentivar a infiltração de águas pluviais; a área remanescente do terreno é um jardim pluvial[10].

22. O orçamento deste projeto será suficiente para quaisquer custos adicionais de projeto e/ou capital necessários para atingir as metas de sustentabilidade?
23. Definimos ou deveríamos definir metas para o uso de energia renovável *in loco* (principalmente solar) neste projeto – digamos, 2,5% do consumo total de energia, 7,5%, 10% ou mais?
24. Existem exigências adicionais de orçamento para elementos de sustentabilidade disponíveis em fontes de financiamento internas ou externas, como parcerias de financiamento com terceiros para sistemas fotovoltaicos?

ESTUDOS PRELIMINARES

Um dos aspectos mais negligenciados dos projetos com certificação LEED Platinum é que a maioria contou com a presença do empreiteiro no conselho desde o início, executando diversos aspectos dos estudos preliminares e serviços anteriores à construção. John Pfeifer é diretor sênior da McGough Construction, em Minneapolis, Estados Unidos; sua equipe acabara de finalizar (primeiro semestre de 2008) o projeto de um edifício de escritórios alto na cidade que deve receber 58 pontos na escala LEED e obter a certificação LEED Platinum. Ele fala acerca da importância dos esforços de estudos preliminares:

> Com este projeto em especial, levamos essas ideias [colaborativas] ao extremo. Envolvemo-nos com os serviços anteriores à construção antes de o arquiteto fazer quaisquer desenhos significativos. Integramos a equipe inteira no princípio do projeto – não apenas o arquiteto e a McGough, mas também um proprietário extremamente participativo, bem como todos os consultores. Como a sede da Great River Energy queria obter a certificação LEED Platinum, uma das primeiras coisas que

---

[10] Green Bean [online], http://greebean.typepad.com/greenbeab/2007/05/center_for_neig.html, acessado em abril de 2008.

fizemos foi analisar a planilha de pontos do LEED e entender todos os parâmetros, especialmente os de implantação e aspectos e condicionantes geográficos. Definimos ainda no início quais pontos eram fáceis de obter – se isso fosse possível –, quais pontos não tínhamos chance de obter e, em seguida, analisamos tudo o que havia entre eles. Classificamos os pontos fazendo as seguintes perguntas: Isso é possível? Até que ponto? Qual o risco de gastos extras? A seguir, resolvemos tal equação até chegarmos a uma faixa de 55 dos 58 pontos, o que gera um fator de conforto quando se espera obter uma certificação Platinum.

Não teríamos um projeto de sucesso se não tivéssemos planejado de modo intensivo com antecedência. Com o passar dos anos, o setor demonstrou que qualquer custo acentuado de pré-planejamento – e isso provavelmente se aplica a qualquer projeto, seja de alto desempenho, LEED de nível elevado ou não –, caso seja feito de maneira eficiente, cobre os dividendos no final. Se for possível atenuar a necessidade de modificações de última hora, horas extras de trabalho e um cronograma expedido, ficará bem à frente de quaisquer custos adicionais incorridos no pré-planejamento. Mas este precisa ser feito de maneira eficiente. Também é possível perder tempo durante o projeto; talvez seja um dinheiro que não poderá ser recuperado e que não foi utilizado bem.

Este projeto demonstra a importância de fazer as perguntas certas durante os estudos preliminares de cada projeto com o objetivo de obter resultados de alto desempenho. Mais uma vez, percebemos a verdade do velho ditado: "Não vá e faça algo, simplesmente; sente-se aí (e pense)".

10
Definição do Conceito e Elaboração do Partido de Arquitetura

Nas fases de definição do conceito e elaboração do partido de arquitetura, a equipe de um projeto de alto desempenho normalmente investiga as principais alternativas em termos de sistema, examinando recursos naturais livres como energia solar, eólica e geotérmica; esquemas de controle climático; alternativas para a fachada, edificação, volumetria e orientação no terreno. Nesta etapa, a equipe pode fazer alguns cálculos aproximados relativos ao consumo de energia e às alternativas para economia de energia. Em seguida, pode fazer uma estimativa rudimentar dos custos, embora não saiba o suficiente para obter estimativas mais detalhadas. No final desta fase, precisa saber bastante sobre os principais sistemas prediais, deixando as análises detalhadas para a fase de desenvolvimento de projeto, junto com estimativas de custo mais apuradas e revisão dos aspectos construtivos.

Nunca é demais ressaltar a importância de considerar as estratégias de sustentabilidade durante essas duas fases; o motivo por trás das perguntas feitas nos Capítulos 9 a 13 é evitar que ideias boas sejam deixadas de lado na pressa de "fazer alguma coisa". Um texto magistral acerca da elaboração do partido de arquitetura diz o seguinte[1]:

> Durante a definição do conceito, o proprietário se convence de que a equipe de projeto tem uma visão a qual vale a pena almejar. Durante a elaboração do partido de arquitetura, a equipe de projeto se convence de que a visão vendida ao proprietário é realmente viável. Raramente grandes ideias se inserem no processo de projeto depois destas fases iniciais.

Em outras palavras, cada projeto começa com um grau de confiança, primeiramente por parte do proprietário, de que a equipe está à altura do trabalho. Durante a fase seguinte, a equipe demonstra que realmente é capaz de implementar a visão original do projeto ou que precisa alterá-la devido a novas descobertas: sobre o terreno, os interesses dos atores, os recursos disponíveis, dinheiro, etc. Depois que uma direção de projeto específica é escolhida, praticamente só uma grande mudança (como

---
[1] David Posada, em Alison G. Kwok e Walter T. Grondzik, *The Green Studio Handbook*, 2007, Amsterdam: Elsevier/Architectural Press, p. 18.

mudança de proprietário ou nos interesses do proprietário) impedirá o trem de deixar a estação. Portanto, utilizar o tempo necessário para ponderar todas essas questões é crucial para colocar a direção do projeto no caminho da sustentabilidade. A essa altura, o lema do projeto sustentável pode ser: "não se atire de cabeça no projeto; use tempo para pensar, estudar, analisar e discutir".

QUESTÕES SOBRE O CONCEITO E O PROCESSO

A esta altura do projeto, a equipe precisa estar suficientemente confortável com o processo de projeto integrado para começar a fazer perguntas e respondê-las.

1. Até que ponto queremos que a edificação seja ostensivamente "sustentável", com estratégias ambientais à vista e não funcionando de maneira discreta, "nos bastidores"?
2. A edificação poderia instruir outras pessoas deixando os elementos de sustentabilidade mais evidentes, como uso de painéis fotovoltaicos ou uma cobertura verde, ou expondo seu funcionamento interno para mostrar sistemas, como a operação de uma roda de entalpia para recuperação de energia?
3. Para o cliente, quais são os benefícios de se ter elementos de sustentabilidade tão evidentes?
4. A equipe inteira está comprometida com um processo de projeto integrado? Alguém está claramente encarregado do processo? Todos os membros da equipe assinaram um documento do processo, comprometendo a si mesmos e suas organizações a seguirem em frente como um grupo?
5. Consideramos um "fórum de sustentabilidade" ou uma "ecocharrete" para contribuir para a definição do conceito e elaboração do partido de arquitetura? Quem será convidado para tal fórum?
6. Consideramos uma charrete de projeto orientada ao LEED para facilitar o alcance das metas de sustentabilidade do projeto?
7. Em caso de reforma de uma edificação preexistente, podemos manter pelo menos 75% da área das vedações preexistentes (excluindo os sistemas de janela)?
8. No caso de edificações preexistentes, podemos manter pelo menos 95% da área das vedações preexistentes e pelo menos 50% do volume de elementos que não fazem parte das vedações (paredes internas, pisos, forros)?

EXEMPLO DE PROJETO COM CERTIFICAÇÃO LEED PLATINUM

Escola Chartwell, Seaside, Califórnia, Estados Unidos

A Escola Chartwell é uma organização particular que ajuda crianças entre seis e 14 anos a superarem dificuldades de aprendizado. Localizada na zona de clima litorâneo de Monterey Bay, na Califórnia, a Escola Chartwell seguiu os protocolos definidos pela Collaborative for High Performance Schools, além das exigências do LEED. Um sistema fotovoltaico de 30 kW produz 53 mil quilowatts-hora de eletricidade por ano e evita a emissão de 27 toneladas de CO_2 no mesmo período. O projeto espera diminuir o consumo de energia em 60% em comparação com um edifício convencio-

> nal similar. Utiliza aparelhos sanitários que economizam água, paisagismo eficiente e um reservatório de águas pluviais para reduzir o consumo de água em estimados 60%. Acabamentos com poucos compostos orgânicos voláteis, ventilação natural e sensores de CO_2 contribuem para a alta qualidade do ar no interior[2].

QUESTÕES SOBRE O TERRENO

Agora é hora de responder perguntas específicas sobre o uso do terreno de maneira mais detalhada. Com frequência, uma exploração mais detalhada das oportunidades e condicionantes do terreno pode ajudar a definir o projeto da edificação em termos de escolha de materiais, localização do prédio no terreno e usos similares.

1. Há materiais no terreno que podem ser utilizados ou reutilizados? (Pedras; árvores; argila para tijolos de adobe, solo para "solo-cimento", taipa de pilão, solo "peneirado" para reúso, pisos ou concreto preexistente para preenchimento ou muros de arrimo.)
2. De que formas podemos melhorar e/ou limitar nosso impacto sobre o habitat de vida selvagem no terreno do prédio e em suas proximidades (por exemplo: o projeto do terreno pode preservar ou aprimorar os corredores de vida selvagem)?
3. É possível reduzir a área de ocupação do empreendimento (incluindo edificações, utilidades, acesso e estacionamento) de modo a exceder as exigências locais de espaço aberto em 25% ou mais?
4. Em terrenos urbanizados anteriormente, podemos recuperar pelo menos 50% da área aberta restante por meio do plantio de vegetação nativa ou adaptada?
5. Em um terreno novo, podemos limitar os transtornos, incluindo a terraplenagem e a remoção de vegetação, a 40 pés além do perímetro da edificação? Como inseriremos essas exigências nas especificações da Divisão 1 para serem seguidas pelo empreiteiro geral?
6. O projeto está em harmonia com o terreno ou o altera ostensivamente? (Exemplos: escavação/remoção de vegetação extensivas, interrupção de corredores de habitat, entre outros.)
7. Se tivermos de alterar parte do terreno, podemos salvar a vegetação nativa e replantá-la no terreno ou, quem sabe, em outro local, posteriormente?
8. Nosso programa responde às características exclusivas do terreno, tais como topografia, bosques, pastos ou proximidade com corpos de água?
9. O projeto do terreno cria espaços externos ecologicamente úteis? Estamos incorporando a preservação do habitat ao projeto – por exemplo, criando passarelas com frestas no piso sobre biodigestores ou córregos para que a luz do sol chegue à parte debaixo?
10. As características da água podem ser usadas para fins pedagógicos, como um açude para gestão de águas pluviais ou até mesmo bacias de detenção construídas que também possam ser utilizadas em aulas de escola?

---

[2] Chartwell School [online], http://www.chartwell.org/index.cfm?Page=132, acessado em abril de 2008.

11. O projeto de circulação é capaz de reduzir a área de superfícies impermeáveis ou encontrar outras maneiras de dar suporte aos veículos, incluindo veículos de emergência que exijam menos pavimentação?
12. Consideramos a recuperação do terreno como parte do programa da edificação? Em caso afirmativo, estamos comprometidos com a criação de áreas naturais em vez de proporcionar áreas de recreação ativa?
13. Começamos a consultar o arquiteto paisagista acerca da preservação da vegetação do terreno e possível recuperação, se apropriado? No caso de um terreno urbano, estamos falando sobre economizar água e criar um habitat inclusive em nossas floreiras e canteiros?
14. Como o projeto pode ser adaptado ao local e/ou região, por exemplo, mediante o uso de materiais de construção regionais ou *in loco*, além de referências de projeto aos elementos locais ou naturais?
15. Existem elementos de paisagismo como árvores ou corpos de água que podem ser trazidos para dentro da edificação a fim de conectar o interior com o exterior e, portanto, intensificar o "espírito" do lugar? E quanto a jardins de inverno ou outros espaços de transição entre o exterior e o interior?

EXEMPLO DE PROJETO COM CERTIFICAÇÃO LEED PLATINUM

Escola do Meio Ambiente Donald Bren, University of California, Santa Barbara, Estados Unidos

Segunda edificação a receber a certificação LEED Platinum, a Escola do Meio Ambiente Donald Bren é um prédio acadêmico com laboratórios e salas de aula localizado perto do Oceano Pacífico, em Goleta, Califórnia. Esta edificação com 7.866 m² custou, no início da década de 2000, 26 milhões de dólares. Vinte e cinco por cento das necessidades de energia do prédio são supridas por uma combinação de energia fornecida pela rede pública e gerada com gás metano oriundo de um depósito de lixo ou gerada pelos painéis fotovoltaicos instalados na cobertura (que fornecem 7% da energia consumida). A economia de energia é de 49% em comparação com uma edificação que segue a norma ASHRAE 90.1-1999. Travas mecânicas nas janelas de abrir sentem quando as janelas estão abertas e desligam automaticamente o sistema de climatização. O projeto utiliza materiais reciclados em toda a edificação, incluindo poeira de borralho no concreto (80% reciclado), armaduras de aço da estrutura de concreto (80% a 100% recicladas), materiais à prova de fogo (feitos de gesso, poliestireno, celulose e papel jornal) e lajes *steel deck* (30%)[3].

Questões sobre a gestão da água no terreno

A água está se tornando uma preocupação crucial em muitos projetos de alto desempenho. Uma equipe de projeto integrado enxerga a água de maneira muito mais holística, considerando o "equilíbrio hídrico" do terreno como um todo. Algumas perguntas importantes incluem o seguinte:

---

[3] Architectural Energy Corporation [online], http://www.archenergy.com/services/leed//donald_bren/, acessado em abril de 2008.

1. Como as águas pluviais podem ser gerenciadas no projeto do terreno a fim de reduzir o impacto da adição de áreas impermeáveis sobre os esgotos pluviais e cursos de água? Estamos considerando o uso de biodigestores e outros métodos para retenção de águas pluviais *in loco*?
2. Em um sítio "virgem" ou recentemente urbanizado, é possível implementar um plano de gestão de águas pluviais que não resulte em aumento líquido na taxa ou quantidade de escoamento pluvial de condições preexistentes a urbanizadas?
3. Em um terreno urbanizado preexistente, com impermeabilidade superior a 50%, podemos escolher medidas de cobertura, pavimentação e paisagismo que reduzam o escoamento pluvial em 25%? Quais medidas específicas nós poderíamos considerar? Este projeto poderia incorporar uma cobertura verde como parte do plano de gestão de águas pluviais?
4. Estudamos o perfil topográfico e os tipos de solo do terreno para determinar a melhor maneira de gerenciar as águas pluviais *in loco*?
5. Há dados de testagem de solo disponíveis para determinar as taxas de percolação e o potencial de recarga do lençol freático a partir das precipitações naturais?
6. É possível projetar e especificar sistemas de tratamento para águas pluviais que removam 80% dos sólidos suspensos totais (TSS) mediante o uso de melhores práticas de gestão?
7. Consultamos o engenheiro civil e os agentes municipais de obras públicas e planejamento a respeito de quaisquer especificidades na gestão dos recursos de água no terreno?
8. Seremos autorizados a recuperar a água pluvial e reutilizá-la *in loco* ou isso é proibido por lei estadual, como acontece atualmente em Washington e no Colorado?
9. O projeto da edificação pode ajudar a recuperar cursos de água que atravessam o terreno, passam por baixo dele ou são contíguos a ele?

Questões sobre coberturas verdes e poluição luminosa

A questão das coberturas verdes e da redução da poluição luminosa envolve o arquiteto, o engenheiro elétrico e o paisagista; além disso, cria um fórum para considerações de projeto integrado.

1. A colocação de equipamentos mecânicos na cobertura ainda permitirá uma cobertura verde? E quanto a exaustores de fumaça acima de um átrio? Podem ser diminuídos para permitir mais espaço para a cobertura verde?
2. Uma cobertura verde é viável? O orçamento permite o custo adicional? Os atores apreciarão o benefício e os valores práticos de uma cobertura verde? A cobertura verde estará disponível para *tours* ou recreação passiva?
3. A cobertura verde deve ser extensiva (rasa) ou intensiva (profunda)?
4. A iluminação noturna no terreno não irá incomodar nossos vizinhos?
5. A iluminação noturna (orientação e níveis) no terreno ainda permitirá níveis de escuridão apropriados para os animais e aves noturnos?
6. Existe alguma lei de "poluição luminosa" nesta jurisdição que afete os níveis de iluminação noturna?

7. Podemos satisfazer as exigências de poluição luminosa das agências de vigilância ambiental referentes ao local onde estamos construindo ou urbanizando?

QUESTÕES SOBRE A ÁGUA

Muitas pessoas acham que a água será o petróleo do século XXI – o recurso que definirá a civilização em muitos locais. O consumo de energia para fornecimento de água e o tratamento são responsáveis por mais de 10% da energia consumida em uma edificação. Portanto, as perguntas sobre a água são muito importantes para o projeto integrado da edificação.

1. Consideramos formas de reduzir, reutilizar ou recarregar as águas pluviais que caem sobre a edificação? Temos orçamento para sistemas hidráulicos duplos, o que permitirá que as águas pluviais sejam reutilizadas na edificação?
2. A jurisdição municipal permitirá que as águas servidas e pluviais sejam reutilizadas para irrigação de jardins e/ou uso na edificação, como em descarga das bacias sanitárias, recarregamento das torres de refrigeração, lavagem de estacionamentos, entre outros? Em caso negativo, podemos apelar ao bom senso e pedir-lhes que autorizem tais sistemas?
3. Na área de cobertura disponível para coleta, há águas pluviais suficientes para abastecer as bacias sanitárias e os mictórios públicos da edificação? As precipitações são extremamente sazonais (como na Costa Oeste dos Estados Unidos) ou distribuídas de maneira mais equilibrada durante o ano?
4. Existe um espaço adequado dentro da edificação ou no terreno para o armazenamento subterrâneo ou mesmo superficial das águas pluviais coletadas?
5. Definimos metas explícitas de conservação de água para este projeto, em comparação com as exigências de aparelhos sanitários da Lei de Políticas de Energia [*Energy Policy Act*] de 1992 (aparelhos com vazão extremamente baixa, mictórios sem água, etc.)? É possível diminuir o consumo de água em 30% ou mais em comparação com edificações convencionais?
6. Existem exigências municipais mais rigorosas quanto à conservação de água, em função do clima local ou condições de seca atuais?
7. Definimos o consumo de água básico desta edificação que pode ser usado para avaliar oportunidades de conservação de água?
8. Podemos reduzir o consumo de água potável para a descarga de bacias sanitárias e de mictórios em pelo menos 50% por meio da utilização de aparelhos sanitários de baixa vazão, bacias sanitárias com descarga dupla, mictórios sem água e outros meios?
9. Consideramos o uso de vegetação nativa e/ou adaptada para os jardins do terreno? Podemos usar as plantas para criar um habitat para a fauna local?
10. Orientamos o paisagista a reduzir o consumo de água para a irrigação dos jardins? Em 50%? Em 100%?
11. No caso de um edifício alto, podemos usar parte do reservatório de armazenamento *in loco* para os sprinklers também para armazenagem de águas pluviais, dessa forma combinando os usos e economizando dinheiro?

> **EXEMPLO DE PROJETO COM CERTIFICAÇÃO LEED PLATINUM**
>
> **Centro Ambiental Philip Merrill, Anápolis, Maryland, Estados Unidos**
>
> O Centro Ambiental Philip Merrill situado em Anápolis, Maryland, Estados Unidos, funciona como sede da Chesapeake Bay Foundation. Concluído em dezembro de 2000, este prédio de dois pavimentos com quase 3 mil m² custou um total de 7,5 milhões de dólares. O projeto foi o primeiro dos Estados Unidos a receber a certificação LEED Platinum, dentro do programa piloto original do USGBC para os sistemas de certificação LEED. O Merrill Center consome aproximadamente dois terços de energia a menos que um escritório convencional. Sua orientação leste-oeste e janelas de abrir foram projetadas com o objetivo de aproveitar a iluminação e ventilação naturais. As paredes e a cobertura foram construídas com painéis estruturais isolados. Aproximadamente um terço da energia consumida pela edificação vem de fontes renováveis, incluindo painéis fotovoltaicos e bombas de calor geotérmicas[4].

QUESTÕES SOBRE ENERGIA

Em outro contexto, o poeta William Blake uma vez escreveu que "a energia é um prazer eterno e aquele que deseja, mas não age, gera pestilência"[5]. Esta é uma boa introdução a um sério problema atual no projeto de edificações de alto desempenho, no caso, dar-se conta de nosso desejo de diminuir drasticamente o consumo de energia no projeto, construção e operação de edificações. A pestilência seria, nesse caso, o aquecimento global decorrente do crescimento contínuo das emissões globais de dióxido de carbono – das quais praticamente a metade vem de edificações comerciais e residenciais.

Mais projetos estão se esforçando para alcançar o consumo de energia líquida zero por meio do uso de geração de energia *in loco* e compra de energia sustentável para compensar quaisquer diferenças entre a geração *in loco* e o consumo propriamente dito. Como a maioria das edificações depende de eletricidade para a maior parte de sua energia (usando gás ou óleo combustível principalmente para aquecimento de água e calefação de ambientes), a geração de eletricidade *in loco* por meio de microturbinas ou de sistemas fotovoltaicos está se tornando uma maneira aceitável de lidar com a geração de energia *in loco*. A Figura 10.1 mostra a lógica da geração *in loco*. Os processos convencionais de distribuição remota de energia elétrica perdem entre 67% e 75% de toda a energia primária, aproximadamente, no caminho desde a usina até o usuário; por outro lado, a geração de energia *in loco* é cerca de 80% mais eficiente no fornecimento de energia primária para usos finais. Decisões sobre a utilização de sistemas de geração de energia *in loco* devem ser tomadas durante a fase de elaboração do partido de arquitetura.

Nesta etapa do projeto, a forma *como* abordamos o problema é tão importante quanto aquilo que realmente acabamos fazendo. Andy Frichtl, um ex-colega e engenheiro mecânico da Interface Engineering em Portland, Oregon, Estados Unidos, chefiou a equipe de projeto mecânico e elétrico da maior edificação do mundo com

---

[4] Chesapeake Bay Foundation [online], http://www.cbf.org/site/PageServer?pagename=about_merrillcenter_energy_main, acessado em abril de 2008.

[5] William Blake, "The Marriage of Heaven and Hell", Plate 66–67, 1792, disponível em www.cyberpat.com/shirlsite/essays/blake.html, acessado em 28 de abril de 2008.

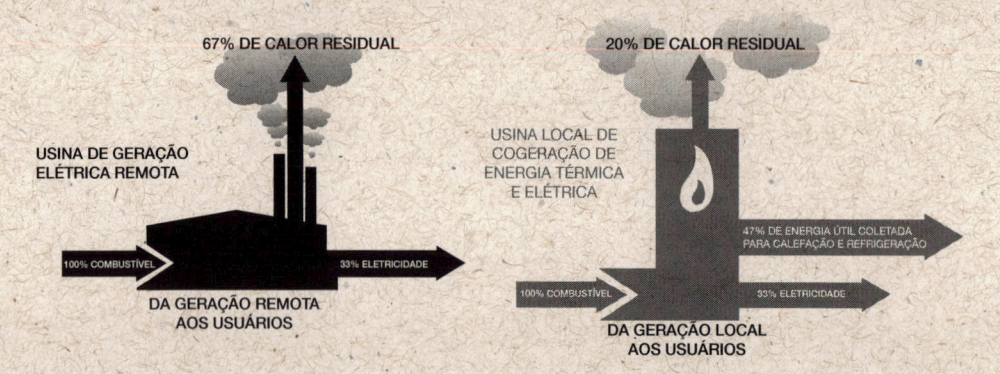

Figura 10.1 A geração de energia *in loco* reduz a perda da fonte primária de energia em mais de 70%.
Redesenhado com permissão da Interface Engineering.

certificação LEED Platinum (até o primeiro semestre de 2008). Ele apresenta oito tarefas de projeto básicas para ter um projeto consciente da energia nesta etapa[6].

- Estimar a quantia e o tipo de energia gratuita originada pelos recursos solares, eólicos e hídricos *in loco*, em conjunto com ar sazonal, lençol freático e temperaturas do solo.
- Usando o programa de necessidades da edificação, estimar os padrões diários, sazonais e anuais de consumo de energia, incluindo variações conforme o horário do dia.
- Estimar os usos finais de energia por tipo (calefação, refrigeração, água quente, iluminação, bombas e motores, ventiladores e cargas de eletrodomésticos) e, em seguida, atacar agressivamente os usos finais maiores (Figura 10.2).
- Elaborar um plano para reduzir a demanda de uso final por meio das estratégias de vedações da edificação, equipamentos mais eficientes e iluminação natural, por exemplo.
- Planejar o aproveitamento dos recursos naturais disponíveis.
- Planejar o uso dos sistemas de armazenamento de energia para moderar as cargas de pico e transferi-las para horários de menor consumo.
- Dimensionar corretamente todos os sistemas mecânicos mediante o uso de uma boa análise das exigências reais.
- Permitir a fácil expansão dos sistemas mecânicos e elétricos com o objetivo de atender aos usos do espaço, integrando, assim, a flexibilidade no programa de necessidades do projeto sustentável.

Phil Beyl é um arquiteto de Portland, Oregon, Estados Unidos, e foi o sócio encarregado do projeto da maior edificação do mundo com certificação LEED Platinum. Ele diz o seguinte sobre o papel dos engenheiros nesta etapa do processo de projeto[7]:

---

[6] *Engineering a Sustainable World: Design Process and Engineering Innovations for the Center for Health and Healing at the Oregon Health & Science University River Campus*, 2005, Portland, Oregon: Interface Engineering, Inc., p. 19.

[7] Entrevista com Phil Beyl, GBD Architects, fevereiro de 2008.

Capítulo 10 Definição do Conceito e Elaboração do Partido de Arquitetura

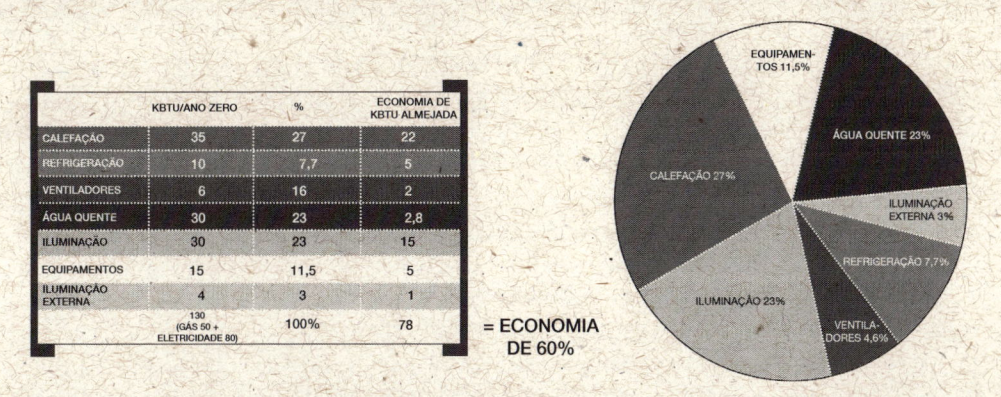

	KBTU/ANO ZERO	%	ECONOMIA DE KBTU ALMEJADA
CALEFAÇÃO	35	27	22
REFRIGERAÇÃO	10	7,7	5
VENTILADORES	6	16	2
ÁGUA QUENTE	30	23	2,8
ILUMINAÇÃO	30	23	15
EQUIPAMENTOS	15	11,5	5
ILUMINAÇÃO EXTERNA	4	3	1
	130 (GÁS 50 + ELETRICIDADE 80)	100%	78 = ECONOMIA DE 60%

- EQUIPAMENTOS 11,5%
- ÁGUA QUENTE 23%
- CALEFAÇÃO 27%
- ILUMINAÇÃO EXTERNA 3%
- REFRIGERAÇÃO 7,7%
- ILUMINAÇÃO 23%
- VENTILADORES 4,6%

Figura 10.2 Estimativas de energia antecipadas referentes às metas de eficiência em energia ajudam as equipes a decidirem acerca das áreas mais produtivas para explorações de projeto.

Estamos na área que traz os engenheiros ao processo de projeto já no início. Achamos que isso é algo muito importante a fazer; na verdade, é absolutamente fundamental. Talvez seja diferente no caso de cada cliente, pois não queremos espantar alguns clientes com engenheiros falando em uma linguagem muito técnica. Mas, em geral, trabalhamos com um grupo de clientes bastante sofisticados que têm condições de lidar com isso.

Esperamos que nossos engenheiros consigam avaliar as ideias em base conceitual. Que consigam usar o histórico de outros projetos e fazer alguns cálculos improvisados rapidamente. Que possam dizer, por exemplo: "Se você diminuir em 40% a 50% a quantidade de vidro na edificação, o resultado será a redução do seu sistema de climatização em X toneladas, o que significa X dólares". Avaliações rápidas desse tipo são necessárias para analisar a qualidade de uma ideia. Pode ser uma ótima ideia, mas talvez só valha alguns centavos. Pode ser uma ideia completamente absurda, mas vale muito dinheiro [por isso, talvez valha a pena explorá-la melhor].

Sempre precisamos resumir a ideia em termos de dólares e centavos para dar prosseguimento a ela, uma vez que todos têm orçamentos. É nesse ponto que vários engenheiros – muitos dos quais trabalham conosco – estão realmente utilizando seus recursos para raciocinar em termos mais conceituais do que em termos de engenharia puros e rápidos. Ainda assim, frequentemente os critico por não terem pessoal suficiente [na equipe] que, em termos de engenharia, possa raciocinar e se comunicar conceitualmente, em vez de precisar saber com exatidão o tamanho de cada janela antes de fazerem um cálculo. Estão acostumados demais a inserir esses valores em uma fórmula de computador relativamente complexa e deixar que o software chegue ao resultado por eles. Precisam ter condições de deixar tal nível de detalhe um pouco de lado e dar [aos arquitetos e proprietários] algumas orientações de nível superior [especialmente nas etapas iniciais do projeto].

Segue uma série de perguntas que podem ser feitas nesta etapa do projeto para avaliar as questões de energia:

1. A vegetação pode ser colocada nos lados norte, nordeste e leste da edificação (no hemisfério sul) (especialmente no caso de edificações baixas e médias) a fim de reduzir as cargas de refrigeração no verão em consequência do sol quen-

te da tarde? Em climas quentes (como os do sul dos Estados Unidos), também consideramos sombrear a fachada leste da edificação?
2. Estamos afetando microclimas solares ou o acesso de nosso vizinho à luz natural e ao ar devido à altura ou massa da edificação – ou mesmo às plantas do terreno? O que podemos fazer para atenuar esse impacto?
3. Como devemos orientar a edificação e como isso afetará nossa capacidade de utilizar iluminação natural e estratégias de projeto solar passivo? Se tivermos uma orientação aquém do ideal devido aos condicionantes do terreno, como podemos acomodar a edificação no terreno sem usar uma quantidade excessiva de energia ou criar "pontos quentes" de superaquecimento?
4. Estudamos o potencial de crescimento futuro de vegetação ao redor do terreno da edificação com o intuito de determinar se isso pode afetar nosso projeto em termos de exigências de iluminação natural, calefação solar passiva e refrigeração?
5. A vegetação preexistente é decídua ou perene? Nosso projeto pode tirar proveito dessas características por meio de elementos solares passivos?
6. Quais elementos devem afetar a forma da edificação, como ventos, luz do sol e topografia?
7. Estamos considerando pés-direitos mais altos, pavimentos mais estreitos e/ou janelas maiores para dar suporte ao projeto de iluminação natural?
8. Caso seja o projeto de um campus ou de diversas edificações, consideramos contratar um terceiro para construir, tornar-se proprietário e operar uma central de água gelada ou de vapor de água (a fim de melhorar a eficiência em energia e reduzir o custo inicial do projeto)?
9. Que nível de controle operacional central queremos ter sobre o ambiente da edificação? Quem ficará encarregado das operações prediais, e como será treinado?
10. Quais são os horários de ocupação e padrões de uso da edificação? Qual é a probabilidade de mudarem em cinco anos? Em 10 anos? E no longo prazo?
11. Quais serão os principais sistemas de fornecimento e consumo de energia da edificação? Podemos especificar e utilizar sistemas de energia com maior potencial de controle de custos no futuro, tais como bombas de calor geotérmicas?
12. Podemos pensar em quantas maneiras diferentes de reduzir a demanda de energia na(s) edificação(ões)? Começamos tendo o ZERO como meta ou estamos apenas tentando diminuir o consumo em relação ao nível de um prédio que atende às exigências mínimas impostas pelo código de edificações?
13. Quanta refrigeração será necessária? Podemos reduzir tal demanda de formas criativas, por exemplo, comprando *notebooks* ou monitores de tela plana com selo ENERGY STAR para todos a fim de reduzir a carga de eletrodomésticos ou exigindo que todos os inquilinos usem equipamentos externos de controle de energia para todos os eletrônicos?
14. É possível condicionar o espaço sem refrigeração mecânica? Como isso seria feito? Podemos usar "tubos subterrâneos" para precondicionar o ar que entra, ou inovações como vigas refrigeradas à água e sistemas de resfriamento passivo por evaporação com fluxos descendentes (em climas mais amenos)?
15. Podemos usar sistemas de calefação e refrigeração hidrônicos mais eficientes (porém, com custo inicial mais elevado) para o projeto?

16. As considerações de custo inicial mínimo irão determinar o uso de sistemas de calefação e refrigeração a ar?
17. É possível projetar as propriedades térmicas das vedações da edificação com o objetivo de eliminar sistemas de calefação no perímetro, como no caso de janelas com vidros triplos em climas muito frios ou com sistemas de janelas mais novos que podem resultar em valores de R-10 ou de isolamento superiores?
18. Caso haja energia geotérmica disponível na região, seu uso foi considerado neste projeto?
19. Consideramos o uso de bombas de calor geotérmico para este projeto? Onde colocaríamos os tubos? Podem ser lançados horizontalmente ou precisamos perfurar poços verticais?
20. Existe uma fonte próxima de água fria, como um lago ou oceano, que poderia ser utilizada para refrigerar a edificação no verão e aquecê-la no inverno com o uso de bombas de calor (em vez de "geotérmico", poderiam ser um exemplo de sistemas "aquatérmicos")?
21. Nossa escolha de sistemas estruturais e de vidraças pode influenciar o grau de infiltração do exterior e de "exfiltração" do ar condicionado do interior, por exemplo, sendo mais fáceis de vedar e permanecerem vedados?
22. Começamos a analisar oportunidades de conservação de energia para este projeto, considerando não apenas o consumo de energia na edificação, mas também a energia incorporada dos materiais e a energia do transporte de e para o terreno?
23. Estipulamos metas de economia de energia em comparação com os códigos estaduais ou com as normas ASHRAE 90.1-2004 (ou revisões posteriores)?
24. Temos os recursos e conhecimentos necessários em nossa equipe de consultores para começar a modelar o consumo de energia e opções de ventilação natural? Podemos fazer alguns estudos antecipados de dinâmica de fluidos computacional quanto à movimentação do ar dentro da edificação para avaliar o potencial de ventilação natural?
25. A empresa de distribuição de energia elétrica municipal ou um órgão do governo municipal ou estadual pagará pela modelagem de energia ou esforços de projeto voltados à iluminação natural?
26. Quais medidas nas vedações devemos considerar para a conservação de energia? Além disso, é possível estabelecer, por exemplo, níveis mínimos de eficiência em energia ou eficiência em energia sustentável para o equipamento de condicionamento de ar?
27. Nossos engenheiros especificarão acionadores de frequência ou velocidade variável para todos os ventiladores e controles com volume de ar variável para toda a distribuição mecânica de ar?

Questões sobre energia renovável

Em última análise, queremos suprir determinada porcentagem de consumo de energia previsto na edificação com recursos renováveis *in loco*, especialmente a eletricidade solar. A maneira como pensamos essa oportunidade pode, muitas vezes, determinar se será concretizada no projeto.

1. Estamos prevendo instalações solares futuras na edificação (em termos de projetar superfícies de cobertura e o caimento da cobertura)? Podemos integrar os sistemas fotovoltaicos ao sombreamento da fachada norte da edificação?
2. Existem maneiras de assegurar o fornecimento de pelo menos 5% a 10% (ou mais) do consumo de energia da edificação com energia (solar) renovável *in loco*?
3. Investigamos fontes locais de "energia sustentável" para possível inclusão no projeto? É possível fazer com que este projeto tenha um consumo de energia líquida zero, considerando o consumo de energia no terreno?
4. Há fontes de energia sustentável disponíveis na empresa de distribuição de energia elétrica municipal ou poderemos comprar energia sustentável de outro fornecedor? Esses programas de energia sustentável têm o certificado do Center for Resource Solutions ou outro terceiro independente aceitável? Podemos adquirir Créditos de Energia Renovável (RECs) para este projeto?
5. Qual é o custo extra atual e futuro provável da energia sustentável? Isso foi comunicado ao proprietário ou empreendedor da edificação para fins de consideração? Temos diretrizes para comprar RECs ou buscar, de outra forma, uma edificação ou instalação com "carbono zero"?
6. Caso equipamentos mecânicos sejam colocados na cobertura, ainda haverá espaço para painéis fotovoltaicos? Por que os equipamentos mecânicos não podem ser colocados no pavimento de subsolo?
7. Podemos projetar nossos sistemas elétricos de modo a prever reformas futuras no sistema de geração de energia solar, levando fiação à cobertura e permitindo espaço para um inversor dimensionado na sala de distribuição elétrica?

Paul Stoller é sócio do escritório de Nova York do Atelier Ten, empresa internacional especialista em engenharia de energia e projeto responsivo ao clima, que foi convidado a participar do projeto do Edifício e Galeria de Esculturas da Yale University, feito pela Kieran Timberlake Associates (veja o Capítulo 3). O Atelier Ten concluiu diversos projetos em Yale; por isso, podemos considerar que a universidade confia em suas habilidades. Stoller falou sobre a abordagem de sua equipe a esse projeto específico com certificação LEED Platinum[8].

> Foi um projeto incomum em função da urgência. Essa urgência fez com que as decisões tivessem de ser tomadas muito rapidamente. Deu certo porque as decisões eram tomadas com eficiência e rapidez e também porque a equipe de projeto era extremamente capaz. Tínhamos boas ideias sobre o que produziria uma edificação de alto desempenho. Trabalhamos com essas ideias em todas as reuniões de projeto – a cada duas semanas, quando realizávamos as sessões regulares – e o projeto evoluiu muito rapidamente.
>
> A fase de definição do conceito de arquitetura foi a primeira metade do processo de elaboração do partido. Nessa fase, fizemos modelagens, examinando toda uma série das principais opções para o desempenho da edificação. Modelamos as implicações da porcentagem de vidraças no desempenho das paredes, no desempenho da iluminação natural, nas estratégias de controle e na ventilação por deslocamento

---

[8] Entrevista com Paul Stoller, Atelier Ten, março de 2008.

EXEMPLO DE PROJETO COM CERTIFICAÇÃO LEED PLATINUM

Centro de Educação Ambiental Merry Lea/Reith Village, Wolf Lake, Indiana, Estados Unidos

A Reith Village é uma estação de campo ecológica para estudo ambiental universitário no Centro de Educação Ambiental Merry Lea do Goshen College, localizada ao sul de Wolf Lake, Indiana, Estados Unidos. Inclui dois prédios para acomodação de estudantes e um terceiro que funciona como centro de aprendizado e estação de campo ambiental. Painéis fotovoltaicos e uma microturbina eólica geram mais de 20% da energia elétrica necessária pelas edificações. Um sistema térmico solar fornece água quente para os usuários. Bombas de calor geotérmico diminuem o consumo de energia em mais de 60% em comparação com práticas convencionais. Produtos renováveis e reciclados foram usados em todo o projeto. Um reservatório subterrâneo coleta águas pluviais, que são filtradas e bombeadas até as edificações para serem usadas na lavanderia e na descarga de bacias sanitárias[9].

do ar *versus* ventilação mista. Examinamos a ventilação com recuperação de calor *versus* sem recuperação de calor. Analisamos o resfriamento por evaporação *versus* sem evaporação. [Dessa forma], conseguimos avaliar rapidamente uma longa lista de opções de projeto de arquitetura e mecânica.

Em seguida, avaliamos as relações entre essas coisas. Sempre modelamos as coisas individualmente e, então, em combinação, para que possamos ver como afetariam umas às outras. Isso aconteceu durante a elaboração do partido e foi assim que tomamos nossas decisões de projeto. O processo utilizou um modelo [de desempenho de energia] esquemático; portanto, não era um modelo de energia da edificação que atendia totalmente ao LEED [naquela etapa]. [Modelamos] uma forma um tanto abstrata da edificação [nesta etapa], mas que representava como seria seu desempenho.

QUESTÕES SOBRE MATERIAIS E RECURSOS

O uso eficiente de materiais pode ser considerado inclusive nas primeiras etapas do projeto. Cada vez mais, os projetistas de edificações pedem informações sobre a energia incorporada ao ciclo de vida e outros efeitos ambientais das opções de materiais estruturais.

1. Consideramos as ferramentas de avaliação do ciclo de vida para analisar as principais opções em termos de materiais e sistemas de energia/água para a edificação? Algum integrante da equipe de projeto tem experiência com o uso de tais avaliações, como Athena ou BEES?
2. Caso haja uma estrutura de concreto preexistente, quais são as oportunidades para reciclar o concreto desse terreno ou de demolições próximas? É possível utilizar concreto reciclado como agregado ou aterro?

---

[9] Morrison Kattman Menze [online], http://www.mkmdesign.com/projects/sustainabledesign/h_1.htm, acessado em abril de 2008.

3. Existem fontes regionais de poeira de borralho para uso na mistura de concreto? Consultamos os engenheiros estruturais quanto ao seu uso?
4. Caso haja uma estrutura de aço, a proporção de conteúdo reciclado de todo o aço está devidamente documentada?
5. Os sistemas estruturais foram avaliados com relação à sustentabilidade? Estamos usando concreto leve ou menos aço que o normal?

QUESTÕES SOBRE A QUALIDADE DO AMBIENTE DOS INTERIORES

Como as maiores vantagens econômicas das edificações sustentáveis derivam de ganhos de produtividade e saúde, é fundamental começar a considerar essas questões no início do processo de projeto.

1. Se a edificação precisar ter uma grande área de ocupação do terreno, podemos projetar um átrio que melhore a penetração de iluminação natural e a ventilação natural em todas as áreas ocupadas da edificação?
2. A volumetria e a orientação da edificação dão suporte a estratégias de projeto solar passivo e/ou ventilação e iluminação naturais (Figura 10.3)?
3. Nossa equipe conta com consultores que podem modelar o efeito das estratégias de ventilação natural? Estamos comprometidos com tal modelagem formal?

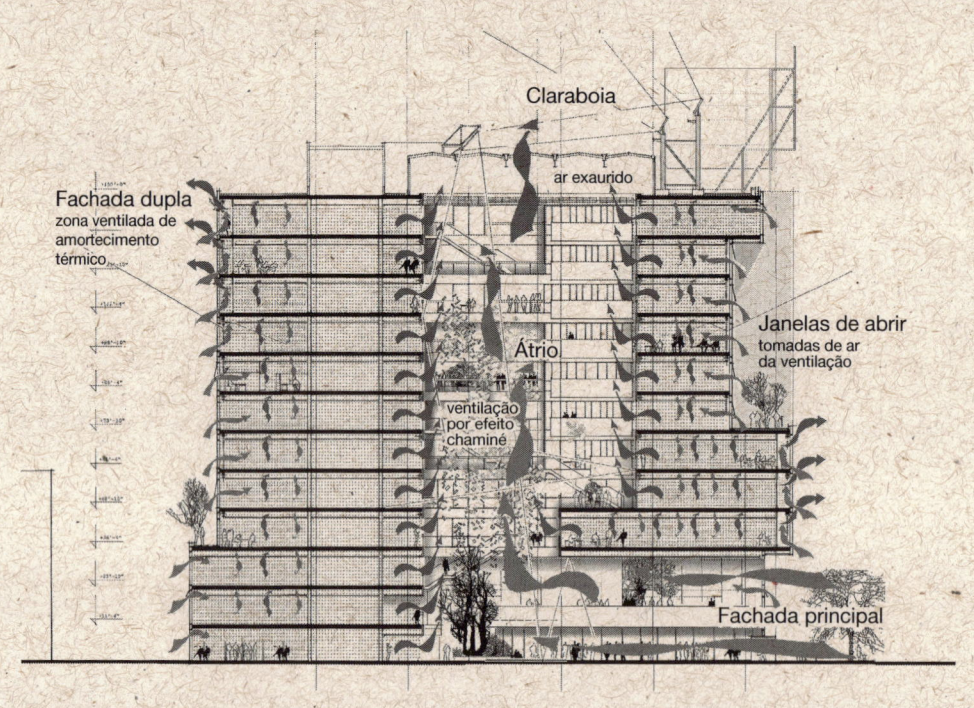

Figura 10.3 O Genzyme Center permite que o ar quente suba naturalmente por ventilação com "efeito chaminé", sendo exaurido pelo topo do átrio. O ar exaurido é substituído por ar externo mais fresco na maior parte do ano. Janelas de abrir e brises programáveis também ajudam a moderar as oscilações de temperatura e inserir ar fresco na edificação. *Cortesia da Behnisch Architekten.*

4. De onde vêm os ventos de verão e inverno? Quais são suas frequências, magnitudes e durações? Os dados de "rosa dos ventos" do terreno foram disponibilizados por uma fonte confiável? Temos tempo para medir os recursos eólicos por um ano antes que o projeto final seja concretizado?
5. Como as direções eólicas e pressões de ar específicas afetarão o projeto de ventilação natural? Essas informações mudarão à medida que edificações planejadas são construídas perto do nosso terreno?
6. Podemos utilizar rotas de circulação internas como passagens de ar para a ventilação natural? Como podemos ajudar a edificação a respirar? Como a ventilação natural afetará o leiaute interno da edificação ou o ajudará?
7. A edificação deve ser "estanque ao ar" para fins de controle climático ou podemos abri-la de diversas maneiras, com janelas de abrir ou ventiladores por "efeito chaminé"?
8. Janelas de abrir são compatíveis com outras necessidades do programa? Como informaremos aos usuários da edificação que eles podem abrir as janelas?
9. Estamos avaliando sistemas de radiação no teto para calefação e refrigeração? São aceitos nesta região? Como iremos controlar a condensação e a umidade?
10. Estudamos a utilização de sistemas de distribuição de ar sob o piso (pisos elevados) para este projeto, tanto em termos de custo como de viabilidade técnica?
11. Se a edificação estiver em um clima nórdico (muito frio), seja ela nova ou reformada, consideramos o uso de sistemas de vedações duplas (fachada dupla) para permitir janelas de abrir e ventilação natural no interior da edificação?
12. Consideramos a colocação de equipamentos mecânicos perto de espaços de permanência a fim de minimizar o comprimento dos dutos? Ou consideramos reagrupar nossos espaços e adjacências com esse mesmo objetivo?
13. Nossa intenção de projeto para a qualidade do ar no interior especifica que sejam atendidas as exigências mínimas da Norma ASHRAE 62-2007 para o fornecimento de ventilação adequada?
14. Nossa intenção de projeto para conforto térmico atende à Norma ASHRAE 55-2004?
15. Em caso de clima especialmente úmido ou extremamente seco, pretendemos tratar essas questões mediante a instalação de sistemas permanentes de monitoramento da temperatura e umidade, com *feedback* para controle do operador?
16. Nossa intenção de projeto para os sistemas mecânicos aborda explicitamente a meta de não ter exposição à fumaça de tabaco no ambiente, por meio de ventilação separada em quaisquer áreas reservadas para fumantes e distribuição de tomadas de ar longe de lugares onde pessoas possam fumar fora da edificação?

11
Desenvolvimento do Projeto

Durante esta fase, nossas opções de projeto já devem ter sido restringidas a algumas alternativas importantes que ajudarão o proprietário da edificação ou empreendedor a atingir as metas do projeto. Precisamos terminar a modelagem dos principais sistemas e abordagens e dar uma direção clara à equipe. Em alguns casos, é possível que decidamos, por exemplo, transformar a ventilação com recuperação de calor em um dos principais focos do projeto (Figura 11.1). Certamente precisamos de melhores estimativas de custo nesta etapa para nos certificarmos de que ainda estamos dentro do orçamento.

O visor público e o mostrador de dados computadorizado da roda de recuperação de calor de entalpia deram ao Centro Newark de Ciências da Saúde e Tecnologia, do Ohlone College, um ponto de "inovação" na categoria de educação do público, o que contribuiu para sua certificação LEED-NC Platinum.

QUESTÕES GERAIS SOBRE O PROJETO SUSTENTÁVEL

Nesta etapa, muitas vezes é útil dar um passo atrás para ver onde estamos e se metas anteriores do projeto precisam ser reexaminadas. Podemos realizar uma ou duas reuniões para avaliar novas oportunidades que talvez tenham surgido por meio dos esforços analíticos das etapas anteriores do projeto.

1. O projetou modificou suas metas de sustentabilidade nesta etapa, e nós as listamos de maneira que todos os atores estejam cientes delas?
2. Quais são nossas metas quanto ao uso de métodos de custo do ciclo de vida e avaliação do ciclo de vida para a escolha de materiais? Como podemos utilizar nesta etapa essas ferramentas e outras similares para nos ajudar a decidir como serão os principais sistemas prediais?
3. Avaliamos como uma equipe todas as alternativas de sistemas que consomem energia e água? Entendemos por completo o ciclo de energia e o equilíbrio hídrico para este projeto?

Figura 11.1 A janela de observação pública e o mostrador de dados computadorizado da roda de recuperação de calor de entalpia valeram ao Centro Newark de Ciências da Saúde e Tecnologia, do Ohlone College, um ponto de "inovação" na categoria de educação pública, o que contribuiu para sua certificação LEED-NC Platinum. *Fotografia cortesia de Lou Galiano, Alfa Tech Cambridge Group.*

4. Quais são os custos das várias estratégias em consideração, comparados com os benefícios ambientais? Comparados com a maior produtividade que podemos esperar? É possível criar uma ferramenta para examinar tais questões?

QUESTÕES SOBRE O PROJETO DO TERRENO

Durante o desenvolvimento do projeto, precisamos finalizar o projeto do terreno e nos assegurar de que estamos otimizando as oportunidades para a inserção de elementos de sustentabilidade no terreno.

1. A circulação interna do terreno do projeto oferece suporte ao acesso de pedestres e de bicicletas? Projetamos entradas separadas para bicicletas, com portas de acionamento elétrico automático?
2. Existem lugares adequados para a guarda de bicicletas na edificação? E quanto a um lugar para um compressor de ar?
3. Há duchas facilmente acessíveis para aqueles que utilizam a entrada e o depósito de bicicletas?
4. Caso haja pavimentação de asfalto no terreno que será removida, ela pode ser reutilizada para pavimentação futura?
5. Há caixas de escada e rampas com localização central, bastante visíveis e fáceis de usar, para que os usuários que optem por não utilizar o elevador possam se deslocar facilmente entre um pavimento e outro?

6. Qual é o impacto da poluição luminosa do edifício à noite? Modelamos os níveis de pés-vela (fc) para saber se podemos atender aos padrões de iluminação do terreno conforme o IESNA 2004 (ou atual) no LEED?

QUESTÕES SOBRE A EFICIÊNCIA NO CONSUMO DA ÁGUA

Como ressaltamos no capítulo anterior, a conservação de água nas edificações certamente ganhará uma importância ainda maior nos próximos anos. Por causa disso, durante o desenvolvimento do projeto, precisamos planejar uma abordagem detalhada dos sistemas em busca de eficiência no consumo da água.

1. Aparelhos sanitários para ultraconservação de água serão aceitos por autoridades municipais (e, possivelmente, sindicatos municipais de encanadores)? Podemos reutilizar as águas servidas ou outras águas não potáveis geradas na edificação?
2. Ainda existem outras maneiras de reduzir a demanda de água para os jardins – por exemplo, mudando o projeto de paisagismo?
3. O tratamento paisagístico proporcionará sombras para pelo menos 50% de todas as superfícies impermeáveis dentro de cinco anos, medidas ao meio dia durante o solstício de verão?
4. Os jardins fornecerão comida e abrigo para a fauna nativa mediante o uso de vegetação nativa ou adaptada?
5. Caso os jardins precisem de tempo para que a irrigação se estabilize, podemos providenciar um sistema de irrigação temporário (para estações secas) que possa ser removido em um ano?
6. Se precisarmos de irrigação para o projeto, usamos controles de irrigação extremamente eficientes para reduzir o consumo em pelo menos 50% em relação aos meios convencionais?
7. Para as áreas com piso seco, fornecemos superfícies refletivas com albedo elevado, como concreto de cor clara, para que haja menos acúmulo de calor no microclima local?
8. No caso de estacionamentos, estudamos o uso de sistemas de pavimentação permeáveis (como sistemas de pavimentos com grelha permeável) para diminuir o escoamento? Haveria um tempo de manutenção que possa reduzir a efetividade da pavimentação permeável, como areia no estacionamento durante o inverno?
9. Podemos armazenar águas pluviais ou águas servidas no terreno de maneira econômica? Os custos de terraplenagem para tanques ou reservatórios subterrâneos aumentarão significativamente?
10. Discutimos nossos sistemas de reciclagem ou reutilização de água com os funcionários da prefeitura, para receber seus comentários com antecedência?
11. Se estivermos usando armazenamento de águas pluviais, encontramos um bom lugar para o(s) tanque(s) ou reservatório(s)?
12. O equipamento para tratamento das águas pluviais coletadas foi dimensionado e selecionado (as possibilidades incluem tratamento UV, pré-filtros, tubulação que leva ao sistema doméstico de água)?

EXEMPLO DE PROJETO COM CERTIFICAÇÃO LEED PLATINUM

Casa do Rancho de Del Sur, San Diego, Califórnia, Estados Unidos

A Casa do Rancho de Del Sur é um centro de boas-vindas com cerca de 280 m² para o bairro Del Sur, em San Diego. Concluído em junho de 2006, funciona como centro comunitário e escritório de vendas. Foi projetado com o objetivo de reduzir o consumo de energia em 45% (excluindo os equipamentos de escritório). Um sistema elétrico solar de 5,7 kW integrado à cobertura supre mais de um terço da demanda de energia do prédio; a economia total de energia é de quase 65%. Aparelhos sanitários eficientes diminuíram o consumo de água em 40%. Madeira de carvalho de demolição de um celeiro do século XIX foi utilizada como piso, enquanto peças de madeira de um antigo píer foram reusadas como tesouras e treliças da cobertura. Os armários e produtos do forro foram feitos com casca de girassol; o isolamento térmico contém brim reciclado[1].

Fotografia de Reed Kaestner, cortesia de Black Mountain Ranch.

QUESTÕES SOBRE O PROJETO DE ENERGIA

Na etapa de desenvolvimento do projeto, as questões relacionadas à energia são tão importantes para o sucesso futuro que vale a pena gastar um pouco mais de tempo para ver como são resolvidas em projetos de alto desempenho. No capítulo anterior, citamos Paul Stoller e sua abordagem ao partido de arquitetura para o Sculpture Building and Gallery da Yale University. Vamos retomar a história no desenvolvimento do projeto[2]:

> Quando chegamos à fase de desenvolvimento de projeto, fizemos o tradicional modelo de energia da edificação inteira. Construímos e terminamos antes de 50% do

---
[1] Del Sur Living [online], http://www.delsurliving.com/ranchhouse.php, acessado em abril de 2008.
[2] Entrevista com Paul Stoller, Atelier Ten, março de 2008.

desenvolvimento de projeto para que pudéssemos validá-lo em relação aos nossos modelos de partido de arquitetura. Na segunda metade do desenvolvimento de projeto, fizemos testes com as opções de projeto que estavam disponíveis na época. Naquele momento, começamos a avaliar a seleção de equipamentos e estratégias de controle mais básicas. Tal nível de consideração normalmente acontece após o desenvolvimento do projeto.

Na fase do projeto executivo, atualizamos o modelo algumas vezes. Estávamos procurando, então, aprimoramentos na arquitetura – o tipo de vidro, por exemplo – ou estratégias de controle no sistema de climatização. Era um processo padrão para nós; a singularidade estava em como os arquitetos eram receptivos às ideias. O projeto realmente avançou bastante com base em nossa contribuição e na revisão crítica do trabalho feita pelos arquitetos, junto conosco. Conseguimos dar uma contribuição maior e melhor que o normal. Como responderam rapidamente, pudemos fazer mais e avançar mais no projeto juntos dentro do tempo que tínhamos. Foi um processo verdadeiramente iterativo. [Na fase de desenvolvimento de projeto], certamente examinamos o desempenho das paredes em mais detalhes. Houve uma longa discussão acerca da fachada sul – especificamente, se seria uma fachada dupla, o que acabou se mostrando caro demais (e tínhamos algumas dúvidas quanto ao controle e à confiabilidade). No final, tornou-se uma fachada com elementos de sombreamento externos. A seguir, a Kieran Timberlake propôs a instalação de painéis preenchidos com Nanogel® atrás das vidraças de tímpano a fim de criar uma parede-cortina com desempenho extremamente alto. A Kieran Timberlake utilizou o painel de desempenho mais elevado [da Kalwall], que é preenchido com um isolamento ultraleve e extremamente translúcido chamado Nanogel. É interessante usar o Nanogel, porque seu desempenho é muito bom; além disso, os arquitetos colocaram o Kalwall dentro da vidraça, não no local convencional, como um painel externo de parede. Além do trabalho de análise da fachada, provavelmente fizemos mais modelos de climatização neste projeto do que faríamos em alguns outros, com o intuito de realmente confirmar nossos palpites sobre os benefícios de energia da ventilação por deslocamento de ar e da ventilação com recuperação de calor.

Seguem algumas perguntas importantes que podem ser feitas durante a fase de desenvolvimento para garantir que nada foi deixado de lado que possa diminuir significativamente o consumo de energia na edificação.

1. Preparamos modelos de simulação de hora em hora do projeto da edificação para avaliar medidas de eficiência em energia antes de 50% do desenvolvimento do projeto?
2. Utilizamos tais modelos para avaliar diversas decisões sobre as vedações e sistemas?
3. Qual é o tamanho e a localização da massa termoacumuladora no projeto? Essa massa pode ser usada como parte das propriedades de calefação e refrigeração da edificação?
4. Podemos utilizar as metas de ventilação natural do projeto como uma abordagem para nos ajudar a refinar o dimensionamento das janelas e aberturas internas?
5. É possível treinar funcionários para operarem e fazerem a manutenção dos sistemas que planejamos usar? Caso negativo, funcionários externos terão de operar o prédio?
6. O projeto pode tirar proveito de estratégias de refrigeração como o *flushing* noturno da edificação ou armazenamento de energia térmica para diminuir a

demanda de refrigeração mecânica ou mudar seu horário de pico, reduzindo assim os custos operacionais para os gastos com utilidades públicas?

7. Existem estratégias inovadoras para controle climático, gestão do sistema de água e sistemas similares que sejam economicamente viáveis no momento ou baratas ao longo do ciclo de vida da edificação?
8. Como documentaremos o cumprimento dos códigos estaduais de energia aplicáveis ao projeto? Haverá modelos de energia integrados ao nosso software de modelagem de informações da edificação (BIM)?
9. No caso de uma edificação pequena (com menos de 2 mil m²), consideramos o uso das medidas prescritivas do *ASHRAE Small Building Design Guide* em vez de modelagem formal?
10. Consideramos o uso de uma cobertura que atenda ao ENERGY STAR e ao LEED para este projeto? Os benefícios de energia dessa cobertura foram incluídos no modelo de energia?
11. Caso o consumo de energia para processos faça parte do projeto, como ela será fornecida e como pode ser diminuída?
12. Caso haja consumo considerável de energia térmica no projeto, por exemplo, para aquecimento de água ou da piscina, ela pode ser fornecida por um sistema de cogeração ou microturbina hidráulica ou eólica?
13. Caso haja um centro de dados ou outra fonte de energia térmica integrado ao projeto, o calor residual pode ser recuperado para a calefação durante o inverno?
14. Estudamos o possível uso de sistemas distribuídos de energia, como células de combustível ou microturbinas a gás?
15. O sistema de energia de emergência pode ser projetado para fornecer energia corrente à edificação por até 72 horas, em caso de emergência?
16. Em quanto podemos reduzir a carga de energia da edificação sem diminuir o conforto percebido ou a satisfação dos usuários – por exemplo, prevendo temperaturas de conforto predeterminadas mais elevadas no verão e mais baixas no inverno?
17. Caso tenha sido discutida durante a elaboração do programa de necessidades e a definição do partido de arquitetura, nossos engenheiros podem considerar uma "zona de conforto" mais ampla, talvez de 5°C (20°C a 25°C, por exemplo), se usarmos estratégias de ventilação natural ou abordagens de economia de energia? Devemos incluir janelas de abrir ou outros meios para os usuários controlarem as condições internas de conforto?
18. Nossos inquilinos estarão dispostos a aceitar essas zonas de conforto mais amplas (Figura 11.2)? É possível incluir tais expectativas no contrato de aluguel ou incorporá-las aos programas de capacitação de inquilinos?
19. Podemos projetar os sistemas de climatização e proteção contra incêndio para que não tenham hidroclorofluorcarbonos com potencial de aquecimento global? Ou tirar vantagem da troca do potencial de aquecimento global com possibilidade de destruição da camada de ozônio e, ainda assim, encontrar agentes refrigerantes com hidroclorofluorcarbonos aceitáveis?
20. Caso haja refrigeração geral no prédio (por exemplo, para serviços alimentícios, padarias ou restaurantes), é possível especificar equipamentos de refrigeração sem hidroclorofluorcarbonos?

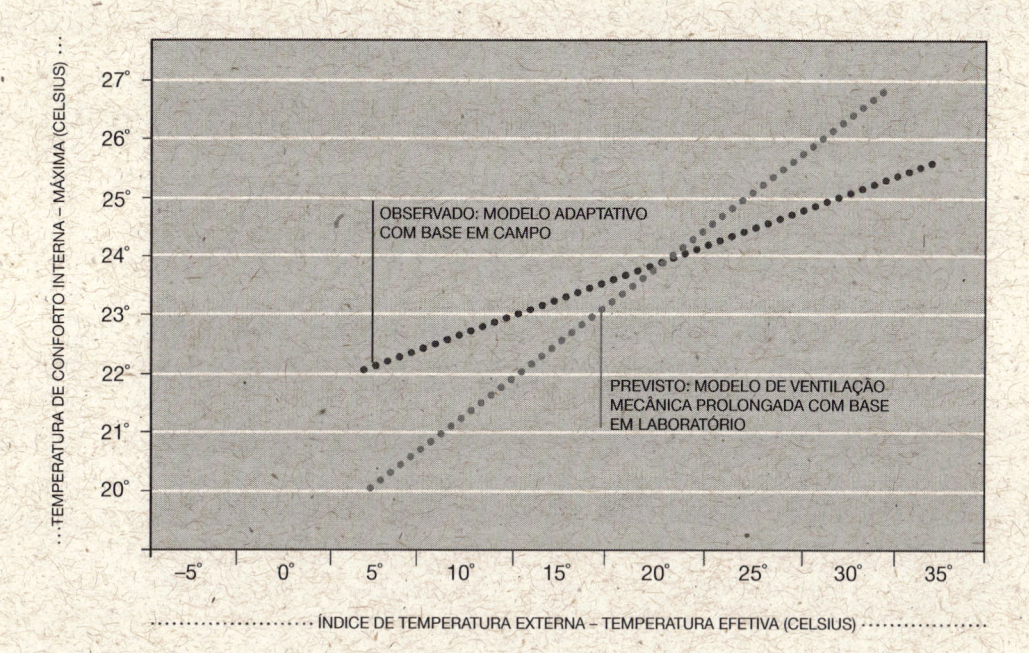

Figura 11.2 Segundo estudos da ASHRAE, edificações com ventilação natural têm uma variação maior de temperaturas aceitáveis para o conforto dos usuários (entre 20°C e 27°C). *Dados e estudos da University of California, Berkeley.*

21. Podemos recuperar o calor residual dos equipamentos de refrigeração para aquecimento de água ou outros usos? (Isso é adequado especialmente em fruteiras, restaurantes ou cafés.)
22. A edificação pode incorporar sistemas de armazenamento de energia térmica, sejam ativos ou passivos, para reduzir as demandas de energia de pico (normalmente refrigeração)?
23. Consideramos o uso de um sistema de armazenamento de energia térmica com gelo ou água fria para diminuir a demanda de eletricidade em horários de pico? Onde estarão localizados? Qual é a economia atual da redução da demanda de pico?
24. Os aumentos futuros previstos no preço da eletricidade foram considerados ao avaliar a economia dos vários sistemas que consomem energia – por exemplo, aumento significativo de preço para demanda de energia em horário de pico?
25. Consideramos, em nossos modelos de energia e opções de sistemas, o impacto de uma possível cobrança futura pela energia "em tempo real" ou conforme o horário? Fornecemos medidores individuais e um sistema de medição e verificação que nos permita mais informações e controles sobre os usos finais de energia?
26. O que um modelo de fluxo de ar tem a nos dizer sobre o dimensionamento das janelas e aberturas internas da edificação? E quanto à resposta da edificação às condições eólicas variáveis, tanto sob as condições preexistentes como em resposta à possível localização futura de edificações ao redor do prédio?

27. Se conseguirmos ventilar a edificação naturalmente durante alguns meses do ano, quanta energia poderíamos economizar? Essa economia justificaria o custo e o possível desconforto de tais abordagens?

Questões sobre a testagem dos sistemas prediais

É provável que a medida de economia de energia mais importante para qualquer edificação seja a contratação de especialistas para a testagem e verificação de todos os sistemas que consomem energia. O desenvolvimento do projeto é um bom momento para contratar um profissional de testagem e integrar essa(s) pessoa(s) à equipe de edificação.

1. O proprietário decidiu se o agente de testagem dos sistemas prediais virá da equipe de edificação ou se será contratado independentemente?
2. O agente ou autoridade de testagem de sistemas prediais realizou uma revisão focada da intenção de projeto durante ou perto do final da etapa de desenvolvimento do projeto?
3. O agente de testagem dos sistemas prediais documentou o programa de necessidades do proprietário e a base de projeto? Há algo que ainda não esteja claro?
4. Estamos comprometidos com a testagem aprimorada dos sistemas prediais ao longo do projeto e construção e, possivelmente, com a testagem contínua dos sistemas prediais durante a ocupação? Nesse caso, o agente de testagem foi contratado para realizar uma revisão focada dos planos operacionais e de controle da edificação, no início da próxima etapa (ou seja, a elaboração do projeto executivo)?

EXEMPLO DE PROJETO COM CERTIFICAÇÃO LEED PLATINUM

Edifício Robert Redford, Santa Monica, Califórnia, Estados Unidos

O Edifício Robert Redford fornece escritórios para o National Resources Defense Council, uma organização nacional sem fins lucrativos dedicada à proteção da saúde pública e do meio ambiente. Outros inquilinos incluem o David Family Environmental Action Center e a Leonardo DiCaprio e-Activism Zone. Finalizada em novembro de 2003, a reforma deste edifício de três pavimentos e cerca de 1.400 m², datado de 1971, custou 5,1 milhões de dólares. Um sistema fotovoltaico de 7,5 kW conectado à rede supre aproximadamente 20% da demanda de eletricidade da edificação e contribui para uma redução de 55% nos gastos com utilidades públicas (em comparação com uma edificação convencional). Águas pluviais e águas servidas tratadas são utilizadas para a descarga de bacias sanitárias e a irrigação dos jardins. Bacias sanitárias com descarga dupla e mictórios sem água são usados em todo o prédio[3].

---

[3] U.S. Green Building Council [online], http://leedcasestudies.usgbc.org/overview.cfm?ProjectTD=236, acessado em abril de 2008.

Sistemas de Energia Renovável

Chegou a hora de falar sério sobre a inclusão de sistemas de energia renovável no projeto. Estas perguntas chamam nossa atenção para a viabilidade técnica, econômica e financeira especialmente das energias solar e eólica, que são fortes componentes do projeto.

1. Como a utilização de sistemas fotovoltaicos pode afetar os padrões diários de fornecimento de energia e a possível economia dos vários sistemas que consomem energia?
2. Consideramos o uso de sistemas fotovoltaicos integrados à edificação? Como é possível integrar os sistemas fotovoltaicos de muitas maneiras diferentes, é preciso haver tempo para fazer esses estudos.
3. Caso tímpanos sejam colocados na parede-cortina, por exemplo, sistemas fotovoltaicos podem ser incorporados à fachada norte da edificação (hemisfério sul)? Existem benefícios econômicos que compensariam a perda de geração de energia decorrente do uso de painéis solares verticais?
4. Há parceiros terceirizados que estão dispostos a instalar um sistema fotovoltaico de cobertura sem custos para o projeto e simplesmente nos vender a eletricidade?
5. Podemos utilizar uma cobertura próxima para o sistema fotovoltaico e incluí-la na certificação LEED deste projeto?
6. O aquecimento solar de água foi considerado para este projeto?
7. Consideramos o uso de uma turbina eólica não instalada sobre a edificação como um elemento marcante para este projeto?

Craig Watts, da MKK Consulting Engineers, Inc., em Denver, nos Estados Unidos, foi o sócio responsável pelo LEED Platinum Signature Center de Denver, para o qual a Aardex, LLC, desempenhou a função de proprietário, arquiteto, empreiteiro e empreendedor – uma situação bastante peculiar. Ele falou sobre trabalhar com um proprietário que assumiu vários papéis, avaliando tecnologias e fazendo as concessões necessárias para um projeto de sucesso.

Trabalhar com proprietários que assumem vários papéis em um projeto exige a capacidade de fazer distinções. Segundo Watts[4]:

> Às vezes, era confuso, porque precisávamos identificar qual papel estavam desempenhando. Às vezes, falavam como proprietários; em outras ocasiões, como o empreiteiro geral. Poderiam dizer, por exemplo: "Precisamos fazer isso ou aquilo porque o proprietário necessita ver o valor". Em seguida, falavam a respeito dos cronogramas para o projeto, como o empreiteiro geral. Os objetivos conflitavam algumas vezes. Como consultores, tivemos a oportunidade de ajudá-los a priorizarem suas metas.

Apesar da confusão causada pelo fato de os vários papéis do projeto serem da mesma empresa (ou da mesma pessoa), Watts conta que houve um grande benefício:

> *Não precisávamos esperar pelas decisões.* Isso realmente acelerou o processo, porque a Aardex tomava as decisões como proprietário, arquiteto e empreiteiro. Era integrado de verdade, já que os três papéis eram representados ao mesmo tempo.

---

[4] Entrevista com Craig Watts, março de 2008.

As coisas ficam cada vez mais caras e tempo é dinheiro. Não precisávamos esperar semanas até que as decisões fossem tomadas.

A verdadeira lição aprendida com este projeto de alto desempenho está relacionada ao papel do proprietário:

> Para fazer projetos integrados, os proprietários não podem estar ausentes. Precisam participar do processo. Têm de estar presentes para tomar decisões junto com a equipe de projeto, de modo que o processo funcione corretamente. Assim, entendem o processo inteiro e não recebem uma versão filtrada. Veem o engenheiro mecânico, o engenheiro elétrico, o arquiteto e o empreiteiro geral tomando decisões ao mesmo tempo e conseguem entender como as escolhas afetam umas às outras. O processo integrado realmente consiste em ter todas as pessoas na mesma sala tomando decisões que beneficiam o projeto como um todo. Se os proprietários não estão envolvidos com o processo, coisas se perdem ao serem transmitidas. O projeto precisa ser a maior prioridade; todo mundo precisa sentir como se estivesse ganhando no processo, mas [no final] são as concessões que fazem dar certo.

As negociações afetam todos os aspectos do projeto, incluindo a seção de tecnologia:

> Por exemplo: neste projeto, utilizamos vigas refrigeradas à água. Elas são instaladas ao redor do perímetro da edificação, ao lado das janelas. É aí que a carga térmica está quando o sol entra [pelas janelas] e as vigas refrigeradas à água diminuem o [calor do] ganho térmico solar imediatamente. A melhor coisa para isso [funcionar] é utilizar grelhas para que haja mais espaço livre para as vigas refrigeradas à água funcionarem. Por outro lado, o arquiteto precisava ter uma superfície reflexiva para fazer com que a luz natural avançasse mais para o interior da edificação. Portanto, tivemos de achar um meio-termo entre o fluxo de ar e a superfície reflexiva. Decidimos usar uma grelha que fosse aberta de um lado e tivesse uma superfície plana de outro. Não era exatamente o que o arquiteto queria e não era exatamente o que nós queríamos, mas ela realmente permite que a luz entre mais fundo no espaço e não compromete a função das vigas refrigeradas à água.

> O projeto utiliza resfriadores por evaporação, mas poderíamos ter ido ainda mais longe com rodas de entalpia [como no projeto do Ohlone College] que capturam o calor ou o frio do ar exaurido da edificação para energia e [o utilizam para] pré-tratar o ar que entra na edificação. Fizemos um cálculo rápido para determinar quanta eficiência conseguiríamos com isso. Poderia nos levar de sete a nove pontos de energia no LEED? Calculamos que nos deixaria perto de oito, talvez, e que precisaríamos gastar mais 60 mil dólares para chegar a nove pontos. Decidimos rapidamente que já havíamos feito o suficiente para atingir nossas metas.

O segredo para chegar ao LEED Platinum se apoiou não apenas no esforço colaborativo da equipe de projeto e construção, mas também em muitos dos fornecedores de produtos:

> As pessoas realmente se superaram em termos de contribuições e esforços (os fornecedores e até mesmo os empreiteiros). Sabe quando você se envolve em algo sem saber exatamente o que é? O Signature Centre não começou como um projeto LEED Platinum. Determinaram que ele buscaria a certificação de alto nível depois

que o empreendimento estava encaminhado. Porém, todos aderiram ao processo. Acho que todos acreditaram no processo.

O projeto integrado é verdadeiramente um esforço colaborativo. Não podemos ter pessoas sentadas em suas próprias ilhas e obtendo sucesso. A equipe precisa ter um único foco. Se um participante sentar-se ali e disser "Vou fazer apenas o que preciso fazer e ir embora", isso será um empecilho para o sucesso do projeto. Todo mundo deve ter um compromisso com o projeto, não apenas consigo e com seus resultados finais. [Isso significa que] precisamos escolher as pessoas certas. A escolha das pessoas é crucial. Elas realmente precisam entender como seu trabalho afeta as outras pessoas. É como aprender a brincar com os colegas desde o jardim de infância. Tudo se resume às relações que são construídas.

Esse longo comentário sobre o papel de todas as partes no processo de projeto integrado mostra claramente que todo mundo precisa estar envolvido e ser integrado à tomada de decisões durante o processo. Também fala sobre a necessidade de tomar decisões rapidamente em projetos de alto desempenho – algo que, por sua vez, exige que o gerente de projeto do proprietário seja capaz de tomar decisões importantes e esteja autorizado a tanto. No caso de muitas empresas e instituições de grande porte, isso se afastaria da prática convencional, na qual o gerente de projeto não tem espaço suficiente para tomar decisões importantes. A lição aqui é que resultados de alto desempenho exigem mudanças no processo, assim como tecnologias avançadas.

Questões sobre o projeto de iluminação

Como o projeto de iluminação é muito importante para a estética do projeto da edificação e para o consumo de energia, todos os projetos precisam "acertá-lo" durante seu desenvolvimento. A seleção das luminárias e lâmpadas pode ser adiada até a fase do projeto executivo, mas o núcleo do projeto de iluminação deve ser concluído de maneira integrada durante o desenvolvimento do projeto.

1. Reduzimos os níveis de luminância do projeto a 30 fc para a maioria dos espaços comuns? Precisamos fazer provisões especiais para conforto visual e para os funcionários de meia-idade e trabalhadores mais velhos, como a iluminação sobre todos os postos de trabalho?
2. Estudamos o uso de lâmpadas parabólicas diretas-indiretas em sistemas de iluminação que possam fornecer uma iluminação geral efetiva com consumo total de energia reduzido?
3. Analisamos a utilização de lâmpadas de alta potência T5 *versus* lâmpadas T8 para diminuir o número de luminárias e melhorar os níveis de iluminação? Especificamos lâmpadas fluorescentes compactas (CFLs) para todos os lugares apropriados?
4. Estamos considerando lugares onde possamos usar iluminação com LEDs, seja agora ou no futuro?
5. Estamos considerando o impacto das cores escolhidas para o interior nos níveis de iluminação do projeto e seleção de luminárias, examinando a refletividade de diferentes superfícies de cor?

QUESTÕES SOBRE MATERIAIS E RECURSOS

Todos os programas de necessidades de projeto sustentável precisam dar alguma ênfase à escolha apropriada de materiais. Como no projeto de iluminação, alguns dos detalhes podem ficar para a próxima fase, mas certas escolhas básicas têm de ser feitas neste momento.

1. Nosso projeto fornece espaço adequado para latas de lixo reciclável em cada pavimento? Estamos preparados para reciclar pelo menos papel, papelão, metal, vidro, plástico e pilhas?
2. Como o sistema de reciclagem da edificação será integrado às áreas de armazenamento e coleta de materiais recicláveis para fins de coleta e tratamento externo?
3. É possível especificar e comprar materiais com conteúdo reciclado sem comprometer outras necessidades, como desempenho, durabilidade e aparência?
4. Os produtos que estamos considerando são recicláveis após o uso (por exemplo, conceito de utilização de materiais "do berço ao berço"), como os vários tipos de carpete?
5. É possível utilizar materiais de demolição ou materiais reusados (melhores que os reciclados)? Existem produtos que podem ser obtidos de outros locais, como divisórias ou paredes internas reusadas ou madeira reprocessada?
6. Todos os espaços precisam ter materiais de acabamento completos ou alguns podem ter acabamentos feitos com os materiais estruturais principais (isto é, a estrutura sem revestimento)? Consideramos o uso de concreto polido, por exemplo, como um piso acabado, especialmente em áreas de transição?
7. Se estivermos planejando usar estruturas sem revestimento para diminuir o uso de acabamentos na edificação, isso será aceito pelo nosso cliente e pelos principais atores? Em caso de utilização de concreto polido, a acústica foi levada em consideração?
8. Quais são os dilemas referentes ao uso de materiais não convencionais, como chapas de MDF de base biológica? Esses materiais podem ter valor instrutivo por meio de sinalização gráfica e outras formas de comunicação?
9. Os materiais que estamos considerando são duráveis e fáceis de manter – por exemplo, os produtos e sistemas de piso?
10. De onde vêm os materiais? São municipais ou regionais? Podemos consegui-los em um raio de 800 km? Como saber se isso é possível?
11. Há dados de avaliação do ciclo de vida disponíveis para os materiais que planejamos usar? Como essas informações serão incorporadas à escolha de materiais?
12. O que sabemos acerca das práticas ambientais e comerciais dos fabricantes? Serão aceitas pelos atores?
13. Estamos projetando com foco na desmontagem e reciclagem dos materiais durante a vida útil da edificação ou ao final dela? Quais elementos da estrutura podem ser desmontados e reusados facilmente, especialmente se o terreno for necessário para outros usos? (É mais fácil fazer isso em edificações menores, evidentemente.)
14. O projeto tira proveito das dimensões padronizadas de materiais e sistemas compostos, em vez de especificar dimensões especiais que podem gerar mais desperdício?

15. Quais materiais envolvem os processos de produção mais tóxicos? Existem alternativas viáveis a eles?
16. Quais materiais podem ajudar a reduzir ou eliminar a emissão de gases tóxicos no ar que será respirado por nossos funcionários e clientes? Podemos evitar uma série de materiais de acabamentos que têm componentes químicos tóxicos ou nocivos?
17. O fabricante receberá de volta os materiais (como carpetes) depois que forem finalmente removidos do projeto? Qual é a evidência de tal intenção e/ou prática?
18. Se estivermos planejando fazer uso significativo de materiais de demolição, reusados ou reciclados na edificação, isso será aceito pelo cliente e pelos principais atores? Eles considerarão que tais materiais agregam valor ou o reduzem?
19. É possível obter alguns dos materiais da edificação (como placas de carpete) em comodato junto ao fabricante, em vez de comprá-los?
20. Consideramos o uso de placas de carpete em vez de produtos em rolos, para que as áreas desgastadas possam ser substituídas mais facilmente, sem a remoção das partes boas do carpete?
21. Qual é a energia incorporada total desta edificação (isto é, a energia necessária para extrair, processar e transportar os materiais até o terreno e construir a edificação)? Como podemos determinar isso ou pelo menos ter uma ideia? Fará alguma diferença em nossa escolha de acabamentos ou outros materiais de construção?
22. Qual é a origem da madeira utilizada no projeto? A floresta foi gerida de maneira ecologicamente responsável? Há alguma certificação de terceiros confiável disponível?
23. Os produtos reciclados que estamos considerando terão boa durabilidade? A durabilidade foi considerada como um componente importante de projeto sustentável?
24. Nosso projeto nos permitirá mudar materiais e sistemas inteiros da edificação ao longo de sua vida útil sem grandes incômodos? (Isso talvez determine a instalação de equipamentos de climatização em local mais acessível, por exemplo.)

> **EXEMPLO DE PROJETO COM CERTIFICAÇÃO LEED PLATINUM**
>
> **StopWaste.org, Oakland, Califórnia, Estados Unidos**
>
> Este edifício de 1.300 m² é a sede da StopWaste.Org, da Empresa Pública de Gestão do Lixo do Condado de Alameda e do Comitê de Reciclagem e Redução de Fontes do Condado de Alameda, funcionando como uma agência pública. Projetado com o objetivo de ser 40% mais eficiente que um edifício de escritórios convencional, alguns de seus elementos de sustentabilidade são: um arranjo de painéis fotovoltaicos; sistemas eficientes de calefação, refrigeração, iluminação e gestão de energia; materiais reciclados e reusados; e tintas com baixo índice de VOCs[5].

QUESTÕES SOBRE A QUALIDADE DO AMBIENTE DOS INTERIORES

Anteriormente, ressaltei como as preocupações de produtividade e de saúde estavam relacionadas à satisfação dos funcionários com o ambiente de trabalho. Estudos re-

---

[5] Rumsey Engineers [online], http://www.rumseyengineers.com/green_featured_stopwaste.php, acessado em abril de 2008.

velam que a qualidade do ar no interior e a iluminação natural são dois elementos cruciais em qualquer projeto de edificação de alto desempenho. A incorporação de elementos importantes de qualidade do ambiente dos interiores deve ser considerada com cuidado durante a fase de desenvolvimento do projeto.

1. Quanto a produtividade de nossos funcionários poderia aumentar com a iluminação natural? E com a ventilação natural ou com um aumento de 30% ou mais de ar externo? Consideramos os benefícios de uma maior produtividade em nosso modelo de custo-benefício?
2. Como um modelo de iluminação natural poderia nos ajudar a diminuir o consumo de energia mediante a otimização do projeto de iluminação elétrica?
3. Estamos considerando o uso de controles de iluminação que permitam uma boa integração entre a iluminação natural (quando disponível) e a elétrica?
4. Pelo menos 90% dos espaços ocupados regularmente terão vistas diretas do exterior, através de janelas panorâmicas (75 cm a 225 cm em relação ao piso)?
5. Haverá um coeficiente de luz diurna de 2%, no mínimo, em todos os espaços ocupados regularmente ou em pelo menos 75% desses espaços?
6. Consideramos reduzir as alturas das divisórias padronizadas da organização para 105 cm a 120 cm, de forma a permitir vistas do exterior para todos? Como a privacidade acústica será resolvida nessa situação?
7. Como a iluminação e a ventilação naturais serão afetadas pela escolha das divisórias dos postos de trabalho e da sua localização? Os projetistas de interiores estão totalmente integrados à equipe de projeto?
8. Como planejamos controlar a luz do sol que entra na edificação? Podemos colocar luz natural na edificação sem o ofuscamento que inibiria a produtividade?
9. Utilizaremos brises externos fixos, sejam horizontais ou verticais?
10. Podemos considerar sistemas dinâmicos de fachada para responder aos níveis variáveis de orientação solar e iluminação externa?
11. Estudamos o uso de estantes de luz para iluminação natural? Como afetarão a estética da edificação?
12. Consideramos o uso de claraboias e poços de luz para colocar luz na edificação? Como iremos lidar com o possível ofuscamento de tais sistemas? Podem ser controlados adequadamente em climas mais ensolarados e quentes?
13. Caso a edificação seja ventilada naturalmente, demonstramos, com um modelo de CFD, que a distribuição do ar proporcionará um fluxo laminar em pelo menos 90% de todos os espaços ocupados, por pelo menos 95% do horário de ocupação, para que todos possam compartilhar os benefícios?
14. Consideramos a utilização de janelas de abrir na edificação e localizamos tais janelas? Há pelo menos uma janela de abrir para cada 20 m² de espaço de perímetro (a não mais de 6 metros da janela)?
15. Iremos fornecer controles individuais de iluminação, ar e temperatura para pelo menos 50% dos usuários da edificação (por exemplo, por meio de sistemas de distribuição de ar sob o piso)?
16. Se usarmos sistemas de ar sob o piso, consideramos como esses sistemas serão instalados para que não tenham vazamentos (de ar) e quem fará a manutenção da área sob o piso acabado, para mantê-la limpa?

17. Nosso projeto garante que tomadas de ar no nível do chão ou de cobertura não sejam afetadas por fontes de poluição, incluindo exaustão dos sistemas de climatização, usos químicos, carga e descarga de caminhões, áreas de fumantes e possíveis poluentes vindos de fora do terreno?
18. Especificamos um sistema permanente de monitoramento de dióxido de carbono que informe os ajustes operacionais do sistema de ventilação, para que possamos ter uma ventilação controlada de acordo com a demanda, especialmente em espaços com ocupação que varia consideravelmente? Estamos atendendo à norma ASHRAE 62.1-2004 quanto ao fornecimento de ar externo?

EXEMPLO DE PROJETO COM CERTIFICAÇÃO LEED PLATINUM

Centro de Visitantes do Parque Sweetwater Creek State, Lithia Springs, Georgia, Estados Unidos

Projetado pela Gerding Collaborative, o Centro de Visitantes do Parque Sweetwater Creek State tem 800 m² e fornece espaço para exposições, escritórios, lojas, laboratório de aprendizado, salas de aula e sanitários. O projeto foi concluído em 2006 e custou cerca de 1.880 dólares por m². Trinta e oito por cento (quase 370 m²) da área de cobertura da edificação é usada para a coleta de águas pluviais, suprindo estimados 44% das necessidades de água da edificação. Junto com aparelhos sanitários de baixa vazão e tratamento de esgoto *in loco*, a coleta de águas pluviais diminui o consumo de água tratada em 77%. Os banheiros utilizam bacias sanitárias de compostagem e mictórios sem água. Um sistema fotovoltaico de 10,5 kW produz aproximadamente 20% da eletricidade necessária para a edificação[6].

Cortesia da Gerding Collaborative.

---

[6] "Sweetwater Creek", Architecture Week, May 23, 2007 [online], http://www.architectureweek.com/2007/0523/environment_3-1.html, acessado em abril de 2008.

12

Fase do Projeto Executivo

Durante a fase do projeto executivo, é hora de fornecer os detalhes finais do projeto em um nível que permita aos empreiteiros orçá-lo e construí-lo. Nesta fase, as especificações de produto e projeto se tornam "fixas" e fica difícil alterá-las. Portanto, as decisões tomadas nesta etapa são importantes para determinar se podemos atingir as metas de sustentabilidade do projeto, especialmente se estivermos comprometidos com o uso de novos métodos ou sistemas com os quais o funcionário da prefeitura ou empreiteiro talvez não esteja familiarizado.

A fase do projeto executivo inclui um enfoque mais intenso em materiais e recursos. Será considerado o uso de materiais de demolição ou reusados, talvez vindos de terrenos de demolição próximos; materiais com conteúdo reciclado, como poeira de borralho no concreto ou balcões feitos com papel-jornal reciclado; materiais obtidos na região (em vez de, por exemplo, mármore de pedreiras da Itália, enviados à Índia para acabamento e, em seguida, aos Estados Unidos); materiais de base biológica, como bambu, cortiça, linóleo, armários de chapa de fibra de trigo e carpetes de fibra natural; e madeira extraída de modo sustentável.

SISTEMAS QUE CONSOMEM ENERGIA

Também precisamos ser bastante específicos em relação aos sistemas do projeto que consomem e fornecem energia. Essa atividade é especialmente importante em projetos com metas de "consumo de energia líquida zero". Um bom exemplo é a roda de entalpia (Figura 12.1) desenhada pelo Alfa Tech Cambridge Group, de San Francisco, para o Centro Newark de Ciências da Saúde e Tecnologia em Newark, Califórnia, Estados Unidos. Michael Lucas, o sócio responsável, falou sobre a evolução desse elemento de projeto[1].

> Apresentamos uma série de conceitos mecânicos. Um deles era, naturalmente, painéis fotovoltaicos para atender parte do consumo de eletricidade da edificação. Também apresentamos três ou quatro opções de sistemas mecânicos. *As duas que se mostraram mais eficientes em energia e das quais o cliente mais gostou foram*

---

[1] Entrevista com Michael Lucas, Alfa Tech Cambridge Group, março de 2008.

Figura 12.1 Roda de recuperação de energia por entalpia.

o sistema geotérmico e o sistema de recuperação de energia com roda de entalpia. (Também avaliamos a termoacumulação e o armazenamento de gelo.)

Fizemos uma série de modelos em computador de cada sistema considerado, baseados no programa de necessidades da edificação que tínhamos no momento, inicialmente com cerca de 11 mil m². Modelamos a edificação e, a seguir, fizemos cenários hipotéticos para cada sistema considerado. Então, realizamos uma análise de custo do ciclo de vida, uma análise de desempenho e uma análise de pontos de LEED com base no número de pontos que cada sistema nos daria.

A decisão foi tomada a partir de várias considerações diferentes. Uma delas foi o custo, evidentemente. A segunda foi o que conseguiríamos em termos de redução de custos operacionais para a edificação. A terceira, o que conseguiríamos em termos de número de pontos pela perspectiva do LEED.

Uma das considerações iniciais era que o corpo docente nos pediu para considerar o uso de janelas de abrir. As janelas de abrir têm uma desvantagem: permitem a entrada de poluentes, pólen e poeira, em alguns casos. Claro que há, também, o vento e outros fatores climáticos [para lidar]. Mas, pela perspectiva da energia e engenharia, se ligarmos o condicionamento de ar ou a calefação e as janelas estiverem abertas, consumimos mais energia, não menos. Como queriam ter grandes volumes de ar fresco na edificação, nós sugerimos, como alternativa, uma roda de entalpia [que tira calor ou frio do ar exaurido, dependendo da estação, e transfere a maior parte para o ar que entra, economizando, assim, a maioria da energia para condicionar o ar fornecido].

Como há um pequeno custo energético associado à utilização deste dispositivo, quase triplicamos a quantidade de ar externo na edificação. Em vez de ter a quantidade de ar normal – a mínima exigida pelo código de edificações –, acabamos colocando muito mais ar na edificação sem ter janelas de abrir, o que nos concedeu outro ponto de LEED e nos ajudou a obter a certificação Platinum. Esse ar não contém poluentes vindos do exterior, porque é filtrado. Ao entrarmos na edificação, temos a impressão de que as janelas estão abertas, embora, na realidade, estejam fechadas – não são de abrir. Temos bastante ar fresco, o que contribui consideravelmente para o ambiente de aprendizado. Os professores gostam disso e os alunos, mais ainda, pois ajuda a eliminar a queixa de querer fazer a sesta depois do almoço.

A roda de entalpia pode ser muito difícil de implementar; por isso que não vemos esses aparelhos com muita frequência. São gigantescas. Temos duas neste projeto, cada uma com quase 5,0 m de diâmetro. Elas ocupam bastante espaço e têm muitos dutos associados. Os arquitetos – em geral – não gostam de incorporá-las em seus projetos porque ocupam muito espaço. O arquiteto da Perkins+Will fez um ótimo trabalho criando janelas circulares, como janelas de vigia, nas duas laterais da edificação, para que possamos realmente olhar pelas janelas e ver as rodas girando. Além disso, há um mostrador gráfico perto da janela que mostra quanta energia está sendo economizada em tempo real.

Uma vez que todo o ar que entra e todo o ar que sai precisam passar pelo sistema, este deve estar em um local praticamente central, para evitar quilômetros de dutos. O engenheiro precisa trabalhar em conjunto com o arquiteto de modo a permitir a colocação em uma área central da edificação. Para integrá-las corretamente na edificação, são necessários talvez 80% de engenharia e 20% de arquitetura.

O PROJETO DE UM LABORATÓRIO DE ALTO DESEMPENHO

Vamos examinar outro projeto desafiador com certificação LEED Platinum: o Centro Tahoe de Ciências Ambientais, um projeto conjunto entre o Sierra Nevada College, a University of California, em Davis, o Desert Research Institute e a University of Nevada em Reno. O edifício, a 1.910 m de altitude e com cerca de 4.180 m^2, contém laboratórios e salas de aula. Todd Lankenau foi o sócio responsável e arquiteto de projeto da firma de arquitetura Collaborative Design Studio; Peter Rumsey foi o sócio responsável e engenheiro de projeto da firma de engenharia mecânica Rumsey Engineers[2]. Todd Lankenau contou como tudo começou:

> O objetivo original do cliente era conseguir a certificação LEED Silver. Começamos o projeto com um processo detalhado de entrevista com vários consultores para encontrar as pessoas mais apropriadas para fazerem parte da equipe de projeto. Escolhemos os consultores em função de suas habilidades técnicas e criativas, assim como por seu compromisso em se envolver com o projeto de forma bastante pessoal. Nosso objetivo era criar uma equipe muito dedicada de pessoas extremamente motivadas, comunicativas e com boa aparência para promover a excelência no processo de projeto – o que foi especialmente importante por causa do grande número de atores de diferentes instituições e da natureza complexa da edificação e do ambiente regulamentar. À medida que o projeto progredia, a importância dessas escolhas iniciais ficou evidente, já que o sucesso dele – e de qualquer outro projeto – é resultado do entusiasmo coletivo dos participantes e de sua capacidade de liderar e defender a causa de fazer um projeto excepcional.
>
> Elaboramos um programa de necessidades detalhado para o projeto, em conjunto com os proprietários e grupos de usuários, e escrevemos uma lista de exigências muito específica para cada sala. Isso foi essencial como referência ao longo do processo de projeto, para nos certificarmos de que as exigências de todos os proprietários fossem atendidas. Tivemos muita sorte de contar com proprietários que estavam bastante comprometidos e participavam regularmente do processo de projeto, além de terem muito conhecimento do tipo de edificação e das práticas de projeto sustentável.
>
> Realizamos diversas charretes de projeto que incluíram membros da equipe de projeto e os proprietários, além dos vários grupos de usuários e conselheiros do Lawrence Berkeley National Laboratory, Carnegie Mellon University, um arquiteto da Ale-

---

[2] Entrevista com Todd Lankenau, Collaborative Design Studio, fevereiro de 2008, e com Peter Rumsey, Rumsey Engineers, abril de 2008.

manha, entre outros. As charretes foram feitas com o intuito de otimizar e integrar os sistemas prediais e, ao mesmo tempo, reduzir o consumo de energia e o custo inicial da construção. Nosso primeiro objetivo foi diminuir as cargas de calefação e refrigeração do prédio mediante a otimização das vedações da edificação e redução das cargas difíceis de estimar com precisão, como as cargas de eletrodomésticos. Em seguida, estudamos vários sistemas mecânicos e selecionamos um sistema híbrido que resultou em um sistema de ar externo de 100%, com economia de energia de aproximadamente 60%. A integração desses sistemas na edificação (que tinha área de ocupação do terreno predeterminada e rigorosos limites de altura devido às exigências da agência reguladora da área de Lake Tahoe) criou outro desafio, exigindo uma criatividade de projeto significativa. Também foi necessário que o projeto do exterior da edificação refletisse a arquitetura vernacular alpina de Lake Tahoe, o que restringiu ainda mais as opções de estilo, forma e materiais de construção.

Aconteceram essencialmente dois tipos de charretes e oficinas, geralmente categorizadas por tamanho. As maiores charretes foram importantes e deram a oportunidade de parar e ouvir opiniões divergentes; além disso, promoveram um fórum para estimular discussões, enquanto forneciam uma perspectiva de longo alcance, que é necessária e útil, às vezes, para impedir que tenhamos uma visão limitada. No entanto, as reuniões mais produtivas e focadas eram as oficinas em pequeno grupo, com oito a 12 pessoas, consistindo nos membros da equipe principal de projeto, com representação dos proprietários e grupos de usuários. O grupo de tamanho reduzido também nos permitiu focar – e avaliar melhor – questões específicas que poderiam ter sido levantadas em charretes maiores, além de aprimorar os detalhes dos conceitos do projeto. Para o nosso projeto, foi ideal realizar charretes de projeto maiores em intervalos de aproximadamente 60 dias, com oficinas focadas menores a cada duas semanas.

Houve uma espécie de filosofia de "resultado final", segundo Lankenau, em relação ao uso do LEED como um sistema de medição, considerando que ainda é – e provavelmente permanecerá, em um futuro previsível – uma obra em progresso:

> Nosso objetivo era este: se tivéssemos de escolher entre uma boa prática de projeto e sacrificar a melhor solução de projeto em uma tentativa de conseguir um crédito de LEED, sempre optaríamos pela boa prática de projeto. Como uma equipe de projeto, decidimos que jamais tentaríamos projetar algo apenas para obter um crédito de LEED; porém, se parecesse estar perto de nós, simplesmente trabalharíamos mais para aprimorar o projeto e, por meio de esforços adicionais, talvez conseguir um projeto melhor que resultaria na obtenção do crédito. Evitar a tentação de acumular créditos adicionais pode ser um desafio formidável, mas acredito que uma boa prática de projeto resulta em uma edificação bem projetada que incorpora princípios exemplares de projeto sustentável que podem se qualificar como crédito de LEED ou não.

Naturalmente, durante a fase do projeto executivo, a tentação sempre é obter mais alguns pontos para chegar ao próximo nível de certificação – uma prática que, inevitavelmente, distorce as metas do LEED e, nesse estágio, provavelmente agrega custo ao projeto sem ganhos associados. Segundo Lankenau, precisa haver um equilíbrio e, na fase do projeto executivo, tentar mais pode ser muito efetivo:

> Nossa filosofia é que, se estamos tão perto em muitos dos créditos, se arregaçarmos as mangas e refinarmos o projeto, podemos conseguir algo ainda melhor. Em vez de se satisfazer com, digamos, 40% de economia de energia em comparação com um equivalente feito de acordo com a ASHRAE 90.1, pensamos que poderíamos chegar

a 50%. Quando chegamos a 50%, nos perguntamos: por que não 60%? No final, chegamos a uma economia de aproximadamente 63%. Fizemos isso refinando continuamente os elementos do projeto. Um exemplo disso são os dutos. Sempre que há um cotovelo nos dutos, cria-se uma queda na pressão estática, que deixa o trabalho do ventilador um pouco mais difícil, o que, por sua vez, consome mais energia. [Por exemplo], realizamos um exercício de revisar o sistema mecânico e eliminar todos os cotovelos concebíveis que não eram necessários. Alcançamos nossa meta simplesmente por ir a tal nível de detalhe durante o processo de projeto e garantindo-a rigidamente durante a construção. Isso também estava associado com a revisão e melhoria contínuas da eficiência das vedações da edificação e com a redução adicional das cargas sempre que possível. É um exemplo de pegar um sistema que já era extremamente eficiente e econômico e torná-lo melhor. Os engenheiros mecânicos e elétricos merecem créditos significativos por terem se dedicado tanto à melhoria contínua da eficiência dos sistemas prediais.

No final, o Centro Tahoe de Ciências Ambientais recebeu uma certificação LEED Platinum com 56 créditos, o que encantou os proprietários, que esperavam somente uma certificação LEED Silver. Também recebeu o prêmio Best Overall Sustainable Design Project de 2008 do University of California System, entre outros, e se tornou um modelo para o projeto de edifícios de laboratórios eficientes em energia e para práticas de projeto de sustentabilidade.

Peter Rumsey liderou a equipe de engenharia. Segundo ele, a meta de obter a certificação LEED Platinum ajudou inclusive durante a fase de elaboração do projeto executivo, na qual algumas equipes podem achar que é tarde demais para fazer mudanças significativas:

> Havia clareza na meta. O proprietário disse: "Vamos em busca da certificação LEED mais alta possível e, se conseguirem a Platinum, será excelente". Na última hora da fase do projeto executivo, nos disseram: "Se precisarmos gastar um pouco mais de dinheiro em alguns elementos de LEED da edificação, estamos dispostos a isso". Alguns elementos do projeto foram incluídos, então, para a otimização do projeto e chegar ao LEED Platinum. Todos os membros da equipe de projeto estavam em sintonia e tínhamos certeza de que conseguiríamos.

> Trata-se do primeiro edifício de laboratórios do país a usar vigas refrigeradas à água, que são uma maneira de aquecer e refrigerar sem utilização de reaquecimento [a prática ineficiente em energia de refrigerar o ar externo para distribuição geral e, em seguida, reaquecê-lo para certos cômodos]. É um dentre um punhado de laboratórios que não utilizam o reaquecimento para o condicionamento de ar do laboratório; a eliminação do reaquecimento pode ser uma medida extrema de economia de energia. As vigas refrigeradas à água também permitem economizar em custos de construção. Acho que, não só por ser uma edificação com certificação LEED Platinum, mas por ser um laboratório, é um projeto verdadeiramente inovador. Desde a construção dessa edificação, muitos laboratórios estão usando ou considerando a sério o uso de vigas refrigeradas à água.

Questões gerais de construção

Durante a fase do projeto executivo, precisamos escrever todas as especificações de projeto e colocar todos os detalhes nos desenhos para que o empreiteiro geral e os vários subempreiteiros possam realmente orçar o projeto. Essas considerações geram, naturalmente, muitas perguntas importantes.

EXEMPLO DE PROJETO COM CERTIFICAÇÃO LEED PLATINUM

Centro Tahoe de Ciências Ambientais, Incline Village, Nevada, Estados Unidos

Finalizado no segundo semestre de 2006, o Centro Tahoe de Ciências Ambientais acomoda salas de aula e laboratórios para programas focados na compreensão e proteção dos frágeis lagos alpinos. O prédio de três pavimentos e com cerca de 4.400 m² custou 25 milhões de dólares e é usado pelo Sierra Nevada College, a University of California, em Davis, o Desert Research Institute e a University of Nevada, em Reno. Ele consome 60% menos energia e 30% menos água que uma edificação parecida. Diversos projetos mecânicos foram usados, incluindo vigas refrigeradas à água, ventilação por deslocamento de ar, pisos radiantes, painéis suspensos de calefação radiante e refrigeração, uma turbina com cogeração, recuperação de calor da exaustão do laboratório, sistema fotovoltaico de 30 kW integrado à edificação, geração noturna de água refrigerada com uma torre de resfriamento e 190 m³ de armazenamento de água fria, refrigeração evaporativa direta em circuladores de ar e um aquecedor de água quente solar para demonstração. Mictórios sem água e bacias sanitárias de baixa vazão foram instalados no prédio. Um sistema de coleta de neve derretida/água pluvial coleta água para reúso[3].

Fotografia de Van Fox, cortesia da Collaborative Design Studio.

---

[3] Heather Livingston, "Tahoe Science Lab Goes for Platinum-LEED", *AIArchitect*, 27 de outubro de 2006. Kate Gawlik, "Active and Passive", *Eco-Structure*, novembro de 2006.

1. Como o projeto será orçado e como isso afetará a inclusão de critérios de sustentabilidade no projeto executivo? Será uma orçamentação negociada ou competitiva?
2. Existe algum projeto de construção terceirizada em vigor, para que possamos envolver o empreiteiro geral ou gestor da construção neste estágio a fim de familiarizá-lo com os elementos de sustentabilidade específicos deste projeto?
3. Temos um cartão de pontos do LEED atualizado pronto para ser compartilhado com a equipe e para fazer parte dos exercícios de engenharia de valor?
4. Os documentos/especificações do contrato fazem referência clara às metas de sustentabilidade do projeto? As metas e ações relacionadas para o empreiteiro foram incorporadas a uma seção de especificações "de sustentabilidade" da Divisão 1?
5. Utilizaremos uma abordagem de lista de verificação nas reuniões de coordenação para acompanhar nossas intenções de projeto a partir das fases de elaboração do partido e de desenvolvimento do projeto?
6. Estamos usando um software de gestão de projeto LEED para acompanhar as escolhas que fazemos ou que estamos considerando na fase detalhada de projeto?
7. No caso de quaisquer materiais, sistemas ou processos que possam ser interpretados por orçamentistas como algo não convencional, a equipe de projeto pesquisou a disponibilidade local/regional dos itens e forneceu contatos para fontes de informações adicionais nas especificações?
8. O projeto foi revisado com cuidado para evitar áreas de projeto desnecessárias e para incorporar sistemas de projeto integrados, como coberturas sustentáveis para gestão de águas pluviais ou iluminação natural para conservação de energia?
9. Pedimos que o empreiteiro geral preparasse um plano de controle de erosão e sedimentação e os documentos de cumprimento do plano, mesmo se as atividades específicas forem exigidas pelo código na cidade ou condado do projeto?
10. O projeto executivo deixa claro quais documentos serão esperados do empreiteiro geral para a certificação e programas de incentivo?
11. O projeto executivo deixa claro que as substituições serão revisadas em relação às metas ambientais do projeto, bem como em relação a critérios mais convencionais?
12. Revisamos todos os detalhes da construção para nos certificar de que os materiais são usados com eficiência?

EXEMPLO DE PROJETO COM CERTIFICAÇÃO LEED PLATINUM

Edifício Verdesian, Nova York, Nova York, Estados Unidos

Concluído em 2006, o Verdesian é um edifício residencial de 27 pavimentos localizado no Battery Park City, na Cidade de Nova York. Este edifício de apartamentos de luxo com quase 28 mil m² inclui 252 moradias; o custo total do projeto foi de 75 milhões de dólares. Uma microturbina a gás natural produz 70 kW de energia (20% da carga base) e recupera calor suficiente para suprir 100% da demanda de água quente dos usuários. O Edifício Verdesian foi projetado para ser 40% mais eficiente em energia que uma edificação convencional. Uma estação de tratamento de esgoto próxima purifica o esgoto para uso nas bacias sanitárias e na torre de

> refrigeração. Até 38 m³ de águas pluviais podem ser coletados e utilizados para irrigar a cobertura verde. Três helióstatos na cobertura coletam e redirecionam a luz do sol para um parque abaixo[4].

Perguntas que devem ser feitas durante esta fase

Agora, vamos considerar algumas perguntas típicas que devem ser feitas durante a fase do projeto executivo de qualquer projeto de alto desempenho/com certificação LEED.

Questões de energia

Ao chegar a esta fase, precisamos ser bastante específicos em relação aos sistemas e componentes que consomem energia, bem como com a testagem dos sistemas prediais.

1. Qual é o nível final de eficiência em energia que planejamos alcançar? É possível chegar a tal nível com a escolha de equipamentos mais eficientes sem mudar o conceito ou aparência gerais do projeto?
2. A autoridade responsável pela testagem dos sistemas prediais revisou claramente todos os documentos dos sistemas? Temos uma ideia clara dos requisitos de projeto do proprietário e da base de projeto, conforme exigido pelo processo de testagem dos sistemas prediais do LEED?
3. Desenvolvemos um plano de medição e verificação e sistemas físicos para a edificação consistentes com a Opção B ou a Opção D do International Performance Measurement and Verification Protocol (IPMVP, edição 2003) do U.S. Department of Energy para sistemas mecânicos e elétricos ativos? Se formos coletar dados sobre a eficiência em energia dos principais sistemas e componentes prediais, quem ficará encarregado de analisar os dados?
4. As vidraças da edificação proporcionam características térmicas e de luz solar alternativas em cada orientação? As fachadas foram projetadas de maneira que possam ser renovadas com o passar do tempo, conforme a moda ou as condições mudam? Por exemplo: podemos adicionar brises ou persianas externos ou internos móveis em algum momento no futuro, caso o orçamento atual não o permita?
5. As tubulações e fiações da edificação permitirão a incorporação fácil de futuras tecnologias ambientais, assim como mudanças gerais na tecnologia?
6. Incluímos nas especificações o suporte básico e avançado à testagem dos sistemas prediais exigido pelo LEED, por parte dos empreiteiros mecânicos, elétricos e de controles?
7. Nosso agente ou a autoridade responsável pela testagem dos sistemas prediais preparou um plano de testes nesta etapa?
8. As especificações preveem que um agente independente de testagem de sistemas prediais revisará os pedidos de equipamentos selecionados pelos empreiteiros? Quem será responsável pelo treinamento dos operadores da edificação?

---

[4] Horizon Engineering Associates [online], http://www.horizon-engineering.com/hea_site/portfolio/residential/verdesian/verdesian.html, acessado em abril de 2008. Meredith Taylor, "The First LEED Platinum Residential High-Rise: Batter Park City's Verdesian", Green Buildings NYC, January 17, 2008 [online], http://www.greenbuildingsnyc.com/2008/01/17/the-first-leed-platinum-residential-high-rise-battery-park-citys-verdesian/, acessado em abril de 2008.

Qualidade do ambiente dos interiores

1. O projeto de climatização separa com clareza as áreas de mistura química ou serviços de impressão em grande quantidade dos demais usuários da edificação? É possível utilizar medidas de limpeza sustentáveis para se livrar das misturas químicas por completo ou evitar a necessidade de sistemas de ventilação separados?
2. O projeto de climatização permite o monitoramento em tempo real da temperatura e da umidade na edificação, com o envio de informações aos controles operacionais?
3. Especificamos claramente os sistemas de sombreamento externos ou componentes de vidraças de alto desempenho para dar suporte ao nosso projeto de iluminação natural?
4. Parte dos brises externos pode ser projetada para sustentar o sistema fotovoltaico integrado à edificação?
5. O projeto de arquitetura prevê paredes internas estruturais de laje a laje para áreas de alta mistura ou geração de poluentes, como salas de impressão e cópia em grande volume?
6. É permitido fumar na edificação (por exemplo, em um bar ou restaurante)? Caso afirmativo, existe um sistema de ventilação separado para essas áreas, com pressão negativa, sistema de retorno de ar separado e paredes internas de laje a laje?
7. Estamos especificando monitores de dióxido de carbono para controlar os níveis de ventilação na edificação e, especialmente, em áreas de alta ocupação, como salas de conferência?
8. Estamos escolhendo monitores de dióxido de carbono que tenham longa vida útil, uma acuidade de pelo menos 75 ppm e que possam esperar pelo menos cinco anos entre as calibrações?
9. Caso tenhamos janelas de abrir, como as zonas de climatização serão controladas?
10. Como serão resolvidas as disputas entre usuários em relação a quando abrir as janelas? Iremos utilizar um sistema "impessoal", como luzes vermelhas e verdes?
11. Foram especificados sensores com longa vida útil para todos os controles de iluminação? Eles foram colocados em áreas que são fáceis de manter e podem ser substituídos com facilidade?
12. Especificamos claramente o uso de tintas e revestimentos com baixos teores de compostos orgânicos voláteis na edificação?
13. Especificamos claramente o uso de vedantes e colas com baixos teores de compostos orgânicos voláteis em todos os pontos durante a construção da edificação?
14. Especificamos claramente o uso de carpetes e revestimentos de piso com baixos teores de compostos orgânicos voláteis na edificação?
15. Estudamos uma maneira de comprovar que todos os produtos de compósito de madeira ou fibra agrícola utilizados na edificação não contêm formaldeído de ureia (UF)?
16. O mobiliário fixo será construído com produtos que não contêm formaldeído de ureia (UF)? Seguirá os padrões de emissão de gases com baixos teores de compostos orgânicos voláteis?
17. Projetamos sistemas de entrada permanentes (grelhas ou filtros) para coletar os contaminantes e mantê-los fora da edificação?

18. Exigimos que o empreiteiro mecânico cumpra as normas publicadas em 1995 da Sheet Metal and Air Conditioning National Association (SMACNA) relacionadas à gestão da qualidade do ar no interior para espaços ocupados em construção, a fim de proteger os materiais absorventes de danos causados pela umidade e manter os dutos limpos e protegidos de contaminantes?
19. Exigimos que o empreiteiro substitua todos os meios de filtragem antes da ocupação por filtros MERV-8? Dimensionamos os ventiladores para filtros MERV-13 de alta eficiência e proporcionamos espaços, nos sistemas de dutos, para filtros mais espessos?
20. Nosso cronograma de construção permite uma exaustão de duas semanas da edificação com 100% de ar externo após a conclusão e antes da ocupação? É uma consideração prática em nossa região?
21. Caso isso não seja possível, temos verbas para exigir um procedimento de teste de qualidade do ar no interior mínima que cumpra os protocolos da U.S. Environmental Protection Agency?
22. Se a edificação for ocupada em fases, como executaremos a exaustão apropriada da edificação sem expor os usuários à emissão de gases de produtos químicos possivelmente nocivos?

EXEMPLO DE PROJETO COM CERTIFICAÇÃO LEED PLATINUM

The Willow School Art Barn, Gladstone, Nova Jersey, Estados Unidos

A edificação, que acomoda as classes de ensino médio da escola, um refeitório, o centro de artes dramáticas e o centro de ciências, tem cerca de 1.200 m² e custou 3,2 milhões de dólares. O prédio utiliza um sistema de gestão de águas servidas no qual plantas são cultivadas com a hidroponia no esgoto, que é tratado e limpo antes de ser devolvido ao solo. A água pluvial coletada é usada para a descarga de bacias sanitárias, contribuindo para uma redução de 58% no consumo de água em comparação com uma edificação construída de acordo com o código. Um sistema fotovoltaico supre 37% da demanda de energia do prédio. Ele foi projetado para consumir 70% menos energia que um edifício convencional[5].

Eficiência no consumo da água

Considerando a crescente importância da conservação de água nas edificações, nesta etapa precisamos verificar se o projeto tomou todas as providências possíveis ao especificar componentes que nos ajudem a atingir metas rígidas de eficiência no consumo da água.

1. Especificamos aparelhos sanitários que conservam água e sensores suficientes para atingir as metas de conservação de energia do projeto? Podemos economi-

---

[5] Corinne de Palma, "A Barn for a Schoolhouse", Environmental Design & Construction, March 03, 2008 [online], http://www.edcmag.com/Articles/Article_Rotatin/BNP_GUID_9-5-2006_A_10000000000000275462, acessado em abril de 2008.

zar 40% no consumo de água em comparação com uma edificação convencional e nos qualificarmos para um ponto LEED de Inovação? Todos os sistemas e aparelhos sanitários propostos foram aprovados pelo código local?
2. Se estivermos fazendo a coleta de águas pluviais, a especificação requer rotulagem contínua ao longo de toda a tubulação?
3. O tratamento UV da água pluvial coletada tem a opção de fechamento do sistema em caso de falha das lâmpadas UV?

Questões sobre os materiais

A fase do projeto executivo é nossa última chance de examinar novamente as políticas de "compra ambientalmente preferíveis" para todos os materiais utilizados na edificação.

1. Existe algum interesse em deixar a edificação "livre de vinil" especificando pisos flexíveis de outros materiais e procurando alternativas a tubos e conduítes de PVC? Esta é uma consideração importante para algum dos atores?
2. Solicitamos especificamente o uso de materiais de construção de demolição ou reusados sempre que possível? Esses materiais representam pelo menos 5% do valor de todos os materiais de construção no projeto? O que será necessário para chegar a tal patamar?
3. Podemos aumentar nossa meta de utilização de materiais de demolição ou reusados para pelo menos 10% do valor de todos os materiais de construção no projeto? O que será necessário para chegar a tal patamar?
4. Pelo menos 10% do valor de todos os materiais de construção vêm de materiais com conteúdo reciclado pós-consumo e/ou pós-industrial? Temos acesso imediato a essa informação? O que será necessário para chegar a tal patamar? Podemos chegar a 20% de materiais com conteúdo reciclado (em geral, isso não é tão difícil em muitas áreas urbanas)?
5. Solicitamos especificamente que pelo menos 20% do valor dos materiais utilizados neste projeto sejam extraídos, processados e fabricados a partir de fontes locais ou regionais (isto é, a não mais de 800 km do projeto)? Temos acesso imediato a essa informação? O que será necessário para chegar a tal patamar?
6. Podemos especificar materiais de construção para que pelo menos 20% de todos os materiais (por valor) sejam extraídos, coletados ou recuperados na região? O que será necessário para chegar a tal patamar?
7. Especificamos itens como pisos de bambu, linóleo e chapas de MDF de fibra agrícola, para que materiais de renovação rápida representem pelo menos 2,5% do valor total de todos os materiais de construção utilizados na edificação? O que será necessário para chegar a tal patamar?
8. Solicitamos que pelo menos 50% do valor de toda a madeira utilizada na edificação venha de florestas certificadas pelo FSC e tenham documentos de cadeia de custódia aceitáveis? O que será necessário para chegar a tal patamar?
9. Estudamos fontes locais de fornecimento para itens como madeira certificada pelo FSC para nos certificarmos de que estão disponíveis para este projeto?

10. Nossas especificações exigem que o empreiteiro geral desenvolva e implemente um plano de gestão de resíduos da construção? Existem oportunidades locais para a reciclagem de resíduos da construção se misturarmos os fluxos de lixo *in loco*?
11. Este plano prevê uma reciclagem de, no mínimo, 75% (por peso ou volume) de todos os resíduos da construção?
12. É possível exigir a reciclagem de maiores proporções de resíduos da construção, como 95% ou mais, e, portanto, qualificar-se a um crédito LEED de inovação?

EXEMPLO DE PROJETO COM CERTIFICAÇÃO LEED PLATINUM

Edifício Christman, Lansing, Michigan, Estados Unidos

O Edifício Christman é a primeira edificação a obter as certificações LEED-CS Platinum e LEED-CI Platinum. Um marco urbano de 1928 reformado, o prédio está localizado em um terreno outrora contaminado. Mais de 90% das paredes, cobertura, pisos e móveis de escritório foram reusados. Estima-se que este projeto de 12 milhões de dólares economizará 40 mil dólares por ano em custos de energia. A Christman Company – que prestou os serviços de gestão da construção, preservação histórica, coordenação de LEED e empreendimento imobiliário para o projeto – ocupa aproximadamente metade deste edifício de escritórios classe A com seis pavimentos e quase 5.800 m².

Cortesia de Gene Meadows e The Christman Company.

Questões de gestão de projeto LEED

Agora é hora de começar a preparar nossa entrega de "fase de projeto" do LEED. Muitas perguntas surgem nesta etapa.

1. Estamos completamente preparados para apresentar nossos créditos de projeto de LEED para a revisão da certificação antes do início da construção?
2. Determinamos quais créditos de inovação do LEED iremos buscar, seja por desempenho exemplar ou ações que não são atualmente cobertas pelo sistemas de certificação LEED?
3. Implementamos sistemas para garantir tais créditos de inovação?
4. Estudamos créditos "emprestados" de outros sistemas LEED, como diretrizes de construção do inquilino, políticas de compra ambientalmente preferíveis, compras de móveis e acessórios, limpeza sustentável e manutenção do exterior sustentável, e os transformamos em parte de nossas políticas operacionais para seguir em frente?

LICITAÇÃO E NEGOCIAÇÃO

A licitação e a negociação são um aspecto negligenciado dos projetos sustentáveis; durante esta fase, os proprietários da edificação, empreendedores e equipes de projeto precisam trabalhar junto com os empreiteiros para atingir os objetivos gerais de sustentabilidade, dentro do contexto do orçamento do projeto e com facilidade de construção. Frequentemente, em caso de licitação (mais de um terço de todos os projetos LEED-NC são para agências públicas), é uma boa ideia dedicar um tempo específico das reuniões "pré-licitação" para os requisitos de projeto do LEED, a fim de garantir que as licitações reflitam o escopo de trabalho real exigido do empreiteiro.

1. As especificações e os desenhos forneceram informações detalhadas suficientes para garantir que os empreiteiros façam a licitação do trabalho com base nos sistemas especificados, em vez de aplicarem um "bônus de sustentabilidade" geral às tarefas, em função das incertezas?
2. Existe algum procedimento para identificar e recrutar construtores, fornecedores e operários locais que têm experiência e interesse na construção de prédios sustentáveis?
3. Existe algum procedimento para informar os possíveis licitantes acerca das prioridades e metas de sustentabilidade do projeto (por exemplo: na conferência pré-licitação, incorporamos as metas do programa de necessidades sustentável e a explicação do sistema de certificação LEED para os empreiteiros)?
4. Os critérios para a seleção de empreiteiros incluem a avaliação de participação e desempenho anteriores em projetos de construção sustentáveis?
5. Examinamos as licitações para nos certificarmos de que os programas de sustentabilidade e medidas específicas de edificação sustentável foram incluídos?
6. Existe algum procedimento que incentive os licitantes e/ou empreiteiro(s) selecionado(s) a participarem verdadeiramente da identificação de materiais, sistemas, tecnologias e/ou metodologias alternativos para ajudar a atingir os objetivos do projeto durante o processo de construção?

13

Construção e Operações

Este livro fala sobre o projeto e a execução de edificações de alto desempenho. Uma vez que, durante a vida útil do projeto, a maior parte do dinheiro é gasta durante as fases de construção e operações, ambas merecem livros inteiros a seu respeito. No caso de um processo de projeto integrado, o período da construção é "o momento da verdade", ou seja, aquele em que todas as intenções grandiosas e ideias cuidadosas de projeto precisam ser postas em prática ao longo do complicado processo de transformar uma série de desenhos e um buraco no chão em um projeto acabado no qual pessoas possam viver, trabalhar, estudar ou praticar esportes por décadas.

A CONSTRUÇÃO

Em projetos com certificação LEED, descobri que é útil garantir que o processo de construção comece com uma explicação completa das metas de LEED e, especificamente, quais créditos de LEED a equipe de construção ficou encarregada de conseguir. Caso o projeto executivo tenha sido preparado adequadamente, todos esses requisitos devem constar nas especificações das Condições Gerais, Divisão 1. Todavia, não é sempre que todos leem todas as especificações. Por esse motivo, gerenciar ativamente o processo de construção em projetos de alto desempenho é essencial para obter os resultados desejados. A reunião de início da construção é o momento em que tudo começa – e um bom empreiteiro geral utilizará parte dessa reunião para chamar a atenção da equipe com relação às metas de LEED.

John Pfeifer é diretor sênior da McGough Construction, de Minneapolis, Estados Unidos. Sua equipe finalizou em abril de 2008 um projeto que deve receber a certificação LEED Platinum: uma torre em Minneapolis para a sede da Great River Energy. No caso do empreiteiro geral, ele acredita que quatro pontos são importantes para executar um projeto com certificação LEED Platinum bem-sucedido[1]:

1. Tente resolver as vedações ao tomar as primeiras decisões.

---

[1] Entrevista com John Pfeifer, março de 2008.

2. Intensifique as atividades de planejamento preliminares, antes mesmo do início do projeto.
3. Com cuidado, determine claramente qual parte é responsável por quais créditos e examine tal atribuição de forma contínua. No decorrer da construção e perto do fim, quando quiser apresentar seu relatório final, não deve haver dúvidas sobre o que as pessoas estavam fazendo. "Fizemos as atribuições no início e ficamos repensando-as, porque as coisas mudam, as pessoas costumam ter outras ideias sobre quem deve fazer o quê; isso acontece durante um projeto com 18 meses de duração. Não é fácil", disse Pfeifer.
4. Sem um proprietário comprometido, não irá funcionar.

A McGough Construction acredita piamente no modelo de processo colaborativo, assim como muitos outros empreiteiros gerais de grande porte. Pfeifer acredita que, além de ser superior em termos gerais, esse método de execução provavelmente é essencial para o sucesso do projeto de uma edificação de alto desempenho. Segundo ele:

> Hoje em dia, há muito exagero acerca da execução de projeto integrado (IDP). Durante anos, em nossa região [norte do meio-oeste dos Estados Unidos], a McGough Construction foi pioneira no uso de um sistema de execução colaborativa ou integrada. A grande maioria de nossos projetos – nos últimos 20 anos, provavelmente – foi realizada com sistemas de execução colaborativa. O tempo comprovou que isso garante um projeto da mais alta qualidade com prazo eficiente e menor custo.
>
> Junto com o sistema de execução colaborativa está, basicamente, a mentalidade de execução como um livro aberto, na qual todos os custos são submetidos à revisão e aprovação por parte do proprietário. Nós não pegamos o projeto do arquiteto, orçamos, levamos ao proprietário e dizemos: "É pegar ou largar". O proprietário está incrivelmente envolvido com tudo isso desde o primeiro dia – como o arquiteto e todos os outros consultores – e tem um poder de decisão contínuo em todas as etapas. Contestamos números a cada etapa. O livro aberto significa que o proprietário vê todos os prós e contras, os pontos positivos e negativos do processo, e se torna uma parte importante do processo de tomada de decisão.
>
> No caso de um projeto de alto desempenho e, especialmente, com certificação LEED de alto nível, é necessário pegar muitas dessas características e se empenhar com todas elas. Precisamos otimizar a eficiência da equipe trabalhando junta. Precisamos intensificar os esforços de planejamento no início, porque muitas dessas coisas estão inter-relacionadas. A equação que permite montar uma edificação [de alto desempenho] é muito mais complicada do que antes. Sempre é uma decisão de ponderar os benefícios de uma [abordagem] em relação a outra e compará-los com os custos.

Ted van der Linden é diretor de sustentabilidade da DPR Construction, uma grande empreiteira geral com sede na Califórnia, Estados Unidos, que está comprometida com um processo de execução colaborativa. Ele participa da execução de projetos de alto desempenho praticamente desde o início dos sistemas de certificação LEED. Em um projeto com certificação LEED, a maior parte do trabalho de um empreiteiro geral consiste em garantir que os subempreiteiros sigam as plantas e especificações da equipe de projeto. Para a DPR, trata-se principalmente de treinar os subempreiteiros e garantir sua cooperação[2].

> Em nossos projetos, realmente nos dedicamos a assegurar que os subempreiteiros estejam perfeitamente cientes do motivo de estarem fazendo o que foi pedido. Obviamente, eles são úteis na execução de um projeto. Não queremos criar problemas para eles o tempo todo, tais como: "Não, você não pode usar tintas com altos índices de compostos orgânicos voláteis (VOCs). Não pode usar este vedante, porque tem uma alta porcentagem de VOCs".
>
> Mudamos a situação e realmente tomamos a direção dos projetos, já que [em muitos casos] ajudamos a escrever as especificações. Auxiliamos os subempreiteiros a aprenderem rapidamente o que [o LEED] significa para eles. Não nos limitamos a entregar a eles a pasta do LEED e dizer: "Sim, queremos uma certificação LEED Silver, boa sorte!". Garantimos, desde o início, que entendam exatamente quais são nossas intenções do ponto de vista da sustentabilidade. Sua participação e conhecimento mudaram consideravelmente com o passar do tempo. Em 2000, em alguns de nossos projetos, era tão difícil quanto extrair um dente convencê-los a parar, avaliar o que queríamos fazer e não precificar as coisas de modo ultraconservador – por exemplo, por ser algo diferente, deve custar mais.
>
> Esta foi a grande mudança de paradigma de anos atrás: perceber que uma edificação sustentável custa mais caro em muitas situações. Sempre pego isso e digo: "Um carro melhor não custa mais caro?". Você pode escolher entre comprar um Yugo e comprar um Cadillac. Um custará mais que o outro por causa da durabilidade, qualidade, etc. É verdade que um carro não é a melhor analogia para se fazer com uma edificação, mas, se expressarmos dessa maneira, as pessoas entendem.

Mais empreiteiros gerais estão começando a se especializar no LEED, mas muitos subempreiteiros importantes ainda precisam se familiarizar com as exigências do sistema. Seguem algumas perguntas importantes que devem ser feitas durante o período da construção.

1. Os elementos de sustentabilidade do projeto e a certificação proposta foram incorporados na reunião de início da execução com todos os subempreiteiros? Eles concordaram em cumprir com suas obrigações para nos ajudar a obter a certificação LEED desejada?
2. Estamos reunindo os documentos do projeto necessários para o LEED durante o processo? Algum consultor ou membro da equipe de projeto foi especificamente incumbido da tarefa de manter toda a documentação de LEED atualizada e pronta para apresentação?
3. Estamos acompanhando os pontos de LEED obtidos (em relação às nossas metas para os vários níveis de certificação) conforme avançamos? Estamos utilizando o software de gestão de projetos de LEED para nos ajudar com essa tarefa?
4. Recebemos pedidos de todos os materiais sustentáveis e sistemas específicos utilizados no projeto e os incorporamos a um caderno que possa ajudar com a certificação LEED, a futura manutenção da edificação e o treinamento dos operadores?

---

[2] Entrevista com Ted van der Linden, DPR Construction, fevereiro de 2008.

5. O especialista na testagem dos sistemas prediais está estudando os pedidos de todos os sistemas a serem avaliados, com o objetivo de determinar o atendimento da intenção do projeto, de acordo com as exigências de testagem aprimorada ou avançada dos sistemas prediais (Figura 13.1)?
6. O empreiteiro geral está documentando o cumprimento do plano de controle de erosão/sedimentação?
7. O empreiteiro geral ou o vendedor do lixo produzido pela obra está documentando a quantidade de resíduos que estão deixando de ir para um depósito de lixo, pelo menos no nível de 75%? Temos relatórios regulares do progresso em direção a essa meta durante a construção? O vendedor do lixo produzido pela obra está nos fornecendo relatórios regulares, que possam ser usados na documentação do LEED sobre a quantidade de resíduos que estão deixando de ir para um depósito de lixo ou sendo reciclados?
8. A testagem dos sistemas prediais está sendo feita de acordo com o cronograma?
9. Os empreiteiros mecânicos e elétricos estarão no local durante o período de testagem funcional dos sistemas prediais para corrigir quaisquer problemas que sejam encontrados?
10. Treinamos os funcionários de manutenção para os detalhes específicos da operação de todos os equipamentos?
11. O empreiteiro mecânico ficou encarregado de seguir as diretrizes da SMACNA relacionadas à manutenção da qualidade do ar no interior durante a construção e está comprometido com isto?

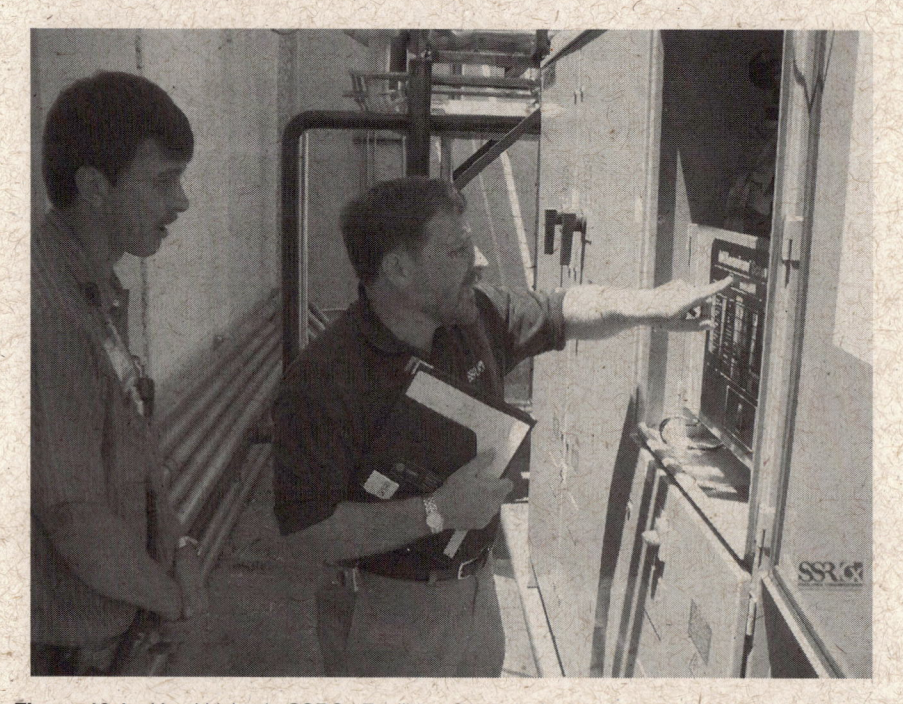

Figura 13.1 Ken Urick, da SSRCx Facilities Commissioning, especialista na testagem dos sistemas prediais, está avaliando a instalação do chiller junto com um técnico de manutenção do prédio. *Cortesia da SSRCx Facilities Commissioning.*

12. Caso tenhamos nos preparado para um *flush-out* de duas semanas da edificação com 100% de ar externo, conforme o protocolo do LEED para verificar a qualidade do ar no interior antes da ocupação, isso terá algum impacto imprevisto no cronograma?
13. Se escolhermos um caminho alternativo para demonstrar a qualidade do ar no interior – por exemplo, porque as condições climáticas locais fazem com que o *flush-out* não seja recomendado –, tomamos providências para coletar amostras da qualidade do ar no interior de acordo com protocolos aprovados pelo LEED?
14. Este treinamento foi documentado para funcionários futuros e de maneira suficientemente adequada para o crédito de LEED de testagem avançada dos sistemas prediais?
15. Preparamos um manual de sistemas e operações para esta edificação, de acordo com as exigências do crédito de LEED de testagem avançada dos sistemas prediais?
16. Proporcionamos sensores e coleta de dados para medição e verificação dos principais sistemas que consomem energia e água?
17. É possível certificar a edificação antes da ocupação, se tivermos um contrato de testagem dos sistemas prediais em vigor? Quando precisamos terminar todos os documentos do projeto para atingir essa meta?
18. O projeto será finalizado no prazo, dentro do orçamento e com a certificação LEED esperada?

Sem o talento e a criatividade do empreiteiro geral, é quase impossível executar edificações de alto desempenho como projetos muito grandes com certificação LEED Platinum (Figura 13.2).

Michael Deane é gerente de construção sustentável da Turner Construction Company, a maior empreiteira de edificações comerciais dos Estados Unidos. Ele

Figura 13.2 Imagine construir o maior projeto com certificação LEED Platinum do mundo na populosa área de Times Square, em Nova York, Estados Unidos, e você verá como os empreiteiros contribuem para cada certificação LEED de projeto. ©*Fotografia de Cook + Fox, cortesia da Cook + Fox Architects.*

fala sobre a importância do empreiteiro geral no processo de projeto integrado da seguinte maneira[3]:

> Os empreiteiros sabem muito sobre a tectônica. Sabemos muito sobre quais materiais têm baixas emissões, têm conteúdo reciclado e estão disponíveis no local, assim como quais sistemas são eficientes em água e energia. Também sabemos bastante a respeito de custos e disponibilidade de materiais. Estamos trabalhando, por exemplo, em uma comunidade para aposentados com cuidados contínuos que tem 250 unidades e um valor de cem milhões de dólares. A construção já estava quase na metade quando o proprietário nos chamou e disse: "Estava pensando se podemos transformar este projeto em um projeto com certificação LEED". Esta é, praticamente, a pior das hipóteses do ponto de vista dos prazos, porque a maioria das decisões sobre sustentabilidade já tinha sido tomada e a maior parte dos materiais e equipamentos havia sido comprada.
>
> Examinamos o que estava no projeto, o que ainda poderia ser adquirido e os materiais que ainda não haviam sido comprados. Por exemplo: haviam especificado vasos sanitários com descarga de seis litros e estes já tinham sido encomendados e estavam aguardando em um depósito em algum lugar; portanto, era impossível mudar a especificação. Foi uma oportunidade perdida. Se estivéssemos à mesa durante o projeto, diríamos: "Sabem, existem umas 120 bacias sanitárias por aí que têm vazões menores. Acho que podemos encontrar alguma que se encaixe no orçamento, que vocês aceitarão de um ponto de vista estético e teriam a oportunidade de obter um crédito de eficiência no consumo da água". Este é um exemplo de oportunidade perdida.
>
> Uma coisa positiva foi que conseguimos reencomendar o gesso cartonado da uma fábrica que produzia material 100% reciclado sem alterar os preços ou o cronograma de entrega e, com essa única compra, pudemos obter um crédito de material local/regional e um crédito de conteúdo reciclado. Foi uma oportunidade aproveitada no último minuto.

Para Deane, o maior desafio do projeto integrado é fazer com que o proprietário e o arquiteto interajam com o empreiteiro desde o início do processo e os incluam como participantes ativos da equipe de projeto, inclusive em projetos pequenos. Nos projetos muito grandes, os empreiteiros quase sempre são envolvidos desde o início (embora isso não signifique que os projetistas sempre ouçam seus conselhos).

> Uma vez, um arquiteto me perguntou: "O que você quer de nós?". Respondi: "Quero que nos escutem". O desafio [para um empreiteiro] é ser reconhecido como um participante em pé de igualdade e conseguir um lugar à mesa. Em seguida, torna-se um desafio de educação, pois constatamos que o maior causador do aumento dos custos em edificações sustentáveis é a falta de conhecimento. Essas coisas não são difíceis; a questão é que nem todos as conhecem. Passamos muito tempo informando as pessoas a respeito da realidade – a realidade de custo, disponibilidade de produtos, dificuldades de instalação e retorno econômico. Volta e meia convivemos com isso, porque estamos no final da cadeia. O arquiteto pode projetar uma bela edificação, mas, no fim das contas, o proprietário quer que ela seja entregue no prazo e dentro do orçamento – e essa é a nossa função.

---

[3] Entrevista com Michael Deane, Turner Construction Company, março de 2008.

Paul Stoller, da Atelier Ten, falou sobre a importância da equipe de construção no Sculpture Building and Gallery da Yale University, um projeto mencionado anteriormente neste livro[4].

A Shawmut, responsável pela gestão da construção, era uma equipe de superestrelas. Quando se chega à construção, existe um grande número de créditos [de LEED] que dependem de o gestor da construção se envolver e garantir que os pedidos atendam aos padrões esperados. A Shawmut foi fantástica, pois conseguiu manter todos os subempreiteiros no padrão estipulado nos documentos e especificações do projeto. Seu cuidado com a obtenção dos produtos e os padrões de desempenho, assim como seus padrões e métodos de construção, foi essencial. Se não tivessem prestado tanta atenção aos aspectos ambientais do projeto, não obteríamos a certificação Platinum. *Isso confirma as lições que aprendemos com outros projetos: se tivermos um gestor de construção atento e dedicado, fica mais fácil conseguir uma edificação de alto desempenho.* Se tivermos um gestor de construção desatento ou que desconversa, será um pesadelo.

OCUPAÇÃO E OPERAÇÕES

Durante a intimidante tarefa de executar uma obra, a maneira como a edificação será operada ao longo de sua vida útil costuma ser negligenciada com demasiada frequência. Estudos recentes do USGBC demonstraram que as edificações com certificação LEED estão, na realidade, obtendo uma economia média de energia de aproximadamente 30% conforme previsto pelos modelos de computador. No entanto, eles também constataram uma grande variação nos resultados individuais, o que sugere que as operações individuais da edificação são cruciais para alcançar os resultados desejados[5]. Seguem algumas perguntas importantes a serem feitas que otimizarão os benefícios ambientais das operações da edificação no futuro.

1. Os usuários finais serão totalmente orientados em relação aos sistemas quando ocuparem a edificação? Tomaram-se providências para um manual operacional e/ou informações interpretativas para ajudar os futuros usuários a aprenderem a respeito do projeto da edificação?
2. Foi celebrado um contrato para revisão próxima ao término da garantia da testagem dos principais sistemas mecânicos e elétricos, em conjunto com os sistemas que consomem água?
3. Estamos comprometidos com um levantamento periódico da satisfação dos usuários com o conforto térmico durante os primeiros seis a 18 meses de ocupação – especialmente o exigido pelos sistemas de certificação LEED – e estamos comprometidos a fazer os ajustes necessários para aumentar os níveis de satisfação?
4. Como os funcionários da manutenção serão notificados e instruídos futuramente a verificar as calibrações de todos os sensores de iluminação e de dióxido de carbono da climatização?

---

[4] Entrevista com Paul Stoller, Atelier Ten, março de 2008.
[5] New Buildings Institute, estudo para o USGBC, 2008, www.usgbc.org/docs/NBI%20and%20Group%20Release%20040108.pdf, acessado em 01 de abril de 2008.

5. O desempenho de energia e os sensores de iluminação podem ser monitorados a partir do escritório do engenheiro para facilitar a resolução de problemas dos sistemas?
6. Começamos a coletar dados de consumo de energia e água a partir do sistema de medição e verificação, a fim de compará-los com o consumo de energia e água projetado (modelado)?
7. Incorporamos objetivos educacionais ao projeto por meio de sinalização gráfica, relações públicas, folhetos, *tours*, seminários e outros meios?
8. Existem comprometimento e orçamento para começar o processo de certificação LEED-EB nos próximos dois anos, para vermos como nossas operações de longo prazo estão afetando o consumo de energia e as medições de qualidade ambiental?
9. Podemos começar a coletar dados agora que auxiliem na futura certificação LEED-EB, como padrões de transporte pendular e níveis de reciclagem?
10. Os programas de inspeção especiais (como testagem dos sistemas prediais) incluem revisão contínua dos elementos funcionais críticos?
11. No caso de um projeto de escola ou faculdade, treinamos os professores ou instrutores para explicar e utilizar os sistemas de sustentabilidade do projeto?
12. Explicamos os benefícios dos elementos de sustentabilidade deste projeto para os responsáveis pela tomada de decisões em nível superior, a fim de conseguir seu apoio para as operações de sustentabilidade?
13. Incorporamos as exigências do LEED-EB – tais como compras ambientalmente preferíveis, gestão da demanda de transporte e políticas aprimoradas de gestão de resíduos – aos planos operacionais contínuos da edificação?

O LEED para Operações e Manutenção de Edificações Preexistentes (LEED-EB) é um sistema para o estabelecimento de parâmetros, avaliação e certificação de operações em progresso. Considerar o papel do LEED-EB para a operação e manutenção de edificações de alto desempenho foge ao escopo deste livro. No entanto, vale a pena observar que a maior empresa de administração de imóveis do mundo, a CB Richard Ellis (CBRE), assumiu um grande compromisso com o processo de certificação LEED-EB. Sally Wilson é vice-presidente sênior e diretora global de estratégias ambientais da CBRE. Esta é sua abordagem ao LEED-EB[6].

> Em novembro [de 2007], nos comprometemos com o U.S. Green Building Council a registrar 100 de nossas edificações no portfólio do LEED-EB. Atualmente, estamos passando pelo processo de selecionar e registrar as edificações e, provavelmente, chegaremos perto de 150. Uma parte significativa delas será certificada até o final de 2008.
>
> Por outro lado, ainda continuamos a desenvolver nossas soluções de "sustentabilidade sensata" dentro da divisão de serviços de ativos, a qual lida com o consumo de energia e de água, com a gestão do lixo e com programas de reciclagem expandidos para lâmpadas, pilhas e cartuchos de impressora. Estamos realmente tentando expandi-la e aprimorar os programas de reciclagem. Um dos maiores componentes com os quais trabalharemos este ano – agora que temos a infraestrutura nas edifi-

---
[6] Entrevista com Sally Wilson, CBRE, fevereiro de 2008.

cações – é nos comunicarmos com os inquilinos para ajudá-los a entender como podem mudar seu comportamento para agir de maneira mais responsável e utilizar os programas que implantamos. Na verdade, não importa se fizemos uma edificação eficiente em energia ou se implantamos programas de lixo. São principalmente os inquilinos das edificações que criam o uso. Precisamos nos comunicar com eles para que possam tirar proveito do que fizemos e, em última análise, promover a redução por meio de suas ações.

Um dos principais elementos para operar uma edificação buscando a saúde e a produtividade de seus usuários é um programa de limpeza sustentável, que, para Wilson, é parte importante do programa da CBRE.

Em termos de limpeza, implantamos soluções para garantir que os funcionários da limpeza desliguem as luzes e equipamentos à noite. Também os ajudamos a colocar as práticas de sustentabilidade em vigor – por exemplo, limpando com produtos sustentáveis. Boa parte está na conscientização. Depois de perceberem o que estão fazendo, as pessoas se dão conta do impacto.

Não é tão difícil implantar um programa de limpeza sustentável. Francamente, os prestadores de serviço ficam gratos pela mudança que está acontecendo no setor da limpeza, pois é mais saudável para eles. Quando a CBRE gerencia a edificação, geralmente não é um problema ir até a empresa de limpeza e pedir-lhe que faça as mudanças. Lido com os inquilinos e, quando chego a uma edificação que não é administrada pela CBRE, geralmente encontro alguma resistência; mas, depois de fazer um pouco de pressão e fazer com que me escutem, percebem que o serviço de limpeza não terá problemas. Em um mercado sofisticado, a maioria dos serviços de limpeza já terá um programa [de limpeza sustentável].

No longo prazo, as operações sustentáveis serão absolutamente fundamentais para reduzir a pegada de carbono. Embora este livro tenha se focado no processo de projeto integrado para novas construções, o LEED-EB e outros métodos que incentivam os proprietários e inquilinos de edificações a mudarem seu comportamento e reduzirem os impactos ambientais das edificações preexistentes são muito importantes para o futuro do aquecimento global, bem como para melhorar a saúde e a produtividade das pessoas e do planeta.

14

Olhando para o Futuro – o Projeto de Edificações Vivas

Junto com muitos outros, Bill Reed escreve sobre a necessidade de continuar pressionando para que as edificações de alto desempenho cheguem à esfera do projeto resiliente e regenerativo. Em um artigo de 2005, ele (e seus coautores) escreveu: "O termo 'regenerativo' é útil porque sugere as propriedades de auto-organização, cura espontânea e autoevolução dos sistemas vivos"[1]. Diferentemente do projeto sustentável (conforme definição do LEED), em que o objetivo é apenas reduzir os danos por meio de um projeto "menos ruim", e até mesmo do projeto completamente "sustentável", cuja meta é avaliar nossos impactos em relação a um objetivo de "dano zero", o espírito do projeto regenerativo prevê uma trajetória de projeto responsável (Figura 14.1) que busca recuperar os sistemas vivos até que cheguem a um nível mais produtivo do que aquele em que os encontramos – tudo isso enquanto mantém a existência humana saudável e próspera. Bastante exigente!

Um passo no caminho até o projeto completamente regenerativo é criar uma "edificação viva"[2]. Jason McLennan, atual diretor executivo do Cascadia Chapter do U.S. Green Building Council, é um sério defensor desse conceito. Em uma brilhante mudança no sistema LEED-NC, que possui sete pré-requisitos e 69 pontos de crédito – e costuma ser criticado por permitir que as edificações sejam certificadas tendo um desempenho de energia somente um pouco melhor, por exemplo –, McLennan postulou um sistema de certificação chamado Living Building Challenge (LBC), que possui apenas pré-requisitos e nenhum crédito. Em outras palavras, você tem ou não tem uma edificação sustentável[3]. (A atual versão 1.2 do LBC faz certas acomodações para a realidade do mercado hoje.)

É assim que funciona: existem 16 categorias e o projeto precisa atender a todos os requisitos para obter a certificação de Edificação Viva. O sistema está baseado no

---

[1] Bill Reed é mais a favor do termo "sistemas vivos", pois argumenta que as edificações propriamente ditas não podem ser vivas. Mesmo assim, o termo "edificação viva" se tornou uma boa descrição da próxima etapa na evolução das edificações sustentáveis e, portanto, será utilizado aqui.

[2] Bill Reed, Joel Ann Todd e Nadav Malin, "Expanding our Approach to Sustainable Design – An Invitation", Brattelboro, Vermont: Building Green, Inc. December 15, 2005.

[3] Cascadia Green Building Council, www.cascadiagbc.org/lbc, acessado em 29 de abril de 2008.

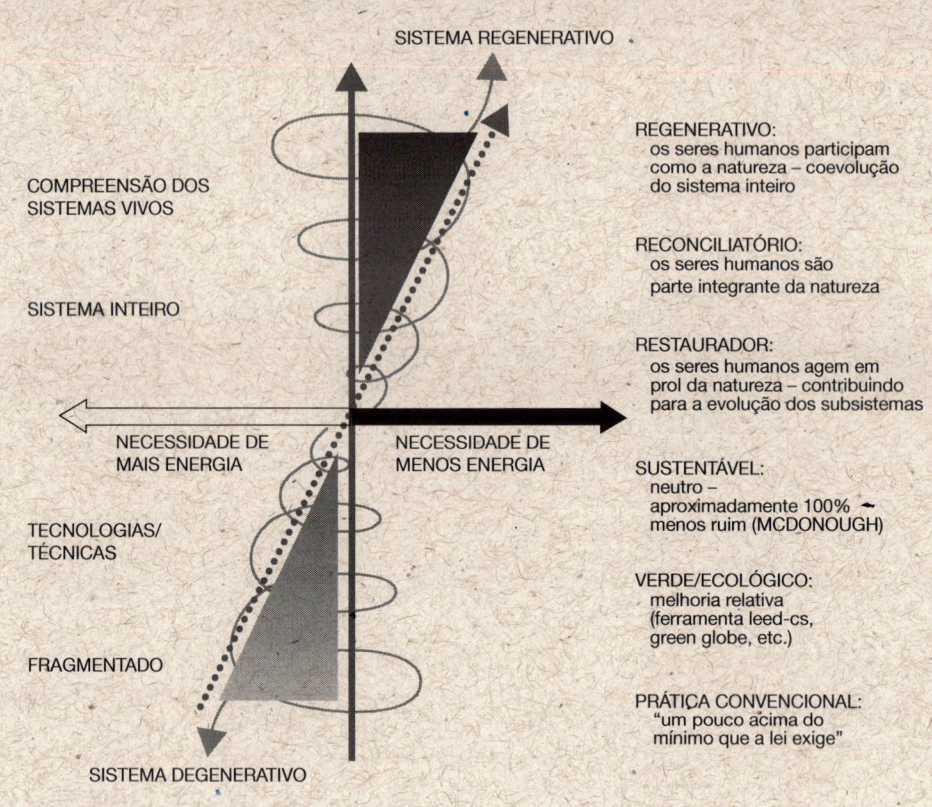

Figura 14.1 Trajetória do projeto ambientalmente responsável, mostrando um movimento ascendente positivo do projeto convencional ao projeto sustentável e, então, a um projeto completamente resiliente e regenerativo. ©Integrated Design Collaborative and Regenesis, Bill Reed, 2006.

desempenho, para que não precise haver referência de "melhores práticas", como acontece no LEED. Para obter os resultados necessários para a certificação, será necessário usar as categorias. Duas delas estão relacionadas à "beleza e inspiração", reforçando o fato de que edificações "feias" não são realmente sustentáveis, porque não envolverão o espírito humano e ninguém desejará preservá-las. Para entender o valor desse ponto de vista, considere a força com que certos prédios históricos captam as emoções de uma comunidade, embora possam ser "monstros" no consumo de energia ou não atenderem aos padrões atuais do LEED. Nós os apreciamos por causa do contexto social que criam e expressam.

Relembrando a discussão sobre BHAGs no Capítulo 3, veremos que a importância do Living Building Challenge está em estipular "metas audaciosas, grandes e cabeludas" para uma nova geração de edificações vivas e uma nova geração de arquitetos, projetistas e proprietários de edificações.

No sistema de avaliação do Living Building Challenge, as categorias exigidas são as seguintes:

1. Escolha do terreno responsável (como o Crédito 1 de Terrenos Sustentáveis do LEED)

2. Limites para o crescimento (não construir em qualquer terreno "virgem")
3. Troca de habitat (separar uma área igual à do empreendimento para habitat)
4. Energia líquida zero (a edificação precisa gerar toda a energia que consome a partir de fontes renováveis, em uma base anual líquida)
5. Não usar os 13 materiais persistentes, tóxicos ou bioacumulativos (como formaldeído, PVC, hidroclorofluorcarbonos, etc.)
6. Eliminar a pegada de carbono dos materiais de construção (compense o impacto de carbono com a compra de "compensações de carbono")
7. Produção e aquisição responsáveis de materiais (utilizar somente madeira de demolição ou certificada pelo FSC)
8. Raio apropriado de materiais e serviços (limita a distância que os materiais podem percorrer até o canteiro de obras)
9. Reciclagem dos resíduos da construção (exige que pelo menos 80% dos resíduos não sejam enviados a aterros sanitários)
10. Consumo líquido de água zero (com exceção da água potável exigida para sistemas de saúde, a edificação deve utilizar somente água coletada ou tratada *in loco*)
11. Descarga de água sustentável (tratar 100% da descarga de águas pluviais e da edificação *in loco*)
12. Ambiente de trabalho civilizado (as edificações devem ter janelas de abrir com ar fresco e iluminação natural)
13. Controle da fonte de poluentes internos (essencialmente, seguir os créditos 4 e 5 de Qualidade do Ambiente dos Interiores do LEED)
14. Ventilação saudável para a qualidade do ar no interior (exceder em 30% as normas de ventilação baseadas nas exigências do código de edificações)
15. Projeto com espírito (este vale a pena citar: "O projeto deve conter elementos cujo único objetivo é o prazer humano e a celebração da cultura, espírito e lugar apropriados à função da edificação".)
16. Projeto com inspiração e educação (a edificação deve fornecer materiais educacionais para o público e ser aberto pelo menos uma vez por ano para *tours*).

Existe a promessa de um Guia do Usuário de Edificações Vivas para auxiliar possíveis projetos a satisfazerem essas exigências em mais detalhes. No entanto, é possível perceber que o Living Building Challenge representa um avanço significativo do que se pensa de uma edificação sustentável.

HARD BARGAIN FARM, ACCOKEEK, MARYLAND, ESTADOS UNIDOS

Agora veremos um projeto que foi feito com o objetivo de atender a essas normas: a "Hard Bargain Farm" da Alice Ferguson Foundation, um prédio de educação ambiental localizado em Maryland, perto de Washington, DC. Este projeto recebeu o prêmio "Demonstrated Leadership" (Liderança Comprovada), na mostra "Greenbuild" realizada pelo USGBC em 2007, para projetos não construídos[4]. Os conceitos do projeto incluem as seguintes estratégias:

---

[4] Cascadia Green Building Foundation, www.cascadiagbc.org/lbc/lbc-competition, acessado em 29 de abril de 2008.

1. Manter uma pequena área de ocupação do terreno que tire partido da infraestrutura preexistente.
2. Construir em terrenos desenvolvidos e degradados anteriormente.
3. "Aninhar" as edificações dentro e ao redor de árvores adultas.
4. Elevar as edificações para respeitar as elevações naturais no terreno e minimizar o impacto no local.
5. Projetar "de dentro para fora", com o desempenho da edificação (iluminação natural, eficiência em energia, ventilação, fluxos de água) orientando sua forma.
6. Utilizar painéis isolantes reguláveis e elementos de sombreamento que permitam que as edificações se adaptem ao longo do dia e das estações, proporcionando maior conforto com uma quantidade mínima de consumo de energia.
7. Utilizar madeira cultivada na Hard Bargain Farm.
8. Utilizar madeira e/ou metais sem acabamentos que desenvolverão uma pátina natural e também facilitarão uma possível reciclagem.
9. Utilizar palha cultivada *in loco* nas paredes de fardos de palha da edificação.
10. Coletar águas pluviais para usar nas edificações ou no terreno.
11. Oferecer uma "parede viva" para filtrar e canalizar o escoamento pluvial.
12. Utilizar bacias sanitárias de compostagem ou bacias de detenção construídas para o tratamento de resíduos.
13. Utilizar materiais de demolição ou reciclados na construção.

O arquiteto da M2 Architecture, Muscoe Martin, da Filadélfia, é um antigo defensor do projeto sustentável e trabalhou como arquiteto local no projeto do Arboreto Morris, da University of Pennsylvania, descrito anteriormente neste livro. Aqui, ele descreve como um processo de charrete mais longo resultou na resolução criativa de problemas para um programa de necessidades de projeto anormalmente desafiador[5].

A Hard Bargain Farm é um centro de educação ambiental projetado em conjunto pela M2 Architecture e a Re:Vision Architecture, também sediada na Filadélfia. A M2 Architecture está participando dos estudos preliminares e da definição do partido de arquitetura e, em seguida, a Re:Vision assumirá o projeto à medida que começa a construção.

Fizemos uma charrete que foi diferente da do Arboreto Morris. Foi um evento que durou quatro ou cinco dias. Contamos com funcionários que trabalhavam na fundação, membros do comitê diretor que ajudarão a conseguir dinheiro para o projeto, vizinhos e membros da comunidade interessados. Optamos por fazer uma charrete de projeto de verdade, isto é, realmente desenvolvemos o partido de arquitetura durante aqueles cinco dias. Nós o entendemos "em tempo real", conforme fazíamos os desenhos. Naturalmente, tínhamos engenheiros, paisagistas e toda a nossa equipe de projeto integrado presentes no local, junto com o grupo do cliente. Algumas decisões difíceis precisaram ser tomadas na charrete. Uma era onde implantar a edificação no terreno. Era um terreno bem grande, mas havia alguns condicionantes. Queriam que fosse uma edificação viva. Na verdade, este projeto foi um dos vencedores do concurso do Living Building Challenge do Greenbuild 2007.

---

[5] Entrevista com Muscoe Martin, M2 Architecture, março de 2008.

Durante a charrete, tivemos de decidir onde iríamos implantar a edificação – e um dos critérios estabelecidos antes da charrete era que precisava ser um prédio com consumo líquido de energia zero. No clima em questão, tal requisito significa que precisaríamos coletar bastante energia solar, tanto para a iluminação natural como para a calefação. O terreno ideal para isso seria um em que a edificação ficasse no sol, com boa orientação solar. No entanto, o terreno preferido pelo cliente era o de uma edificação preexistente que ele desejava ampliar ou substituir.

O problema: o terreno ficava na sombra. Estava encaixado em belas árvores maduras, com uma orientação solar muito ruim. Foi um conflito de verdade: conseguir oferecer uma edificação realmente eficiente em energia e, ao mesmo tempo, satisfazer o desejo do cliente de utilizar o solo afetado anteriormente. De certa forma, lutamos com isso por um tempo durante a charrete, até chegarmos a um impasse. Fizemos um intervalo de almoço. Scott Kelly, nosso parceiro da Re:Vision Architecture, foi almoçar na rua. A charrete estava sendo realizada no terreno do projeto e ele se sentou à sombra, perto da edificação preexistente que o cliente queria reformar. Olhou para baixo, onde estava sentado, e viu uma área com musgo entre seus pés. Começou a pensar a respeito. Era uma área sombreada, mas algo crescia ali. Então, pensou: "Talvez nosso prédio precise ser mais parecido com o musgo, não com algo que fica sob o sol". Ele não sabia ao certo o que isso significava, mas foi uma espécie de inspiração que teve.

Depois do almoço, ele compartilhou a ideia com o grupo e a famosa lâmpada se acendeu em minha cabeça. Eu disse: "É claro! Precisamos de dois prédios. Precisamos dividir a edificação e manter um grupo de usos no terreno preexistente. Será a edificação 'musgo' e irá coletar água, pois é isso que o musgo faz. Será uma edificação sombreada, que tirará proveito desse ambiente. Poderá ter grandes janelas sem se preocupar com beirais, pois fica na sombra. A outra edificação deverá ficar na área ensolarada. Será usada durante o dia e irá coletar energia solar. Será como a grama. Será a edificação 'grama' (Figura 14.2)".

Foi uma grande ideia. Resolvemos o problema em meia hora de discussão. Isso aconteceu porque, primeiramente, lutamos com a questão por um tempo e, em seguida, nos afastamos e deixamos as coisas se acomodarem. Então, alguém teve uma inspiração que trouxe de volta e criou outro conjunto de inspirações entre o grupo. O projeto está avançando; estamos no processo de projeto e agora temos duas edificações. Uma coletará e purificará as águas pluviais, que serão distribuídas para as duas edificações. É a Hospedaria Musgo. A Edificação Grama será implantada na área. É menor, mas terá grandes marquises, amplos beirais e painéis fotovoltaicos. Coletará energia solar suficiente para os dois prédios. Os dois trabalharão juntos de maneira simbiótica.

A divisão da edificação em termos de uso teve outros benefícios positivos. Como os funcionários do cliente estavam presentes na charrete, puderam determinar como seriam divididos os usos de cada edificação. Tivemos contribuição do cliente, que sabia como as coisas iriam funcionar, e os conhecimentos especializados da equipe de projeto, que sabia como incorporar a eficiência em energia, a conservação de água e a eficiência no consumo da água ao projeto.

Isso nos fez examinar a ideia de uma edificação viva. Uma edificação não pode realmente viver por conta própria, porque precisa receber energia, materiais e água, além de eliminar resíduos. Não podemos pensar na edificação como uma coisa viva; *precisamos pensar no terreno e na edificação juntos como uma coisa viva*. A presença de dois blocos – implantados em microclimas muito diferentes, mas a pouco

Figura 14.2 A Alice Ferguson Foundation Hard Bargain Farm, em Accokeek, Maryland, Estados Unidos, será composta por duas edificações: a "Hospedaria Musgo", situada em um terreno sombreado, e a "Edificação Grama", situada em um terreno ensolarado. Os recursos e a energia disponíveis serão compartilhados entre os dois prédios para que possam atingir as metas de uma edificação viva. A construção do projeto deve começar em 2009. *Cortesia da M2 Architecture/Re:Vision Architecture.*

mais de 100 metros de distância uma da outra – significa que terão fluxos de energia bastante distintos. Cada um deles consegue aproveitar aquilo que faz bem e compartilhar [com a outra]. É algo único. Eu não havia encontrado uma situação como essa antes, em que duas edificações trabalham juntas dessa maneira.

As duas edificações funcionarão de maneira simbiótica, pois uma fornecerá energia e a outra, água. A nova "Hospedaria Musgo" substituirá a antiga Hospedaria Wareham de uso noturno, localizada em uma encosta de colina sombreada. Sua cobertura avança para coletar a chuva que será purificada e, em seguida, usada nas duas edificações. O tratamento paisagístico canalizará e filtrará o escoamento pluvial e as águas servidas de pias e chuveiros para reabastecer o lençol freático. O centro educacional de uso diurno, denominado Edificação Grama, será construído na parte ensolarada de um campo, com a cobertura se abrindo como asas para coletar energia solar para todo o complexo. A Edificação Grama fornecerá um espaço multifuncional, com partes internas e externas cobertas, para os estudantes que visitarem a Hard Bargain Farm.

Apesar de pequeno, este projeto é um excelente exemplo da tendência por um projeto resiliente e regenerativo. Isso exige um cliente compreensivo, o programa de necessidades certo, uma equipe de projeto experiente e um processo que permita que revelações e inovações transformem tudo isso em realidade. Entretanto, se considerarmos que, mesmo em um ano ruim, o mercado de edificações comerciais e institucionais dos Estados Unidos ultrapassa 200 bilhões de dólares, não temos dinheiro (e tempo) suficiente para "fazer a coisa certa" em vez de apenas "fazer coisas da maneira certa"? No mundo desenvolvido, existem empreiteiros talentosos que podem construir praticamente qualquer projeto, fabricantes de produtos que inovam constantemente, financiadores que podem financiar praticamente qualquer coisa – todas as coisas certas. Por que não podemos construir edificações vivas de alto desempenho – em todos os setores do mercado – como um legado para as próximas gerações?

Se você chegou até aqui, sabe que a resposta depende de você e de seus colegas. Este livro justificou o uso de um processo de projeto integrado e mostrou muitos exemplos de como isso é feito. Agora é sua vez. Boa sorte!

A
Recursos para o Projeto Integrado de Edificações

American Institute of Architects, 2007, "Integrated Project Delivery—A Guide," disponível em www.aia.org/ipdg, acessado em 30 de junho de 2008.

Better Bricks, 2007, "Integrated Design Meets the Real World: Mount Angel Integrated Design Roundtable Discussion," três partes, disponível em www.betterbricks.com/DetailPage.aspx?ID=915, acessado em 30 de junho de 2008.

Busby Perkins+Will and Stantec Consulting, 2005, "Roadmap for the Integrated Design Process," British Columbia Green Building Roundtable, disponível em www.mucs.ca/library/G1%201%20IDP%20Roadmap%20Part%20Two.pdf, acessado em 30 de junho de 2008.

Good, Nathan, n.d., "What's an Eco-Charrette?" disponível em www.betterbricks.com/DetailPage.aspx?ID=275, acessado em 30 de junho de 2008.

Kwok, Alison G., and Walter T. Grondzik, 2007, *The Green Studio Handbook: Environmental Strategies for Schematic Design*, Amsterdam: Elsevier/Architectural Press, Chapter 3.

Malin, Nadav, 2004, "Integrated Design," *Environmental Building News*, November, disponível em www.buildinggreen.com/auth/article.cfm/2004/11/1/Integrated-Design, acessado em 30 de junho de 2008.

Prowler, Don, and Stephanie Viera, 2007, "Whole Building Design," in *Whole Building Design Guide*, disponível em www.wbdg.org/wbdg_approach.php, acessado em 30 de junho de 2008.

Whole Building Design Guide, 2006, "Engage the Integrated Design Process," WBDG Aesthetics Subcommittee, disponível em www.wbdg.org/design/engage_process.php?ce=id, acessado em 30 de junho de 2008.

Whole Systems Integrated Process (WSIP) Guide 2007 for Sustainable Buildings & Communities, ANSI/MTS Standard WSIP 2007, disponível em http://webstore.ansi.

org/RecordDetail.aspx?sku=ANSI%2fMTS+1.0+WSIP+Guide-2007, acessado em 30 de junho de 2008.

Yudelson, Jerry, 2007a, *Green Building A to Z,* Gabriola Island, B.C.: New Society Publishers, 93–95.

Yudelson, Jerry, 2007b, *The Green Building Revolution,* Washington, D.C.: Island Press, 168–173.

Zimmerman, Alex, n.d., "Integrated Design Process Guide," Canada Mortgage and Housing Corporation, disponível em www.waterfrontoronto.ca/dbdocs//4561b14aaf4b0.pdf?PHPSESSID=320a40062358e082e363e50efd67b16e, acessado em 30 de junho de 2008.

Índice

Observação: Os números de página que se referem às figuras estão *em itálico* e seguidos de um "*f*"; os números que se referem a tabelas estão *em itálico* e seguidos de um "*t*".

A
Aardex, LLC, 29
AIA (American Institute of Architects), 40–41
Aiello, Tony, *69–71f*
Alice Ferguson Foundation, 245–249
aluguéis mais elevados, 95–97
ambiente de trabalho, 113–114
American Institute of Architects (AIA), 40–41
análise SWOT (forças, fraquezas, oportunidades e ameaças), 69–71
Arboreto Morris, *69–71f*, 70–77, 98, 175–177
ARD (Edifício de Pesquisa Aplicada e Desenvolvimento), 60–63
Arizona State University (ASU), *23t*, 42–44, 180
Armory/Portland Center Stage, 102
arquitetos
   "arquitetos estrela", 47, 126–127
   função no projeto integrado, 6–8
   perspectiva sobre o projeto integrado, 46–48, 56–58
   relacionamento com os engenheiros, 99–100
Artists for Humanity Epi-Center, 174–175
ASU (Arizona State University), *23t*, 42–44, 180
Audubon Center, em Debbs Park, 180
avaliação do terreno, 175–180

B
backcasting, 67
Bank of America, torre, *18f*, *237f*
Banner Bank, 68–70
barreiras às edificações sustentáveis, 97–102
Behnisch Architekten, 113–114, *200–201f*
benefícios à saúde, *38–39f*, 109
benefícios da avaliação do ciclo de vida
   ao longo de um período de 10 anos, *160f–161f*
   créditos da eficiência no consumo da água, *152t–153t*
   créditos da qualidade do ambiente dos interiores, *157t*, *159t*
   créditos de energia e atmosfera, *155t–156t*
   créditos do terreno sustentável, *150t–151t*
benefícios da gestão de riscos, 106–109
benefícios da retenção de funcionários, 112–114
benefícios das edificações sustentáveis
   beneficiários, 116–119
   econômicos, 103–107
   financeiros, 113–117
   gestão do risco, 106–109
   melhoria da saúde, 109
   panorama, 102–104
   políticos, 116–117
   recrutamento e retenção de funcionários, 112–114
   relações públicas e marketing, 109–112
benefícios de relações públicas e de marketing, 109–112
benefícios e incentivos fiscais, 104–106

benefícios econômicos
  aumento do valor da edificação, 104–105
  benefícios e incentivos fiscais, 104–106
  custos de manutenção reduzidos, 104–105
  custos de operação reduzidos, 103–105
  ganhos de produtividade, 105–107
Beyl, Phil, 50–51, *193–195f*
BHAGs – "Metas Audaciosas, Grandes e Cabeludas", 50–54
Biblioteca de Bairro Lake View Terrace, 79
Biblioteca Pública de Homer, *98f*
BIM (Building Information Modeling) software, 34–36, 125–126
Blake, William, 193–194
Bob and Diana Gerding Theater, 102
BREEAM, sistemas de certificação, 32
Bruner/Cott & Associates, 34
Building Information Modeling (BIM) software, 34–36, 125–126
Busby, Peter, 130–131

C

Casa do Rancho de Del Sur, 205–206
Casa no Campo, 127–128
Casa Ronald McDonald, 49–50
CASBEE, sistemas de certificação, 32
Casey, Edifício, 77
CB Richard Ellis (CBRE), 87–88, 240–241
Center for Building Performance and Diagnostics
  benefícios à saúde, *38–39f*, 109
  estudos sobre ganhos de produtividade, 105–106, *106–107f*
Center for Neighborhood Technology (CNT), 185–186
111 South Wacker, edifício, 112
Centro Ambiental Philip Merrill, 192–194
Centro de Ciências Naturais Betty Irene Moore, 64
Centro de Educação Ambiental Merry Lea/Reith Village, 198–200
Centro de Horticultura e Educação, *74–75f*
Centro de Operações da Reserva Nacional de Gulf Islands, 8
Centro de Saúde e Tratamento da Oregon Health & Science University, 15, 17, *26f*, 34, *51–52f*, *132–133*
Centro de Serviços de Restauração e Conservação de Toronto e Região, 56
Centro de Visitantes do Arboreto Bernheim, 110–111
Centro de Visitantes do Parque Sweetwater Creek State, 216–217
Centro do Legado de Aldo Leopold, 117
Centro Newark de Ciências da Saúde e Tecnologia, 10–11, *204f*
Centro Tahoe de Ciências Ambientais, 221, 223–224
certificação. *Veja* Sistemas de certificação LEED
charretes, 2–3, 19, 46–47, 125–126, 246–247
  Veja também ecocharretes
Chesapeake Bay Foundation, 192–193
Child Development Centre, 142–144
ciclos de *feedback*, 140
clima, 128–129
competitividade, 111–112
considerações preliminares ao lançamento do projeto
  avaliação do terreno, 175–180
  estudos preliminares, 185–186
  panorama, 167–168
  programa de necessidades, 180–186
  projeto sustentável, 173–175
  resultado final triplo, 168–173
  seleção do terreno, 175–180
consultores, 89, 125–126
Cook, Richard, 96–97
Cook+Fox Architects, *18f*
Cott, Leland, 34
créditos do LEED
  distribuição, *25f, 28f*
  eficiência no consumo da água, 151–154
  energia e atmosfera, 154–157
  qualidade ambiental dos interiores, 157–158
  terreno sustentável, 149–151
cronograma do projeto, 128–129
croquis, 7–8
Curva de McLeamy, *48f*
custo percebido, 121–122
custos. *Veja também* custos tangíveis; custos intangíveis
  alto desempenho dentro do orçamento, 131–134
  brutos, 142–144
  considerações
    clima, 128–129
    cronograma do projeto, 128–129
    implantação de um projeto, 128–129
    orçamento inicial, 128–129
    padrões de projeto, 128–131
    panorama, 127–128
    processo de projeto e sinergias de crédito, 129–131
    tamanho do projeto, 129–131
    viabilidade das medidas que visam à certificação LEED, 129–131

controle, 130–132
definidores
  documentação, 126–127
  estrutura da equipe, 124–126
  experiência da equipe, 123–125
  honorários de projeto, 126–128
  nível de certificação almejada, 124–125
  processo e escopo do projeto, 125–127
estudos
  custos intangíveis, 139–140
  Davis Langdon, *122–123f*, 136–138
  estudo de custos da Califórnia de 2003, 134–135
  estudo de custos da GSA de 2004, 134–136
  "Greening America's Schools," 136–138
  laboratórios de pesquisa, 138–139
líquidos, 142–144
o que os influencia, 133–135
panorama, 2, 10–11, 121–124
redução de custos por meio do projeto integrado, 140–144
custos de manutenção, 104–105
custos intangíveis
  créditos da eficiência no consumo da água, *152t–153t*
  créditos da qualidade do ambiente dos interiores, *157t, 159t*
  créditos de energia e atmosfera, *155t–156t*
  créditos do terreno sustentável, *150t–151t*
  definição, 121–122
  panorama, 139–140
custos integrados, 133–134
custos tangíveis
  créditos da eficiência no consumo da água, *152t–153t*
  créditos da qualidade do ambiente dos interiores, *157t, 159t*
  créditos de energia e atmosfera, *155t–156t*
  créditos do terreno sustentável, *150t–151t*
  definição, 121–122

D

Deane, Michael, 11, 237
decisões desde o início, 46
definição do conceito e lançamento do partido, fases do projeto de arquitetura
  panorama, 187–188
  questões relacionadas ao desempenho energético, 193–200
  questões sobre a água, 192–194
  questões sobre a qualidade do ambiente dos interiores, 199–201
  questões sobre materiais e recursos, 199–200
  questões sobre o processo, 188–189
  questões sobre o terreno, 189–191
Departamento de Recursos Naturais do Missouri, 84
desejo, importância, 12
desenvolvimento do projeto, fase
  questões gerais sobre o projeto sustentável, 203–204
  questões sobre a eficiência no consumo da água, 205–206
  questões sobre a energia, 206–213
  questões sobre a qualidade ambiental dos interiores, 215–217
  questões sobre materiais e recursos, 213–216
  questões sobre o terreno, 204
Dimmel, John, 182
disfarçar de ecológico (*greenwashing*), 110–111
documentos. *Veja* projeto executivo, fase
DPR Construction, 234

E

ECI/Hyer Architecture & Interiors, *98f*
ecocharretes
  análise SWOT, 69–71
  panorama, 67–70
  processo, 69–70
  Projeto do Arboreto Morris, 70–77
Edificação "Grama", 247–248
edificações de alto desempenho
  certificações de padrão mais alto, 85–89
  edificações comerciais e institucionais, 21–23
  panorama, 81–85, 221–224
  questões gerais sobre a construção, 224–226
  questões sobre a eficiência no consumo da água, 228–229
  questões sobre a gestão do projeto candidato à certificação LEED, 231
  questões sobre a qualidade do ambiente dos interiores, 227–228
  questões sobre energia, 226–227
  questões sobre materiais, 229–230
  resultados consistentes, 91–93
  tipos de proprietários, 23
Edificações Efetivas para os Usuários, abordagem, 39–40
edificações institucionais, 21–23
edificações não sustentáveis, 106–107
edificações neutras em carbono, 40–41

edificações sustentáveis. *Veja também* benefícios das edificações sustentáveis; Sistemas de certificação LEED
   barreiras à certificação de edificações, 97–102
   edificações comerciais e institucionais, 21–23
   futuro, 40–44
   panorama, 15–19
   sistemas de certificação
      de edificações convencionais, 32–34
      edificações de alto desempenho, 34–41
      panorama, 31–32
   tipos de proprietários, 23
edificações vivas
   Hard Bargain Farm, 245–249
   panorama, 243–245
Edifício Casey, 77
Edifício Christman, 230
Edifício de Escritórios da Lewis & Clark State, 84–85
Edifício de Pesquisa Aplicada e Desenvolvimento (ARD), 60–63
Edifício do Grêmio Estudantil Husky, *92f*
Edifício do New York Times, 58–63
Edifício e Galeria de Esculturas da Yale University, 3–5, 56–58
Edifício e Galeria de Esculturas da Yale University, 3–5, 56–58, 198–199
Edifício Empire State, *237f*
Edifício Robert Redford, 210–211
Edifício Sustentável de McKinney, 164–165
Edifício Verdesian, 224–226
edifícios com consumo de energia líquida zero, 20, 40–41
edifícios comerciais, 21–23
Edifícios Joseph Vance and Sterling, 115
"efeito chaminé", estratégia, 132–133
efeito de ilha térmica, 150–151
Emmert, Mark, 92
empreiteiros, função no projeto integrado, 11–12, 62–64
empreiteiros, função no projeto integrado, 6, 11–12
energia
   geração *in loco*, *193–194f*
   renovável gerada *in loco*, 155–157
   uso, *52–53f*, 219–221
Energy Policy Act (2005), 105–106
ENERGY STAR program, 25, 104–105
engenheiros
   papel no projeto integrado, 6–8
   perspectiva sobre o projeto integrado, 54–56
   relacionamento com arquitetos, 99–100

Environmental Value Analysis (EVA), 147
equipes de projeto
   comprometimento com o projeto, 212–213
   estrutura, 124–126
   experiência, 123–125
Escola Chartwell, 188–189
Escola do Meio Ambiente Donald Bren, 190
escolas, 116–117
escopo do projeto, 125–127
Escritório da William A. Kerr Foundation, 176–177
Escritórios Centrais da Alberici, 13
estudo de custos da Califórnia de 2003, 134–135
estudo de custos da GSA de 2004, 134–136
estudos de custo da Davis Langdon, *122–123f*, 136–138
estudos sobre ganhos de produtividade devidos à boa iluminação, *106–107f*
experiência, sua importância, 8–9

F
forças, fraquezas, oportunidades e ameaças (análise SWOT), 69–71
Fowle, Bruce, 58–60
Fox, Robert, 18
Franklin, Colin, *69–71f*
Frichtl, Andy, 193–195
Fuller, Buckminster, 168
FXFOWLE Architects, 58–60

G
ganhos de produtividade, 105–107
Genzyme Center, 113–114, *200–201f*
geração *baby boom*, mão de obra, 113–114
geração de energia *in loco*, *193–194f*
Gerding Collaborative, 216–217
Gerding Edlen Development
   Centro de Saúde e Tratamento da Oregon Health and Science University (OHSU), 15, 17, *26f*, 34, *51–52f*, 132–133
   Edifício Casey, 77
gestão de águas pluviais, 149–150
gestão do projeto integrado. *Veja* Método do Valor Agregado Ambiental (EVA)
   Integrated Value Assessment, 163–165
   panorama, 145–146
Goldsborough, Tom, 171–172
Good, Nathan, 69–70
Google Alerts, 110–111
Green Building Initiative, 31–32
Green Star, sistemas de certificação, 32

"Greening America's Schools", relatório, 136–137
greenwashing (disfarçar de ecológico), 110–111
GSA (General Services Administration) 2004 estudo de custos, 134–136

H
Hard Bargain Farm, 245–249
Harvard University, 34–37
Hawaii Gateway Energy Center, 139
Heifer International, 119
Heinfeld, Dan, 65–66, 69–70, 148
honorários de projeto, 126–128
Hopkins Architects Ltd., 60–61
Hospedaria Musgo, 247–248
Hummel, Trudi, 182
Hydes, Kevin, 6

I
IAQ (qualidade do ar do interior), 157–158
IDP (processo de projeto integrado). *Veja* incentivos ao processo de projeto integrado
 para edificações sustentáveis, 97–99
 tributos, 104–106
iluminação natural, 40–41f, 158, 159t
imagem da marca, 111–112
implantação em um projeto, 128–129
incentivos, 97–99
inovação, 7
inquilinos. *Veja* ocupação
Instituto de Biodesign, 23t, 42–44, 180
insuflamento de ar sob o piso (UFAD), 101–102
investimento imobiliário responsável (RPI), 113–114

J
Jardim Botânico e Reserva Natural Shangri La, 141
Jean Vollum Natural Capital Center, 115

K
Kats, Gregory, 82–83, 136–137
Kelly, Scott, 247
Kieran, Stephen, 3, 56
Kuwabara, Bruce, 171–172

L
laboratórios, 122–123, 128–129, 138–139, 181, 221–224
Lankenau, Todd, 221
LBC (Living Building Challenge), 243–245
Lea, Jerrold, 30

LEED (Leadership in Energy and Environmental Design), sistemas de certificação. *Veja também* edificações de alto desempenho; Projetos com certificação Platinum
 contagem de pontos no processo de projeto integrado, 12
 controle de custos, 130–132
 custos da documentação, 126–127
 lógica de uso, 10
 nível almejado, 124–125
 panorama, 24–27
 preços de venda mais elevados, 104–105
 questões sobre a gestão do projeto, 231
 uso de créditos, 33t
 versões, 21
 viabilidade, 129–131
LEED-CI (LEED para Interiores Comerciais), sistemas de certificação, 24t, 30, 87–88
LEED-CS (LEED para Núcleos e Vedações), sistemas de certificação, 24t, 28–30, 86–87
LEED-EB (LEED para Edificações Preexistentes), sistemas de certificação, 24t, 30–31, 87–89, 240–241
LEED-NC (LEED para Novas Construções e Grandes Reformas), sistemas de certificação, 15, 16f, 22t–24t, 27–28, 82t
Lesniewski, Laura, 83
licitações, 231
licitações públicas, 231
Living Building Challenge (LBC), 243–245
Lockwood, Charles, 95
Lord, Larry, 181
Lucas, Michael, 219

M
Manitoba Hydro, edifício de escritórios, 170–172
"mapa rodoviário", forma de ver um projeto, 2–3
Martin, Muscoe, 69–71f, 246
Matthiessen, Lisa, 122–123
McDonnell, Geoff, 54
McGough Construction, 233–234
McLennan, Jason, 243
McLeod, Michael, 41–42
"Metas Audaciosas, Grandes e Cabeludas" – BHAGs, 50–54
Método do Valor Agregado Ambiental (EVA)
 análise de projetos concluídos, 158–162
 como iniciar, 162–163
 efeito de ilha térmica, 150–151
 energia renovável gerada *in loco*, 155–157

gestão da qualidade do ar no interior da construção, 157–158
gestão de águas pluviais, 149–150
iluminação natural e vistas, 158
otimização do desempenho energético, 154–155
paisagismo eficiente no consumo de água, 151–152
panorama, 146–149
redução do consumo de água, 152–154
Meyer, James, 65–66
Meyer, Paul, 98, 175
microturbinas eólicas, 155–156
Miller, Norman, 112

N

Nall, Dan, 11–12, 99
National Renewable Energy Laboratory (NREL – Laboratório Nacional de Energia Renovável dos Estados Unidos), 136
Natural Energy Laboratory of Hawaii (Laboratório de Energia Natural do Havaí), 139
NAU (Northern Arizona University), 60–63
negociação, 231
New Buildings Institute, 37–38
Nicolow, Jim, 180
Northern Arizona University (NAU), 60–63
Northern Plains Resource Council, 127–128
NREL (National Renewable Energy Laboratory – Laboratório Nacional de Energia Renovável dos Estados Unidos), 136
Nystedt, John, 69–71f

O

ocupação
  operações e, 239–241
  satisfação do usuário, 110–111
  taxas, 95–97
Ohlone College, 10–11
OHSU (Centro de Saúde e Tratamento da Oregon Health and Science University), 15, 17, 26f, 34, 51–52f, 132–133
operações
  custos de, 103–105
  ocupação e, 239–241
orçamentos. *Veja também* custos
  alto desempenho, 131–134
  iniciais, 128–129
Oregon Health & Science University (OHSU), 15, 17, 26f, 34, 51–52f, 132–133

P

padrões de projeto, 128–131
paisagismo eficiente no consumo de água, 151–152
panorama, 95–98
Parque Nacional Grand Teton, 109
partido de arquitetura, fase. *Veja* definição do conceito e lançamento do partido, fases do projeto de arquitetura
pedidos de informações (RFI), 91
pedidos de propostas (RFP), 91
peles de vidro, 99–100
período de retorno do investimento, 144
Perkins+Will, *92f*
Pfeifer, John, 168, 185–186, 233
Pivo, Gary, 113–114
Portland Center Stage Company, 102
Post, George, 42–43
preços de venda mais elevados, 105–106
Prédio de Ciência e Tecnologia do National Renewable Energy Laboratory (NREL), 136
Prefeitura de Highland Beach, 126–127
processo de construção, 233–240
processo de projeto, 125–127, 129–131
processo de projeto integrado (IDP)
  equipe, 53–54
  escritórios integrados, 65–66
  função do empreiteiro, 62–64
  internacional, 58–63
  "metas audaciosas, grandes e cabeludas" (BHAGs), 50–54
  panorama, 1–2
  perspectiva do arquiteto, 46–48, 56–58
  perspectiva do engenheiro, 54–56
  redução de custos, 140–144
programa de necessidades, fase, 180–186
projeto executivo, fase, licitações, 231
  negociação, 231
  panorama, 221–224
  questões gerais sobre a construção, 224–226
  questões sobre a eficiência no consumo da água, 228–229
  questões sobre a gestão do projeto candidato à certificação LEED, 231
  questões sobre a qualidade do ambiente dos interiores, 227–228
  questões sobre energia, 226–227
  questões sobre materiais, 229–230
  sistemas que consomem energia, 219–221
projeto sustentável, 167, 173–175

projetos com certificação Platinum. *Veja também*
edificações de alto desempenho
  Armory/Portland Center Stage, 102
  Artists for Humanity Epi-Center, 174–175
  Audubon Center, em Debbs Park, 180
  Banner Bank, 68–70
  Biblioteca de Bairro Lake View Terrace, 79
  Casa do Rancho de Del Sur, 205–206
  Casa no Campo, 127–128
  Casa Ronald McDonald, 49–50
  Center for Neighborhood Technology, 185–186
  Centro Ambiental Philip Merrill, 192–194
  Centro de Ciências Naturais Betty Irene Moore, 64
  Centro de Operações da Reserva Nacional de Gulf Islands, 8
  Centro de Saúde e Tratamento da Oregon Health & Science University, 17
  Centro de Serviços de Restauração e Conservação de Toronto e Região, 56
  Centro de Visitantes do Arboreto Bernheim, 110–111
  Centro de Visitantes do Parque Sweetwater Creek State, 216–217
  Centro do Legado de Aldo Leopold, 117
  Centro Newark de Ciências da Saúde e Tecnologia, 10–11
  Centro Tahoe de Ciências Ambientais, 223–224
  Child Development Centre, 142–144
  Edifício Casey, 77
  Edifício Christman, 230
  Edifício de Escritórios Blackstone, reforma, 35–37
  Edifício de Escritórios da Lewis & Clark State, 84–85
  Edifício de Pesquisa Aplicada e Desenvolvimento, 61–63
  Edifício e Galeria de Esculturas da Yale University, 3–5
  Edifício Robert Redford, 210–211
  Edifício Sustentável de McKinney, 164–165
  Edifício Verdesian, 224–226
  Escola Chartwell, 188–189
  Escola do Meio Ambiente Donald Bren, 190
  Escritório da William A. Kerr Foundation, 176–177
  Escritórios Centrais da Alberici, 13
  Genzyme Center, 113–114
  Hawaii Gateway Energy Center, 139
  Heifer International, 119
  Inland Empire Utilities Agency, 103–104
  Instituto de Biodesign, 42–44
  Jardim Botânico e Reserva Natural Shangri La, 141
  Merry Lea ELC/Reith Village, 198–200
  Prédio de Ciência e Tecnologia do National Renewable Energy Laboratory (NREL), 136
  Prefeitura de Highland Beach, 126–127
  Reserva Laurence S. Rockefeller, 109
  Residências Vento, 130–131
  Sidwell Friends School, 136–137
  Signature Centre, 29
  Standard Refrigeration Company, 90
  StopWaste.org, 215–216
  The Willow School Art Barn, 228
  típicos, 32–34
projetos com ritmo acelerado, 6
proprietários das edificações
  função no projeto integrado, 5, 9–10
  projetos com certificação LEED-NC, 23
proteção ambiental, 110–112

Q

qualidade do ar do interior (IAQ), 157–158
questões gerais sobre a construção, 224–226
questões gerais sobre o projeto sustentável, 203–204
questões sobre a água
  definição do conceito e lançamento do partido, fases do projeto de arquitetura, 192–194
  desenvolvimento do projeto, fase, 205–206
  projeto executivo, fase, 228–229
questões sobre a gestão de águas no terreno, 190–191
questões sobre a poluição luminosa, 191
questões sobre a qualidade ambiental dos interiores
  definição do conceito e lançamento do partido, fases do projeto de arquitetura, 199–201
  desenvolvimento do projeto, fase, 215–217
  projeto executivo, fase, 227–228
questões sobre coberturas verdes, 191
questões sobre energia
  definição do conceito e lançamento do partido, fases do projeto de arquitetura, 193–200
  desenvolvimento do projeto, fase, 206–214
  projeto executivo, fase, 226–227
questões sobre energia renovável
  definição do conceito e lançamento do partido, fases do projeto de arquitetura, 197–200
  desenvolvimento do projeto, fase, 210–213

questões sobre materiais e recursos
   definição do conceito e lançamento do partido, fases do projeto de arquitetura, 199–200
   desenvolvimento do projeto, fase, 213–216
   projeto executivo, fase, 229–230
questões sobre o processo, 188–189
questões sobre o projeto de iluminação, 213–214
questões sobre o terreno
   definição do conceito e lançamento do partido, fases do projeto de arquitetura, 189–191
   desenvolvimento do projeto, fase, 204

R

redução do consumo de água, 152–154
Reed, William G., 1, 12, 46–47, 243
relações entre os atores, 110–111
Renzo Piano Building Workshop, 58–60
Reserva Laurence S. Rockefeller, 109
Reserva Nacional de Gulf Islands, 8
Residências Vento, 130–131
resultado final triplo, conceito, 146, *147t*, 168–173
reuniões, 4–6
reuniões antes da orçamentação, 231
RFI (pedidos de informações), 91
RFP (pedidos de propostas), 91
roda de recuperação de calor de entalpia, *204f*, *220f*
Rose, Jonathan F. P., 111–112, 115
RPI (investimento imobiliário responsável), 113–114
Rumsey, Peter, 223–224

S

Sede da Exelon Corporation, 87, *87–88f*
Sede da Great River Energy, 168–169
Sede da Inland Empire Utilities Agency, 103–104
seguros, 108
seleção do terreno, 175–180
serviços de limpeza, 240–241
Shambach, Robin, 60–61
Shemwell, Robert, 70–71, 76
Shroll, Tamara, 182
Sidwell Friends School, 136–137
Signature Centre, 29, *101f*
Simon, Clara, 91
Simpson, Stuart, 93
síndrome da edificação doente, 38–39
sistemas de certificação. *Veja também* LEED
   edificações de alto desempenho, 34–41
   medições de edificações convencionais, 32–34
   panorama, 31–32

sistemas de certificação BREEAM, 32
sistemas de certificação CASBEE, 32
sistemas de certificação Green Globes, 31–32
sistemas de certificação Green Star, 32
sistemas de limpeza sustentável, 240–241
sistemas elétricos solares, 155–156
sistemas fotovoltaicos, 155–156
"Spirit", sistemas de certificação, 20
SSRCx Facilities Commissioning, *236f*
Standard Refrigeration Company, 90
Stoller, Paul, 198–199, 206, 238
StopWaste.org project, 215–216
Straus, Steve, 51–52

T

tamanho do projeto, 129–131
"taxa de retorno sobre o investimento," 144
temperaturas, efeito da ventilação natural, *209–210f*
terceiração da testagem dos sistemas prediais, comissionamento, 209–211
Times Square, *237f*
trajetória do projeto ambientalmente responsável, *244f*
transferências de encargos, 140
Treadway, Douglas, 9–10, 99
trocas de ar, 181
Turner Construction Company, 237

U

U.S. Department of Energy, 136
University of Calgary, 142–144
University of California, 190
University of Pennsylvania, *69–71f*, 70–77, 98, 176–177
University of Washington, *92f*
Urick, Ken, *236f*

V

valor da edificação, 104–105
Van der Linden, Ted, 62–63, 163, 234
ventilação natural, *209–210f*
Villaraigosa, Antonio, 116–117
Vision-SWOT-Action process, *69–71f*
vistas, 158

W

Watts, Craig, 211–212
Weeks, Ben, 39–40, 96–97, 100
Weiner, James, 78

Westcott, Bert, *69–71f*
Western Organization of Resource Councils, 127–128
William J. Clinton Presidential Library and Museum, *31f*

Willow School Art Barn, 228
Wilson, Sally, 54, 97–98, 240–241
Wittmann, Michaella, 163
World Business Council for Sustainable Development, 121–122